KB090145

RETIREMENT PENSION

누구나
쉽게 배우는
퇴직연금

손재성 저

NODE MEDIA
노드미디어

서 문

「근로자퇴직급여보장법」의 제정에 따라 2005년 12월 우리나라에 처음으로 퇴직연금제도가 도입되어 올해로 15년에 돌입하고 있다.

2012년 7월 26일에는 「근로자퇴직급여보장법」 전면 개정을 통하여 퇴직연금제도 도입의 활성화를 위한 정부 차원의 노력이 있었으나, 아직은 여러 방면으로 제도를 보완하면서 제도 발전을 위해 고용노동부와 금융감독위원회, 퇴직연금사업자가 함께 노력하는 과정이다.

필자는 퇴직연금제도 도입 초기부터 퇴직연금 업무를 담당 하면서 「퇴직연금발전협의회」 간사 역할을 약 4년간 수행하는 등 초반기 제도의 개선을 위하여 고용노동부 및 금융감독원과 함께 노력해 왔다.

따라서 국내 어느 누구보다도 제도 내용 개선을 위해 주도적으로 관여를 하였고, 퇴직연금제도 발전에 대하여 큰 애착을 갖고 있다.

2010년부터 지금까지 약 10년째 한국금융연수원에서 퇴직연금 통신연수 및 사이버연수 교재 집필위원과 퇴직연금 교수로 활동 하면서 매년 연간 약 2,000명 이상의 은행권 직원들에게 직접 강의를 하던가 통신연수 교재를 학습, 사이버강의를 수강하도록 함으로써

퇴직연금제도 전파를 위해 노력해 왔다.

최근에는 퇴직연금제도와 소득세법 및 법인세법이 급격히 바뀌면서 퇴직연금사업자에 소속된 직원들과 사용자들에게는 퇴직연금제도가 매우 어려운 내용으로 인식되고 있지만, 국내에는 아직 퇴직연금제도 전반을 다루고 있는 서적이 없어 퇴직연금에 대해 학습을 하고자 하여도 찾아 볼 책이 마땅히 없어 궁금한 사항은 그냥 동료직원들에게 구두로 물어봐야 하는 안타까운 실정이다.

따라서 필자는 오랫동안 퇴직연금 업무를 담당해 온 이론 및 실무 경험과 한국금융연수원에서 약 10년째 이어 오고 있는 퇴직연금 교재 집필과 강의 경험, 그리고 제 강의를 들은 전국 은행원들의 질문 등을 바탕으로 퇴직연금 종합서적을 발간 함으로써 전국 퇴직연금사업자에 소속된 직원들과 사용자들의 궁금증을 본 도서를 통하여 속 시원하게 해소해 줌은 물론, 퇴직연금제도를 일반 근로자까지 적극 전파되도록 함으로써 제도 발전에 조금이라도 기여 하고자 한다.

Contents

국내 유일 퇴직연금 종합지침서!
누구나
쉽게 배우는
퇴직연금

제1장

퇴직급여제도

퇴직급여제도 개요

제1절

1. 퇴직급여제도의 의의

「근로기준법」 제34조(퇴직급여제도)에서는 '사용자가 퇴직하는 근로자에게 지급하는 퇴직급여제도에 관하여는 「근로자퇴직급여보장법」이 정하는 대로 따른다.'라고 위임하고 있다. 그리고 「근로자퇴직급여보장법」에서는 '이 법은 근로자 퇴직급여제도의 설정 및 운영에 필요한 사항을 정함으로써 근로자의 안정적인 노후생활 보장에 이바지함을 목적으로 한다.'라고 하여 퇴직급여제도에 관한 모든 사항은 「근로자퇴직급여보장법」에 따른다는 것을 명시하고 있다.

2. 퇴직급여제도의 종류

'퇴직급여제도'란 확정급여형(DB) 퇴직연금제도, 확정기여형(DC) 퇴직연금제도 및 퇴직금제도를 말하며, '퇴직연금제도'란 확정급여형(DB) 퇴직연금제도, 확정기여형(DC) 퇴직연금제도 및 개인형퇴직연금제도를 말한다.

'확정급여형(DB) 퇴직연금제도'란 근로자가 받을 급여의 수준이 사전에 결정되어 있는 퇴직연금제도를 말하며, '확정기여형(DC) 퇴직연금제도'란 급여의 지급을 위하여 사용자가 부담하여야 할 부담금의 수준이 사전에 결정되어 있는 퇴직연금제도를 말한다. '개인형퇴직연금제도'란 가입자의 선택에 따라 가입자가 납입한 일시금이나, 사용자 또는 가입자가 납입한 부담금을 적립·운용하기 위하여 설정한 퇴직연금제도로서 급여의 수준이나 부담금의 수준이 확정되지 아니한 퇴직연금제도를 말한다.

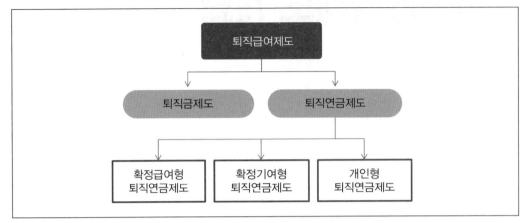

[그림 1-1] **퇴직급여제도의 종류**

3. 퇴직급여제도의 적용범위

3-1. 적용범위

「근로자퇴직급여보장법」은 근로자를 사용하는 모든 사업 또는 사업장에 적용한다. 다만, 동거하는 친족만을 사용하는 사업 및 가구 내 고용활동에는 적용되지 않는다. 따라서 근로자를 사용하는 모든 사업에 적용되나, 동거하는 친족만을 사용하는 사업 및 가구 내 고용활동에는 적용되지 않는다.

과거에는 상시근로자 5인 이상 사업장에 대해서만 퇴직급여제도를 적용했으나, 2010.12.1일부터는 상시근로자 4인 이하 사업장에 대하여서도 퇴직급여제도를 적용하게 되었다. 따라서 상시근로자 4인 이하 사업장은 이전부터 근무한 근로자라 하더라도 2010.12.1일 입사한 것으로 간주하여 2010.12.1일부터 기산하여 1년 이상 계속 근무하고 퇴사하여야 퇴직금 지급대상이 된다. 또한, 갑자기 퇴직급여를 지급하여야 하는 사업장의 자금부담을 덜어주고자 퇴직급여 지급 수준도 단계적으로 적용하도록 하여 2012.12.31일까지 계속근로기간에 대하여는 퇴직급여의 50/100만 지급하고, 2013.1.1일부터는 100/100을 지급하도록 하였으므로 장기간 근속한 근로자에 대하여는 퇴직급여 산정 시 유의할 필요가 있다.

 **상시근로자 4인 이하 사업장의 퇴직급여 지급 방법**

■ **상시근로자 4인 이하 사업장의 근속 기간별 퇴직급여 지급수준**

계속근로기간	퇴직급여 지급수준
2010.12.1~2012.12.31	계속근로기간 1년에 대하여 30일분 이상의 평균임금 × 1/2이상
2013.1.1~	계속근로기간 1년에 대하여 30일분 이상의 평균임금

☞ 2010.12.1. 전부터 근무한 경우라도 2010.12.1부터 기산하여 1년 이상 계속 근무하고 퇴사하여야 퇴직금 지급대상이 됨.

■ **퇴직급여 산정(예시)**

상시 4명 이하 사업장에서 2009.7.1. 입사하여 2013.6.30.까지 근무 후 퇴직하는 경우

• 퇴직급여 산정을 위한 계속근로기간 : 2010.12.1 ~ 2013.6.30 (2년 7개월)

 − 50/100 적용기간 : 2010.12.1. ~ 2012.12.31. (761일)

 − 100/100 적용기간 : 2013.1.1. ~ 2013.6.30. (181일)

• 퇴직급여 산정: [30일분 평균임금×761/365×1/2]+ [30일분 평균임금×181/365]

3-2. 별도의 퇴직급여제도를 적용 받는 근로자는 적용 제외

공무원, 군인, 사립학교 교직원, 선원 등 관련법에 따라 별도의 퇴직급여제도를 적용 받는 자에 대해서는 「근로자퇴직급여보장법」의 적용이 제외된다. 다만, 선원과 관련하여 「선원법」제3조(적용범위)에 따라 20톤 미만 어선으로서 해양수산부령으로 정하는 선박은 선원법 적용이 제외되므로 「근로자퇴직급여보장법」이 적용된다. 또한, 「선원법」에 의한 선원에 대하여 「선원법」에 의한 절차에 따라 퇴직연금제도를 도입하기로 하였다면, 이후 도입절차는 「근로자퇴직급여보장법」에 따라야 한다.

4. 퇴직금 산정을 위한 계속근로기간

4-1. 계속근로기간의 개요

'계속근로기간'은 원칙적으로 근로자가 입사하여 근로계약을 체결하고 출근의무가 있는 날부터 퇴직하여 근로계약을 해지하고 근로계약이 끝나는 날까지의 기간을 말한다. 즉, 계속근로기간 기산일은 입사일, 근로계약체결일 등 출근의무가 있는 날을 말하며, 계속근로기간 마감일은 근로관계의 자동소멸, 임의퇴직, 합의퇴직, 정년퇴직, 정리해고, 징계해고 등 근로계약이 끝나는 날을 말한다. 만약 기간을 정하여 근로계약을 체결한 근로자의 경우에는 근로계약 만료일이 계속근로기간 산정 마감일이 된다. 따라서 실제 근로기간 및 개근·출근율에 관계없이 그 사업 또는 사업장에 근무하고 있는 한 근로기간에 포함된다.

4-2. 계속근로기간 산정방법

계속근로기간이 1년 이상으로 몇 년, 몇 월, 며칠인 경우에는 1년 미만의 단수인 몇 월, 며칠에 대하여도 해당기간에 비례하여 퇴직급여를 계산하여야 한다.

근로계약기간 마감일이 근로제공 의무가 면제된 날(사업장 휴무일)이어서 근로를 제공하지 못하였다 하더라도 근로관계는 존속되는 기간으로 보아야 하므로 근로자의 퇴사일은 그 다음 날이 된다.

근로자의 퇴직은 근로계약의 종료를 의미하는 것으로서 퇴직일은 계속근로기간에 포함되지 않는다. 즉, 퇴직일은 마지막 근로제공일의 익일이다.

근로자가 당일 소정근로를 제공한 후 사용자에게 퇴직의 의사표시를 행하여 사용자가 이를 즉시 수리하였더라도 '근로를 제공한 날은 고용종속관계가 유지되는 기간'으로 보아야 하므로 별도의 정함이 없는 한 그 다음날을 퇴직일로 간주하여야 한다.

계속근로기간에 사업주의 승인 하에 이루어진 일시 휴직상태도 포함되나, 개인적인 사유에 의한 휴직기간에 대해 단체협약, 취업규칙 등의 규정으로 퇴직급여 산정을 위한 계속근로기간에 합산하지 아니할 수 있다.

근로계약, 취업규칙, 단체협약 등에서 기간만료에도 불구하고 일정한 요건이 충족되면 근로계약이 갱신된다는 규정을 두고 있거나, 그러한 규정이 없더라도 근로계약의 내용과 근로계약이 이루어지게 된 동기 및 경위, 계약갱신의 기준 등 갱신에 관한 요건이나 절차의 설정 여부 및 그 실태, 근로자가 수행하는 업무의 내용 등 당해 근로관계를 둘러싼 여러 사정을 종합하여 근로계약 당사자 사이에 일정한 요건이 충족되면 근로계약이 갱신된다는 신뢰관계가 형성되어 근로자에게 그에 따라 근로계약이 갱신될 수 있으리라는 정당한 기대권이 인정되는 경우에는 반복 갱신된 근로계약의 그 전체기간을 계속근로기간으로 보아야 한다.

따라서 1년 단위로 근로계약을 체결하는 경우라도 실질적인 근로관계가 종료되는 시기에 전체 근로기간에 대하여 퇴직금을 지급하여야 하며, 1년 단위 근로계약체결을 이유로 그 이전 근로기간에 대하여 퇴직금을 지급하는 것은 중간정산에 해당되고, 이 경우 법정사유에 의한 유효한 중간정산에 해당되지 않기 때문에 유의하여야 한다.

4-3. 일용근로자의 계속근로기간 산정방법

명목상 일용근로자라 하더라도 공사현장 등에 기간의 정함이 없이 채용된 후 통상적인 근로관계가 상당기간 지속되어 특별한 사정이 없는 한 공사만료 시까지의 계속 근로가 예정되어 있는 경우에는 사용종속관계가 유지된 것으로 볼 수 있으므로 전체 기간을 계속근로기간으로 하여 퇴직금을 지급하여야 한다. 다만, 사용자와 근로자 간에 1주간의 소정근로시간을 정하지 않은 상태에서 1주 소정근로시간이 15시간 이상 및 미만을 반복한 경우에는 전체 재직기간 중에 1주 소정근로시간이 15시간 미만인 기간을 제외한 기간으로 계속근로기간을 산정하여 퇴직금을 지급하여도 무방하다.

'계속근로기간'이라 함은 근로계약을 체결하여 해지될 때까지의 기간을 의미하는 것으로서, 계속근로기간의 기산일은 입사일, 근로계약 체결일 등 출근의무가 있는 날을 말한다. 따라서 동일한 사업장에서 일용직, 잡급직으로 근무하다가 사임한 이후 근로관계 단절조치를 취하고 공백기간 없이 정규직원으로 계속 근무한 경우에는 그 전후 기간을 합산하여 계속근로기간으로 본다. 그러므로 퇴직금 산정을 위한 계속근로기간 기산점은 일용·잡급으로 임용된 시점부터 산정한다.

4-4. 근로계약기간이 단절된 경우 계속근로기간 산정방법

퇴직금 산정을 위한 '계속근로기간'이라 함은 근로계약을 체결하여 해지될 때까지의 기간을 말하며, 근로계약기간의 만료로 고용관계는 종료되는 것으로 보는 것이 원칙이다. 다만, 계속근로를 판단함에 있어서 매번 일정기간 근로계약기간이 단절된 경우라도 그 근로계약이 이루어지게 된 동기 및 경위, 기간을 정한 목적과 당사자의 진정한 의사, 계절적·임시적 고용여부, 근무기간의 장단 및 갱신횟수, 동일사업장에서의 근무여부 등에 비추어 판단하여야 한다.

매번 공개모집 절차를 통해 기간제 근로자를 채용하고 있고, 그 결과 매번 상당인원이 교체되고 있는 경우라면 사용자는 매번 새로운 근로자를 선발하겠다는 의사를 가지고 있는 것으로 볼 수 있다. 다만, 모집공고를 통한 공개채용을 하더라도 그러한 절차가 형식에 불과하여 관행상 전년도에 근무한 근로자들이 대부분 다시 채용되어 재계약 또는 계속 고용의 기대가 형성되어 있다면 계속 근로가 인정될 수 있다.

또한, 근로계약이 만료됨과 동시에 근로계약기간을 갱신하거나 동일한 조건의 근로계약을 반복하여 체결한 경우에는 갱신 또는 반복한 계약기간을 모두 합산하여 계속근로기간으로 산정하여야 하고, 갱신 또는 반복 체결된 근로계약 사이에 일부 공백기간이 있다 하더라도 그 기간이 전체 근로계약기간에 비하여 길지 아니하고 계절적 요인이나 방학기간 등 업무의 성격에 기인하거나 대기기간 및 재충전을 위한 휴식 기간 등의 사정이 있어 그 기간 중 근로를 제공하지 않거나 임금을 지급하지 않을 상당한 이유가 있다고 인정되는 경우에는 근로관계의 계속성은 인정될 수 있다.

[표 1-1] 계속근로기간 산정에 포힘되는 기간 해당 여부

계속근로기간 산정시 포함되는 기간	계속근로기간 산정시 제외되는 기간
• 사업주 귀책사유에 의한 휴업기간 • 산전 후 휴가 및 육아휴직기간 • 업무상 부상 또는 질병으로 요양을 위해 휴업한 기간 • 개인사유로 사업주 승인 하에 이루어진 휴직·휴업기간 (취업규칙 등 규정으로 포함하지 아니할 수 있음) • 수습사용기간, 노조전임 기간 • 쟁의행위기간, 부당해고 기간 • 일용근로자로 근무하다 정규사원이 된 경우 일용근로자로 근무한 기간 • 영업의 양도·양수관계에 따른 이전 근로기간	• 퇴직금을 미리 정산하여 지급한 기간 • 근로계약을 체결하지 않고 실제 근로하지 않은 방학기간 • 별도 고용승계에 대한 약정이 없는 상태에서 용역업체 변경에 따른 이전 근로기간 • 정년 후 재입사한 경우 이전 근로기간 • 병역법상 군복무로 인한 휴직 기간

※ 자료 : 고용노동부 퇴직급여제도 업무처리 매뉴얼

5. 퇴직급여제도의 설정 및 변경

5-1. 퇴직급여제도 설정

사용자는 퇴직하는 근로자에게 급여를 지급하기 위하여 퇴직급여제도 중 하나 이상의 제도를 설정하여야 한다.

퇴직급여제도라 함은 「근로자퇴직급여보장법」(2005.1.27 제정, 2005.12.1 시행)상의 퇴직금제도, 확정급여형(DB) 퇴직연금제도, 확정기여형(DC) 퇴직연금제도를 총칭하며, 근로자를 사용하는 모든 사업장의 사용자는 퇴직급여제도(퇴직연금, 퇴직금) 중 하나 이상의 제도를 설정하여야 한다. 다만, 계속근로기간이 1년 미만인 근로자, 4주간을 평균하여 1주간의 소정근로시간이 15시간 미만인 근로자에 대하여는 퇴직급여제도에 대한 강제적용이 배제된다.

위와 같은 法 조항에도 불구하고 사용자가 퇴직급여제도나 개인형퇴직연금제도를 설정하지 아니한 경우에는 퇴직금제도를 설정한 것으로 본다.

5-2. 새로 성립된 사업장에 대한 퇴직급여제도 설정

2012.7.26. 이후 새로 설립된 신설 사업장의 사용자는 근로자대표의 의견을 들어 설립 후 1년 이내에 퇴직연금제도를 우선 설정하여야 한다. 이는 기존의 근로자대표의 '동의'절차에서 신설사업장의 경우에는 '의견 청취'만으로도 퇴직연금을 설정할 수 있도록 절차가 완화된 조치이다.

1년이 지나도 별도의 퇴직연금을 설정하지 않은 경우 퇴직자의 퇴직급여 처리문제로 인해 퇴직금제도를 자동 설정한 것으로 간주한다. 새로 설립된 사업장에는 합병되거나 분할되는 사업장은 포함되지 않는다.

5-3. 퇴직급여제도 설정 및 변경 방법

⊖ 설정 및 변경 방법

사용자가 퇴직급여제도를 설정하거나 설정된 퇴직급여제도를 다른 종류의 퇴직급여제도로 변경하려는 경우에는 근로자대표의 동의를 받아야 한다. '근로자대표'란 근로자의 과반수가 가입한 노동조합이 있는 경우에는 그 노동조합, 근로자의 과반수가 가입한 노동조합이 없는 경우에는 근로자 과반수를 말한다. 만약에 근로자대표의 동의를 받지 못하면 원칙적으로 퇴직금제도가 적용된다.

기존에 퇴직금제도를 시행하고 있는 사업은 근로자대표의 동의를 얻어 퇴직연금제도로 전환할 수 있다.

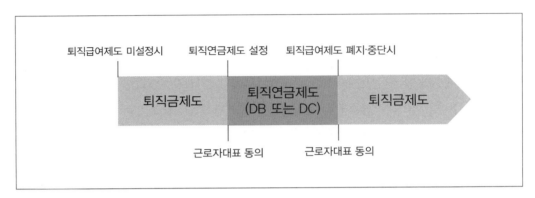

[그림 1-2] **퇴직급여제도 설정 및 변경 방법**

퇴직급여제도의 변경 유형은 표에서 보는 바와 같으며, 변경이 가능한 유형과 불가능한 유형이 있으니 주의하여야 한다.

[표 1-2] **퇴직급여제도 변경 유형**

퇴직급여제도의 변경 유형	가부	변경 방법
DB ⇒ DC	○	해당 근로자의 변경 시점 직전 연간 임금총액의 1/12에 해당하는 부담금을 기준으로 DB 가입기간을 소급
DB ⇒ 퇴직금	×	
DB, 퇴직금 ⇒ 혼합형	○	
DC ⇒ DB	×	단, 전환시점 이후의 근무기간만을 DB형으로 전환하는 것은 가능 (DC형 적립금 이전불가)
DC ⇒ 퇴직금	×	
DC ⇒ 혼합형	×	
퇴직금 ⇒ DB	○	퇴직금 적용기간을 DB 가입기간에 포함
퇴직금 ⇒ DC	○	해당 근로자의 변경 시점 직전 임금총액의 1/12에 해당하는 부담금을 기준으로 퇴직금 적용기간을 소급
혼합형 ⇒ DB	×	
혼합형 ⇒ DC	○	

※ 자료 : 고용노동부 퇴직급여제도 업무처리 매뉴얼

ⓒ 퇴직급여제도 가입기간

퇴직연금제도 가입기간은 퇴직연금제도 설정 이후 해당 사업에서 근로를 제공하는 기간으로 하되, 퇴직연금제도 설정 전에 해당 사업에서 제공한 근로기간에 대하여도 가입기간으로 정할 수 있으며, 퇴직금을 미리 정산한 기간은 제외한다.

퇴직연금 가입기간을 소급하지 않은 경우에는 퇴직연금제도 설정전의 기간은 근로자 퇴사시 퇴직금제도로 퇴직급여를 계산하여 지급한다.

ⓒ 근로자대표의 동의 방법

사용자는 퇴직연금규약 신고 시 근로자들이 퇴직연금규약의 내용을 주지하고 근로자 과반수가 그 내용에 동의를 하였다는 것을 증빙하는 자료를 제출해야 한다.

근로자들이 특정한 대표를 선출하여 동 대표가 퇴직연금규약에 동의 서명하는 것과 노사협의회에서 퇴직연금 도입을 의결하였다고 하여 이를 근로자 과반수의 동의로 볼 수 없는 점에 유의하여야 한다.

근로자 과반수의 동의를 얻는 방식은 사용자측의 개입이나 간섭이 배제된 상태에서 집단적 회의방식에 의한 의사결정 방식이어야 하며, 근로자의 찬반의사 표시에 관한 동의방식은 무기명도 가능하다.

On-Line을 통한 전자동의 방식이 사용자의 개입이나 간섭이 배제된 상태에서의 의사결정 방식에 해당된다면 이를 입증할 서류를 첨부하여 신고하여도 된다.

[표 1-3] 노조가입 여부에 따른 근로자대표 동의 방법

도입대상 · 집단	과반수 노조(有)	과반수 노조(無)
전체 근로자를 대상으로 도입할 경우	노조 동의	근로자 과반수 동의
노조가입 대상이 아닌 근로자를 대상으로 도입할 경우	해당 집단의 과반수 동의 + 노조 의견청취	해당 집단 과반수 동의
노조가입 대상이나 비노조원만을 대상으로 도입할 경우	해당 집단의 과반수 동의 + 노조 의견청취	해당 집단 과반수 동의
노조원만을 대상으로 도입	노조 동의	근로자 과반수 동의

※ 자료 : 고용노동부 퇴직급여제도 업무처리 매뉴얼

한 사업에서 근로자대표의 동의가 있는 경우 두 가지 형태의 퇴직연금제도를 설정하고, 근로자별로 선택하도록 할 수 있으며, 선택하지 않은 근로자는 어느 하나의 퇴직연금제도가 적용되도록 설정할 수 있다. 퇴직급여제도 설정 시 근로자별로 퇴직급여제도간의 변경이 허용되어 있다면 제도변경이 가능하다. 제도간 변경 허용 횟수와 관련하여서는 노사가 합리적인 범위 내에서 정하는 것이 바람직하다.

ⓒ 적립된 퇴직급여 처리방법

근로자의 퇴직급여제도 변경 시 그 동안 적립된 퇴직급여 처리방법으로 「근로자퇴직급여보장법」에 따른 급여는 근로자의 퇴직, 당해 퇴직연금제도의 폐지 또는 제도운영이 중단된 경우에 급여를 지급하기로 퇴직연금규약에 정한 경우 이외에는 근로자에게 지급되어서는 안되므로, 이러한 사유가 발생하기 전까지는 당해 제도 내에 계속 적립되어 운용된다. 다만, 퇴직연금규약을 통해 제도간의 적립금 이전을 허용하는 것은 특별한 사정이 없는 한 가능하다.

ⓒ 일부 근로자에 한하여 퇴직연금제도 도입방법

퇴직금제도를 유지하면서 일부 근로자에 한하여 퇴직연금제도를 도입하고자 하는 경우에는 대상 근로자의 과반수의 동의를 받아 도입이 가능하다. 이 경우 가입 대상자를 규약에 명시하여야 하며, 가입 대상이 되는 '근로자 집단'이라 함은 직종별·장소별·직급별·고용형태별 등 객관적으로 판단할 수 있는 특정 집단이어야 한다.

근로자가 소속된 사업장이 장소적으로 분리된 상태에서 특정 장소에 근무하는 근로자 집단을 가입대상자로 하는 퇴직연금제도를 도입하는 경우 퇴직연금규약은 '본사 관할'지방관서에 신고해야 된다.

> 예를 들어, 경기 공장(본사) 근로자 100명, 창원 공장 근로자 80명으로 구성된 ㈜00기업에서 창원 공장 근로자만을 대상으로 퇴직연금을 도입하고자 하는 경우에는, '특정 집단'인 창원 공장 근로자의 과반수(41명) 이상의 동의를 얻어 퇴직연금제도 도입이 가능한데, 이러한 경우에는 본사 관할 지방관서(중부지방고용노동청)에 규약 신고를 하여야 한다.

특정 집단이 먼저 퇴직연금제도를 도입 후, 다른 특정 집단의 근로자를 가입 대상자로 추가할 경우, 추가하는 특정 집단의 근로자의 과반수 동의를 받아 규약변경 신고를 하여야 한다.

먼저 도입한 창원 공장 외에 경기 공장에서도 추가로 가입을 하고자 할 경우에는, 경기 공장 근로자의 과반수(51명) 이상의 동의를 얻어 본사 관할인 중부지방고용노동청에 규약 변경 신고(규약의 가입 대상자의 범위 변경)를 하여야 한다.

ⓒ 사업장 합병 등에 따른 제도변경

A사가(DB형) B사(DB형)를 흡수 합병하여 퇴직급여 지급과 관련된 자산 및 부채를 포괄승계하기로 한 경우, A사 퇴직연금규약을 흡수 합병된 B사 직원의 퇴직급여를 통산할 수 있도록 변경하여 A사와 B사 근로자 대표의 의견을 들어 퇴직연금을 이전할 수 있다. 다만, 불이익하게 변경하는 경우에는 근로자대표의 동의를 얻어야 한다.

5-4. 퇴직급여제도의 내용 변경

설정된 퇴직급여제도의 내용을 변경하려는 경우에는 근로자대표의 의견을 들어야 한다. 여기서 '내용'변경이라 함은 퇴직금제도에 있어서는 퇴직금 수준, 퇴직연금제도의 경우에는 규약 사항의 변경 등을 들 수 있다.

'의견 청취'란 근로자대표의 의견을 듣는 것이지 찬성·반대 의견에 구속받는 것이 아니다.

 **의견을 들었음을 증빙할 수 있는 서류의 예시**

'의견 청취'를 증빙할 수 있는 서류는 근로자 과반수의. 수신확인이 가능한 이메일 송신문, 근로자 과반수가 참석한 회의에서 회의자료 및 회사 사보 등을 통한 공고 등을 말한다. 이 경우 근로자 과반수의 이메일 수신 여부, 회의 참석 여부 및 회사사보를 읽었음을 증빙할 수 있어야 한다.

다만, 근로자에게 불이익하게 변경하는 경우에는 근로자대표의 동의를 얻어야 하며, 불이익 변경과 그렇지 않은 것이 혼재된 경우에는 종합적으로 판단해야 하며, 불이익 변경여부의 판단은 취업규칙의 불이익 변경여부와 같은 기준을 적용한다.

만약, 동일 퇴직연금제도 안에서 퇴직연금사업자만을 변경할 때, 경우에 따라 근로자에게 불이익하게 변경될 수 있으므로 종전 계약해지에 따른 중도해지 수수료 등의 부담 주체를 파악하여 불이익 변경 여부를 종합적으로 판단해야 한다.

　퇴직연금제도의 설정내용을 변경할 경우 당연히 규약의 변경이 수반될 것이므로 규약변경 전후 비교표와 의견청취(동의)를 증명하는 자료를 첨부하여 지방관서에 신고하여야 한다.

참고 자료　퇴직연금규약 불이익 변경의 예시

불이익 변경	확정급여형(DB)의 급여수준을 낮추거나 확정기여형(DC)의 사용자 부담금 수준을 낮추는 것, 제도시행일 및 가입기간의 변경 등
불이익 변경 아님	퇴직연금사업자 추가, 사업합병 등 포괄승계(영업양도)에 따른 규약 변경, 확정급여형(DB) 적립금 운용 시 퇴직연금사업자간 적립금 이전

6. 차등설정 금지

6-1. 차등설정 개요

　퇴직급여제도의 차등설정이라 함은 하나의 사업 내에서 직종, 직위, 직급에 따라 퇴직급여의 지급기준이나 지급률을 달리하는 것을 금지하는 것으로, 하나의 사업장에서 근로자대표의 동의를 받아 다른 유형의 퇴직급여제도를 법정수준으로 도입한 경우에는 당해 사업장의 퇴직금제도, 확정급여형(DB) 퇴직연금제도, 확정기여형(DC) 퇴직연금제도, 기업형IRP는 동등한 가치를 지니는 제도로서 차등제도 설정에 해당되지 않는다.

　퇴직연금제도간 비교하여 어느 한 제도에 따른 급여가 다른 제도에서의 급여에 미치지 못하였다 하더라도 이를 보전할 의무는 없다.

　하나의 사업장안에서 퇴직급여제도의 급여를 설정하는 경우에 급여(퇴직금, DB형) 및 부담금(DC형) 산정방법의 적용 등에 있어서 근로자간의 차등을 두어서는 안 된다. 퇴직급여제도 간에는 물론 동일한 급여제도 내에서도 차등이 허용되지 않는다. 다만, 비조합원은 법정단수제이나 단체협약에 의해 조합원에게는 누진제로 하는 경우 및 취업규칙 불이익 변경 後 입사한 근로자와 변경 前 입사한 근로자 사이에 지급률이 차이 나는 것은 차등설정이 아니다.

6-2. 근로자 집단별로 서로 다른 퇴직급여제도 설정 가능

근로자대표의 동의를 얻어 정규직은 확정급여형(DB) 및 확정기여형(DC) 퇴직연금제도, 비정규직은 확정기여형(DC) 퇴직연금제도를 적용하는 등 퇴직연금 형태를 달리 설정할지라도 차등제도 설정에 해당되지 않는다.

또한, 근로자대표의 동의가 있는 경우 하나의 사업장에 복수의 퇴직급여제도를 설정하여 근로자별로 선택하게 하고 선택하지 않은 근로자에 대하여 어느 하나의 퇴직급여제도가 적용되도록 설정할 수 있고, 신규 입사한 근로자는 확정기여형(DC)을 기존근로자는 확정급여형(DB)을 가입하도록 하는 식으로 어떤 근로자가 어떤 제도를 가입하게 하는 것까지도 근로자대표의 동의 절차를 통해 규정할 수 있다.

퇴직금제도

제2절

1. 퇴직금제도 설정 및 지급

1-1. 퇴직금제도 설정

　퇴직금제도를 설정하려는 사용자는 계속근로기간 1년에 대하여 30일분 이상의 평균임금을 퇴직금으로 퇴직 근로자에게 지급할 수 있는 제도를 설정하여야 한다.

　그리고 퇴직금제도를 설정한 사용자는 퇴직급여 채무를 이행하기 위하여 근로자 퇴직 시 지급할 퇴직급여를 사내 '퇴직급여충당부채'계정에 예치하여야 한다.

1-2. 퇴직금의 지급

　근로자가 퇴직할 경우 사용자는 사내 '퇴직급여충당부채' 계정에 예치되어 있는 퇴직급여를 근로자가 퇴직한 날로부터 14일 이내에 퇴직금으로 지급하여야 한다.

　퇴직금의 지급 수준은 계속근로기간 1년에 대하여 30일분이상의 평균임금이다.

　근속기간과 평균임금으로 개인별 퇴직금을 산정하는데, 이 때 '평균임금'이란 이를 산정하여야 할 사유가 발생한 날 이전 3개월 동안에 해당 근로자에게 지급된 임금의 총액을 그 기간의 총일수로 나눈 금액을 말한다. 근로자가 취업한 후 3개월 미만인 경우도 이에 준한다.

> • 법정퇴직금 = 30일분 평균임금 × (총 근로일수/365일)
> • 누진퇴직금 = 30일분 평균임금 × (총 근로일수/365일) × 누진율

　상기 계산방식은 사용자가 근로자에게 퇴직금으로 지급해야 할 최소기준을 나타낸 공식이

며, 근속 연수에 1 이상의 가중치를 적용하는 방식(퇴직금 누진제) 등에 의하여 최소기준을 초과하여 지급하는 것은 관계없다. 한편, 매월 지급하지는 않지만 정기적(예: 매 3개월)으로 지급하는 상여금 등은 연간 지급액을 기준으로 3개월 해당분이 임금총액에 포함된다.

2. 퇴직금 중간정산제도

2-1. 퇴직금 중간정산제도

◉ 퇴직금 중간정산 요건

퇴직금 중간정산제도는 '근로자의 요구'와 '사용자의 승낙'이라는 요건을 필요로 한다. 따라서 근로자의 요구가 없는 경우에 사용자가 일방적으로 지급한 퇴직금 중간정산은 유효한 중간정산으로 인정되지 않는다.

근로자가 퇴직금 중간정산을 요청한다고 해도 사용자가 반드시 중간정산을 하여야 하는 것은 아니다. 사용자는 경영상의 사유 등이 있으면 근로자의 중간정산 요구를 승낙하지 않을 수 있다.

◉ 임금인상이 소급적용 될 경우 중간정산 차액지급 의무 없음

임금 인상률이 퇴직금 중간정산일 이전으로 소급하여 적용되는 경우라 하더라도 임금인상 결정일 이전에 퇴직금 중간정산을 시행한 경우에는 당사자간의 별도 특약이 없었다면 사용자는 평균임금을 다시 산정하여 지급할 의무가 없다.

◉ 퇴직금 중간정산의 평균임금 산정시점

근로자가 특정시점을 기준으로 퇴직금 중간정산을 신청할 경우 이에 사용자가 승낙하여 퇴직금을 중간정산 하여 지급할 수 있고, 사용자가 승낙하지 않아 지급하지 않을 수도 있다. 따라서 퇴직금 중간정산을 위한 산정기준은 노사가 합의한 시점을 기준으로 산정하여야 한다.

2-2. 과거 퇴직금 중간정산 문제점

과거 퇴직금제도에서 퇴직금 중간정산은 '근로자가 요청'을 하고 '사용자가 승낙'을 하면 특정한 사유가 없어도 언제든지 중간정산을 받을 수 있었다. 그러다 보니 당장 퇴직금을 사용하고자 하는 근로자의 욕구와 퇴직금 누진에 부담을 갖는 사용자의 욕구가 상호 일치하면서 수시로 중간정산을 실시하였다. 따라서 퇴직금이 생활자금으로 모두 소진된 경우가 많아 본연의 목적인 노후 소득재원으로서의 역할을 할 수 없었다.

2-3. 퇴직금 중간정산 법정사유

⊙ 퇴직금 중간정산제도 강화

과거 퇴직금 중간정산제도가 퇴직금 본연의 목적을 달성할 수 없는 문제점에 따라, 정부는 퇴직금의 노후소득보장 기능을 강화하기 위해 2012.7.26.「근로자퇴직급여보장법」을 전면 개정하여 원칙적으로 퇴직금 중간정산을 금지하고, 중간정산에 대한 법정사유를 신설하여 해당 사유에 해당하는 경우에 한해서만 퇴직금 중간정산을 받을 수 있도록 제도를 강화하였다.

⊙ 퇴직금 중간정산 사유

사용자는 다음과 같이 대통령령으로 정하는 사유에 한해 근로자의 요구가 있는 경우에는 근로자가 퇴직하기 전에 당해 근로자가 계속 근로한 기간에 대한 퇴직금을 미리 정산하여 지급할 수 있으며, 이 경우 미리 정산하여 지급한 후의 퇴직금 산정을 위한 계속근로기간은 정산시점부터 새로 기산되므로 중간정산 이후 퇴직금 산정은 노사 간에 단체협약 등 별도 정한 바가 없다면 정산 이후부터 새로이 기산하면 되고, 이때 근로연수와 관련 있는 여타 근로조건(승진, 승급, 호봉, 상여, 연차유급휴가 등)은 변동이 없다.

 [法시행령 제3조] 퇴직금의 중간정산 사유

① 무주택자인 근로자가 본인 명의로 주택을 구입하는 경우
② 무주택자인 근로자가 주거목적으로 전세금 또는 보증금을 부담하는 경우
　(근로자가 하나의 사업에 근로하는 동안 1회로 한정)

③ 6개월 이상 요양을 필요로 하는 다음 각 목의 어느 하나에 해당하는 사람의 질병이나 부상에 대한 요양 비용을 근로자가 연간 임금총액의 125/1000(1/8)를 초과하여 의료비를 부담한 경우

　가. 근로자 본인

　나. 근로자의 배우자

　다. 근로자 또는 그 배우자의 부양가족

④ 퇴직금 중간정산을 신청하는 날부터 역산하여 5년 이내 근로자가「채무자 회생 및 파산에 관한 법률」에 따라 파산선고를 받은 경우

⑤ 퇴직금 중간정산을 신청하는 날부터 역산하여 5년 이내 근로자가「채무자 회생 및 파산에 관한 법률」에 따라 개인회생절차개시 결정을 받은 경우

⑥ 사용자가 기존의 정년을 연장하거나 보장하는 조건으로 단체협약 및 취업규칙 등을 통하여 일정 나이, 근속시점 또는 임금액을 기준으로 임금을 줄이는 제도를 시행하는 경우

⑦ 사용자가 근로자와의 합의에 따라 소정근로시간을 1일 1시간 또는 1주 5시간 이상 변경하여 그 변경된 소정근로시간에 따라 근로자가 3개월 이상 계속 근로하기로 한 경우

⑧ 근로시간의 단축으로 근로자의 퇴직금이 감소되는 경우

⑨ 그 밖에 천재지변 등으로 피해를 입는 등 고용노동부장관이 정하여 고시하는 사유와 요건에 해당하는 경우

❿ 중간정산 사유별 업무처리 방법

① 무주택자인 근로자가 본인 명의로 주택을 구입하는 경우

무주택자 여부에 관한 판단은 근로자 본인에 대한 확인만 거치면 되므로 중간정산 신청일을 기준으로 본인 명의로 등기된 주택이 없다면 세대원이 주택을 소유하고 있다 하더라도 무주택자 요건을 충족한 것으로 본다.

주택구입 여부에 관한 판단은 근로자 본인 명의로 된 주택 매매계약을 체결하였는지 여부를 통해 확인하면 된다. 부부 공동명의로 주택을 구입하는 경우도 본인 명의로 주택을 구입하는 것으로 본다.

중간정산 신청시기는 주택매매계약 체결일부터 소유권 이전 등기 후 1개월 이내에 신청 가능하다.

증빙서류

구분	구비서류	비고
무주택자 여부 확인	• 현 거주지 주민등록등본 • 현 거주지 건물등기부등본 또는 건축물관리대장등본 • 재산세 (미)과세 증명서	
주택구입 여부 확인	• 주택 구입의 경우에는 부동산 매매계약서(분양계약서)사본 • 주택 신축의 경우에는 건축설계서 및 공사계약서 등 • 구입한 주택에 대한 건물등기부등본 또는 건축물관리대장등본	등기 후 신청 시

사례 예시

사례 1	주택을 소유했다가 되팔고 다시 주택을 취득하는 경우에도 무주택자 요건을 충족하는지? ⇒ 중간정산신청 전에 주택을 소유한 사례가 있다 하더라도 신청일을 기준으로 확인하여 본인 명의의 주택이 없다면 가능
사례 2	근로자가 전세로 살고 있던 주택을 구입하는 경우로서 주택매매계약체결, 주택구입대금 지급, 소유권 이전 등기가 동시에 이루어진 경우 퇴직금 중간정산을 받을 수 있는지? ⇒ 증빙서류를 구비하여 소유권 이전 등기일로부터 1개월 이내에 중간정산 신청하는 경우에는 중간정산 가능함

② 무주택자인 근로자가 주거를 목적으로 전세금(보증금)을 부담하는 경우

전세금(보증금)을 부담하는 경우에는 근로자가 하나의 사업에 근로하는 동안 1회로 한정한다.

무주택자 여부에 관한 판단은 근로자 본인에 대한 확인만 거치면 되므로 중간정산 신청일을 기준으로 본인 명의로 등기된 주택이 없다면 세대원이 주택을 소유하고 있다고 하더라도 무주택자 요건을 충족한 것으로 본다.

전세금 또는 보증금의 범위는 주거목적의 전세금으로서「민법」제303조에 따른 전세금 또는「주택임대차보호법」제3조의2에 따른 임차보증금의 경우를 말한다. 임대차계약 상 보증금으로 전세보증금뿐만 아니라 월세보증금도 해당된다.

중간정산 신청시기는 주택임대차계약 체결일부터 잔금지급일 이후 1개월 이내에 신청 가능하다.

증빙서류

구분	구비서류	비고
무주택자 여부 확인	• 현 거주지 주민등록등본 • 현 거주지 건물등기부등본 또는 건축물관리대장등본 • 재산세 (미)과세 증명서	
주택구입 여부 확인	• 전세 및 임대차계약서 사본 • 전세금 또는 임차보증금을 지급한 경우에는 지급영수증 　(잔금지급일로부터 1월 이내)	잔금지급 후 신청 시

사례 예시

사례 1	전세계약기간을 연장하는 경우에 중간정산을 할 수 있는지? ⇒ 전세금(임차보증금)을 부담하기 위한 경우를 신규 전세계약을 체결하는 경우로 한정하고 있지 　않으므로 현 거주지의 임대차계약 기간을 연장하여 연장계약을 체결하는 경우에도 중간정산 　할 수 있음
사례 2	본인 명의가 아닌 배우자 등 세대주 명의로 주택 임대차계약을 체결하는 경우에도 중간정산을 받을 수 있는지? ⇒ 중간정산 신청을 하는 근로자 스스로 부담하는 전세금(임차보증금)에 대하여 중간정산을 받을 　수 있으므로 근로자와 세대를 같이하는 동거인의 명의로 주택 임대차계약을 체결하는 경우에 　는 원칙적으로 중간정산을 받을 수 없다. 그러나 배우자, 직계 존비속, 형제자매 등 세대원 명 　의로 계약을 한 경우로서 향후 전입신고 등을 통해 해당 주택에 거주함을 증명할 것을 서약하 　는 문서를 제출한다면 주거를 목적으로 임대차계약을 체결하는 경우로 갈음할 수 있다.

③ 근로자, 근로자의 배우자 또는 부양가족이 6개월 이상 요양을 하는 경우

　부양가족의 범위는 「소득세법」제50조제1항에 따른 근로자 또는 근로자의 배우자와 생계를 같이하는 부양가족을 말한다. 즉, ①60세 이상의 직계존속 ②20세 이하의 직계비속 또는 동거 입양자 ③20세 이하 또는 60세 이상인 형제자매 등을 말하며, 부양가족의 범위를 판단함에 있어 소득 수준을 고려하지는 않는다.

　6개월 이상의 요양에 해당하는지 여부에 대한 판단기준은 의사의 진단서 또는 소견서, 건강 보험공단의 장기요양확인서 등에서 병명 및 치료기간(6개월 이상)이 명시되어야 한다. 그리고 근로자가 연간 임금총액의 125/1000(1/8)를 초과하여 의료비를 부담한 경우만 중간정산이 허용된다.

신청시기는 중간정산 신청 당시 질병 또는 부상 등으로 요양 중이거나 요양 예정이어야 한다. 다만, 요양이 종료된 경우에는 요양 종료일부터 1개월 이내에 신청 가능하다.

증빙서류

구분	구비서류	비고
요양 필요 여부 확인	• 의사의 진단서 또는 소견서 또는 건강보험공단의 장기요양확인서 등 6개월 이상 요양의 필요 여부를 확인할 수 있는 서류 • 요양종료일과 치료비를 부담했음을 확인할 수 있는 서류	병명, 요양기간 (6개월 이상) 확인
부양가족 확인	• 가족관계증명서 등 배우자, 생계를 같이하는 부양가족 여부를 확인할 수 있는 서류	

사례 예시

사례1	근로자의 시모(55세)가 교통사고로 인해 6개월 이상 진단받은 경우 중간정산 할 수 있는지? ⇒ 근로자의 시모는 배우자의 직계존속에 해당하나 60세 미만이므로 6개월 이상의 요양을 한다고 하더라도 중간정산을 할 수 없다.
사례2	입원기간만 요양기간으로 인정되는지 혹은 통원치료기간도 요양기간으로 볼 수 있는지? ⇒ 요양은 질병 또는 부상 등으로 인하여 일정 치료를 필요로 하는 경우를 말하므로 입원치료 뿐만 아니라 통원치료, 약물치료 기간도 요양으로 본다.
사례3	임플란트 등 치과치료의 경우에도 6개월 이상의 진단서를 제출하면 중간정산이 가능한지? ⇒ 미용목적의 치료는 중간정산 요건에 해당하지 않지만 치과계 질환으로 인해 임플란트가 필요하고 6개월 이상 지속적으로 치료할 필요가 있는 경우에는 가능한 것으로 본다.

④ 신청일로부터 역산하여 5년 이내에 근로자가 「채무자 회생 및 파산에 관한 법률」에 따라 파산선고를 받은 경우

신청시기는 신청하는 날부터 역산하여 5년 이내에 파산선고를 받은 경우로서 신청 당시 파산의 효력이 진행 중이어야 한다. 면책·복권 결정이 있는 경우에는 파산의 효력이 종료되었으므로 중간정산이 불가하다.

증빙서류는 법원의 「파산선고문」이다.

⑤ 신청일로부터 역산하여 5년 이내에 근로자가 「채무자 회생 및 파산에 관한 법률」에 따라 개인회생절차개시 결정을 받은 경우

신청시기는 신청하는 날부터 역산하여 5년 이내에 파산선고를 받은 경우로서 신청 당시 개인회생절차개시 결정의 효력이 진행 중이어야 한다. 개인회생절차 폐지 결정, 면책결정이 된 경우에는 개인회생절차개시 결정의 효력이 종료되었으므로 중간정산이 불가하다.

증빙서류는 「개인회생절차개시 결정문」 또는 「개인회생절차변제인가 확정증명원」 이다.

> **사례 예시**
>
> | 사례 | 신용회복위원회의 신용회복절차개시결정을 중간정산 요건으로 볼 수 있는지?
⇒ 개인회생절차개시 결정은 「채무자 회생 및 파산에 관한 법률」을 근거로 법원에서 결정하는 것을 말한다. 따라서 신용회복위원회의 신용회복지원제도에 따른 개인워크아웃, 프리워크아웃(사전채무조정) 결정 등은 이에 해당하지 않아 중간정산 요건으로 볼 수 없다. |
> | --- | --- |

⑥ 「고용보험법 시행령」 제28조제1항제1호부터 제2호에 따른 임금피크제를 실시하여 임금이 줄어드는 경우

구분	요 건
정년연장형 임금피크제 (28조1항제1호)	• 근로자 대표의 동의를 받아 정년을 60세 이상으로 연장하거나 정년을 56세 이상 60세 미만으로 연장하면서 55세 이후부터 일정나이, 근속시점 또는 임금액을 기준으로 임금을 줄이는 제도를 시행하는 경우
근로시간 단축형 임금피크제 (28조1항제2호)	• 정년을 연장하거나 정년 후 재고용 하기로 하면서 주당 소정 근로시간을 15시간 이상 30시간 이하로 단축하는 경우 　- 근로자 대표의 동의를 받아 정년을 60세 이상으로 연장하거나 정년을 56세 이상 60세 미만으로 연장하면서 55세 이후부터 피크임금 시점보다 소정 근로시간을 15시간 이상 30시간 이하로 단축하는 경우 　- 정년을 55세 이상으로 정한 사업주가 정년에 이른 사람을 재고용(재고용기간이 1년 미만인 경우는 제외한다)하면서 정년퇴직 이후부터 임금을 줄이는 조건으로 소정근로시간을 15시간 이상 30시간 이하로 단축하는 경우

중간정산 신청자격은「고용보험법 시행령」제28조제1항제1호부터 제3호에 따른 임금피크제를 실시함에 따라 임금이 줄어드는 근로자이며, 신청시기는 원칙적으로 임금이 줄어드는 임금피크제가 실시되는 날(①, ②, ③)에 중간정산을 신청할 수 있도록 하여 중간정산 한 퇴직금에 불이익이 발생하지 않도록 하고 있다.

다만, 단체협약 및 취업규칙 등에 노사합의로 중간정산을 위한 평균임금 산정시점을 별도로 정하여 퇴직금 중간정산 신청시기를 달리 정한 경우에는 퇴직금에 불이익이 없도록 임금피크제가 실시되는 날 이후에도 신청 가능하도록 하였다.

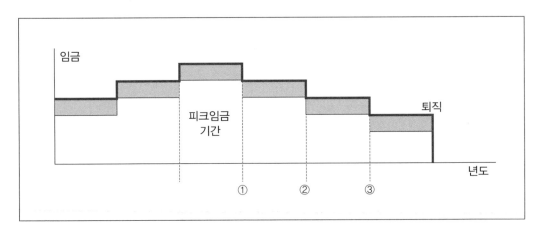

증빙서류

구분	구비서류	비고
임금피크제 적용대상 확인	• 취업규칙, 단체협약 등 임금피크제 실시 여부를 확인할 수 있는 서류 • 근로계약서(연봉계약서), 급여명세서 등 임금피크제를 적용 받는 근로자임을 확인할 수 있는 서류	사업장내 비치된 서류를 통해 확인

⑦ 천재지변 등으로 일정수준 이상의 물적·인적 피해를 입은 경우

(고용노동부 고시 제2012-55호)

중간정산 요건은 천재지변 등으로 근로자(배우자 포함)와 그 부양가족이 입은 물적 또는 인적 피해가 고용노동부 고시(제2012-55호)에서 정한 기준에 해당하는 경우를 말한다.

천재지변 등에 포함되는 재해의 유형은 태풍, 홍수, 호우, 강풍, 풍랑, 해일, 조수, 대설, 낙뢰,

가뭄, 지진(지진해일 포함) 그 밖에 이에 준하는 자연현상으로 인하여 발생하는 재해를 말한다.

물적 피해의 유형은 주거시설 등이 완전 침수·파손·유실·매몰되거나 일부 침수·파손·유실·매몰된 경우를 말하며, 피해 정도는 주거시설 등이 50% 이상 피해를 입어 피해시설의 복구가 거의 불가능하거나 복구에 오랜 시간이 걸리는 경우를 말한다.

인적 피해의 유형으로는 근로자의 배우자, 「소득세법」제50조제1항제3호에 따른 근로자(그 배우자를 포함)와 생계를 같이하는 부양가족이 사망하거나 실종된 경우를 말하며, 피해 정도는 15일 이상 입원치료가 필요한 피해를 입은 경우를 말한다.

중간정산 신청시기는 천재지변 등으로 물적·인적 피해를 입은 날로부터 3개월이 경과한 이후에도 해당사유가 해소되지 아니하였음을 증명하는 경우에는 그 사유가 해소되기 전까지 신청할 수 있다.

증빙서류

구분	구비서류	비고
물적 피해	• 피해사실확인서 또는 자연재난 피해신고서에 따른 행정기관의 피해조사(확인) 자료	
인적 피해	• 자연재난 피해신고서에 따른 행정기관의 피해조사 (확인) 자료 • 임원사실 확인서, 사망(실종)증명서, 가족관계증명서 등	

2-4. 퇴직금 중간정산의 효과

⊙ 중간정산 이후 계속근로기간 산정

근로자의 요구에 따라 퇴직금을 중간정산 한 경우 정산 후 퇴직금 산정을 위한 계속근로기간은 중간정산 시점부터 새로이 계산되나, 근속연수와 관련 있는 여타 근로조건(승진, 승급, 호봉, 상여, 연차유급휴가 등)은 변동되지 않는다.

⊙ 법적 요건을 갖추지 않은 중간정산의 효력

중간정산의 사유와 요건을 갖추지 아니하였음에도 중간정산을 실시한 사용자에 대하여 법률에서 벌칙을 정하고 있지는 않다.

사용자가 법적 요건을 갖추지 않은 근로자에게 퇴직금을 중간정산 하여 지급한 경우 유효한 중간정산으로 볼 수 없으므로 사용자는 해당 근로자 퇴직 시 유효한 중간정산이 이루어지지 않은 기간을 포함한 전체 계속근로기간에 대하여 퇴직금 전액을 지급해야 한다. 이때 퇴직금 명목으로 기 지급한 급여는 근로자에게 착오로 과다 지급한 급여에 해당하므로 부당이득 반환청구 소송 등 민법상으로 해결해야 한다.

ⓒ 중간정산 관련서류 보존기간

사용자는 퇴직금을 미리 정산하여 지급한 경우 중간정산 요건을 확인하기 위해 해당 사유별 구비서류를 제출 받아야 하고, 제출 받은 증빙서류는 근로자가 퇴직한 후 5년이 되는 날까지 보존해야 한다. 다만, 개정 법 시행일 전에 중간정산을 실시한 경우에는 근로기준법의 규정에 따라 퇴직 후 3년간 보존하여야 한다. 따라서 퇴직금 중간정산 관계서류에 대한 보존기간은 퇴직금 중간정산을 실시한 시점에 따라 달리 계산되는 것으로, 현재 재직 중인 근로자의 경우 개정 「근로자퇴직급여보장법」시행일(2012.7.26) 이전에 퇴직금 중간정산을 실시하였다면 해당 근로자 퇴직 후 3년간 보존하고, 이후에 실시하였다면 5년간 보존해야 한다.

2-5. 중간정산 관련 유의 사항

ⓒ 중간정산 이후의 퇴직금 지급관계 및 근로조건 변동 여부

퇴직금 중간정산 이후 퇴직금 산정을 위한 계속근로년수가 1년 미만인 근로자의경우에도 전체 근로년수는 1년 이상이므로 중간정산 이후 1년 미만이 되는 기간에 대해서는 1년간의 퇴직금에 비례하여 퇴직금을 지급해야 한다.

퇴직금 중간정산으로 인한 퇴직금 산정을 위한 계속근로년수는 정산시점부터 새로이 기산되나, 근로연수와 관련 있는 여타 근로조건(승진, 승급, 호봉, 상여, 연차유급휴가 등)은 변동이 없어야 한다.

누진제를 적용하는 사업장의 경우 퇴직금 중간정산 이후 퇴직금 산정방법에 대해노사 간 별도의 정함이 없는 경우에는 중간정산 이후 퇴직금 산정을 위한 계속근로년수가 정산시점부터 새로이 기산되는 것으로 하여 퇴직금을 산정한다. 따라서 가급적 사전에 중간정산 이후의 퇴직금 산정방법을 정해두는 것이 바람직하다.

ⓒ 연봉제 하에서 퇴직금 중간정산 제한 규정 적용

과거「연봉제하의 퇴직금 중간정산 요건 변경지침」에 따라 연봉액에 퇴직금을 포함하여 매월 분할해서 지급하거나 연봉액의 1/13을 퇴직금으로 지급하면서 일정요건을 충족시켰을 때에는 유효한 중간정산으로 인정해 왔다.

 **과거 중간정산 일정 요건**

- 연봉액에 포함될 퇴직금의 액수를 명확히 할 것
- 매월 지급받은 퇴직금 합계가 법정퇴직금액보다 적지 않을 것
- 별도의 퇴직금 중간정산 요청서가 있어야 하고 중간정산금을 매월 분할 지급한다는 내용이 명확히 포함되어 있을 것
- 기왕에 계속근로를 제공한 기간을 대상으로 할 것

하지만 2012.7.26일「근로자퇴직급여보장법」개정으로「연봉제하의 퇴직금 중간정산 요건 변경지침」은 폐기 되었으며, 연봉계약서와는 별도로 기왕에 근로를 제공한 기간에 대하여 퇴직금을 매월 분할 지급받는 내용으로 근로자가 매월 중간정산 신청을 하는 경우에는 2012.7.25일 이전에 이루어진 중간정산 신청에 대해서만 유효한 중간정산으로 볼 수 있고, 2012.7.26일 이후 중간정산을 신청하는 경우에는 유효한 중간정산으로 볼 수 없다. 또한, 장래 근로기간에 대하여 발생할 예정인 퇴직금을 미리 매월 중간정산 지급받기로 중간정산 신청하여 퇴직금을 매월 분할 지급한 것은 유효한 중간정산으로 볼 수 없다.

ⓒ 퇴직신탁(퇴직보험)에 대한 중간정산 제한

퇴직신탁 또는 퇴직보험에 가입된 근로자가 계속근로기간 중 해지환급금을 지급받는 경우에도 퇴직금 중간정산 관련 규정이 적용되므로 법적 중간정산 사유에 해당하지 않는 경우에는 지급할 수 없다.

사용자는 증빙서류를 통하여 중간정산 사유에 해당하는지 여부를 확인한 후 지급여부를 결정하여야 하고, 사용자와 퇴직신탁 또는 퇴직보험 계약을 체결한 당사자인 금융기관은 사용자로부터 퇴직금 중간정산 신청서 및 관련 증빙서류를 확인한 후 해지환급금을 지급하여야 한다.

⊙ 기간제근로자에 대한 퇴직금 중간정산

기간제근로자(기간의 정함이 있는 근로계약을 체결한 근로자)는 실질적인 퇴직여부와 관련 없이 매 1년 또는 계약기간이 종료될 때마다 퇴직금을 지급하여 계속 근로기간 중 퇴직금을 중간정산 하는 관행이 널리 퍼져 있으며, 퇴직금 중간정산 제한 관련 규정은 고용형태와 관계없이 기간제근로자에게도 동일하게 적용되므로 근로관계가 실질적으로 종료되지 않았음에도 불구하고 매년 또는 매 계약기간 종료 시마다 퇴직금을 지급하는 경우 중간정산 제한 규정에 위반 될 수 있다. 따라서 실질적인 근로관계 종료가 발생한 이후에 퇴직금을 지급하여 중간정산 제한 규정에 위반되지 않도록 유의할 필요가 있다.

기간제근로자가 계약기간 만료 후 동일한 조건의 근로계약을 반복하여 체결하는 것이 예상되는 경우에는 실제 당해 사업장에서 퇴직하는 경우에 퇴직금을 지급하도록 하여야 한다.

기간제 근로계약을 반복 갱신하여 체결하는 경우에는 계약기간을 형식적으로 보아 계속 근로 여부를 판단할 것이 아니고, 계약기간을 정한 동기 및 경위, 당사자의 진정한 의사, 근로관계 단절을 위한 행위가 이루어졌는지, 공개채용 등을 통해 실질적으로 채용 여부를 결정하였는지, 재 채용에 대한 기대가 형성되지 않은 상황에서 그 근로자가 우연히 다시 채용되었는지 여부 등을 종합적으로 살펴보아 계속 근로 여부를 판단하여야 한다. 따라서 실질적으로 근로관계가 단절되어 퇴직한 것으로 볼 수 있는 경우에는 퇴직금 중간정산으로 보지 않는다.

퇴직연금제도 도입배경

제3절

1. 사회·경제적 환경의 변화

1-1. 급속한 고령화 진행

고령화·저출산의 급속한 진행으로 은퇴후의 생활은 점차 장기화되어 가는 반면, 노년층을 부양할 수 있는 젊은 세대의 인구는 감소하고 있어 노후생활에 대한 체계적이고 종합적인 준비가 필요하다.

통계청의 장래인구 추계에 따르면 우리나라는 65세 이상 인구비율이 지난 2000년에 7.2%에 이르러 이미 고령화 사회(aging society)에 들어섰으며, 향후 2017년에는 이 비율이 14.2%가 되어 고령사회(aged society)에 진입하고, 2025년에는 20.8%가 되어 초고령사회(super-aged society)에 도달할 것으로 전망된다. 이는 세계에서 가장 빠른 속도로 고령화 사회에서 고령사회로 진입하는 것이다.

[표 1-4] 고령화 사회의 정의 (UN의 정의)

Aging Society 고령화사회	전체인구 중 65세 이상 고령인구비율이 7%이상~14%미만인 사회
Aged Society 고령사회	전체인구 중 65세 이상 고령인구비율이 14%이상~20%미만인 사회
Super-Aged Society 초고령사회	전체인구 중 65세 이상 고령인구비율이 20%이상인 사회

[표 1-5] 주요국의 고령화 속도

구 분	도달연도			소요연수	
	고령화 사회	고령 사회	초 고령 사회	고령화 사회 →고령사회	고령사회 →초 고령 사회
일본	1970	1994	2006	24	12
프랑스	1864	1979	2018	115	39
독일	1932	1972	2012	40	40
영국	1929	1976	2026	47	50
미국	1942	2013	2036	71	23
한국	2000	2018	2026	18	8

※ 자료: 통계청 '세계인구현황 보고서 (UNFPA)'

　　한국사회의 고령화는 저출산 현상과 결합되어 가속화되고 있다. 2018년 우리나라의 출산율은 0.977에 불과하여 OECD 국가 중 최하위의 수치를 기록하였다.

　　저출산·고령화 사회의 가장 큰 특징은 노인 1명당 생산가능인구가 줄어들어 노인부양이 어려워진다는 것이다(2018년 5.1명, 2026년 3.2명). 더구나 은퇴 이후의 경제적인 안정은 노후생활의 가장 중요한 문제로 등장할 예정이다.

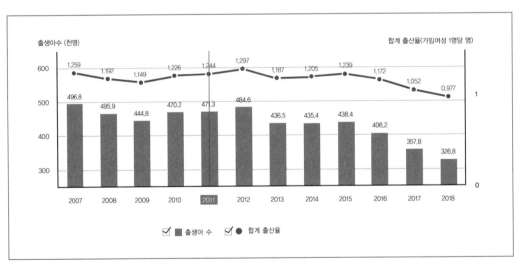

※ 자료 : 통계청(2018년 출생통계)
* 합계출산율 : 여자 1명이 가임기간(15~49세) 동안 낳는 평균 출생아 수

[그림 1-3] 연도별 합계 출산율 추이

1-2. 노동환경의 변화

근로자의 평균 근속기간이 줄어들고, 조기 퇴직과 잦은 이직이 일반화되어 평생직장이라는 것은 이제 옛말이 되었다. 정년까지 일했던 종전에는 40년 일하고, 노후 20년을 퇴직금으로 생활할 수 있으나, 이제는 20년 일하고 노후 40년을 살아야 하는 시대가 온다.

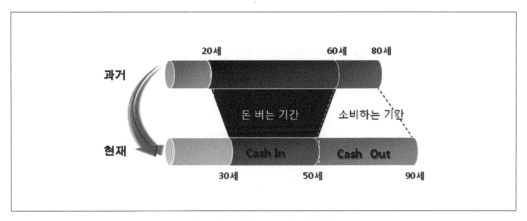

[그림 1-4] 노동시장 변화

2019년 8월 통계청에서 실시한 '경제활동인구조사 근로형태별 부가조사 결과'에 따르면 전체 임금근로자의 평균근속 연수가 5년 10개월에 불과하다. 이처럼 평생직장의 개념이 사라지고 있는 만큼 근로자 스스로 적극적인 관심을 갖고 노후생활에 대비할 필요가 있다.

2. 기존 퇴직금 제도의 문제점

2-1. 근로자 수급권 보장 미흡

과거 퇴직금제도에서는 퇴직금을 사외에 예치할 수 있는 제도가 없었기 때문에 대부분 사내유보가 일반적이므로 기업 도산 시 근로자의 수급권이 보호되기 어렵다.

근로자의 퇴직금이 노후생활 자금 본연의 역할을 하기 위해서는 퇴직금에 대한 근로자의 수급권이 보장되어야 한다는 것이 기본적인 전제조건이다. 그러나 현실적으로 퇴직금을 지급하기 위한 재원이 별도로 적립되어 있지 않고 기업의 운영 경비 등으로 이용되는 경우가 많기 때문에, 기업이 갑자기 도산하는 경우에는 퇴직금을 전액 지급받지 못하고 체불되는 사례가 빈번하다.

퇴직근로자 임금채권보장제도는 퇴직근로자가 기업 도산 등으로 임금휴업수당, 퇴직금을 지급받지 못하거나, 법원의 확정판결 등을 받은 경우 국가가 사업주를 대신하여 일정범위의 체불금품을 체당금으로 지급하는 제도이다. 2019년말 기준으로 도산기업에서 임금 등이 체불된 채 퇴직한 근로자에게 국가가 사업주를 대신하여 체불 임금 및 퇴직금 등을 지급한 체당금은 100,085명에 4,599억원으로 급증하고 있다.

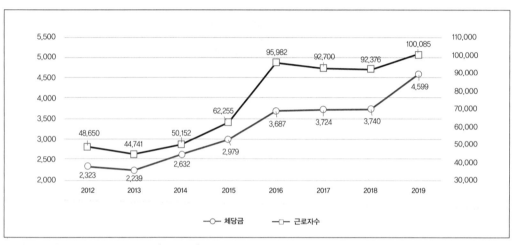

※ 자료 : 고용노동부 체당금 지급실적(2019년말)

[그림 1-5] 퇴직금 체불 현황

2-2. 노후소득 보장기능 미흡

퇴직금제도에서는 잦은 이직과 중간정산, 조기퇴직 등으로 퇴직금을 일시금으로 받아 생활자금으로 소진하는 경우가 많아 노후 소득재원으로서의 역할을 수행하지 못하고 있다.

근무 실적에 따라 급여를 지급받는 연봉제가 확산되고 정기적으로 퇴직금 중간정산을 실시하는 기업이 많아지면서, 퇴직금이 노후를 위해 적립되지 못하고 이직 및 중간정산 등에 의해 소액으로 지급받게 되는 경우, 근로자 입장에서도 새로운 직장을 찾는 기간 동안 생활자금으로 사용하게 되는 형편이라, 퇴직금을 노후 생활자금으로 이용하기 위한 제도 원래의 목적이 달성되지 않고 있다.

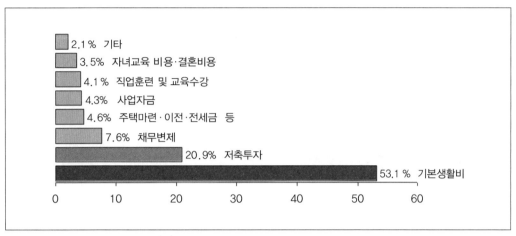

※ 자료 : 한국노동교육원 '공기업 및 공공부문 퇴직급여제도 개선방안'

[그림 1-6] **퇴직금의 주된 사용처**

2-3. 기업의 재무관리 어려움

퇴직부채에 대한 실질적인 비용예측이 어려워 경우에 따라 일시금 부담이 가중되는 등 기업의 재무관리가 용이하지 못하다.

근로자의 퇴직금을 사내유보 하고 있다 하더라도 근로자의 퇴직율 등을 감안한 적정한 퇴직금이 예치되지 않고 있는 경우가 많아 일시에 여러 명의 근로자가 퇴직하거나, 거액의 퇴직금이 발생하는 임원이 퇴직하게 될 경우에는 퇴직금을 지급하지 못하는 재무위험에 직면할 수 있다.

특히, 대표이사의 경우 퇴직금 규모가 가장 큰 경우가 많기 때문에 갑작스러운 유고 사태가 발생할 경우 퇴직금 지급불능 사태가 발생할 수 있다.

2-4. 인사관리의 유연성 제약

기존 퇴직금제도는 연공서열형 임금제도에 적합하도록 설계되어 있어서 근로자의 근속연수가 증가할수록 퇴직금이 증가하기 때문에 근로자가 퇴직 시점에 퇴직금을 지급받더라도 불이익이 없다.

하지만 최근 확산되고 있는 연봉제 등의 성과주의 임금제도에서 퇴직금제도를 그대로 적용하게 되면 성과에 따라 평균임금에 변동(상승 또는 하락)이 발생하게 되므로 퇴직금 수령금액에 차이가 크게 발생할 소지가 많아 근로자에게 불이익이 발생할 수 있다.

또한 기존 퇴직금제도는 근속연수에 따라 임금이 하락하는 임금피크제 등의 새로운 제도 도입에 제약 요인으로 작용할 여지가 크므로 결국 효율적 경영을 달성하는 데 저해요소가 되기도 한다.

3. 퇴직연금제도의 도입 필요성

3-1. 노후준비 미흡

우리나라의 노인빈곤율은 46%로 경제협력개발기구(OECD) 회원국 중 가장 높은 수준이다. 선진국과 달리 공적연금이 성숙하지 않은 측면도 있지만, 전통적인 농경사회의 특징에 따라 부모를 공경하고 자식을 위해 헌신해 온 노인세대는 정작 자신의 노후 준비는 하지 못했다.

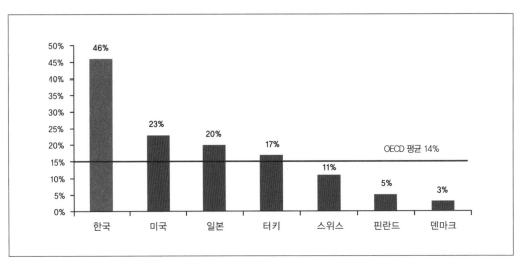

※ 자료 : OECD(2019년), 노인빈곤율은 만 65세 이상

[그림 1-7] 노인빈곤율

정부가 노인 빈곤 문제에 대응하기 위해 노인 일자리를 마련하고 있지만 아직은 턱없이 부족한 실정이다. 정부가 내놓은 2020년 노인 일자리는 모두 74만개인데, 2019년말 기준 노인인구 약 770만명을 감안해 볼 때 9.6%에 불과하다.

2017년도 노인실태조사 보고서(보건복지부)에서 만 65세 이상 10,299명에 대한 직접면접조사 결과에 따르면, 수입을 목적으로 일을 하고 있는 만 65세 이상 노인은 30.9%이다. 경제활동에 참여하고 있는 노인은 단순노무 종사자가 40.1%로 가장 많았고, 다음으로 농림어업숙련종사자가 32.9%이다. 노인의 월평균 근로소득은 29만원 이하가 32.5%로 가장 많은 비중을 차지했고, 150만원 이상 17.8%, 100~149만원 15.6%, 50~99만원 14.9%, 없음 11.9%, 그리고 30~49만원 7.3% 순으로 나타났다. 65세 이상 노인의 33.6%는 앞으로도 계속 일을 하고 싶다고 응답했다. 앞으로 계속 일을 하고 싶은 이유로는 생계비 마련이 62.3%로 가장 높으며, 용돈 마련이 16.4% 이다.

3-2. 기대수명 증가

우리나라 만 65세 이상 고령자의 기대수명이 경제협력개발기구(OECD) 회원국 평균치를 웃도는 것으로 나타났다. 갈수록 노인들의 수명이 늘어나고 있는데 반해 노인빈곤율은 여전히 OECD 1위를 기록하고 있다. 갈수록 사회적 노인 부양부담이 늘어날 수밖에 없는 구조로 가고 있다.

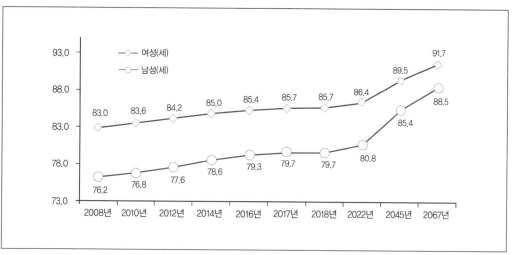

※ 자료 : 통계청(2019년)

[그림 1-8] 기대수명 추이

통계청에 따르면 2019년 우리나라 남녀 기대수명 모두 OECD 평균(여자 85.7년, 남자 78.1년)

보다 높은 것으로 조사됐다. 여자는 2.4세, 남자는 1.7세 OECD 평균을 상회한다. 법률상 정년이 60세 이상인 점을 감안하면 퇴직 후에도 20년이 넘는 여생의 경제력을 고민해야 하는 셈이다. 그러나 각종 지표에 따르면 우리나라 노인 2명 중 1명은 빈곤한 삶을 살고 있다. 따라서 노인 스스로 경제력을 갖출 수 있도록 지원하는 것이 중요하다.

3-3. 국민연금의 낮은 소득대체율

국민의 노후소득 보장을 위해 1988년 소득대체율 70%로 시작됐던 국민연금제도는 짧은 가입기간(가입자 평균 가입기간 8.1년, 신규 수급자평균 가입기간 5.7년)으로 충분한 재정을 마련하지 못한 가운데 급속한 고령화의 진행으로 인해 수급자가 증가하고 수급기간도 장기화되자 소득대체율을 점차 인하하여 1999년 60%, 2008년 50%로 인하하였으며, 2015년 현재 국민연금 소득대체율은 46.5%로 낮아졌다.

연금재정 고갈을 우려한 정부가 2007년 국민연금법 개정으로 국민연금 지급율을 인하하고, 수급연령도 연장시켰기 때문이다. 즉, 2009년부터 2028년까지 매년 0.5%씩 낮추어 2028년 이후에는 40%가 되도록 설계하였다. 이것은 40년간 꼬박꼬박 국민연금 보험료를 납부할 경우 보장되는 명목소득대체율이고 실제로 국민연금수급자가 받게 될 실질소득대체율은 국민연금 가입자의 평균가입기간인 20년을 기준으로 했을 때 20%수준에 머문다.

국민연금연구원에서도 국민연금 소득대체율이 30%도 미치지 못하는 2060년이 될 것으로 예상하고 있다.

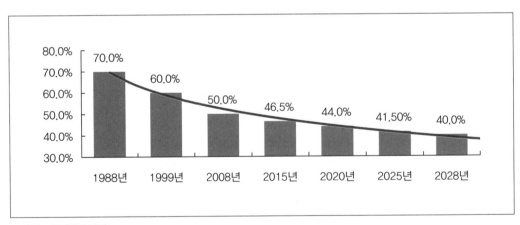

※ 자료 : 국민연금 카페

[그림 1-9] 국민연금 소득대체율

공적연금으로서 최소한의 노후생활 보장 역할을 해 왔던 국민연금이 인구 고령화로 인하여 수급자가 급증함에 따라 소득대체율이 급감하면서 더 이상 노후생활 자금으로서 역할을 할 수 없게 되었다.

3-4. 선진국형 3층 연금구조 필요

퇴직연금제도는 안정적인 노후를 위한 선진국형 3층 노후보장 체계에서 핵심적인 역할을 한다. 국민연금으로 기초적인 생활을 보장받고, 퇴직연금으로 안정적인 노후생활, 개인연금으로는 여유 있는 노후생활 준비를 하여야 한다.

우리나라는 공적연금인 국민연금의 소득대체율이 40%에 불과하나, OECD에서는 은퇴 후 노후생활을 위해 적정한 평균적인 소득대체율을 80%로 보고 있다.

선진국 급여생활자의 노후생활의 두 가지 기둥은 공적연금과 사적연금(퇴직연금과 개인연금)인데, 고령화·저출산 시대를 맞이하여 정부는 국가재정이 많이 소요되는 공적연금의 비중을 낮추고, 사적연금인 퇴직연금 활성화를 통해 공적연금을 보완함으로써 연금 소득대체율을 지속적으로 제고하는 다층노후소득 보장체계를 더욱 확고히 구축하고자 한다.

[표 1-6] 다층노후소득 보장체계

구 분		근로소득자	자영업자	공무원/사학/군인
사적연금	3층	개인연금(개인보장)		
	2층	퇴직연금(기업보장)	2017.7.26일부터 개인형IRP 가입가능	
공적연금	1층	국민연금(국가보장)		준공적연금 (공무원연금 사립학교교직원연금 군인연금)
(빈곤층)	0층	기초노령연금/기초연금 (기초생활 보장)		

130년이 넘는 퇴직연금제도 역사를 가진 미국의 경우, 꾸준히 퇴직연금의 수급권 강화와 세제혜택 확대를 추진해 온 결과, 2006년말 현재 퇴직연금 자산만 10조 6,000억 달러(약 1경원)에 달하고 있다. '직장인의 퇴직연금 가입은 대중의 지혜(common wisdom)'라고 하는 영국에서도,

저소득층의 노후소득보장 강화를 위해 2012년에 정부도 일정액을 부담하는 강제가입 확정기여 (DC: Defined Contribution)형 퇴직연금제도 도입을 검토하고 있다. 호주 역시 1992년에 강제가 입 DC형 퇴직연금제도를 도입하였으며, 이웃 일본에서는 2000년대 들어 확정급여(DB: Defined Benefit)형 제도와 확정기여형(DC) 제도를 받아들여 새로운 퇴직연금제도를 도입하였다.

이와 같이 선진국에서는 급속한 고령화에 따른 근로자의 노후소득 불안 문제를 해소하기 위해 퇴직연금제도의 강화에 적극적이다. 우리나라도 제도 개선 등을 통해서 선진국형 3층 연금구조로 전환을 가속화하고 있다.

퇴직연금제도

제**4**절

1. 퇴직연금제도 개요

1-1. 퇴직연금제도 도입 경과

근로자의 퇴직 이후 생활 보장을 위해 1961년 30인 이상 사업장에 대한 법정 강제제도로서 「근로기준법」에 퇴직금제도가 도입되었다. 이후 1975년 16인 이상 사업장으로 확대적용 된 이후 1987년 10인 이상 사업장으로, 1989년 5인 이상 사업장으로, 2010년 전 사업장으로 확대되었다.

1996년에는 퇴직신탁 및 퇴직보험제도를 도입하여 근로자들의 퇴직금을 사외 금융기관에 예치하도록 권장하였으나, 퇴직연금제도가 활성화되면서 2010.12.31에 퇴직금제도를 설정한 것으로 보는 유효기간이 만료되었다.

2005.12.1일 「근로자퇴직급여보장법」제정과 함께 기존 근로기준법에 있는 퇴직금제도와 퇴직급여제도(퇴직금 + 퇴직연금)로 확대 개편하여 퇴직연금제도가 도입되었다.

2012.7.26일 「근로자퇴직급여보장법」전부 개정 시행으로 퇴직금 중간정산 요건이 신설되고, 혼합형 퇴직연금제도 및 표준형 DC제도 도입, 퇴직연금 가입자 이직 시 개인형퇴직연금제도 이전 의무화, 확정급여형(DB) 재정검증 절차 및 확정기여형(DC) 미납 부담금에 대한 지연이자 신설, 퇴직연금 모집업무 위탁근거 신설 등 본격적으로 퇴직연금제도 도입 활성화를 위한 기반이 마련되었다.

1-2. 퇴직연금제도 개요

퇴직연금제도는 근로자들의 노후 소득보장과 생활 안정을 위해 근로자 재직기간 중 사용자가 퇴직급여 지급 재원을 퇴직연금사업자에 적립하고, 이 재원을 사용자 또는 근로자가 운용하며 근로자 퇴직 시 연금 또는 일시금으로 지급하는 제도이다.

2005.12.1일부터 시행된 우리나라의 퇴직연금제도는 기업이 근로자의 노후소득보장과 생활안정을 위해 근로자 재직기간 중 사용자가 퇴직금 지급재원을 외부의 금융기관에 적립하고, 이를 사용자 또는 근로자의 지시에 따라 운용하여 근로자 퇴직 시 연금 또는 일시금으로 지급하도록 하는 「기업복지제도」이다.

1인 이상 사업장의 사용자는 퇴직급여제도인 퇴직금제도와 퇴직연금제도 중 하나 이상의 제도를 설정하여야 한다. 그러나 지금까지 퇴직연금제도는 법정 퇴직금제도와 달리 노사합의에 의해 자율적으로 도입하는 제도로서 강제성이 없다. 따라서 기존의 퇴직금제도를 반드시 퇴직연금제도로 전환해야 하는 것은 아니며, 그대로 유지하는 것도 가능하다.

사용자가 퇴직급여제도(퇴직금제도 및 퇴직연금제도)를 설정하지 않은 경우에는 퇴직금제도를 설정한 것으로 간주한다.

퇴직연금은 근로자가 퇴직 후 받을 퇴직금을 노후생활자금으로 활용하기 위하여 노사합의에 의하여 자율적으로 가입하고, 퇴직 후 근로자의 선택에 의해 일시금이나 연금으로 받을 수 있는 사적연금제도이다. 따라서 국민건강보험, 산업재해보상보험 및 고용보험과 함께 4대 사회보험의 한 종류로서 최저생계보장 등을 위해 강제 가입하는 공적연금제도인 국민연금과는 다른 제도이다.

2. 퇴직연금제도의 특징

2-1. 퇴직금 지급재원을 사외 금융기관에 적립

퇴직금제도 하에서는 기업이 퇴직금 지급재원을 사내에 유보하고 있기 때문에 기업이 도산하면 퇴직금을 떼이는 경우가 많았다. 그러나 퇴직연금제도에서는 사용자가 퇴직금 지급재원을 믿을 만한 금융기관을 선정하여 맡겨 놓고, 한번 맡긴 퇴직금은 사용자에게는 돌려줄 수 없고, 오직 근로자에게만 지급할 수 있기 때문에 사업장이 도산하더라도 근로자의 퇴직금 수급권이 안전하게 보장된다.

근로자는 퇴사 후 퇴직급여가 체불될 염려 없이 안전하게 받고, 사용자는 부담금 납입분에 대해서 법인세 절감 등으로 재무건전성 향상을 기할 수 있다.

2-2. 사외 적립된 퇴직급여를 직접 운용

퇴직연금사업자에 사외 예치해 놓은 퇴직급여를 확정급여형(DB)에서는 사용자가, 확정기여형(DC)에서는 근로자가 직접 운용한다.

사용자는 확정급여형(DB)에서 발생한 운용수익으로 퇴직급여 지급 부담을 낮추고, 근로자는 확정기여형(DC)에서 발생한 운용수익으로 퇴직 후 수령할 퇴직급여 수준을 높일 수 있다. 또한 근로자는 퇴직연금을 받을 때까지 매년 운용수익에 대하여 세금을 면제받기 때문에 운용수익까지 복리운용 효과를 누릴 수 있다.

2-3. 선택권을 활용한 다양한 노후설계 가능

근로자는 퇴직 시 받은 퇴직급여를 개인형IRP에 적립하여 운용할 수 있으며, 55세 이후 상황에 따라 일시금이나, 연금수령 조건이 충족될 경우 연금으로 선택하여 수령함으로써 다양한 노후설계가 가능하다.

또한, 근로자는 사외에 적립된 퇴직연금 부담금을 본인이 직접 운용하고자 할 경우에는 확정기여형(DC) 제도를 선택하고, 회사가 대신 운용하고 본인은 확정된 퇴직급여를 받길 원할 경우에는 확정급여형(DB) 제도를 선택할 수 있다.

그리고 확정기여형(DC) 제도와 개인형 퇴직연금제도를 선택할 경우에는 본인자금으로 연간 연금저축합산 1,800만원까지 추가 불입할 수 있다. 그리고 만기도래한 ISA 해지자금을 추가 불입함으로써 근로자가 스스로 여유 있는 노후생활자금을 준비할 수 있고, 본인이 스스로 납부한 추가부담금에 대하여는 별도의 세액공제혜택도 주어진다.

2-4. 은퇴 시까지 노후재원 보존 가능

퇴직연금제도에서는 담보제공 및 중도인출 요건을 엄격하게 제한함으로써, 노후재원인 퇴직급여가 생활자금으로 쉽게 소진되지 않도록 제도적으로 지원하고 있다. 또한 개인형퇴직연금제도(IRP: Individual Retirement Pension)라는 퇴직금 통산장치를 도입하여, 근로자가 직장을 옮기는 경우에도 퇴직급여를 인출하지 않고 세금 혜택을 받으며 계속 적립하여 운용할 수 있게 하고, 은퇴 시점까지 퇴직급여를 보관할 수 있는 제도적 수단을 제공함으로써 노후재원 보존이 가능하다.

2-5. 변화하는 임금체계에 적합

　퇴직금제도의 경우 최종 임금을 기준으로 퇴직급여액이 정해지므로 중간에 임금이 변경되는 임금피크제 등 현행 임금체계에는 유연성이 떨어진다.

　하지만, 확정기여형(DC) 퇴직연금의 경우 연간 단위로 임금 총액의 1/12 이상 금액을 매년 적립하기 때문에 연봉제, 성과급제 및 임금피크제 등 임금체계의 변화에 맞추어 퇴직급여 수준이 변화하므로 유연한 대응이 가능하다.

3. 퇴직연금제도 도입효과

3-1. 근로자 측면의 장점

ⓒ• 퇴직금 수급권 보장 강화

　확정기여형(DC) 퇴직연금의 경우 전액 사외적립 되고, 적립된 자금은 근로자에게만 지급되기 때문에 퇴직금을 떼일 염려가 없다. 확정급여형(DB) 퇴직연금은 확정기여형(DC) 퇴직연금제도처럼 100% 전액 사외적립을 의무화하고 있지는 않지만, 2020년까지는 퇴직부채의 90%이상, 그리고 그 2021년부터는 100%까지 금융기관에 의무적으로 적립하게 되어 있어 퇴직금제도보다 근로자의 수급권이 강화된다.

　임금상승률이 낮은 중소기업에 근무하는 근로자는 확정기여형(DC) 제도 가입을 통해 기존 퇴직금제도 보다 더 많은 퇴직급여를 받을 기회를 얻을 수 있고, 퇴직금이 사외 안전한 금융기관에 적립되기 때문에 기업이 도산하거나 폐업하더라도 안전하게 퇴직금을 보장받을 수 있다.

ⓒ• 안정적인 노후생활자금 보장

　기존 퇴직금제도에서는 연봉제와 잦은 이직, 퇴직금 중간정산 등으로 퇴직금을 자주 수령하게 되었지만, 수령한 퇴직금을 은퇴 시까지 안전하게 모아 놓을 수 있는 제도적인 장치가 없어서 조기에 소진하는 경우가 많았다.

　하지만 새로이 도입된 퇴직연금제도는 직장이동에 따른 부작용을 최소화하기 위해 직장을 이동하더라도 퇴직금을 은퇴할 때까지 관리하고 운용할 수 있는 개인형IRP 라는 퇴직금 통산장치를 마련하였다. 즉, 직장을 이동할 때마다 수령한 퇴직금을 사용하지 않고 개인형IRP에 충분히 쌓아 두고 세금혜택을 받아가면서 운용하여 추가수익을 달성하다가 55세 이후에 근로자가 필요할 경우 연금 또는 일시금으로 수령할 수 있도록 하여 안정적으로 노후생활자금을 보장받을 수 있게 되었다.

◯• 세금혜택 제공

퇴직연금제도에 가입한 근로자에게는 다양한 세제혜택을 부여하고 있는데, 불입단계와 운용단계, 수령단계에서 각각 수혜할 수가 있다.

우선 불입단계에서는 3가지 세제혜택이 있다. 첫째, 퇴직소득세 과세이연 혜택이 있다. 근로자가 퇴직 후 수령한 퇴직금을 개인형IRP에 불입하면 퇴직금 수령시 납부할 퇴직소득세를 퇴직급여 수령시점까지 세액이연 할 수 있다. 둘째, 가입자부담금 추가불입액에 대한 세액공제 혜택이 있다. 확정기여형(DC) 및 개인형IRP에 가입한 근로자는 가입자부담금으로 연간 1,800만원 한도(연금저축 합산)로 추가불입을 할 수 있다. 그리고 추가불입금 기준으로 연간 1,200만원 한도(연금저축 합산)로 연간 총급여가 55백만원 이하인 근로자는 15%(180만원)로, 55백만원 초과인 근로자는 12%(144만원)로 세액공제 혜택을 받을 수 있으며, 세액공제 한도를 초과할 경우에는 다음연도로 이월해서 세액공제를 받을 수 있다. 다만, 연금저축의 경우에는 연간 400만원 한도로 세액공제를 받을 수 있으나, 종합소득 1억원(총급여 1억2천만원) 초과하는 거주자는 연간 300만원 한도로 세액공제를 받을 수 있다. 또한, 만 50세이상 개인의 노후대비를 위해 2020.1.1부터 2022.12.31일까지 납입하는 가입자부담금 추가불입금에 대하여는 연간 900만원 한도(연금저축 최고 600만원 합산)로 세액공제 대상 납입한도를 확대했다. 다만, 종합소득 1억원(총급여 1억2천만원) 초과하는 고소득자 및 금융소득종합과세 대상자는 제외하고, 2022.12.31까지 한시적으로 적용한다. 셋째, 만기 도래한 ISA(개인종합자산관리)계좌의 해지금액 한도 내에서 연금계좌(개인형IRP, 연금저축) 추가불입 허용 및 세액공제 혜택이 있다. 연금계좌 가입자부담금 추가불입 한도는 1,800만원이나, 만기 도래한 ISA계좌의 해지금액 한도 내에서 연금계좌에 추가불입이 허용되며, 추가불입액의 10%까지 최대 300만원 한도로 세액공제 혜택을 받을 수 있다. 연금계좌 추가불입 방법은 만기 도래한 ISA계좌 해지금액 중 전액 또는 일부 불입이 가능하며, 만기일로부터 60일 이내에 연금계좌에 불입하면 된다. 만 50세 이상 특례까지 감안하면 세액공제는 최고 1,200만원 한도까지 받을 수 있다.

[法 제59조의3] 연금계좌 세액공제 한도

구분	총 급여액 기준		
	55백만원 이하	55백만원 이하	1억2천만원 초과
세액공제 세율	15%	12%	
세액공제 금액 (1,200만원 기준)	180만원	144만원	
연금저축 한도	400만원		300만원
퇴직연금 한도 (연금저축 합산)	700만원		
만 50세이상 특례[주1] (3년간 한시 적용)	900만원(600만원)[주2]		700만원(300만원)
ISA 추가불입(별도)[주3]	300만원		–
세액공제 최고 한도	1,200만원		700만원

※ 주 1) 만 50세이상 세액공제 특례금액 200만원을 합산한 총 세액공제한도이다.
　　2) ()는 연금저축 불입금액 최고한도를 말한다.
　　3) 만기도래한 ISA 계좌 해지금액 추가불입에 따른 세액공제 최고 한도이다.

　운용단계에서 발생한 운용수익에 대해서는 퇴직급여 수령시점까지 과세이연 혜택을 부여한다. 세액이연 한 퇴직소득세와 운용수익 등 세금이 부과되지 않는 퇴직연금 적립금이 모두 투자재원으로 이용되기 때문에 세금을 절약하고, 절약한 세금의 재투자를 통해 초과수익을 증대시킴으로써 실직적인 노후소득 증대를 할 수 있다.

　수령단계에서는 수령방법에 따라 세금절감 혜택이 있다. 연금으로 수령하거나, 부득이한 사유로 수령할 경우에는 기존에 내야 했던 퇴직소득세의 70%만 내게 함으로써 퇴직소득세 30% 절감효과를 누릴 수 있고, 추가불입금 중 세액공제 받은 금액과 운용수익에 대하여는 일시금으로 받을 경우 적용 받는 기타소득세율(15%) 보다 훨씬 낮은 연금소득세율(3%~5%)을 적용 받기 때문에 절세효과가 더욱 크다. 특히, 장기 연금수령을 유도하기 위하여 최초 연금수령한 연도부터 실제 연금수령한 연도를 카운트하여 10년 초과 연금수령금액에 대하여는 퇴직소득세의 60%

만 내게 함으로써 10%를 추가로 절감해 준다. 다만, 연금수령 연도 계산 시 연금수령하지 않은 연도는 제외한다.

정부에서는 지속적으로 퇴직연금제도에 대한 세제혜택을 확대해서 적립의무가 있는 사용자가 자발적으로 적립을 하고, 근로자에게는 추가불입을 유도함으로써 실질적은 노후소득 보장제도로 자리매김할 예정이다.

◉ 추가불입을 통한 개인별 맞춤 노후설계 가능

확정급여형(DB) 제도에 가입한 근로자는 제도 내에서는 추가불입을 할 수 없기 때문에 근로자가 별도로 개인형IRP를 개설한 후 추가불입을 할 수 있으나, 확정기여형(DC)과 기업형IRP에 가입한 근로자의 경우에는 제도 내에서 사용자 부담금 이외에 근로자가 본인 자금으로 추가불입 하거나, 아니면 근로자가 별도로 개인형IRP를 개설한 후 추가불입을 할 수 있다.

추가불입 한도는 연금저축과 합산하여 연간 1,800만원이고, 만기 도래한 ISA계좌 해지금액 중 전액 또는 일부 추가불입이 가능하며, 만기일로부터 60일 이내에 연금계좌에 불입하면 된다. 그리고 세액공제와 과세이연 혜택까지 주어지므로 더욱 풍족한 노후생활을 누리고자 하는 근로자의 경우에는 추가불입 제도를 활용하여 개인별 맞춤 노후설계를 할 수 있다.

◉ 적립금 전액 압류금지 혜택

퇴직연금제도의 적립금이란 퇴직급여 지급을 위해 사용자 또는 가입자가 납입한 부담금으로 적립된 자금을 말하며, 퇴직연금 급여는 부담금 납입 주체를 구별하지 않고 퇴직연금제도에 의하여 지급되는 연금 또는 일시금 이므로 사용자부담금과 근로자가 추가로 납입한 부담금도 전액 압류가 금지된다.

◉ 금융환경 변화에 대한 이해와 활용능력 제고

퇴직연금제도에서는 근로자에게 퇴직연금에 대한 교육을 실시하는 것이 의무화되어 있으며, 사용자의 의무사항으로 연 1회 이상 실시하게 되어 있으나, 전문가인 퇴직연금사업자에게 위탁하여 실시하는 것이 일반적이기 때문에, 금융전문가로부터 다양한 금융정보 및 투자와 관련된 지식을 제공받을 수 있다.

저금리 기조가 장기화되면서 퇴직연금 수익률도 지속적으로 하락하고 있는 상황에서 근로자들이 중장기 수익률을 높여 나갈 수 있도록 퇴직연금 적립금의 운용 자율성을 확대하는 방향으로 금융위원회에서는 구체적인 운용방법 및 투자한도에 대한 퇴직연금감독규정을 개정하여 2015.5.1일부터 시행했다.

주요 내용으로는 근로자의 적립금 운용실적에 따라 수익률이 달라지는 확정기여형(DC)과 기업형IRP, 개인형IRP의 위험자산 총투자한도를 근로자별 적립금의 100분의 70으로 상향조정하고, 위험도가 큰 일부 운용방법(상장주식, 사모펀드, 후순위채 등)에 대해서만 예외적으로 투자를 금지·제한하고 나머지 개별 위험자산에 대하여는 투자한도를 폐지함으로써 근로자들에게 위험자산 선택의 폭을 넓혀 줬다.

저금리 기조가 장기화되면서 확정금리상품으로 물가상승률을 따라가기 어렵다고 생각하는 근로자들이 점차 실적배당상품으로 자산운용을 늘려갈 것으로 전망되면서 감독기관에서는 금융전문가인 퇴직연금사업자들에게 운용상품 안내 및 운용방법에 대한 가입자교육을 더욱 강화하여 근로자들의 금융환경 변화에 대한 이해를 높이고, 금융상품을 활용한 수익률 경쟁력도 높이고자 유도할 것으로 예상된다.

그리고 금융감독원 통합연금포털(http://100lifeplan.fss.or.kr)에 퇴직연금을 취급하는 금융회사별들의 연금상품을 한눈에 비교해 볼 수 있도록 하였다. 따라서 공시되는 수익률 정보를 통하여 퇴직연금에 가입한 사용자나 근로자들은 더 편리하게 퇴직연금사업자와 운용상품을 선택할 수 있게 되었으며, 퇴직연금사업자들은 자발적으로 수수료 인하 및 운용수익률 제고 노력을 더욱 촉진할 것으로 기대된다.

3-2. 사용자 측면의 장점

⒞ 비용부담 평준화 및 재무건전성 제고

사용자는 정기적으로 퇴직연금제도의 부담금을 납부하므로 퇴직급여 관련 비용부담을 평준화할 수 있고, 퇴직금관련 비용에 대한 예측을 통해 재무관리를 용이하게 할 수 있을 뿐만 아니라, 부채비율을 개선하여 기업의 재무건전성을 향상시킬 수도 있다.

확정급여형(DB)의 경우 사외적립 된 퇴직연금 운용자산이 확정급여채무(DBO)의 차감항목으로 계상되어 순부채가 감소하게 되며, 확정기여형(DC)의 경우 회사가 납부하여야 할 부담금을 비용으로만 인식하고, 퇴직연금 관련 부채를 인식하지 않으므로 부채비율을 개선하는 효과가 있다.

☞ 법인세 절감효과

퇴직연금 부담금 납입액은 전액 손금으로 인정되어 법인세 절감효과가 있다.

확정급여형(DB)의 경우에는 퇴직금추계액 한도 내에서 손비인정이 가능하고, 확정기여형 (DC)의 경우에는 부담금 납입액 전액 손비인정을 받을 수 있다.

사내에 유보한 퇴직금제도 대한 법인세 손금산입 한도는 2016년도부터는 전면 폐지되어 더 이상 사내유보로는 손비인정을 받을 수 없기 때문에 퇴직연금제도 도입을 통한 법인세 절감효과를 누리는 것이 유리하다.

☞ 변화된 인사노무관리에 적합

최종 3개월간 평균임금을 기준으로 하는 퇴직금제도는 과거 연공서열형 제도에 적합하게 되어 있어서 최근 성과에 따라 임금이 변동하는 퇴직연봉제, 성과주의 임금제도, 임금피크제 등에는 적합하지 않다. 따라서 퇴직연금제도는 최근 각광받고 있는 유연한 인사관리제도를 도입하는 데 적합하다.

☞ 임금채권부담금 감면

모든 사업장은 임금채권보장법에 의한 임금채권부담금을 납부하고 있는데, 퇴직연금에 가입한 사업장은 부담금의 최대 50%까지 감면을 받을 수 있다. 또한 근속기간에 비례하여 퇴직급여 수급액이 증가하므로 근로자의 장기근속률을 향상시키고 기업에 대한 충성도를 높이는 효과를 볼 수 있다.

고용노동부장관은 미지급 임금 등을 대신 지급하는데 드는 비용에 충당하기 위하여 사업주로부터 부담금을 징수한다. 2019년 1월 1일부터 2021년 12월 31일까지 3년간 적용되는 임금채권보장기금 사업주 부담비율은 보수총액의 1000분의 0.6(전업종 공통)이며, 다음 사업주에 대하여는 직전년도 말을 기준으로 부담금의 100분의 50에 해당하는 금액에 전체 근로자의 최종 3년간 퇴직금 중 미리 정산하여 지급한 비율 또는 퇴직연금제도의 설정 등으로 지급이 보장되는 비율을 곱하여 산정한 금액으로 한다.

[임금채권보장법 제10조] 임금채권보장제도 사업주부담금 경감기준 고시

사업주 구분	부담금 경감기준
① 퇴직금을 미리 정산하여 지급한 사업주 ② 퇴직신탁(보험)에 가입한 사업주 ③ 퇴직연금(확정급여형(DB), 확정기여형(DC), 기업형IRP) 　을 설정한 사업주 ④ 외국인근로자 출국만기보험·신탁에 가입한 사업주	부담금의 100분의 50 × 전체 근로자의 최종 3년간 퇴직급여 정산·지급보장 비율

※주: 2018.7.1일부터 시행.

　퇴직급여 정산·지급보장 비율의 산정 방법으로 첫째, 퇴직금을 중간 정산한 경우에는 개산부담금 또는 월별부담금 산정년도의 직전년도 말을 기준으로 전체 근로자의 최종 3년간의 퇴직금에 대하여 미리 정산하여 지급한 비율을 말한다.

　둘째, 퇴직연금제도를 설정한 경우, 확정기여형(DC) 제도를 설정한 경우에는 직전년도 말을 기준으로 최종 3년간의 기간 중 확정기여형(DC) 퇴직연금에 가입하여 퇴직급여의 지급이 보장되는 비율을 말하고, 확정급여형(DB) 제도를 설정한 경우에는 직전년도 말을 기준으로 최종 3년간의 기간 중 확정급여형(DB) 퇴직연금에 가입하여 퇴직급여부담금을 적립한 비율을 말한다. 다만, 전체 가입근로자의 평균가입기간이 3년을 초과하고 소급 적용하지 아니한 경우에는 다음 산식에 따른다.

$$\frac{3년 - [가입근로자 \ 평균가입년수 \times (1-가입기간중 \ 퇴직급여 \ 적립비율)}{3년}$$

　셋째, 퇴직신탁(보험) 또는 외국인근로자 출국만기신탁(보험)에 가입한 경우에는 직전년도 말을 기준으로 가입 근로자의 평균근속년수가 3년 이하인 경우에는 퇴직금 적립비율 즉, 근로자의 퇴직금 지급보장을 위해 퇴직보험 등에 적립된 금액을 전체 근로자의 퇴직금 추계액의 합계액으로 나눈 비율을 말한다. 다만, 가입 근로자의 평균근속연수가 3년을 초과하는 경우에는 다음 산식에 따른다.

$$\frac{3년 - [평균근속연수 \times (1-퇴직금 \ 적립비율)}{3년}$$

넷째, 1개 사업장에서 2개 이상의 경감사유에 해당하는 경우에는 전체 퇴직급여 지급대상 근로자 중 각 경감사유 해당 근로자의 비율을 구한 후 각 경감사유별 정산·지급보장 비율을 곱하여 산정한 값을 더하여 최종 정산·지급보장 비율을 산정한다.

확정급여형(DB) 제도에서 복수 사업자인 경우 임금채권보장기금 부담금 감면신청을 위한 '퇴직연금 가입확인서'를 간사기관이 사업자별 적립금 정보를 취합하여 가입자수, 가입기간 및 적립비율 등을 일괄 계산하여 사용자에게 발급하여야 한다.

⊙ 퇴직금 체불에 대한 법적 위험 감소

퇴직급여를 믿을만한 외부 금융기관에 적립시켜 놓음으로써 퇴직금 체불에 따른 민·형사책임 등 법적 위험을 해소할 수 있어 건전한 기업활동에 도움이 된다.

4. 퇴직연금제도 유형

4-1. 계약형 퇴직연금제도

⊙ 계약형 퇴직연금제도 개요

계약형 퇴직연금제도는 사용자가 직접 퇴직연금사업자와 운용 및 자산관리 계약을 체결하고, 사용자와 근로자가 퇴직연금 불입금을 직접 운용하는 제도를 말한다.

퇴직연금사업자는 사용자 및 근로자가 충분한 의사결정을 할 수 있도록 다양한 운용자산과 자산운용 정보만 제공하면 되고, 사용자 및 근로자가 직접 자산운용에 대한 의사결정을 하고 포트폴리오를 구성하여 운용하며 자산운용 결과에 대하여도 직접 책임을 지는 제도이다. 즉, 확정급여형(DB) 제도에서는 사용자가 불입한 퇴직연금 적립금에 대한 운용 지시를 하는 등 포트폴리오를 구성하여 운용하고, 자산운용 결과에 대한 모든 책임을 지는 반면, 확정기여형(DC) 및 IRP 제도에서는 가입 근로자가 사용자가 불입해준 퇴직연금 적립금과 본인이 추가 불입한 적립금에 대하여 직접 자산운용 지시를 하는 등 포트폴리오를 구성 운용하고 자산운용 결과에 대한 모든 책임도 근로자 본인이 직접 지는 제도를 말한다.

퇴직연금제도는 초기 제도도입을 활성화하기 위해 퇴직연금 자산운용을 퇴직연금사업자를 활용하는 비교적 도입이 쉬운 계약형제도로 성장해 왔다.

계약형 퇴직연금제도의 문제점

사용자와 근로자가 퇴직연금 불입금에 대한 자산운용을 직접 해야 하는 계약형 퇴직연금제도는 세가지 문제점이 있다.

첫째, 확정급여형(DB)의 경우에는 사외에 예치한 근로자에게 지급할 퇴직연금 적립금을 사용자가 직접 운용하고 있다. 따라서 거액 운용손실이 발생할 경우에는 회사의 재무위험을 초래할 수 있음은 물론 근로자들이 퇴직금을 받지 못할 수 있다. 하지만, 퇴직연금 적립금 운용과정에서 노동조합과 근로자의 의견이 반영되지 않는 문제점이 있고, 내부통제시스템이 갖추어져 있지 않아서 리스크에 노출되어 있다.

둘째, 확정기여형(DC)과 개인형IRP의 경우에는 근로자가 직접 퇴직연금 불입금을 운용하여야 한다. 하지만, 근로자들은 자산운용에 대한 전문지식 수준이 서로 다를 뿐만아니라, 근로자들이 자산운용을 직접 할 정도로 시간적 여유가 없기 때문에 포트폴리오를 적절히 구성해서 효율적으로 운용할 수 있는 여건이 되어 있지 않다.

셋째, 사용자와 근로자들이 주도적으로 자산운용을 하지 못한다. 계약형 퇴직연금제도에서는 퇴직연금사업자는 보조하는 역할을 하고, 사용자와 근로자가 직접 자산운용을 하여야 하나, 사용자와 근로자들이 자산운용 능력이 낮기 때문에 퇴직연금사업자들에 의존하게 된다. 따라서 퇴직연금사업자들이 금리가 낮은 정기예금 위주로 자산을 추천하다보니, 퇴직연금 운용수익률이 낮아 질 수밖에 없다. 그리고 설사 실적배당상품에 가입한 경우라도 퇴직연금사업자가 자산운용컨설팅을 제대로 하지 않기 때문에 교체매매 타임을 잡지 못해 손실을 보는 경우가 많다.

4-2. 기금형 퇴직연금제도

기금형 퇴직연금제도 개요

기금형제도란 사용자로부터 독립된 기금을 설치하고, 사용자 및 근로자 대표, 연금자산 운용전문가 등의 참여를 통해 연금자산을 운용하는 제도이다.

노·사의 입장 및 이해관계를 대변하는 수탁법인(대리인)이 연금자산을 운용함으로써 제도운영, 퇴직연금사업자 및 금융상품 선택 등에 노·사의 의견을 반영할 수 있어서 노·사 중심의 연금자산 관리 및 운용이 가능하다.

수탁법인에서 채용한 내부 전문가 또는 외부 자산운용 전문기관에 의한 위탁 운용을 통해 연금자산 운용수익률을 제고할 수 있으며, 협회, 공단, 지역 등 중소기업들이 공동으로 기금을 설치·운영 할 수 있는 플랫폼을 제공하는 연합형 제도이다. 따라서 규모의 경제를 통한 퇴직연금제도 운영 효율화를 기할 수 있다.

영국, 미국, 호주, 네델란드 등 대부분의 퇴직연금 선진국은 기금형제도를 운영하고 있다.

기금형제도는 노·사의 제도 선택권 및 근로자 수급권을 강화하고, 퇴직연금 자산운용의 전문성 확보를 통한 운용수익률 제고, 중소기업의 퇴직연금 도입을 유도하기 위한 취지로 도입되었다.

사용자와 근로자는 퇴직연금제도 도입시 합의를 통해 계약형 혹은 기금형제도 중 하나를 선택하면 된다.

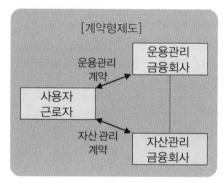

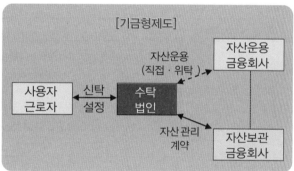

기금형제도는 퇴직연금제도 운영방식의 하나로, 사용자와 근로자는 확정급여형(DB, 사용자 운용책임)과 확정기여형(DC, 근로자 운용책임) 제도를 계약형 또는 기금형 방식 중 하나로 선택해서 운영이 가능하다.

⊙ 기금형 퇴직연금제도 설정 및 운영

① 도입 의사결정	• 사용자는 근로자의 동의를 받아 기금형 퇴직연금제도 설정
② 수탁법인 설립 및 이사회 구성	• 사용자는 근퇴법 및 민법상 요건과 절차에 따라 수탁법인 설립 후 허가 신청, 고용노동부 심사 및 허가 • 수탁법인 이사회는 노·사가 선임한 자로 구성하여 급여수급의 주체가 연금운용에 지속 참여할 수 있는 틀 마련

③ 신탁설정 (연금자산 신탁)	• 위탁자인 사용자와 수탁자인 수탁법인 간 계약으로 신탁 설정 • 신탁이 설정되면 사용자는 부담금 납부 의무를 부담하고, 수탁자는 수익자(근로자)를 위해 신탁(연금) 자산을 관리 및 운용할 의무를 부담 • 수익자(근로자)는 신탁계약의 체결 주체는 아니지만, 신탁계약의 내용에 따라 퇴직급여에 대한 급부청구권 행사
④ 수탁법인 지배구조	• 수탁법인 지배구조 핵심은 이사회로서, 노·사가 선임한 자를 각각 동수(同數)로 구성하고, 자산운용 관련 외부전문가를 포함 • 이사회는 수탁법인의 연금자산 운용관련 주요사항의 심의·결정을 비롯한 연금플랜의 총괄적 관리를 담당

⑤ 연금자산 운용	• 수탁법인은 연금자산을 직접 또는 전문기관에 위탁운용하고, 직접운용은 심사를 통해 허가를 받은 수탁법인만 가능
	  – DB형제도 : 수탁법인이 이사회 지침에 따라 운용
	  – DC형제도 : 근로자가 수탁법인의 도움을 받아 직접 운용
	• 자산보관은 수탁법인 외부의 금융기관에 위탁을 강제하여 수탁법인 이사 등의 횡령 등 불법행위를 사전에 차단

⑥ 관리감독체계	• 효과적인 관리·감독을 위해 내부 및 외부감사자 선임
	  – 내부 : 수탁법인 內 감사를 선임하여 법규준수 여부, 업무 적정성 등 모니터링
	  – 외부 : 회계감사(일정 적립금 이상 사업장) 및 연금계리
	• 기금형제도 전반에 대한 고용노동부의 관리·감독, 외부위탁 운용기관에 대한 금융위원회 및 금융감독원의 감독

⑦ 근로자의 수급권 보호	• 근로자는 수탁법인 및 사용자에 대해 급여(DB형) 및 부담금 청구권 행사(DC) • 부담금 납입 및 급여지급은 공신력 있는 금융기관(신탁·보험 회사)을 통해 수행하도록 강제
⑧ 기금의 폐지, 변경, 전환	• 기금형제도의 폐지, 기금형 및 계약형 제도간 전환, 기금형제도 內 DB형 및 DC형 종류 변경은 노사 합의로 가능
⑨ 퇴직급여 수급방식	• 기금형제도에서 근로자 퇴직시 개인형IRP로 퇴직급여 지급

※ 자료 : 고용노동부 공시자료

수탁법인 관리감독 체계

① 설립 단계	• 고용노동부장관은 수탁법인 정관 등 관련서류 구비여부 외에 경영건전성 및 가입자 보호 등 사용자와 수탁법인의 제도운영 역량을 감안하여 수탁법인 설립허가 여부 결정
② 부담금 적립 단계	• 부담금 납입시 수탁법인을 거치지 않고, 사용자가 퇴직연금사업자에게 직접 이체되는 구조로 수탁법인(이사)의 자금 횡령 등 불법행위 방지
③ 적립금 운용 단계	• DB형 : 수탁법인 적립금 운용의 주체로서 근로자 대표가 참여 • DC형 : 근로자가 금융상품 선택시 수탁법인의 도움을 받아 적립금 운용 • 공동 : 수탁법인의 선관·충실의무를 명시
④ 급여 지급 단계	• 급여지급 요청은 근로자만 가능하고, 수탁법인(이사)은 적립금 인출 불가 - 근로자는 신탁계약의 수익자, 보험계약의 피보험자로서 급여청구권 행사 • DB형적립금 부족시 : 사용자의 최종 지급책임 부여 • DC형 부담금 미납시 : 사용자의 부담금 및 지연이자 납입책임 부여
⑤ 사후관리 (다층감독체계 구축)	• 수탁법인 업무 적법성·타당성 등을 내부 감사가 모니터링하고, 외부 회계법인 및 계리업자의 회계검사, 연금계리를 통한 자체 감독 - 내부감사 등은 감사결과를 고용노동부에 보고, 법령 및 규약 등 위반시 이사 및 감사에 대한 고용부의 해임요구권 규정 • 그 외, 계약형제도에서의 사용자 책무규정을 수탁법인에도 준용하고, 수탁법인의 업무를 위탁 받은 퇴직연금사업자에 대한 관리감독 관련 사항도 현행 계약형제도와 동일하게 규정

※ 자료 : 고용노동부 공시자료

5. 퇴직연금제도 주요내용

5-1. 퇴직연금규약

「퇴직연금규약」의 의미

퇴직연금규약은 개별사업장의 퇴직연금제도 설계서에 해당하는 것으로 법정 기재사항을 포함하여 노사가 자율적으로 작성하여야 한다. 퇴직연금규약 작성시에는 근로자대표의 동의가 필요하며, 지방고용노동관서의 장에게 신고하여야 한다.

개별 사업장의 퇴직연금제도는 노사가 자율적으로 설계하는 것이 바람직하나, 퇴직연금제도가 갖는 중요성을 감안하여 제도 설계의 적정성 및 적법성을 확인하기 위한 제도이다. 따라서 취업규칙과 같이 지방노동관서에 신고하지 아니하였다고 하여 개별 사업장의 퇴직연금규약을 무효로 볼 수는 없으나(근로기준법상의 취업규칙과 동일), 퇴직연금규약을 신고하지 않은 사용자에 대해 500만원 이하의 과태료를 부과하여 규약신고를 의무화하고 있다.

ⓒ∘ 「퇴직연금규약」의 법적 성격

퇴직연금규약은 퇴직연금제도 운영에 관한 사항을 기재한 것으로 사용자가 근로자대표의 동의를 얻어 작성하도록 하고 있다는 점에서 당해 사업장 퇴직연금제도 운영에 관한 노사간의 약정으로 볼 수 있을 것이며, 사용자가 퇴직연금제도를 운영함에 있어 동 규약을 위반할 경우 시정명령 등 일정한 처분을 받게 된다.

ⓒ∘ 「퇴직연금규약」심사요령

고용노동부에서는 신고된 퇴직연금규약은 퇴직연금규약접수 심사대장에 기재하고 심사현황 및 심사결과 등을 기록관리 한다. 접수일로부터 14일 이내에 심사결과를 과장에게 보고하고, 법령위반이 있을 경우 심사종료 후 3일 이내에 변경명령을 한다.

5-2. 퇴직연금제도 수급권의 담보제공

ⓒ∘ 수급권의 담보제공

퇴직급여제도의 급여를 받을 권리는 양도하거나 담보로 제공할 수 없다. 다만, 가입자의 주택구입 등 대통령령으로 정하는 사유와 요건을 갖춘 경우에는 대통령령으로 정하는 한도에서 퇴직연금제도의 급여를 받을 권리를 담보로 제공할 수 있다. 이 경우 퇴직연금사업자는 제공된 급여를 담보로 한 대출이 이루어지도록 협조하여야 한다.

ⓒ∘ 수급권의 담보제공 한도

퇴직연금제도 수급권의 담보제공 사유에서 정한 사유와 요건을 갖춘 경우에는 가입자별 적립금의 100분의 50까지 담보제공이 가능하다. 다만, 천재지변 등으로 피해를 입는 등의 경우에는 가입자의 피해 정도 등을 고려하여 고용노동부장관이 정하여 고시하는 한도 내에서 담보제공이 가능하다.

천재지변 등(태풍, 홍수, 호우, 강풍, 풍랑, 해일, 조수, 대설, 낙뢰, 가뭄, 지진(지진해일 포함), 그 밖에 이에 준하는 자연현상으로 인해 발생하는 재해)에 따라 가입자 또는 부양가족이 입은 피해의 기준은 다음과 같다.

[표 1-7] 가입자 또는 부양가족이 입은 피해의 기준

종류	유형	내 용
물적 피해	피해 유형	주거시설 등이 완전 침수·파손·유실·매몰되거나, 일부 침수·파손·유실·매몰된 경우
	피해 정도	주거시설 등이 50% 이상 피해를 입어 피해 시설의 복구가 거의 불가능하거나, 복구에 오랜 시간이 걸리는 피해를 입은 경우
인적 피해	피해 유형	• 가입자의 배우자, 가입자와 생계를 같이하는 부양가족이 사망하거나 실종된 경우 • 가입자, 가입자의 배우자 또는 가입자와 생계를 같이 하는 부양가족이 15일 이상 입원 치료가 필요한 피해를 입은 경우

천재지변 등으로 피해를 입는 등의 경우에 고용노동부장관이 정하여 고시하는 퇴직연금제도 수급권의 담보제공 한도는 2016.1.1일 기준으로 매 3년이 되는 시점(매 3년째의 12월 31일까지를 말한다)마다 그 타당성을 검토하여 개선 등의 조치를 한다.

[표 1-8] 퇴직연금제도 수급권의 담보제공 한도

<table>
<tr><th colspan="2">종류</th><th colspan="2">피해 정도</th></tr>
<tr>
<td rowspan="2">피해
종류</td>
<td>물적
피해</td>
<td>주거시설 등이 완전침수, 완전 유실, 완전매몰 되어 피해의 정도가 80% 이상으로 그 정도가 중대하여 복구가 거의 불가능한 정도</td>
<td>주거시설 등이 일부침수, 일부 유실, 일부매몰 되어 피해의 정도가 50% ~ 80% 미만으로 그 정도가 심하여 복구기간이 장기간 소요되는 정도</td>
</tr>
<tr>
<td>인적
피해</td>
<td>가입자의 배우자, 가입자와 생계를 같이하는 부양가족이 사망하거나 실종된 경우</td>
<td>가입자, 가입자의 배우자 또는 가입자와 생계를 같이 하는 부양가족이 15일 이상 입원 치료가 필요한 피해를 입은 경우</td>
</tr>
<tr>
<td colspan="2">담보 한도</td>
<td>가입자별 적립금의 100분의 50 이내에서 피해금액</td>
<td>가입자별 적립금의 100분의 40 이내에서 피해금액</td>
</tr>
</table>

⊙ 수급권의 담보제공 사유

퇴직연금제도 수급권의 담보제공 사유는 다음과 같다.

[法 시행령 제2조] 퇴직연금제도 수급권의 담보제공 사유

① 무주택자인 가입자가 본인 명의로 주택을 구입하는 경우

② 무주택자인 가입자가 주거를 목적으로 전세금 또는 보증금을 부담하는 경우. 이 경우 근로자가 하나의 사업장에 근로하는 동안 1회로 한정한다.

③ 6개월 이상 요양을 필요로 하는 다음 각 목의 어느 하나에 해당하는 사람의 질병이나 부상에 대한 요양 비용을 근로자가 연간 임금총액의 125/1000(1/8)를 초과하여 의료비를 부담한 경우

　가. 가입자 본인

　나. 가입자의 배우자

　다. 가입자 또는 그 배우자의 부양가족

④ 담보를 제공하는 날부터 역산하여 5년 이내에 가입자가 파산선고를 받은 경우

⑤ 담보를 제공하는 날부터 역산하여 5년 이내에 가입자가 개인회생절차개시 결정을 받은 경우

⑥ 다음 각 목의 어느 하나에 해당하는 사람의 대학등록금, 혼례비 또는 장례비를 가입자가 부담하는 경우

　가. 가입자 본인

　나. 가입자의 배우자

　다. 가입자 또는 그 배우자의 부양가족

⑦ 그 밖에 천재지변 등으로 피해를 입는 등 고용노동부장관이 정하여 고시하는 사유와 요건에 해당하는 경우

5-3. 퇴직연금제도의 수수료 부담주체

퇴직연금수수료는 운용관리수수료와 자산관리수수료로 구분되는데, 사용자가 불입하는 부담금에 대한 수수료는 사용자가, 가입자가 추가 불입하는 부담금에 대한 수수료는 가입자가 각각 부담해야 한다.

경영성과급 DC를 도입할 경우 경영성과급으로 추가 불입하는 사용자부담금에 대한 수수료는 회사가 납부해야 하므로 수수료 부담 수준에 대하여 사전에 충분한 검토가 필요하다.

[표 1-9] 퇴직연금수수료 부담주체

구 분		DB형	DC형
기업부담금	운용관리수수료	사용자	사용자
	자산관리수수료		
가입자 추가부담금	운용관리수수료	×	가입자
	자산관리수수료		

5-4. 퇴직급여의 개인형IRP 의무이전

퇴직급여의 지급을 가입 근로자가 지정한 개인형IRP 계정으로 의무이전 하는 방법을 말한다. 가입자가 개인형IRP 계정을 지정하지 아니하는 경우에는 해당 퇴직연금사업자가 운용하는 계정으로 이전한다. 이 경우 가입자가 해당 퇴직연금사업자에게 개인형IRP를 설정한 것으로 본다. 다만, 실무적으로 금융실명제, 개인정보보호법 등으로 연금사업자가 가입자 명의 계정을 임의로 만들어 이전할 수는 없다.

여기서 의무이전이란 퇴직자는 개인형IRP계좌를 금융기관에 개설하여 해당 계좌로만 퇴직금을 수령하여야 한다는 의미이다. 따라서 회사 임직원이 퇴직신청을 할 경우 기업실무자는 퇴직예정자에게 개인형IRP 계좌 개설을 안내하여야 한다. 다만, 가입자가 55세 이후에 퇴직하여 급여를 받는 경우 등 대통령령으로 정하는 사유가 있는 경우에는 그러하지 아니하다.

[法 시행령 제9조] 개인형IRP로 의무이전 예외 사유

① 가입자가 55세 이후에 퇴직하여 급여를 받는 경우
② 가입자가 퇴직급여를 담보로 대출받은 금액 등을 상환하기 위한 경우. 이 경우 가입자가 지정한 개인형IRP의 계정으로 이전하지 아니하는 금액은 담보대출 채무상환 금액을 초과할 수 없다.
③ 퇴직급여액이 300만원 이하인 경우

5-5. 퇴직급여의 종류 및 수급요건

퇴직급여 종류는 일시금 또는 연금으로 근로자가 선택할 수 있다.

일시금은 연금수급 요건을 갖추지 못하거나 일시금 수급을 원하는 가입자에게 지급한다. 연금수령이란 ①일반적인 요건을 갖추어 인출하거나, ②의료목적 또는 부득이한 인출의 요건을 갖추어 인출하는 것을 말한다.

소득세법 상 연금수급요건은 ①만 55세 이상, ②최소가입기간 5년 이상(단, 이연퇴직소득이 입금된 계좌는 면제), ③연금수령한도 내에서 인출할 경우 낮은 세율의 연금소득세를 적용 받게 된다. 따라서 연금수령한도 이내에서 인출할 것을 요건으로 하고, 한도를 초과하여 인출하는 금액은 연금외 수령하는 것으로 보아 연금소득으로 인정하지 않고, 이연퇴직소득은 퇴직소득세, 세액공제 받은 가입자부담금과 운용수익은 기타소득세를 납부해야 하는 불이익이 있기 때문이다.

'연금수령한도=[연금계좌의 평가액÷(11-연금수령연차)]×120%

연금수령한도는 '11년차'에서부터 기산하나, 2013.3.1 이전에 가입한 연금계좌(DB, DC, IRP)는 '6년차'를 적용받아 5년간만 연금을 수령하게되면 연금수령한도 적용을 받지 않게 된다. 2013.3.1 이전 기준과 연금수령연차를 기산하는 연금계좌의 가입일은 '계좌 개설 후 최초 입금일'부터 기산한다. 따라서 과거에 '0원'계좌를 개설한 경우에는 추가로 불입하는 날일 가입일이 된다.

[표 1-10] **급여종류별 수급요건**

급여종류	수급 요건
연금수령	• 만 55세 이상 • 최소납입기간 5년 이상 경과 후 인출 (단, 퇴직소득 재원은 제외) • '연금수령한도' 내에서 인출[주]
일시금 수령	• 연금수급요건 미충족 시 • 일시금 수급을 원할 경우

※ 주) 연금수령한도 = [연금계좌의 평가액 ÷ (11-연금수령연차)] × 120%
　　연금수령한도 초과 인출금액 소득원천별 과세: 퇴직소득세, 기타소득세 과세

5-6. 임원의 퇴직연금 가입 이슈

ⓒ 법인 임원의 퇴직연금 가입가능 여부

사용자는 *法* 제2조제1호에 따른 근로자에 대해서는 의무적으로 퇴직급여제도를 설정하여야 하나, 그 이외의 자에 대해서는 퇴직급여제도 설정 의무는 없다. 그러므로 근로자가 아닌 임원에 대해서 퇴직연금 적용대상으로 할지 여부는 사업장별로 자유로이 정할 수 있다.

따라서 퇴직연금제도의 가입은 원칙적으로 근로자에 한정되나, 법인의 임원은 노사 자율에 따라 예외적으로 가입여부를 정할 수 있도록 한 것으로 법인의 임원이 아닌 일반사업자의 사업주는 퇴직연금을 가입할 수 없다.

근로기준법상 근로자가 아닌 임원만을 대상으로 퇴직연금제도를 설정할 수 없다.

ⓒ• 임원의 퇴직연금규약 준수 여부

근로자가 아닌 임원을 당해 퇴직연금의 가입자로 한다는 것을 퇴직연금규약에 명시하여 가입대상에 포함시킨 경우에는 규약의 제반 규정을 준수하여야 한다. 임원이라 할지라도 퇴직연금제도의 임의탈퇴 후 퇴직급여 수령(중간정산) 및 확정급여형(DB)에 있어 적립금의 수준을 법적 수준 이하로 적립하는 것은 타당하지 않다.

참고 자료 ▌법인 임원의 제도 탈퇴 가능 여부 및 절차

- 퇴직연금규약에서 임원을 당연 가입대상으로 정하였다면 임원인 가입자도 규약의 적용을 받으므로 개별 임원의 의사만으로 퇴직연금제도에서 탈퇴(해지) 할 수 없으며, 가입대상에서 임원을 제외할 경우 법령에서 정한 절차에 따라 지방노동관서에 규약변경신고를 하여야 함.
- 다만, 다른 퇴직급여제도로 전환한 임원에 대하여는 다른 퇴직급여제도 전환 이후에는 퇴직연금제도 부담금 납입 의무는 없으나, 퇴직 등 퇴직연금규약에서 정한 퇴직급여 지급사유에 해당되지 않는다면 퇴직연금제도 탈퇴만으로 적립금을 임원에게 당연 지급하는 것은 아니며, 최종 퇴직 시 가입기간에 해당하는 급여를 개인형IRP로 이전하는 형태로 지급받아 연금 또는 일시금으로 수령해야 함.
- 따라서, 퇴직연금제도 가입자인 임원이 동 제도에서 다른 퇴직급여제도로 전환하는 등의 사유로 가입자격을 상실(제도 탈퇴)할 수 있으려면 규약에 이러한 내용이 포함되어야 하고, 만약 설정된 퇴직연금규약의 내용을 변경하려는 경우에는 법에서 정한 절차에 따라 지방고용노동관서에 규약 변경신규를 하여야 함.

5-7. 퇴직연금 압류금지

ⓒ• 퇴직연금제도 유형별 압류금지

법률에 의해 양도가 금지된 채권은 압류대상 적격이 없어 압류명령은 무효이며, 전액 압류가 금지된다. (대법원 2014.1.23. 선고 2013다71180 판결)

「근로자퇴직급여보장법」에 의해 양도가 금지된 퇴직연금 급여채권은 압류대상적격이 없어 압류명령은 무효이며, 전액 압류가 금지된다.

따라서 확정급여형(DB), 확정기여형(DC), 기업형IRP, 개인형IRP 등 퇴직연금제도의 급여를 받을 권리에 대한 압류는 무효이며, 적립금 전액 압류가 금지된다.

☞ 개인형IRP 해지로 인출된 금액은 압류대상

개인형IRP를 해지하여 그 적립금이 일반 예금계좌로 이전된 경우 그 이전된 금액은 압류대상 채권에 해당된다.

「근로자퇴직급여보장법」상 양도금지 규정은 '퇴직연금제도의 급여를 받을 권리'에 한하여 적용된다. 따라서 일반 예금채권 계좌로 이전된 금액은 더 이상 퇴직연금제도의 급여를 받을 권리가 아니므로 압류대상 채권에 해당된다.

☞ 가입 근로자 추가납입금 압류금지

확정급여형(DB)과 기업형IRP 제도의 경우 사용자가 부담하는 부담금 이외에 근로자가 스스로 추가 납입한 부담금에 대해서도 전액 압류금지 된다.

퇴직연금제도의 적립금이란 퇴직급여 지급을 위해 사용자 또는 가입자가 납입한 부담금으로 적립된 자금을 말하며, 퇴직연금 급여는 부담금 납입 주체를 구별하지 않고 퇴직연금제도에 의하여 지급되는 연금 또는 일시금이므로 근로자 추가납입부담금 역시 전액 압류금지 된다.

법정퇴직급여 이외의 명예퇴직금 등 약정한 추가퇴직금을 퇴직연금에 적립하기로 퇴직연금 규약에 정한 경우 추가퇴직금은 전액 압류금지 된다. 즉, 확정급여형(DB)은 사내규정으로 지급조건을 미리 정하여 사전에 예측하여 적립하고, 확정기여형(DC)은 가입자의 퇴직 시 확정기여형(DC) 계정으로 납입하는 경우 해당된다.

> **행정해석** **퇴직급여보장팀-4310, 2006.11.30**
>
> 명예퇴직수당, 퇴직위로금 등 퇴직시 특별한 사유에 의하여 근로자에게 지급되는 금품은 그 지급사유 발생여부가 불확정적이므로 원칙적으로 근로자퇴직급여보장법에서 정하고 있는 퇴직급여가 아니라 할 것임. 따라서 이러한 금품에 대해서는 동법 제12조제5호에서 정하는 바에 따라 적립할 필요는 없을 것으로 판단됨.

☞ 미납적립금 압류금지

확정급여형(DB)은 퇴직연금사업자가 적립금의 범위에서 지급 의무가 있는 급여 전액을 지급하여야 하고, 확정기여형(DC)은 부담금 미납 시 사용자가 그 미납부담금과 지연이자를 확정기여형(DC) 계정에 납입하도록 정하고 있으므로, 적립하지 않은 부담금도 퇴직연금제도 가입기간에 발생한 급여로서 퇴직연금제도의 급여를 받을 권리에 해당되어 전액 압류금지 된다.

ⓒ 대법원 판결의 효력 소급적용

대법원 판결(대판 2014.1.23. 선고 2013다71180 판결) 이전 또는 판결 이후 근로자의 퇴직연금에 압류가 걸린 경우라도 근로자 퇴직 시 퇴직급여를 개인형IRP 계정으로 전액 이전하여야 한다.

ⓒ 압류명령 이후 퇴직연금으로의 전환 가능

회사(제3채무자)에 압류명령 송달 시에는 퇴직금제도가 설정되어 있었으나, 퇴직급여제도의 변경으로 과거 근무기간까지 소급하여 퇴직연금제도로 전환한 경우 전액 압류금지 된다.

퇴직연금제도의 가입기간은 제도 설정 이전의 근로기간까지 포함 하루 수 있으며, 과거 근로기간까지 소급 적용한 경우 그 해당 근로기간에 대해 퇴직연금 급여채권이 발생한 것으로 간주된다. 따라서 퇴직연금제도로 변경하여 과거 근로기간부터 퇴직 시까지 퇴직연금제도에 가입한 경우 법률에 의한 양도금지에 따라 퇴직연금 급여채권 압류가 전액 금지된다.

다만, 이미 유효하게 퇴직금의 압류가 성립한 점, 채권자와의 형평성 등을 고려하여 해당 근로자의 가입기간은 제도 설정일 이후로 설정하는 것이 바람직할 것으로 생각된다.

ⓒ 회사 파산선고 시 압류 여부

회사의 파산선고 시 퇴직연금 가입자인 임원의 퇴직연금 급여는 회생채권 및 공익채권으로서 보호되며 압류가 금지된다.

퇴직연금업무 관련 기관

제5절

1. 퇴직연금제도에 대한 지도 및 감독 기관

1-1. 퇴직연금제도에 대한 지도 및 감독 체계

고용노동부는 사용자 중심으로 퇴직연금사업자 감독을 병행하고, 금융위원회 및 금융감독원은 퇴직연금사업자의 업무수행을 지도 및 감독한다.

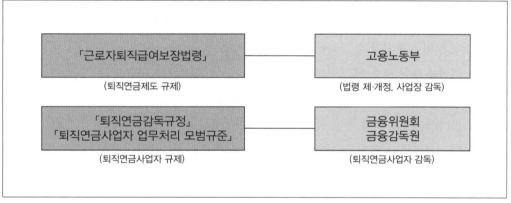

※ 자료 : 고용노동부 퇴직급여제도 업무처리 매뉴얼

[그림 1-10] 퇴직연금제도 지도·감독 체계

고용노동부 권한 및 업무

고용노동부는 퇴직연금제도 도입사업장의 사용자 책무 이행 여부에 대한 감독을 실시하고, 사용자에 대해 시정명령 및 과태료 부과·징수를 한다. 만약, 시정명령을 이행하지 않을 시에는 퇴직연금제도 운영 중단 명령을 내린다.

또한 금융위원회 등 관련기관에 대한 자료제출 요구권을 갖고, 사용자 및 퇴직연금사업자에 대한 행정조사권도 갖는다.

사용자 및 퇴직연금사업자에 대해 퇴직연금 실시상황 등에 관한 보고를 받고, 관계 서류의 제출 또는 출석 요구와 질문 및 조사를 실시할 수 있다.

퇴직연금사업자의 등록취소·등록말소 시 가입자 보호조치 미실 시, 퇴직연금사업자의 금지 행위 위반 및 퇴직연금제도 모집인 이외의 자에게 모집업무를 위탁할 경우 法 위반에 대한 수사 권을 갖는다. 모집인으로 등록하지 아니한 자가 퇴직연금제도 모집인 업무를 수행할 경우 이에 대한 시정명령 및 수사권을 갖는다.

퇴직연금제도 모집인 준수사항의 위반여부 확인을 금융감독원에 요구할 수 있으며, 금융감 독원은 확인 결과를 서면으로 제출한다.

☾• 금융위원회의 권한 및 업무

금융위원회는 퇴직연금사업자의 운용관리업무 및 자산관리업무에 대한 감독을 실시한다. 운 용관리업무와 자산관리업무 감독을 수행하는데 필요한 세부기준인 「퇴직연금감독규정」을 고용 노동부장관과 미리 협의한 후 정하여 고시한다.

위반 행위에 대한 시정명령, 직원에 대한 면직요구, 임원의 해임권고 또는 직무정지 요구, 6 개월 이내의 영업의 일부 정지 등을 벌칙을 부여한다.

또한, 고용노동부장관의 권한 일부를 위탁 받아 수행한다. 퇴직연금사업자의 등록, 등록취 소 및 업무 이전명령, 퇴직연금사업자의 法 위반행위에 대한 시정명령, 과태료 부과·징수. 업무 이전명령 및 그에 필요한 보고·자료제출 요구, 퇴직연금사업자 등록취소 및 업무 이전명령 시 청문, 퇴직연금제도 모집인에 대한 등록취소 및 업무정지 등을 수행하며, 그 내용 및 근거를 고 용노동부장관에게 알려야 한다.

☾• 금융감독원의 권한 및 업무

금융감독원은 퇴직연금사업자의 업무 및 재산상황을 검사하고, 퇴직연금사업자가 보고한 약 관 또는 표준계약서 등의 변경·보완 명령을 하며, 퇴직연금사업자 업무처리 모범규준에서 퇴직 연금사업자의 업무처리기준(적립금 운용, 가입자 교육, 사업자 공시, 연금계리 등)을 정한다.

고용노동부장관의 권한 일부를 위탁 받아 수행한다. 복수 사용자가 참여하는 확정기여형 (DC) 퇴직연금제도의 표준계약서의 승인, 퇴직연금제도 모집인이 지켜야 할 준수사항의 위반여부를 확인하여 위반사실이 있는 경우 금융위원회에 통지한다.

금융위원회의 퇴직연금사업자 조치권한 일부를 위탁 받아 수행한다. 퇴직연금사업자에 대한 주의, 그 임원에 대한 주의 또는 그 직원에 대한 주의·감봉·정직을 요구할 수 있다.

[표 1-11] 퇴직연금제도에 대한 지도 · 감독 권한

고용노동부	금융위원회	금융감독원

• 사용자(사업장) 감독
  – 위반행위에 대한 시정명령 · 퇴직연금제도 운영중단
• 사용자 및 퇴직연금사업자에 대한 행정조사·수사
• 금융위원회 등 관련기관에 대한 자료제출 요구
	• 퇴직연금사업자에 대한 감독
	  – 위반행위에 대한 시정명령, 직원에 대한 면직요구, 임원의 해임권고 또는 직무정지, 영업의 일부정지 등
	• 퇴직연금사업자의 등록, 등록취소, 업무 이전명령
		• 퇴직연금사업자의 업무 및 재산상황 검사, 약관 또는 표준계약서 등의 변경·보완 명령
		• 표준형 DC 계약서의 승인
		• 퇴직연금사업자에 대한 주의, 그 임원에 대한 주의 및 그 직원에 대한 주의·감봉·정직 요구

• 퇴직연금제도 모집인 준수사항의 위반여부 확인(금융감독원) 요구	• 퇴직연금제도 모집인 등록 취소 및 업무정지	• 퇴직연금제도 모집인 준수 사항 위반 확인

※ 자료 : 고용노동부 퇴직급여제도 업무처리 매뉴얼

1-2. 사용자에 대한 벌칙 및 과태료

⊙• 근로자퇴직급여보장법」의 벌칙 및 과태료 조항

위반행위	근거 법조문	벌칙
1. 제37조제6항에 따라 금융거래정보를 타인에게 제공 누설하는 경우 등	법 제43조	5년 이하의 징역 또는 3천만원 이하의 벌금

위반행위	근거 법조문	벌칙
1. 제9조를 위반하여 퇴직금을 지급하지 아니한 자(반의사 불벌죄) 2. 근로자가 퇴직할 때에 제17조제2항·제3항, 제20조제5항 또는 제25조제3항을 위반하여 급여를 지급하지 아니하거나 부담금 또는 지연이자를 납입하지 아니한 자 (반의사 불벌죄) 3. 제27조제4항에 따라 퇴직연금사업자 등록취소 처분 및 등록 말소를 신청하는 경우 가입자 보호조치를 하지 아니한 퇴직연 금사업자 4. 제33조제3항 및 제4항을 위반한 퇴직연금사업자	법 제44조	3년 이하의 징역 또는 2천만원 이하의 벌금
1. 제4조제2항을 위반하여 하나의 사업 안에 퇴직급여제도를 차 등하여 설정한 자 2. 제31조제3항을 위반하여 고용노동부장관에 등록하지 아니하 고 퇴직연금제도 모집업무를 수행한 자 3. 제31조제4항을 위반하여 퇴직연금제도 모집인 이외의 자에게 모집업무를 위탁한 퇴직연금사업자 4. 제32조제3항제1호에 따른 책무를 위반한 사용자	법 제45조	2년 이하의 징역 또는 1천만원 이하의 벌금
1. 제4조제3항·제4항 또는 제25조제1항 및 제2항제1호를 위반 하여 근로자대표 또는 개별 근로자의 동의를 받지아니하거나 의견을 듣지 아니한 사용자 2. 제31조제7항의 모집업무의 위탁 준수사항을 위반한 자 3. 제32조제4항을 위반하여 근로자에게 퇴직급여가 감소할 수 있음을 알리지 아니하거나 퇴직급여의 감소 예방을 위하여 필 요한 조치를 하지 아니한 사용자	법 제46조	500만원 이하의 벌금
1. 제32조제2항에 따라 매년 1회 이상 교육을 하지 아니한 사용자 2. 제33조제5항에 따라 매년 1회 이상 교육을 하지 아니한 퇴직 연금사업자	법 제48조	1천만원 이하의 과태료
1. 제13조에 따른 확정급여형퇴직연금규약 또는 제19조에 따른 확정기여형퇴직연금규약을 신고하지 아니한 사용자 2. 제32조제3항제2호에 따른 책무를 위반한 사용자 3. 제33조제2항 및 제6항에 따른 책무를 위반한 퇴직연금사업자	법 제48조	500만원 이하의 과태료

「근로자퇴직급여보장법 시행령」과태료의 부과기준(제42조 관련)

① 일반기준

고용노동부장관은 위반행위자가 다음 각 목의 어느 하나에 해당하는 경우에는 제2호의 개별 기준에 따른 과태료 금액의 2분의 1 범위에서 그 금액을 줄일 수 있다. 다만, 과태료를 체납하고 있는 위반행위자의 경우에는 그러하지 아니한다.

① 위반행위자가 「질서위반행위규제법 시행령」 제2조의2제1항 각 호의 어느 하나에 해당하는 경우

② 위반행위자가 자연재해·화재 등으로 재산에 현저한 손실이 발생하거나 사업 여건의 악화로 사업이 중대한 위기에 처하는 등의 사정이 있는 경우

③ 위반행위가 사소한 부주의나 오류 등 과실로 인한 것으로 인정되는 경우

④ 그 밖에 위반행위의 정도, 동기와 그 결과 등을 고려하여 줄일 필요가 있다고 인정되는 경우

② 개별기준

위반행위	근거 법조문	벌칙
1. 사용자가 법 제13조에 따른 확정급여형퇴직연금규약 또는 법 제19조에 따른 확정기여형퇴직연금규약을 신고하지 않은 경우	법 제48조 제2항제1호	5백만원
2. 퇴직연금제도를 설정한 사용자가 법 제32조제2항을 위반하여 가입자에게 매년 1회 실시하여야 할 가입자 교육을 실시하지 않은 경우	법 제48조 제1항제1호	1천만원
3. 사용자가 법 제32조제3항제2호에 따른 책무를 위반한 경우	법 제48조 제2항제2호	5백만원
4. 퇴직연금사업자가 법 제33조제5항을 위반하여 개인형퇴직연금제도의 가입자에게 매년 1회 실시하여야 할 가입자 교육을 실시하지 않은 경우	법 제48조 제1항제2호	1천만원
5. 퇴직연금사업자가 법 제33조제6항을 위반하여 퇴직연금제도의 취급실적을 고용노동부장관 및 금융감독원장에게 제출하지 않은 경우	법 제48조 제2항제3호	5백만원

2. 퇴직연금사업자

2-1. 퇴직연금사업자의 의의

  퇴직연금제도가 기존의 퇴직금제도와 다른 가장 큰 특징은 사외의 믿을만한 금융기관에 퇴직급여충당금을 맡겨서 운영한다는 것이다. 현행법에서는 노사가 직접 퇴직연금 적립금을 보관하고 운영하는 것을 금지하고 일정요건을 갖춘 금융기관, 즉, 퇴직연금사업자로 하여금 퇴직연금 관련 업무를 수행하도록 하고 있다.

2-2. 퇴직연금사업자의 등록

  퇴직연금사업자는 모든 금융기관이 수행할 수 있는 것이 아니고, 퇴직연금사업자가 되려는 자는 재무건전성 및 인적·물적 요건 등 대통령령으로 정하는 요건을 갖추어 고용노동부장관에게 등록하여야 한다. 즉, 근로자퇴직급여보장법 제26조의 은행, 보험회사, 증권회사, 자산운용회사, 근로복지공단 등이 일정한 요건을 갖추어 고용노동부장관에게 등록한 경우에 한한다.

[法 제26조] 퇴직연금사업자의 등록

① 「자본시장과 금융투자업에 관한 법률」에 따른 투자매매업자, 투자중개업자 또는 집합투자업자
② 「보험업법」 제2조제6호에 따른 보험회사
③ 「은행법」 제2조제1항제2호에 따른 은행
④ 「신용협동조합법」 제2조제2호에 따른 신용협동조합중앙회
⑤ 「새마을금고법」 제2조제3항에 따른 새마을금고중앙회
⑥ 「산업재해보상보험법」 제10조에 따른 근로복지공단(근로복지공단의 퇴직연금 사업 대상은 상시 30명 이하의 근로자를 사용하는 사업에 한한다)
⑦ 그 밖에 제1호부터 제6호까지에 준하는 자로서 대통령령으로 정하는 자

2-3. 퇴직연금사업자의 등록요건

ⓒ 재무건전성 요건

  투자매매업자 및 투자중개업자 또는 집합투자업자, 보험회사, 은행은 「금융산업 구조개선에

관한 법률」제10조제1항의 규정에 의한 자기자본비율이 같은 조 제2항에 따라 금융위원회가 정하여 고시하는 재무건전성 감독 기준 이상이어야 한다.

신용협동조합중앙회 및 새마을금고중앙회는 자기자본비율이 은행 및 보험회사 등과 업무 또는 재무구조 등이 가장 유사한 자에게 적용되는 기준 이상이어야 한다.

근로복지공단은 법률에 따라 설치된 기금으로부터 출연 받을 수 있는 법적 근거를 갖추어야 한다.

[표 1-12] 재무건전성 감독기준

구 분	감독기준
자산운용회사	위험대비자기자본비율 150% 이상
보험업법에 의한 보험회사	지급여력비율 100% 이상
은행법에 의한 금융기관	BIS 자기자본비율 8% 이상
증권거래법에 의한 증권업 허가를 받은 주식회사	영업용순자본비율 150% 이상
신용협동조합중앙회, 새마을금고중앙회	위 각 기준과 유사
근로복지공단	법률에 따라 설치된 기금으로부터 출연 받을 수 있는 법적 근거를 갖출 것

인적 요건

금융위원회가 정하여 고시하는 바에 따라 운용관리업무 또는 자산관리업무에 관한 전문성을 갖춘 인력과 업무수행에 필요한 전산요원 등 필요한 인력을 갖추어야 한다. 다만, 법 제28조제2항에 따라 운용관리업무 중 일부를 다른 자에게 위탁하는 경우에는 해당 업무에 관한 인력을 갖춘 것으로 본다.

운용관리기관으로 등록하고자 하는 자는 *法* 시행령 제20조제1항제2호에 따라 다음 각 호에서 정하는 인력을 각각 1인 이상 갖추어야 한다. 다만, 연금계리 전문인력은 확정급여형(DB) 퇴직연금을 취급하고자 하는 운용관리기관에만 적용한다.

[퇴직연금감독규정 제3조] 전문인력 요건

운용관리 전문인력	① 투자권유자문인력(증권·펀드·파생상품투자상담사 자격을 모두 갖춘자) ② 투자운용인력
연금계리 전문인력	①「보험업법」제182조제1항에 따라 등록된 보험계리사일 것 ② 퇴직연금, 퇴직일시금 신탁 또는 퇴직보험 업무에 1년 이상 종사한 경력이 있을 것 ③ 금융위원회가 정하는 연금제도의 설계 및 연금 계리에 관한 업무교육을 이수할 것
전산인력	① 전산설비의 운영·관리 업무에 3년 이상 종사한 자

⊙ 물적 요건

금융위원회가 정하여 고시하는 바에 따라 운용관리업무 또는 자산관리업무 또는 자산관리업무의 수행에 필요한 전산설비와 사무실을 갖추어야 한다. 이 경우 그 전산설비는 정전·화재 등의 사고가 발생할 경우 업무의 연속성을 유지할 수 있도록 보완설비를 갖추고, 제도 내용의 변경 등으로 인하여 가입자에게 피해가 발생하지 않도록 전산시스템을 미리 구축하여야 한다.

⊙ 퇴직연금사업자에 대한 등록취소 및 이전명령

고용노동부장관은 퇴직연금사업자가 다음 각 호의 어느 하나에 해당되는 경우에는 고용노동부령으로 정하는 바에 따라 시정을 명하거나 등록을 취소할 수 있다. 다만, 아래의 등록취소 요건 제1호 및 제2호에 해당하는 경우에는 등록을 취소하여야 한다.

[法 시행령 제27조제1항] 퇴직연금사업자에 대한 등록취소 요건

① 해산한 경우
② 거짓이나 그 밖의 부정한 방법으로 등록을 한 경우
③ 法 제26조에 따른 퇴직연금사업자 등록요건을 갖추지 못하게 된 경우
④ 法 제36조에 따른 고용노동부장관 또는 금융위원회의 명령에 따르지 아니한 경우

등록이 취소된 퇴직연금사업자는 등록이 취소된 날부터 3년간 퇴직연금사업자 등록을 할 수 없다. 그리고 퇴직연금제도 관련 업무를 중단하려는 퇴직연금사업자는 고용노동부장관에게 등록의 말소를 신청하여야 한다. 이 경우 등록이 말소된 퇴직연금사업자는 말소된 날부터 2년간 퇴직연금사업자 등록을 할 수 없다.

등록취소 처분을 받거나 등록말소를 신청한 퇴직연금사업자는 설정된 퇴직연금제도의 이전에 필요한 조치 등 가입자 보호조치를 하여야 한다.

 [法 시행령 제21조] 등록취소에 따른 가입자 보호조치

① 사용자와 가입자에 대한 등록취소 또는 등록말소 사실과 가입자 보호조치 내용의 통지
② 운용관리업무 또는 자산관리업무에 관한 계약의 해지·변경에 따른 사용자 및 가입자의 금전적 손실의 보상
③ 法 제27조제5항에 따라 다른 퇴직연금사업자에게 적립금을 이전하고, 해당 사업과 가입자의 퇴직연금제도를 계속 운영하는데 필요한 자료 등의 제공
④ 그 밖에 사용자 또는 가입자에게 끼칠 수 있는 불합리한 피해를 예방하기 위하여 필요한 조치로서 고용노동부장관이 정하는 조치

고용노동부장관은 퇴직연금사업자 등록을 취소하거나 말소하는 경우에 근로자의 퇴직급여 등 수급권 보호를 위하여 필요하다고 인정하면 등록이 취소되거나 말소되는 퇴직연금사업자에게 그 업무의 전부 또는 일부를 다른 퇴직연금사업자에게 이전할 것을 명할 수 있다. 이 경우 고용노동부장관은 그 업무의 전부 또는 일부를 이전 받는 퇴직연금사업자의 동의를 받아야 한다.

2-4. 퇴직연금사업자의 업무

ⓒ 퇴직연금사업자 업무의 개요

퇴직연금제도의 운영과 관련된 업무는 운용관리업무와 자산관리업무로 분류할 수 있는데, 이를 전문 금융기관인 퇴직연금사업자가 수행하도록 의무화하였다.

퇴직연금제도를 설정한 사용자는 퇴직연금사업자와 퇴직연금 계약(운용관리계약 및 자산관리계약)을 체결하여 해당 퇴직연금사업자에게 퇴직연금업무(운용관리업무 및 자산관리업무)를 위탁하여야 한다.

[표 1-13] 퇴직연금사업자의 업무

운용관리업무	자산관리업무
가. 사용자 및 가입자에게 적립금 운용방법(금융상품)의 제시 및 운용방법별 정보의 제공 나. 연금제도 설계 및 연금계리(DB에 한함) 다. 적립금 운용현황의 기록·보관·통지 라. 운용지시 전달 마. 대통령령으로 정하는 업무	가. 계좌의 설정 및 관리 나. 부담금의 수령 다. 적립금의 보관 및 관리 라. 운용지시의 이행 마. 급여의 지급 바. 대통령령으로 정하는 업무

❸ 운용관리업무에 관한 계약 체결

퇴직연금제도를 설정하려는 사용자 또는 가입자는 퇴직연금사업자와 운용관리업무를 하는 것을 내용으로 하는 계약을 체결하여야 한다. 다만, '연금제도 설계 및 연금계리'업무는 확정급여형(DB)를 설정할 때에만 해당한다.

운용관리업무란 사용자(DB)나 근로자(DC 및 IRP)에게 적립금 운용방법 등에 관한 정보를 제공하고 사용자나 근로자에 알맞게 컨설팅을 해 주는 업무와 기타 제도운영과 관련된 기록관리업무 및 운용지시 전달업무 등을 말한다.

① 운용방법(금융상품)의 제시 및 운용방법별 정보의 제공

적립금의 운용방법(금융상품)을 사용자(DB) 또는 근로자(DC 및 IRP)에게 제시하고 적절한 선택을 할 수 있도록 운용방법, 즉 금융상품에 대한 정보를 제공해 주는 업무를 말한다. 운용관리업무를 수행하는 퇴직연금사업자는 매우 다양한 상품에 제공하고 있으므로 사용자 또는 근로자가 선택할 수 있는 범위가 매우 넓다고 할 수 있다.

예를 들어 확정급여형(DB) 퇴직연금에 적립되는 금액으로 투자할 금융상품(정기예금, 펀드 등)의 종류를 사용자에게 제시하고 정기예금의 경우 만기, 금리, 예금자보호 여부 등의 정보를 제공하고, 펀드의 경우에는 손실가능성, 과거 운용수익률 등의 정보를 제공함으로써 사용자가 금융상품을 선택하는데 도움을 준다.

② 연금제도 설계 및 연금계리(DB에 한함)

'연금제도의 설계'란, 확정급여형(DB) 퇴직연금제도의 구체적인 내용 및 운영방식에 대한 설계로서 규약을 통해 구현되는 것을 말한다. 그 주된 내용으로는 사용자가 부담할 부담금의 수준을 측정하는 것과 그 부담금을 어떻게 납입할 것인지 정하는 것이다. 이 업무는 실질적으로 규약이 완성된 이후에는 별도로 설계할 것은 없고, 단지 규약의 작성과정에서 퇴직연금사업자가 확정급여형(DB) 퇴직연금제도 설계과정에 간접적으로 컨설팅 하는 방식으로 이루어지고 있다.

③ 적립금 운용현황의 기록 · 보관 · 통지

'기록관리(RK: Record Keeping)' 업무라 하는 것으로, 확정급여형(DB)의 경우 사업장별 적립금의 운용현황을, 확정기여형(DC)의 경우 가입자별 적립금 운용현황을 기록 · 보관하고 이를 사용자 및 근로자에게 통지하는 업무를 말한다.

④ 운용지시를 자산관리업무를 수행하는 퇴직연금사업자에게 전달

사용자(DB) 또는 근로자(DC 및 IRP)가 선정한 적립금 운용방법(금융상품)의 내용을 자산관리업무를 수행하는 퇴직연금사업자에게 전달하는 업무로서, 사용자 또는 가입자의 운용지시를 단순히 전달하는 업무이다.

⑤ 그 밖에 운용관리업무를 수행을 위하여 대통령령으로 정하는 업무

① 법 제24조에 따른 개인형퇴직연금제도의 설정 및 운영
② 법 제32조제2항에 따라 사용자가 위탁한 교육의 실시
③ 퇴직연금사업자가 간사기관인 경우에는 다음 각 목의 업무
  - 법 제16조에 따른 급여 지급능력 확보 여부의 확인 및 그 결과의 통보
  - 제4조제1항제1호에 따른 부담금의 산정
  - 퇴직 등 사유가 발생한 경우 급여를 지급하는 퇴직연금사업자의 선정에 관한 사용자의 지시를 그 퇴직연금사업자에게 전달하는 업무

- 그 밖에 신규 가입자의 등재, 적립금액 및 운용현황 통지 등 복수의 퇴직연금사업
자와 확정급여형(DB)의 운용관리업무에 관한 계약을 체결한 경우 제도의 안정적·
통일적 운용을 위하여 필요한 사항

운용관리업무의 수행

퇴직연금사업자는 선량한 관리자로서 주의의무를 다하여야 하며, 적립금의 운용방법을 제시
하는 경우에는 다음 각 호의 요건을 갖춘 운용방법을 제시하여야 한다.

[法 제30조제2항] 적립금의 운용방법 제시 요건

① 운용방법에 관한 정보의 취득과 이해가 쉬울 것
② 운용방법 간의 변경이 쉬울 것
③ 적립금 운용결과의 평가 방법과 절차가 투명할 것
④ 확정기여형퇴직연금제도와 개인형퇴직연금제도의 경우에는 대통령령으로 정하는 원리금보장
운용방법이 하나 이상 포함될 것
⑤ 적립금의 중장기적 안정적 운용을 위하여 분산투자 등 대통령령으로 정하는 운용방법 및 기준
등에 따를 것

① 확정기여형(DC) 및 개인형IRP 적립금의 원리금보장 운용방법

확정기여형(DC) 퇴직연금제도와 개인형 IRP의 경우에는 대통령령으로 정하는 원리금보장
운용방법이 하나 이상 포함되도록 적립금 운용방법을 제시하여야 하는데, 여기서 '대통령령으로
정하는 원리금보장 운용방법'이란 다음 각 호의 운용방법을 말한다.

[法 시행령 제25조제1항] 대통령령으로 정하는 원리금보장 운용방법

① 신용등급 등에 관하여 금융위원회가 정하여 고시하는 기준 이상의 금융기관이 제공하는 다음 각
목의 운용방법

- 은행이 취급하는 예금·적금
- 보험회사가 취급하는 보험계약으로서 원리금 지급을 보장하는 보험계약
- 금융투자업자가 원리금 지급을 보장하는 계약으로서 환매조건부매수 계약

② 「우체국예금·보험에 관한 법률」에 따라 체신관서가 취급하는 예금

③ 「한국은행법」에 따른 한국은행통화안정증권, 국채증권 및 정부가 원리금 상환을 보증한 채권

④ 그 밖에 원리금 상환이 보장되는 방법으로서 금융위원회가 정하여 고시하는 운용방법

② 적립금의 안정적 운용을 위한 운용방법 및 기준

퇴직연금사업자는 적립금의 중장기 안정적 운용을 위하여 분산투자 등 대통령령으로 정하는 운용방법 및 기준 등에 따라 운용방법을 제시하여야 하는데, 여기서 '대통령령으로 정하는 운용방법 및 기준'이란 다음 각 호의 운용방법을 말한다.

 [法 시행령 제26조] 적립금의 안정적 운용을 위한 운용방법 및 기준

■ **운용방법 : 다음 각 목의 어느 하나에 해당하는 운용방법**

- 은행이 취급하는 예금·적금
- 보험회사가 취급하는 보험계약 중 적립금이 반환되는 보험계약
- 「자본시장과 금융투자업에 관한 법률」 제4조에 따라 금융위원회가 고시하는 증권
- 「우체국예금·보험에 관한 법률」에 따라 체신관서가 취급하는 예금
- 그 밖에 적립금의 안정적인 중장기 운용을 위하여 필요한 운용방법으로 금융위원회가 정하여 고시하는 운용방법

■ **기준 : 다음 각 목의 기준을 따를 것**

- 확정기여형퇴직연금제도와 개인형퇴직연금제도의 경우 고용노동부령으로 투자위험이 큰 것으로 정한 자산은 「자본시장과 금융투자업에 관한 법률」 제6조제5항에 따른 집합투자의 방법으로만 투자할 것. 이 경우 투자위험이 큰 자산에 대한 총투자한도는 고용노동부령으로 정하는 기준을 초과할 수 없다.
- 투자위험이 큰 자산별로 금융위원회가 정하여 고시하는 투자한도와 이들 자산에 대한 총투자한도에서 투자할 것.

⊙• 자산관리업무에 관한 계약의 체결

퇴직연금제도를 설정한 사용자 또는 가입자는 자산관리업무의 수행을 내용으로 하는 계약을 퇴직연금사업자와 체결하여야 한다.

자산관리업무란 퇴직연금제도의 운영에 있어 퇴직연금 적립금을 사용자로부터 분리하여 보관하고, 근로자의 퇴직 시 퇴직급여를 지급하는 등의 일련의 관리업무를 말하며 다음과 같다.

① 계좌의 설정 및 관리

확정급여형(DB)과 확정기여형(DC) 모두 형식적으로 사용자 혹은 사업당 하나의 계좌를 개설하지만, 실질적으로 확정기여형(DC)의 경우 하나의 계좌 내에서 근로자 개인별로 적립금이 보관·관리된다. 확정급여형(DB)의 경우 사용자가 적립금을 운용하고 최종적으로 퇴직급여 지급을 책임지므로 사용자 혹은 사업당 하나의 계좌만 있으면 되나, 확정기여형(DC)의 경우 개별 근로자에게 적립금 운용권한이 있으므로 각각 별도 보관 • 관리해야 한다.

② 부담금의 수령

확정급여형(DB)의 경우 사용자가 납부하는 부담금, 확정기여형(DC)의 경우 사용자가 납부하는 부담금과 가입자가 추가적으로 부담하는 부담금을 수령하는 업무를 말한다.

③ 적립금의 보관 및 관리

사용자 또는 가입자가 납부한 적립금을 보관 • 관리하는 업무로서 법에서 정해진 사유 이외에는 적립금을 인출하거나 다른 용도로 유용하는 것 등이 금지된다.

④ 운용지시의 이행

운용관리업무를 수행하는 퇴직연금사업자가 전달하는 사용자 또는 가입자의 적립금 운용지시를 그대로 이행하는 업무이다.

⑤ 급여의 지급

가입자의 퇴직 등 급여의 지급사유가 발생한 경우 규약과 운용관리기관을 통해 확인된 급여액을 가입자에게 지급하는 업무이다.

자산관리업무 수행계약은 신탁계약과 보험계약만 허용된다. 따라서 자산관리업무는 '신탁업'을 영위하는 금융기관과 '보험업'을 영위하는 금융기관만 취급이 가능 하다. 이는 퇴직연금 적립금을 사용자로부터 독립시켜 어떠한 경우라도 사용자가 다른 용도로 사용할 수 없도록 하고 오직 근로자에게만 지급되도록 하기 위하여 '3면 계약'이 가능한 금융기관에게만 자산관리업무를 취급할 수 있도록 허용한 것이다. 또한, 적립금을 수탁 받은 금융기관이 도산하더라도 고유재산과 분리되어 별도 관리되고, 압류 등 제한되어 퇴직연금 적립금이 안전하게 보장되기 위함이다. '3면 계약'이라 함은 신탁계약의 경우에는 위탁자, 수탁자, 수익자 간 계약을 말하는 것이며, 보험계약의 경우에는 계약자, 보험자, 피보험자 간 계약을 말하는 것이다.

퇴직연금사업자 중 은행과 증권회사는 신탁계약에 의해 자산관리업무를 수행하고, 보험회사는 보험계약에 의해 자산관리업무를 수행한다. 물론 일부 보험회사는 신탁업 인가도 취득하여 일부 신탁계약으로 자산관리업무를 수행하기도 한다.

퇴직연금 신탁계약의 경우에는 부담금을 납부하는 사용자가 위탁자가 되고 그 부담금을 받아 관리하는 은행(자산관리기관)이 수탁자가 되며 퇴직급여를 수령하는 근로자가 수익자가 되는 타익(他益)신탁이 설정되어, 위탁자인 기업이 도산하더라도 퇴직연금 신탁으로부터 퇴직급여를 수령할 권리는 신탁의 수익자인 근로자에게 있으므로 기업의 채권자가 퇴직연금 적립금을 강제 집행할 수 없게 되고, 해당 적립금은 수익자인 근로자에게 귀속되게 된다.

뿐만 아니라 신탁계약에 의해 납입한 퇴직연금 적립금은 신탁재산으로서 신탁회사 명의의 재산이 되나 신탁법에 의하여 자산관리기관(은행)의 고유재산과 분별관리 되므로 자산관리기관이 도산하는 경우에도 자산관리기관의 채권자는 자산관리기관의 고유재산은 강제집행할 수 있으나, 신탁재산에 대하여는 강제집행 할 수 없어 퇴직연금 적립금은 안전하게 관리된다.

퇴직연금 신탁계약은 특정금전신탁으로 체결하도록 규정되어 있으므로 확정급여형(DB)은 위탁자인 기업이, 확정기여형(DC)은 수익자인 근로자가 신탁재산(퇴직연금 적립금) 운용방법을 지정한다.

사용자 또는 가입자가 자산관리계약을 체결하려는 경우에는 근로자 또는 가입자를 피보험자 또는 수익자로 하여 '대통령령으로 정하는 신탁계약 또는 보험계약'의 방법으로 하여야 하며, 다음 각 호의 요건을 모두 갖춘 것을 말한다.

[法 시행령 제24조] 자산관리업무 수행계약의 형태

① 법 제16조제4항에 따라 적립금이 기준책임준비금의 100분의 150을 초과하고, 사용자가 반환을 요구하는 경우 퇴직연금사업자는 사용자에게 그 초과분을 반환할 것

② 급여는 가입자가 퇴직하는 경우에 지급하는 것일 것
퇴직연금의 퇴직급여는 퇴직 이외의 사유로는 가입근로자에게 지급할 수 없다.
다만 DC형(기업형 IRP 포함)의 법정중도인출사유에 의한 중도인출의 경우에는 퇴직으로 보아 가입자에게 지급할 수 있다.

③ 가입자가 퇴직연금사업자에 대하여 직접 급여를 청구할 수 있을 것
다만, 계속근로기간이 1년 미만인 근로자는 급여를 청구할 수 없으며, 그 적립금은 사용자에게 귀속되는 것이어야 한다.

④ 계약이 해지되는 경우 적립금은 가입자에게 지급되는 것일 것
다만, 계속근로기간이 1년 미만인 근로자에 대한 적립금은 사용자에게 귀속되는 것이어야 한다.

2-5. 퇴직연금사업자의 책무

ⓒ 일반적인 의무

퇴직연금사업자는 퇴직연금제도 및 개인퇴직계좌에 있어 운용관리 또는 자산관리업무의 수행계약 체결을 거부할 수 없다. 그리고 사용자나 가입자의 의사에 반하여 특정한 퇴직연금사업자(자기 또는 제3자)와의 계약체결을 강요하는 행위가 금지되어 있다. 예를 들어 리베이트 제공이나 기존 거래관계 단절 등의 협박을 통하여 사실상 계약 체결을 강요하는 행위가 금지된다.

그 밖에, 사용자 또는 가입자의 이익을 침해할 우려가 있는 행위가 금지되어 있다. 예를 들어 특정한 운용방법의 가치상승이나 하락에 대한 단정적이거나 합리적 근거가 없는 판단을 제공하는 행위나, 업무수행과 관련하여 알게 된 정보를 자기 또는 제3자의 이익을 위하여 이용하는 행위를 말한다.

ⓒ 운용관리기관의 금지행위

운용관리업무를 수행하는 퇴직연금사업자는 다음 각 호의 어느 하나에 해당하는 행위를 하여서는 아니 된다.

[法 제33조제4항] 운용관리기관의 금지행위

① 계약체결시 가입자 또는 사용자의 손실의 전부 또는 일부를 부담하거나 부담할 것을 약속하는 행위
② 가입자 또는 사용자에게 경제적 가치가 있는 과도한 부가적 서비스를 제공하거나 가입자 또는 사용자가 부담하여야 할 경비를 퇴직연금사업자가 부담하는 등 특별한 이익을 제공하거나 제공할 것을 약속하는 행위
③ 가입자의 성명·주소 등의 개인정보를 퇴직연금제도의 운용과 관련된 업무수행에 필요한 범위를 벗어나서 사용하는 행위
④ 자기 또는 제3자의 이익을 도모할 목적으로 특정한 운용방법을 가입자 또는 사용자에게 제시하는 행위

 [法 시행령 제35조] 특별한 이익의 구체적 내용

가. 계약 체결을 유도하거나 계약을 유지하기 위한 금품의 제공
나. 약관에 근거하지 않은 수수료의 할인
다. 가입자 또는 사용자가 부담해야 할 비용의 일부 또는 전부의 부담
라. 가입자 또는 사용자가 해당 퇴직연금사업자로부터 받은 대출금에 대한 이자의 대납
마. 약관에 근거하지 않은 경제적 가치가 있는 부대서비스의 제공
바. 금융위원회가 정하여 고시하는 경제적 이익

⊙ 퇴직연금사업자의 금지행위

　퇴직연금사업자는 법을 준수하고 가입자를 위하여 성실하게 그 업무를 이행하여야 한다. 사용자와 체결한 운용관리계약 및 자산관리계약의 내용을 준수하고 가입자를 위하여 성실히 그 업무를 수행하여야 하며, 정당한 사유 없이 다음 중 어느 하나에 해당하는 행위를 하여서는 아니 된다.

[法 시행령 제34조제1항] 퇴직연금사업자의 금지행위

① 사용자 또는 가입자의 운용지시 등 업무수행과 관련하여 알게 된 정보를 자기 또는 제3자의 이익을 위하여 이용하는 행위

② 기존 대출을 연장하거나 신규 대출을 제공하는 등 사용자, 가입자 또는 이들의 이해관계인에게 금융거래상의 혜택을 주는 조건으로 퇴직연금 계약의 체결을 요구하는 행위

③ 사용자 또는 가입자에게 특정한 운용방법의 선택을 강요하는 행위

④ 사용자 또는 가입자에게 특정한 운용방법의 가치상승 또는 하락에 대한 단정적이거나 합리적 근거가 없는 판단을 제공하는 행위

⑤ 적립금 운용방법등에 있어 통상적인 조건을 벗어나 현저히 유리한 조건을 제시하는 행위

⑥ 자신이 원리금 지급을 보장하는 운용방법의 금리 등을 사용자 또는 가입자에 따라 합리적 이유 없이 차등 적용하는 행위

⑦ 사용자 또는 가입자에게 확정되지 않은 운용방법의 수익을 확정적으로 제시하는 행위

❯❯ 개인형퇴직연금제도(IRP) 가입자에 대한 교육사항

10인 미만 사업장에 적용되는 개인형퇴직연금제도(IRP)를 운영하는 퇴직연금사업자는 퇴직연금제도 운영상황 등 일정한 사항에 대해 가입자에게 교육을 시켜야 한다. 또한, 10인 미만 특례가 적용되지 않는 사업장에서 사용자가 가입자교육을 퇴직연금사업자에게 위탁한 경우에는 퇴직연금사업자가 성실하게 이를 수행해야 한다.

❯❯ 약관의 제정 및 운용

① 약관의 제정 및 변경의 보고

퇴직연금사업자는 운용관리계약 또는 자산관리계약의 약관을 제정하거나 변경하는 경우 시행예정일로부터 10영업일 전까지 감독원장에게 보고하여야 한다. 다만, 보험업법에 의해 약관을 보고 또는 신고 및 제출함으로써 감독원장에 대한 약관의 보고를 갈음할 수 있다. 다만, 다음 각 목의 경우 약관의 시행 후 10영업일 이내에 감독원장에게 제출할 수 있다.

[감독규정 제17조제2항] 약관의 제정 및 변경의 보고

① 법령의 개정 또는 감독원장의 명령에 의한 약관의 변경

② 표준약관을 원용하는 약관의 제정 또는 변경

③ 실질적 내용이 변경되지 아니하는 범위 내의 단순한 자구수정 등 경미한 사항의 변경

② 약관 등의 작성 및 운용기준

퇴직연금사업자가 속한 관련 금융협회는 운용관리계약과 자산관리계약의 표준약관을 제정 및 변경할 수 있다.

각 협회는 표준약관을 제정 또는 변경하고자 하는 때에는 미리 감독원장에게 보고하여야 한다. 표준약관의 제정 및 변경할 경우에는 시행예정일로부터 10영업인 전까지 감독원장에게 보고하여야 한다. 다만, 감독원장의 명령에 의한 변경 및 경미한 사항을 변경한 경우에는 시행 후 10영업일 이내에 감독원장에게 제출할 수 있다.

또한, 퇴직연금사업자 및 협회는 퇴직연금감독규정에서 정한 기준에 따라 약관 및 표준약관을 작성하고 성실하게 운용하여야 한다.

[감독규정 제19조] 약관 등의 작성 및 운용기준

① 신의성실의 원칙에 따라 공정하게 작성하여야 한다.

② 퇴직연금 가입자의 이익을 최대한 보호하여야 한다.

③ 건전한 금융거래질서가 유지될 수 있도록 하여야 한다.

④ 「약관의 규제에 관한 법률」 등 관계법령을 준수하여야 한다.

③ 약관 등의 심사기준

감독원장은 퇴직연금사업자 또는 협회로부터 보고받은 약관 등에 대해 다음 각 호에 해당하는 내용을 포함하고 있는지 여부를 심사한다.

[감독규정 제20조] 약관 심사기준

① 운용관리업무 및 자산관리업무를 정상적으로 수행하기 위한 구체적 방법에 관한 내용

② 가입자 교육이 위탁된 경우 구체적인 교육방법 등에 관한 내용

③ 적립금 운용실적 및 급여 지급사항 등 퇴직연금 운영과 관련한 정보의 제공에 관한 내용

④ 퇴직연금사업자의 고의 또는 중대한 과실로 인한 법률상 책임을 배제하는 내용

⑤ 정당한 이유 없이 퇴직연금사업자의 손해배상범위를 제한하거나 퇴직연금사업자가 부담하여야 할 위험을 사용자 또는 가입자에게 이전시키는 내용

⑥ 계약해지, 계약이전 및 중도인출 등을 부당하게 제한하는 내용

⑦ 「약관의 규제에 관한 법률」 등 관련 법령에서 정한 사항에 위배되는 내용

④ 약관 등의 변경명령

감독원장은 퇴직연금사업자 또는 협회로부터 보고 받은 약관 등의 내용이 관련 법령 및 규정에 위반되는 경우 보고일로부터 10영업일 이내에 그 내용을 변경하거나 보완할 것을 명할 수 있다.

약관 등의 변경명령 등을 받은 퇴직연금사업자 또는 협회는 감독원장이 정하는 기일 이내에 변경된 약관 등을 감독원장에게 보고하여야 한다.

ⓒ 표준투자권유준칙의 작성 등

① 표준투자권유준칙의 제정

금융위원회는 퇴직연금사업자가 가입자에게 적립금 운용방법 및 운용방법별 정보를 제공하는 데 있어서 가입자별 특성을 반영한 적절한 업무수행이 이루어질 수 있도록 감독원장에게 퇴직연금사업자가 공통으로 사용할 수 있는 표준투자권유준칙을 제정하도록 요구할 수 있다.

② 퇴직연금 업무처리 모범규준

금융감독원·전국은행연합회·금융투자협회·생명보험협회·손해보험협회는 공동으로 「퇴직연금 업무처리 모범규준」을 마련하였으며, 퇴직연금업무를 수행함에 있어서 모범이 되는 업무 및

절차를 규정하여 업무처리를 위한 통일적인 기준을 제시함으로써 퇴직연금제도의 안정적인 운영을 하고자 하였다.

아울러, 퇴직연금사업자간 업무처리상의 차이를 사전에 차단함으로써 업무처리의 혼선을 방지하여 효율성을 제고하고, 나아가 퇴직연금 가입자에게 제공되는 서비스의 내용을 표준화하여 예측가능성을 제고함으로써 가입자의 보호를 강화하였다.

ⓒ 퇴직연금사업자에 대한 점검

사용자 또는 가입자는 퇴직연금사업자의 재무건전성, 적립금 운용수익률 등의 내용을 주기적으로 점검해 보아야 한다. 금융감독원은 퇴직연금감독규정을 제정해서 퇴직연금사업자에 대해 아래와 같은 내용을 공시하도록 의무화하고 있다.

퇴직연금사업자는 매년 말 적립금 운용수익률 및 수수료 등을 자사의 인터넷 홈페이지를 통하여 게시하여야 한다.

[퇴직연금감독규정 제23조] 퇴직연금사업자의 공시

① 원리금 보장상품과 비원리금 보장상품별 적립금 운용금액 및 적립금 운용수익률. 단, 적립금 운용금액은 자신의 동일 계열기업군에 속하는 가입자와 그 이외의 가입자별로 구분한다. (분기 1회 이상)

② 퇴직연금사업자가 수행하는 업무의 종류 및 업무수행방법(위탁 여부 등) (변경시)

③ 운용관리수수료 및 자산관리수수료 (변경시)

④ 사용자 또는 가입자에게 제공한 적립금 운용방법 및 운용방법별 수익률(원리금 보장 상품과 비원리금 보장상품을 구분하되, 원리금 보장상품에는 평균수익률, 최저 및 최고 수익률, 변동금리형상품의 경우 변동주기별 적용이율을 포함하고, 비원리금 보장상품에는 경과기간별 수익률을 포함하여야 한다. (월 1회 이상)

⑤ 운용관리계약 또는 자산관리계약 약관 (변경시)

⑥ 퇴직연금사업자의 등록내용에 관한 사항 (변경시)

⑦ 상품제공기관의 업무를 겸하는 퇴직연금사업자의 경우 퇴직연금제도별로 자신이 제공하고 있는 원리금보장 운용방법별 금리

사용자 및 가입자는 공시된 자료를 주기적으로 확인하여, 적립금의 운용현황 및 퇴직연금 사

업자의 업무수행능력 등에 대해 점검할 필요가 있다. 위 항목에 대한 주기적인 검토를 통해 퇴직연금사업자가 업무를 위탁 수행하는데 문제가 있다고 판단이 될 경우에는 퇴직연금사업자 변경을 고려하게 될 것이다.

ⓒ 업무보고서 제출

퇴직연금사업자는 매월 및 매분기별 영업보고서와 매 영업 연도의 업무보고서를 금융감독원장에게 제출하여야 한다. 보고서의 내용, 형식, 제출시기 등 필요한 사항은 감독원장이 정한다. 퇴직연금사업자는 감독원장이 업무수행을 위하여 요구하는 자료를 제출하여야 한다.

2–6. 퇴직연금 구속성 기준

ⓒ 퇴직연금 구속성 기준 개요

퇴직연금 구속성이란 여신거래와 관련하여 차주 및 차주의 관계인의 의사에 반하여 퇴직연금의 신규 및 입금을 강요하는 행위를 말한다. 퇴직연금 구속행위 판단 기준은 은행업 감독규정상 금전신탁의 경우에는 '2호 은행상품'에 해당(퇴직연금 포함)되어 0% 룰(Rule)을 적용한다. 즉, 월수입금액이 여신금액의 1% 이내인지 여부 검증 없이 무조건 신규가 불가하도록 구속성 기준을 강화하였다.

퇴직연금 구속성 적용 기준은 여신 실행일(신규일 또는 만기일) 전후 1개월 이내에 퇴직연금 신규가 불가하다. 퇴직연금 신규가 먼저 실행된 경우는 퇴직연금 신규일 후 1개월 이내에, 여신의 신규 또는 여신 연기 실행이 불가능하다.

구속성행위 기준은 예외취급이 불가능하기 때문에, 반드시 사전에 구속행위 해당 여부를 충분히 확인한 후 퇴직연금 신규 또는 여신의 실행(신규, 연기 등)을 진행할 필요가 있다. 퇴직연금 구속성 기준은 '신규'와 '신규 후 1개월 이내의 추가입금'에 대해서만 적용하며, 그 이후 '추가입금'에 대해서는 구속성 기준을 적용받지 않는다.

ⓒ 퇴직연금제도에 따른 적용 대상

확정급여형(DB)와 확정기여형(DC) 제도의 경우에는 개인여신 차주인 개인사업자를 포함한 중소기업이 적용 대상이 된다. 그리고 개인형IRP와 기업형IRP의 경우에는 개인여신 차주인 개인사업자를 포함한 개인이 대상이며, 은행 내부 신용등급이 11등급 이하 이거나 KCB등급 7등급 이하인 개인이 적용 대상이 된다. 만약 은행 내부나 외부의 신용등급이 없는 경우에는 중도금대 출, 이주비대출, 우리사주구입자금대출 등 대출조건에 차별이 없는 경우에는 구속성 대상에서 제외한다. 새희망홀씨대출, 새희망드림대출, 청년/대학생 고금리 전환대출 등 서민금융 상품 가 입고객의 경우에는 신용등급에 관계없이 구속성 행위 규제 대상이다.

- 중소기업기본법 상 중소기업(기업여신 차주인 재인사업자 포함)
  – 확정급여형(DB) 퇴직연금/확정기여형(DC) 퇴직연금
- 개인(개인여신 차주인 개인사업자 포함): 개인형IRP/기업형IRP
 ① 은행 내부 신용등급 11등급 이하 or KCB 등급 7등급이하 신용등급 개인
 ② 서민금융 상품 가입 고객: 새희망홀씨대출, 새희망드림대출 등

ⓒ 퇴직연금 구속성 행위 판단기준

퇴직연금 신규 가입의 경우에는 여신실행일 전후 1개월 이내 퇴직연금 신규가 불가하다. 즉, 퇴직연금 신규일 이후 1개월 이내 여신 실행이 불가하다. 월수입금액 계산금액이 여신 1% 이내 여부 검증 없이 무조건 퇴직연금 신규가 불가하다. 만약, 타 퇴직연금사업자로부터 계약이전하 여 신규 하는 경우에도 구속성으로 신규가 불가하다.

퇴직연금 계정에 추가불입을 할 경우에는 퇴직연금 신규일로부터 1개월 경과하여 입금시에 는 구속성에 해당되지 않는다. 만약, 퇴직연그 신규 후 1개월 이내 추가불입 시에는 '추가불입일' 을 '신규일'로 간주하여 '추가입금일'로부터 1개월 이내 대출 연기 및 신규가 불가하다. 신규 후 1 개월 이내 입금은 의도적인 구속성 회피를 방기하기 위함이다. 다만, 예외적으로 은행 內 동일 금액 이내에서 이전되어(계좌이동 방식 포함) 신규하는 경우에는 허용된다. 예를 들면 회사의 합병/양수도/제도전환, 근로자의 계열사 이전 등에 따른 이전, 기업형IRP에 가입한 사용자가 가입자수 증가에 따라 확정기여형(DC) 제도전환, 퇴직신탁에서 퇴직연금으로 제도 전환이 해당 되며, 은행 內 동일금액 이내 이전의 경우에는 이전금액이 영업점 법인계좌로 입금된 당일에 퇴 직연금계좌로 입금되어야만 구속성 예외가 인정된다.

[표 1-14] 퇴직연금 구속성 행위 판단기준

구 분	구속성 내용	비 고
신규	• 여신실행일 전후 1개월 이내 퇴직연금 신규 불가 (퇴직연금 신규일 이후 1개월 이내 여신 실행불가) • 타 퇴직연금사업자로부터 계약이전도 신규 인정	결제성여신(전자어음, 할인어음, 전방외 등)의 연기시⇒'연기승인일'과 '연기실행일' 모두
추가입금	• 퇴직연금 신규일로부터 1개월 이내 추가불입 시 '추가불입일'로부터 1개월 이내 대출 연기, 신규 불가	'추가불입일'을 '신규일'로 간주
예외 적용	• 은행 內 동일금액 이내에서 이전되어 신규하는 경우(계좌이 동 방식 포함) 구속성 제외	

개인형IRP 구속성 특례 적용 기준

개인형IRP 신규 가입 후 1개월 이내 여신 취급시, 구속성으로 인하여 개인형IRP를 해지하게 되면, 차주의 세제상 불이익이 발생하거나 퇴직금 수령이 지연되는 등 차주의 불이익이 명백한 상황이므로 특례 적용을 하여 여신 취급이 가능하도록 허용하였다. 또한, 근로자 퇴직 시 근로자퇴직급여보장법 상 정해진 기일내에 퇴직금이 지급되지 못하는 불이익을 방지하기 위하여 여신실행전 1개월 이내 가입한 개인형IRP 계좌에 여신실행 후 1개월이 지나지 않은 시점에 '퇴직금'에 한해서는 추가불입이 허용된다.

여신 신규 시 '신규 실행일' 前영업일까지 개인형IRP '신규', '추가입금', '타 퇴직연금사업자로부터 계약이전 신규' 모두 가능하다. 즉, 개인형IRP 신규일의 익영업일 이후 여신 '신규' 실행이 가능하다. 다만, 여신 순신규만 가능하고, 만기대환 등의 경우는 만기일 전후 1개월 구속성 기준의 적용을 받는다.

여신 연시 시에는 '연기 승인일과 여신만기일' 전후 1개월 이내 개인형IRP 신규가 불가하다. 다만, 여신 '연시 실행'을 완료한 경우에는 '여신 승일일' 전후 1개월 이내 개인형IRP 신규가 불가하다. 개인형IRP 신규 후 1개월 이내에 '여신실행(신규 실행 or 연기승인)'한 경우 해당 '여신 실행일(신규 실행 or 연기승인)' 이후 1개월 이내 추가불입이 불가능하며, 자동이체를 통한 불입도 불가능하다.

[표 1-15] 개인형IRP 구속성 특례 적용 기준

구 분	적용기준	비 고
신규	• 여신 '신규실행일' 前영업일까지 개인형IRP 신규, 추가불입, 타 퇴직연금사업자로부터 계약이전 신규 가능 • 다만, 여신 순신규만 해당되고, 만기대환, 연기는 구속성 적용	
추가불입	• 여신실행전 1개월 이내 가입한 개인형IRP 계좌에 여신실행 후 1개월 이내 '퇴직금' 예외적으로 불입 허용	

계약이전 관련 구속성 기준

타 퇴직연금사업자로부터 계약이전 신규는 금액에 관계없이 모두 구속성 행위에 해당된다. 따라서 계약이전 신청 전에 구속성 관련하여 검토할 필요가 있다.

해당 계약이전 대상 회사의 기존 보유 여신을 확인하고, 계약이전 예상완료일이 기존 여신의 만기일 전 1개월 이내에 해당되지 않는지를 확인하여야 한다. 그리고 확정기여형(DC) 계약이전의 경우에는 가입자 보유상품 중 펀드 등 매도일수가 많이 소요되는 상품이 존재하는지를 사전에 확인하고, 이관 퇴직연금사업자에게 계약이전 자금의 최종 입금예정일을 반드시 확인하여야 한다. 또한, 이관 퇴직연금사업자의 계약이전 지체로 인하여 계약이전 신규가 지연되지 않도록 진행상태를 수시로 점검하여야 한다. 특히, 기존 여신만기일(신규 실행예정일) 이전 1개월 이전에 계약이전이 완료될 수 있도록 기일관리를 하는 것이 필요하다.

구속성 행위 적용 기준일

기업여신의 신규, 대환, 재약정은 '여신 실행일'을 기준으로 한다. 대환 및 재약정의 경우에는 '여신 실행일'뿐만 아니라 '기존 여신 만기일 전/후 1개월' 기준으로 구속성을 확인하여야 한다. 증액의 경우에는 '증액 취급일'을 기준으로 판단한다. 연기의 경우에는 '여신 승인일'을 기준으로 한다. 다만, 여신 승인을 받았으나, 퇴직연금 신규일 현재 '연기 미실행' 중인 경우에는 '승인일 전후 1개월'과 '기존 여신 만기일 전후 1개월'을 함께 적용한다.

가계여신의 신규, 대환, 재약정은 '여신 실행일'을 기준으로 한다. 다만, 퇴직연금 신규일 현재 '신규 미실행' 중인 경우에는 '전산 신청일' 기준으로 구속성 여부를 판단한다. 증액의 경우에는 '증액 취급일'을 기준으로 한다. 연기의 경우에는 '연기 승인일'을 기준으로 한다.

3. 사용자

3-1. 사용자의 책무

☛ 법령의 성실 이행

사용자는「근로자퇴직급여보장법」및「퇴직연금규약」을 준수하여야 한다.

퇴직금제도 또는 확정급여형(DB) 퇴직연금제도를 설정하거나 운영하는 사용자는 임금피크제 실시, 임금 삭감 등을 하는 경우 퇴직급여 수령액이 감소될 수 있음을 가입 근로자에게 사전에 알려야 하며, 근로자대표와 확정기여형(DC) 퇴직연금제도의 추가 도입, 별도의 급여 산정기준 마련 등 필요한 방법을 협의하여야 한다. 퇴직금 중간정산이 제한됨에 따라 임금 감소에 따른 퇴직급여 감소를 방지하기 위한 방안을 취업규칙 등에 구체적으로 적시하고 이를 협의토록 규정하여야 한다.

「근로자퇴직급여보장법」및「퇴직연금규약」을 위반한 사용자에 대하여는 시정명령 후 미 이행시 퇴직연금제도 운영중단 명령을 할 수 있다.

☛ 퇴직연금사업자 선정

사용자는 운용관리업무 및 자산관리업무의 수행, 관련 서비스 제공 등 퇴직연금제도 전반에 대한 능력과 전문성을 종합적으로 판단하여 퇴직연금사업자를 선정하여야 한다.

상시근로자 300명 이상의 근로자를 사용하는 사업의 사용자는 ①퇴직연금규약을 신고하거나, ②퇴직연금사업자를 선정 및 변경, 추가하는 경우 지방고용노동관서에 퇴직연금사업자 선정 및 변경사유서를 제출하여야 한다.

사용자는 단체협약, 취업규칙, 근로계약서, 급여명세서 등 부담금 산정 및 확정급여형(DB) 퇴직연금제도의 급여지급능력 확보 여부 등을 확인하는데 필요한 자료를 퇴직연금사업자에게 제공하여야 한다. 이 경우 급여지급능력 확보 여부 등을 확인하는데 필요한 자료는 매 사업연도 종료 후 3개월 이내에 제공하여야 한다.

간사기관의 선정 또는 변경 시 그 사실을 그 선정일 또는 변경일부터 7일 이내에 운용관리업무를 수행하는 퇴직연금사업자에게 알려야 한다.

가입자 교육 의무

확정급여형(DB) 퇴직연금제도 또는 확정기여형(DC) 퇴직연금제도를 설정한 사용자는 퇴직연금제도를 시행한 날을 기산일로 하여 매년 1회 이상 가입자에게 해당 사업의 퇴직연금제도 운영상황 등에 대하여 교육을 실시하여야 한다. 매년 1회 이상 교육을 실시하지 않은 사용자에 대하여는 1천만원 이하의 과태료를 부과할 수 있다. 다만, 개인형퇴직연금제도의 경우에는 퇴직연금사업자가 교육을 실시해야 한다.

사용자가 교육을 실시하는 경우 法 시행령에서 정하고 있는 사항에 대한 교육이 모두 이루어져야만 그 책무를 이행한 것으로 간주되며 하나라도 누락될 경우 미 이행한 것으로 처리되기 때문에 각각의 교육항목에 대한 교육실시 여부를 체크리스트 방식으로 점검하여 이행여부를 판단해야 한다.

퇴직연금제도를 설정한 사용자는 가입자에 대한 교육을 실시하여야 할 책무가 있으나 구체적인 실시는 퇴직연금사업자에게 위탁하여 수행할 수 있다. 사용자는 퇴직연금사업자에게 가입자에 대한 교육의 실시를 위탁하는 경우 집합 교육을 실시할 수 있도록 협조하여야 한다.

사용자가 운용관리업무를 수행하는 퇴직연금사업자에게 가입자 교육의 실시를 위탁한 경우 사용자는 교육시기 및 교육방법 등을 포함한 계약을 체결하여야 하며, 퇴직연금사업자는 교육사항에 대하여 위탁계약의 내용에 따라 교육을 실시하여야 한다.

퇴직연금 가입자 교육을 퇴직연금사업자에게 위탁하더라도 교육을 실시했는지에 대한 입증책임은 사용자에게 있으므로 이행여부를 체크하여야 한다.

개인형퇴직연금제도에 대한 가입자 교육의무 주체는 위탁실시와 관계없이 사용자가 아닌 퇴직연금사업자에게 있음을 유의하여야 한다.

퇴직급여 감소 예방 조치

확정급여형(DB) 또는 퇴직금제도를 설정한 사용자는 다음과 같은 사유가 있는 경우 근로자에게 퇴직급여가 감소할 수 있음을 미리 알리고 근로자대표와 협의를 통하여 확정기여형(DC)으로의 전환, 퇴직급여 산정기준의 개선 등 근로자의 퇴직급여 감소를 예방하기 위하여 필요한 조치를 하여야 한다.

① 사용자가 단체협약 및 취업규칙 등을 통하여 일정한 연령, 근속시점 또는 임금액을 기준으

로 근로자의 임금을 조정하고 근로자의 정년을 연장하거나 보장하는 제도를 시행하려는
경우

② 사용자가 근로자와 합의하여 소정근로시간을 1일 1시간 이상 또는 1주 5시간 이상 단축함
으로써 단축된 소정 근로시간에 따라 근로자가 3개월 이상 계속 근로하기로 한 경우

③ 근로시간이 단축되어 근로자의 임금이 감소하는 경우

④ 그 밖에 임금이 감소되는 경우로서 고용노동부령으로 정하는 경우

3-2. 사용자의 금지행위

퇴직연금제도의 적절한 운영을 방해하는 행위

사용자가 운용관리업무 및 자산관리업무를 수행하는 데 필요한 자료를 고의로 누락(자료를 제
공하지 않는 경우 포함) 하거나 거짓으로 작성하여 퇴직연금사업자에게 제공하는 행위를 말한다.

① 단체협약, 취업규칙, 근로계약서, 급여명세서 등 부담금 산정 및 급여지급능력 확보 여부
등을 확인하는 데 필요한 자료

② 그 밖에 급여지급 등 운용관리업무 및 자산관리업무의 수행에 필요한 자료

경제적 이익을 요구하거나 제공받는 행위

① 사용자가 퇴직연금사업자에게 약관 등에서 정해진 부가서비스 외의 경제적 가치가 있는
서비스의 제공을 요구하거나 제공받는 행위

② 퇴직연금사업자에게 계약체결을 이유로 물품 등의 구매를 요구하거나 판매하는
행위

③ 퇴직연금사업자에게 확정되지 않은 운용방법의 수익률 확정적으로 제시할 것을
요구하거나 제공받는 행위, 즉, 퇴직연금사업자 선정을 위한 경쟁입찰 과정에서 입찰자
에게 원리금 보장상품의 확정금리를 입찰서에 기재하도록 강요하는 행위

④ 재정안정화계획서를 작성하지 않거나 통보하지 않는 행위

◉ 사용자의 이익 등을 위한 계약체결 행위

사용자가 자기 또는 제3자의 이익을 도모할 목적으로 운용관리업무 및 자산관리업무의 수행계약을 체결하는 행위는 금지행위이다. 자기의 이익을 위한 계약체결 행위를 한 사용자에 대하여는 시정명령(60일 이내)을 내리고, 이행하지 않을 경우에는 범죄 여부에 따라 최고 2년 이하의 징역 또는 1천만원 이하의 벌금에 처한다.

자기 또는 제3자의 이익을 도모할 목적이라 함은 구체적으로 정해진 바는 없고 개별적으로 판단하여야 한다. 예를 들어 대출 등 특정 목적을 위해 특정 퇴직연금사업자와 운용관리업무 및 자산관리업무의 수행계약을 체결한 것이 명백한 경우, 이중계약을 통한 리베이트 수수 등으로서 객관적으로 입증이 가능한 경우이다.

3-3. 사용자에 대한 감독

사용자가 퇴직연금제도의 설정 및 운영과 관련하여 이 法 또는 당해 사업장 퇴직연금규약에 위반되는 행위를 한 때에는 근로감독관집무규정에 따라 60일 이내의 시정기간을 정하여 그 위반행위의 시정을 명하여야 한다.

시정명령의 발동 여부는 위반법령의 중대성 및 위반의 정도 등을 고려하여 결정한다.

고용노동부장관은 사용자가 시정기간 이내에 시정명령에 따르지 아니하는 경우에는 퇴직연금제도 운영의 중단을 명할 수 있다.

4. 퇴직연금제도 모집인

4-1. 모집업무의 위탁 범위

모집업무란 法에 의해 퇴직연금제도를 설정하거나 가입할 자를 모집하는 업무를 의미한다. 퇴직연금 모집인은 사용자 또는 가입자에게 적립금 운용밥버에 대한 설명과 함께 운용지시를 받아 직접 퇴직연금사업자에게 전달할 수 있다.

[法 시행령 제27조] 모집업무의 위탁범위

① 퇴직연금제도를 설정하거나 가입한 자(설정하거나 가입하려는 자 포함)에게 퇴직연금제도 및 운영에 관한 사항을 설명하는 업무

② 사용자 또는 가입 예정자를 퇴직연금사업자에게 소개하거나 중개하는 업무

③ 사용자 또는 가입자(가입 예정자)에 대한 적립금 운용방법의 설명 또는 관련 정보의 전달업무, 사용자 또는 가입자의 적립금 운용방법에 대한 지시를 전달하는 업무

④ 사용자 또는 가입자의 질의사항, 퇴직연금사업자 등의 답변을 전달하는 업무

⑤ 그 밖에 퇴직연금제도를 설정하고 가입하도록 권유하는데 필요한 사항으로서 고용노동부장관이 정하는 업무

4-2. 모집인의 자격요건

퇴직연금사업자는 다음 각 호의 요건을 모두 갖춘 자(퇴직연금제도 모집인)에게 퇴직연금제도를 설정하거나 가입할 자를 모집하는 업무를 위탁할 수 있다. ①고용노동부장관에게 등록된 자가 아닐것, ②퇴직연금제도에 대한 전문 지식이 있는 자로서 퇴직연금제도 모집인 요건을 갖출것, ③모집인 등록이 취소된 경우 그 등록이 취소된 날로부터 3년이 경과하였을 것 등이다.

[法 제31조제1항] 모집인 자격요건

① 고용노동부장관에게 등록된 자가 아닐 것(1사 전속주의)

② 퇴직연금제도에 대한 전문 지식이 있는 자로서 다음 요건을 갖출 것

　가. 퇴직연금사업자의 임직원이 아닌 자로서 퇴직연금사업자와 서면 계약으로 모집업무를 위탁받은 자일 것

　나. 다음 각 목의 어느 하나에 해당하는 자로서 교육과정을 이수할 것(전문성)

　　a. 금융위원회에 등록된 보험설계사와 개인인 보험대리점으로서 해당 분야에서 1년 이상의 경력이 있는 자

　　b. 한국금융투자협회에 등록한 투자권유대행인으로서 해당 분야에서 1년 이상의 경력이 있는 자

　　c. 그 밖에 고용노동부장관이 퇴직연금제도에 관한 전문성이 있다고 인정하는 자

③ 등록이 취소된 날부터 3년이 지났을 것(준법성)

퇴직연금제도 모집업무를 위탁받은 자는 등록을 하지 않고서는 퇴직연금제도 모집업무를 수행하여서는 안된다. 퇴직연금사업자는 등록한 퇴직연금제도 모집인 이외의 자에게 모집업무를 위탁하여서는 안된다.

퇴직연금제도 모집인은 '1사 전속주의'로 이미 특정 퇴직연금사업자에게 소속된 모집인으로 고용노동부장관에게 등록된 자는 다른 퇴직연금사업자의 위탁을 받아 퇴직연금제도의 모집업무를 수행할 수 없다.

퇴직연금제도 모집인의 전문성 요건은 모집인 등록 당시는 물론 그 퇴직연금제도 모집인으로 등록된 기간 동안에도 함께 유지되어야 한다.

퇴직연금제도 모집인이 되고자 하는 자는 퇴직연금사업자의 임직원이 아닌 자로서 대통령령으로 정하는 전문성 요건을 갖춘 자로서 고용노동부장관이 정하는 교육과정을 이수하고, 퇴직연금사업자와 서면계약으로 모집업무를 위탁 받아야 한다.

법인인 보험대리점은 퇴직연금제도 모집인이 될 수 없다. 법인의 임직원 다수가 모집인 요건을 갖추었다 하더라도 해당 법인이 모집업무를 수탁 받을 수 없으며, 법인이 보험대리점에 위탁수수료를 지급하는 것은 *法* 취지에 부합되지 않는다.

모집인이 요건을 유지하지 못할 경우 고용노동부장관은 퇴직연금제도 모집인에 대한 등록을 취소하거나 6개월 이내에서 모집업무를 정지할 수 있다. 퇴직연금제도 모집인에 대한 등록취소 및 업무정지 업무는 금융위원회에서 수행한다.

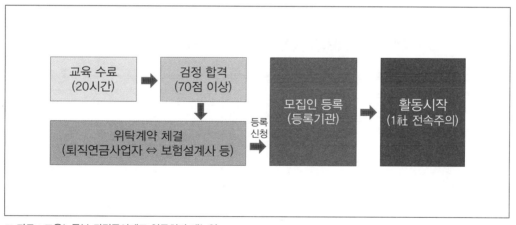

※ 자료 : 고용노동부 퇴직급여제도 업무처리 매뉴얼

[그림 1-11] 퇴직연금제도 모집인 활동 프로세스

4-3. 모집인의 교육과정

퇴직연금제도의 모집인이 되려는 자는 퇴직연금사업자의 퇴직연금제도 모집인 교육과정을 이수하여야 하며, 교육이수의 유효기간은 2년이다.

퇴직연금제도 모집인 교육은 고용노동부장관이 정하는 인력, 시설 및 장비를 갖춘 기관에 위탁하여 실시한다.

[法 시행령 제28조제1항제2호] 퇴직연금제도 모집인의 교육과정 및 이수기준

구분	교 육 내 용	
교육과정	① 퇴직연금제도의 이해 ② 「근로자퇴직급여보장법」및 관련 하위법령의 이해 ③ 퇴직급여제도와 관계 있는 노동 관련 법령의 이해 ④ 모집인의 준수사항	
이수기준	교육시간	20시간 이상
	검정시험	평균 70점 이상(과목당 40점 이상)

퇴직연금사업자는 퇴직연금제도의 모집인으로 하여금 등록한 날부터 기산하여 매 2년이 되는 날부터 6개월 이내에 보수교육을 받도록 하여야 한다.

[法 시행령 제28조제3항] 퇴직연금제도 모집인의 보수교육

구분	교 육 내 용
교육과정	① 퇴직연금제도의 이해 ② 「근로자퇴직급여보장법」및 관련 하위법령의 이해 ③ 모집인의 준수사항
교육시간	10시간 이상

4-4. 퇴직연금제도 모집인의 등록의무

퇴직연금사업자가 퇴직연금제도 모집업무를 위탁한 경우에는 위탁 받은 자를 고용노동부장관에게 등록하여야 한다. 퇴직연금제도 모집업무를 위탁 받은 자는 고용노동부장관에게 등록을 하지 아니하고는 퇴직연금제도 모집업무를 수행하여서는 안 된다.

고용노동부장관은 금융위원회가 지정한 기관 중에서 대상 기관을 정하여 퇴직연금제도 모집인의 등록업무를 위탁할 수 있다. 모집인 등록업무의 위탁 기간은 3년을 넘지 아니하는 범위에서 고용노동부장관이 정할 수 있다.

고용노동부장관에게 등록하지 않고 퇴직연금제도 모집업무를 수행한 경우 2년 이하의 징역 또는 1천 만원 이하의 벌금에 처한다.

4-5. 모집인의 준수사항

퇴직연금제도 모집인은 모집업무를 수행하는 경우 자신이 모집업무를 위탁 받은 자라는 사실을 나타내는 표지 또는 증표를 사무실에 게시하거나 상대방에게 내보여야 하고, 모집업무를 위탁한 퇴직연금사업자의 명칭 등 사용자와 가입자를 보호하고 건전한 거래질서를 유지하기 위하여 필요한 사항으로서 고용노동부장관이 정하여 고시하는 사항을 미리 사용자 등에게 알려야 한다.

퇴직연금제도의 모집인은 업무 수행 시 불완전 판매 등 불건전 영업행위가 발생하지 않도록 모집인의 준수사항을 명시하였으며, 퇴직연금제도 모집인은 준수사항 위반 시 500만원 이하의 벌금에 처하며, 퇴직연금제도 모집인 등록을 취소하거나 6개월 이내에서 모집업무 정지가 가능하다.

퇴직연금사업자는 모집업무를 위탁 받은 자가 준수사항을 지키지 아니한 경우에는 모집업무의 위탁을 취소하여야 한다.

 [法 시행령 제30조] 퇴직연금제도 모집인의 준수사항

① 퇴직연금제도 모집인 외의 명칭을 사용하거나 다른 퇴직연금제도 모집인의 명의를 이용하여 모집업무를 수행하는 행위 금지

② 허위 사실에 근거하여 모집업무를 수행하거나 그 내용을 사실과 다르게 알리거나 중요한 사항을 알리지 않는 행위 금지

③ 모집업무의 위탁범위를 벗어나서 업무를 수행하는 행위 금지

④ 둘 이상의 퇴직연금사업자와 모집업무 위탁계약을 체결하는 행위 금지

⑤ 모집업무를 수행하면서 알게 된 정보 등을 자기 또는 제3자의 이익을 위하여 이용하는 행위 금지

⑥ 모집업무를 위탁한 퇴직연금사업자 또는 가입예정자인 사용자 등을 대리하여 계약을 체결하는 행위 금지

⑦ 퇴직연금제도를 설정하였거나 설정하려는 사용자 또는 가입자로부터 금전·증권, 그 밖에 재산상의 가치가 있는 것을 받는 행위 금지

⑧ 퇴직연금제도를 설정하였거나 설정하려는 사용자, 가입자 또는 이들의 이해관계인에게 특별한 이익을 제공하거나 제공할 것을 약속하는 행위 금지

⑨ 사용자 또는 가입자의 적립금 운용방법에 대한 지시를 대리하는 행위 금지

⑩ 그 밖에 사용자와 가입자를 보호하고 건전한 거래질서를 유지하기 위하여 고용노동부장관이 정하여 고시하는 행위

제2장

퇴직연금제도 이해

확정급여형 퇴직연금제도
(DB: Defined Benefit)

제 1 절

1. 확정급여형(DB) 퇴직연금제도의 설정

1-1. 확정급여형(DB)제도 개요

근로자가 퇴직할 때 받을 퇴직급여가 사전에 확정된 퇴직연금제도를 확정급여형(DB) 퇴직연금제도라 한다. 즉, 근로자가 퇴직 시에 수령할 퇴직급여가 근무기간과 평균임금에 의해 사전적으로 확정되어 있는 제도가 확정급여형(DB) 퇴직연금제도인데, 보다 정확하게 말하자면 '퇴직급여를 계산하는 방식이 사정에 확정되어 있다'고 하는 것이 더 정확한 표현일 것이다.

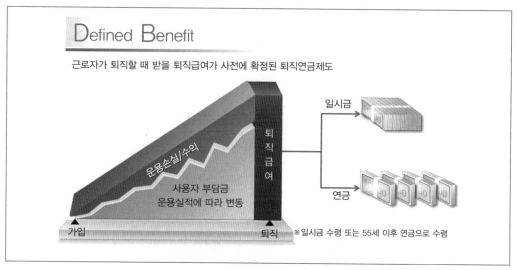

[그림 2-1] 확정급여형(DB) 퇴직연금제도

기업에서는 근로자 퇴직에 대비하여 사전에 확정된 퇴직급여 중 법으로 정해진 최소적립금 수준 이상의 금액을 퇴직연금사업자에게 적립하고, 기업 책임으로 직접 운용하며, 근로자가 퇴직할 경우에는 운용결과와 상관없이 사전에 정해진 퇴직급여를 지급하고, 근로자는 일시금으로 수령하거나 또는 55세 이후에 연금으로 수령하는 방법 중 선택하여 수령하면 된다.

1-2. 가입기간

가입기간은 퇴직연금제도의 설정 이후 해당 사업에서 근로를 제공하는 기간으로 한다. 그리고 해당 퇴직연금제도의 설정 전에 해당 사업에서 제공한 근로기간에 대하여도 가입기간으로 할 수 있다. 이 경우 퇴직금을 미리 정산한 기간은 제외되며, 퇴직연금 가입기간은 사업장의 사정에 따라 과거 근로기간을 순차적으로 소급하여 정할 수 있다.

과거 근로기간을 가입기간으로 하는 경우에는 당해 과거 근로기간에 대하여 법령에서 정한 수준의 부담금을 적립하여야 한다.

1-3. 퇴직급여 수준 등

⊙ 퇴직급여 수준

확정급여형(DB) 퇴직연금제도의 급여수준은 가입자의 퇴직일을 기준으로 산정한 일시금이 계속근로기간 1년에 대하여 30일분의 평균임금에 상당하는 금액 이상이 되도록 하여야 한다.

[그림 2-2] 확정급여형(DB) 퇴직급여 (예시)

임금피크제 실시 전후를 구분하여 평균임금과 근속기간을 산정 후 퇴직급여를 지급하는 등 노사 당사자간 합의를 통해 확정급여형(DB) 퇴직급여수준을 법에서 정한 최저수준 이상으로 퇴직연금규약에 정하는 것은 가능하다.

사용자는 매년 부담금을 사전에 선정한 퇴직연금사업자에 적립한 후 책임지고 운용하며, 운용 결과와 관계없이 근로자는 퇴직 시 사전에 정해진 수준(퇴직 시 계속근로기간 1년에 대하여 30일분의 평균임금 × 근속연수)의 퇴직급여를 수령한다.

◉ 간사기관 선정

복수의 퇴직연금사업자와 운용관리업무에 관한 계약을 체결한 사용자는 그 퇴직연금사업자 중 하나를 간사기관으로 선정하여야 한다. 퇴직연금사업자가 간사기관인 경우 급여지급 능력 확보 여부의 확인 및 그 결과를 통보해야 하며, 부담금을 산정하고, 퇴직 등 사유가 발생한 경우 급여를 지급하는 퇴직연금사업자의 선정에 관한 사용자의 지시를 퇴직연금사업자에게 전달하는 업무를 수행해야 한다. 그 밖에 신규 가입자의 등재, 적립금액 및 운용현황 통지 등 복수의 퇴직연금사업자와 확정급여형(DB) 퇴직연금제도의 운용관리업무에 관한 계약을 체결한 경우 제도의 안정적 · 통일적 운용을 위해 필요한 사항을 수행하여야 한다. 간사기관이 아닌 퇴직연금사업자는 간사기관이 업무를 수행하는 데 필요한 자료를 제공하는 등 협조하여야 한다.

간사기관을 선정하는 방법에 대하여는 법에서 달리 규정한 바 없으며, 퇴직연금규약에 간사기관을 명시하거나 퇴직연금규약에서는 그 기준 및 절차를 정하고 그에 따라 선정하는 것도 가능하다. 이 경우 해당 퇴직연금사업자에게 선정 의사를 전달하고 다른 퇴직연금사업자에게는 간사기관이 선정되었음을 알리고 업무 수행에 협조하여 줄 것을 요청할 수 있다. 사용자는 간사기관의 선정 또는 변경 시 그 사실을 그 선정일 또는 변경일로부터 7일 이내에 운용관리업무를 수행하는 퇴직연금사업자에게 알릴 책무가 있다.

[法 시행령 제22조제1항제3호] 간사기관의 업무

① 지급능력 확보 여부의 확인(재정건전성 검증) 및 그 결과의 통보

② 부담금의 산정

③ 퇴직 등 사유가 발생한 경우 급여를 지급하는 퇴직연금사업자의 선정에 관한 사용자의 지시를 그 퇴직연금사업자에게 전달하는 업무

④ 그 밖에 신규 가입자의 등재, 적립금액 및 운용현황 통지 등 복수의 퇴직연금사업자와 확정급여
형(DB) 퇴직연금제도의 운용관리업무에 관한 계약을 체결한 경우 제도의 안정적·통일적 운용
을 위하여 필요한 사항

1-4. 부담금의 산정 및 납입

ⓒ 부담금의 종류

확정급여형(DB) 퇴직연금제도에 가입한 사용자는 장기적 재정균형을 달성할 수 있도록 퇴직
연금사업자가 산출한 부담금을 매년 1회 이상 정기적으로 부담금을 납입하여야 한다.

부담금의 종류는 표준부담금과 보충부담금, 특별부담금이 있다.

표준부담금	부담금 계산기준일 이후의 장래 근무기간분에 대하여 발생하는 급여를 충당하기 위한 부담금으로 정기적으로 납부하여야 할 부담금
보충부담금	부담금 계산기준일 이전의 과거 근무기간분에 대하여 발생한 급여를 충당하기 위한 부담금으로 10년 이내에 충당될 수 있도록 산정
특별부담금	재정검증 결과 적립금이 최소적립금의 95%에 미치지 못하는 경우 이를 충당하기 위한 부담금

① 표준부담금

표준부담금은 부담금 계산기준일 이후의 장래 근무기간분에 대하여 발생하는 급여를 충당하
기 위한 부담금을 말한다.

퇴직연금에서는 자산의 적립이나 회계 또는 세제상 근로자의 근속으로 인해 발생한 채무를
규칙적으로 발생한 당해 연도에 비용으로 할당(allocate)하는 작업이 필요하다. 이 비용을 할당하
는 방법을 재정방식(funding method)이라 한다. 즉 재정방식은 채무가 발생했다고 가정한 연도
에 그에 상당하는 비용을 할당하는 것이다. 이때 각각의 근로자 또는 퇴직연금제도 전체에 대하
여 재정방식에 따라 장래 퇴직연금 급부의 현가 중에서 그 특정연도에 할당된 부분을 표준부담
금이라 한다.

퇴직연금 급부액과 현가를 서로 다른 방법으로 할당하기 때문에 표준부담금도 사용되는 재정방식에 따라 서로 다르게 계산되어 다른 금액이 된다. 일반적으로 퇴직연금제도에 가입하고 있는 표준적인 근로자의 가입연령을 정하고, 특정 연령자에 대해서 수지가 상등하도록 정한 부담금을 표준부담금이라 한다.

② 보충부담금

보충부담금은 부담금 계산기준일 이전의 과거 근무기간분에 대하여 발생한 급여를 충당하기 위한 부담금을 말한다. 보충부담금은 10년 이내에 충당될 수 있도록 산정되어야 한다.

퇴직연금제도 발족 시에 전원이 가입하는 것은 아니기 때문에, 그 이후에 가입하는 특정 연령자를 기준으로 해서 정한 표준부담금만으로는 지금까지 근무하는 근로자의 퇴직연금을 지급하기에 충분한 적립이 이루어지지 않아 부족적립금이 발생한다. 이 부족적립금 발생의 주원인은 일반적으로 퇴직금은 근속연수를 기준으로 정해져 있기 때문에 부담금 계산에는 과거의 근속기간을 통산하는 반면, 표준부담금의 납입은 장래부분이고 과거로 소급적용 되지 않도록 되어 있다. 이런 의미로부터 이 부족적립금을 통상'과거근무채무(PSL)'라 부른다.

가입자의 구성원이 성숙단계에 이를 때까지는 기업에서 납입하는 부담금이 퇴직연금 급부지급액(benefit payments)보다 크므로 장래급부준비금은 매년 증가하며, 그 후 가입자수와 연금급부지급액이 비교적 일정하게 되면 장래급부준비금도 일정수준에 이르게 된다.

③ 특별부담금

특별부담금은 재정검증 결과 적립금이 최소적립금의 95%에 미치지 못하는 경우 이를 충당하기 위한 부담금을 말한다.

확정급여형(DB) 퇴직연금제도의 운용관리업무를 수행하는 퇴직연금사업자는 매 사업연도 종료 후 6개월 이내에 매 사업연도 말 직전 12개월간의 시가(時價) 평균에 따른 금액으로 산정한 적립금이 최소적립금을 상회하고 있는지 여부를 확인하여야 하는데 이 과정을 재정건전성 검증이라 한다.

사용자는 재정건전성 검증 결과 산정된 적립금이 최소적립금의 95%에 미치지 못하는 경우 사용자는 적립금 부족을 3년 이내에 균등하게 해소할 수 있도록 부족금액에 대한 자금 조달방안, 납입계획 등의 내용을 포함 재정안정화계획서를 구체적으로 작성하고 3년간 보존하여야 한다.

그리고 사용자는 적립금 부족분인 특별부담금을 충당하기 위하여 부담금을 추가로 납부하는 등 재정안정화계획서를 성실하게 이행하여야 한다.

ⓒ 계산기초율

부담금은 예상이율, 예상임금상승률, 예상퇴직률, 예상사망률 등 기초율을 기초로 산정한다. 기초율은 3년마다 산출하되, 부담금의 기초가 된 기초율이 실제 상황과 현저한 차이가 발생하는 경우 다시 산출하여야 한다.

퇴직연금사업자는 부담금을 산정하는 데 사용한 기초율을 선택하는 등의 경우에는 그 합리적 근거를 분명하게 밝혀야 한다.

① 예상이율

예상이율은 부담금 산출시점 직전 사업연도 말을 기준으로 한국금융투자협회가 발표하는 10년 만기 국고채의 36개월 평균수익률로 한다.

예상이율은 부담금 산출 시 적용하는 이자율로 가격결정에 가장 중요한 요소이다. 부담금 계산기초율 중 금리변동 등 경제변화에 가장 민감한 요소로서, 퇴직연금의 가격결정에 미치는 영향이 가장 크다.

예상이율을 제외한 기초율은 해당 사업 또는 사업장의 경험통계를 기초로 하여야 한다. 다만, 다음 각 호의 어느 하나에 해당하는 경우에는 고용노동부장관 또는 보험개발원장이 발표하는 자료를 활용한 기초율을 이용할 수 있다.

> ① 해당 사업이 성립된 지 3년 미만인 경우. 다만, 합병·분할로 인하여 설립된 경우는 제외한다.
> ② 화재 등으로 경험통계 자료를 분실한 경우
> ③ 경험통계를 장래 예측을 위해 사용하기에 부적합한 경우

② 예상임금상승률

예상임금상승률은 당해 사업의 3년 이내 재직자 통계를 기초로 산출하여야 한다. 다만, 경

험통계 산출이 불가능 하거나 부적합 경우 다음의 기초율 적용이 가능하다.

> ① 매월 고용노동부가 조사·발표하는 사업체 노동력조사에 의해 산출한 기초율(근로실태 부문의 연평균 전체 임금총액 증가율의 3개년 기하평균 등)
> ② 보험업법에 의한 보험요율산출기관이 산출한 기초율

③ 예상퇴직률

예상퇴직률이란 가입자가 장래 어떠한 경우로 퇴직하는가를 추계하는 율이다.

예상퇴직률은 당해 사업의 직전 3년 이상의 퇴직자 경험통계를 적용하며, 다만, 경험통계 산출이 불가능 하거나 부적합 경우 다음 각목의 기초율 적용 가능하다.

> ① 매월 고용노동부가 조사·발표하는 사업체 노동력조사에 의해 산출한 기초율(근로실태 부문의 연평균 전체 임금총액 증가율의 3개년 기하평균 등)
> ② 보험업법에 의한 보험요율산출기관이 산출한 기초율

④ 예상사망률

예상사망률은 보험업법에 의한 보험요율산출기관이 산출한 기초율을 사용한다. 다만, 예상 퇴직률에 사망이 포함된 경우에는 예상사망률을 미적용 할 수 있다.

예상사망률은 가입자나 연금수급자의 사망비율을 나타내는 율로서 연령별로 정해지며, 성별 구분 없이 사용하기도 한다.

ⓒ 부담금의 산정 및 납부

부담금 산정시기는 퇴직연금 가입 시에 실시하게 되며 가입 후 일정기간 경과 후 또는 보험 수리적 가정에 중대한 변경이 생겼을 때 재계산하게 된다.

부담금의 계산기준 및 결과가 확정되거나 변경되는 경우 '확정급여형 퇴직연금제도 부담금 산출결과 양식'을 이용하여 사용자에게 통지하여야 한다.

사용자는 퇴직연금 운용관리기관이 산정하여 통지한 부담금을 자산관리기관에 납부하여야 한다.

① 부담금 계산방식

부담금은 재정균형을 장기적으로 유지할 수 있도록 장래 급여에 소요되는 비용예상액, 예상 운용수입액 등을 고려하여 매년 1회 이상 정기적으로 납입되도록 산출하여야 하며, 부담금 산출 시 적용하는 재정방식은 예측단위적립방식(Projected Unit Credit Method)으로 한다.

예측단위적립방식이란 가입자별 급여를 각 근무기간에 대응하는 '단위'로 분할·할당하고, 그 단위에 해당하는 금액을 각 근무기간 중에 부담금으로 납입하여 장래 급여지급의 재원을 적립 하는 방식이다.

② 부담금 산출방법

부담금은 표준부담금과 보충부담금, 특별부담금으로 구분하여 산정한다.

과거근무기간분에 대한 보충부담금은 산정이 그리 어렵지 않으나, 미래 채무에 대한 표준부 담금과 지급능력 확보 여부를 확인하는 특별부담금을 산정하는 과정에는 미래상황에 대한 예상 이 필요하다.

보충부담금은 과거근무기간에 해당하는 금액(확정급여채무, Accrued Liability)에서 연금자산을 차감한 금액(과거근무채무, PSL)을 일정기준에 의해 상각 될 수 있도록 산출한다.

상각방법은 다음 방법 중에서 선택하여 적용하되, 10년 이내에 상각 될 수 있도록 산출한다.

상각방법	내 용
균등상각	과거근무채무를 특정기간을 정하여 해당기간동안 균등하게 상각
탄력상각	균등상각 방법으로 계산된 금액(보충부담금 하한)과 미상각 과거근무채무액(보충부담금 상한) 범위 내에서 매년 상각액을 탄력적으로 적용
정률상각	과거근무채무에 일정비율을 곱하여 상각 (미상각 과거근무 채무액이 표준부담금보다 적을 경우에는 미상각액 전부를 보충부담금으 로 할 수 있다)

재계산을 통해 새롭게 과거근무채무가 발생한 경우 보충부담금은 다음 방법 중 하나를 선택하여 적용한다.

> ① 새롭게 발생한 과거근무채무액에 상각기준을 적용하여 산출한 금액을 기존 보충부담금에 합산하여 적용하는 방법
> ② 기존의 미상각 과거근무채무액과 새롭게 발생한 과거근무채무액을 합산하여 새롭게 상각기준을 적용하여 산출하는 방법

보충부담금은 정액 또는 임금에 일정비율을 곱하여 산출된 금액 중에서 선택하여 적용한다.

특별부담금은 재정검증 결과 적립금이 최소적립금의 95%에 미치지 못하는 경우 해당 차액으로 하며, 예상기초율을 적용하여 장래예측을 통해 장래근무에 의해 발생하는 급여에 충당할 수 있도록 산출한다.

표준부담금, 보충부담금은 연 1회 이상 정기적으로 납입되도록 계산하며, 정액 또는 임금에 일정비율을 곱하여 산출한 금액으로 납입한다. 이때 부담금 계산에 사용되는 가입자 명부는 부담금 계산기준일 이전 6개월 이내에 작성된 명부로 한다.

퇴직연금제도 도입연도 조정 및 제도 폐지 등으로 1년 미만의 단기제도연도가 적용될 경우에는 적용일수 비례로 부담금을 조정할 수 있다.

③ 제도 최초 도입 시 부담금 납입방법 예외적용

제도를 최초 도입하고 기존제도의 사외적립자산(퇴직금제도의 퇴직보험/신탁 적립금 등)이 이전되는 경우 부담금은 다음 방법과 같이 예외적으로 적용이 가능하다.

① 표준부담금, 보충부담금의 납입기일을 기업에서 지정한 특정일부터 납입하는 것으로 적용하는 방법

기업에서 지정한 납입기일에 납입하는 것으로 처리한 사례

- 2020.10.01일 A회사는 퇴직금제도를 폐지하고 과거근무기간을 소급하여 퇴직연금 제도를 도입하며, 부담금은 기존 퇴직보험과 같이 회사 회계연도 말(12.31일)에 납입하는 방식으로 운영
  - 기존제도의 사외적립금: 10억원(제도도입일 현재 퇴직보험 적립금)
  - 제도 초년도 부담금 산출결과: 표준부담금 2억원, 보충부담금 3억원
* 2020.10.01일(제도도입일): 퇴직보험 적립금 10억원 납입
* 2020.12.31일(회계년도말, 초년도 부담금 납입기일): 표준부담금 2억원,
  보충부담금 3억원 납입

② 표준부담금, 보충부담금 납입기일은 제도도입일을 기준으로 하되, 초년도는 기존제도의 사외적립자산만 이전하여 운영하는 방법

 납입기일을 제도도입일 기준으로 처리한 사례

- 2020.10.01일 A회사는 퇴직금제도를 폐지하고 과거근무기간을 소급하여 퇴직연금 제도를 도입하며, 초년도는 기존제도로부터 적립금만 이전하고 추가적인 부담금 납입은 2차년도부터 납입하는 방식으로 운영
  - 기존제도의 사외적립금: 10억원(제도도입일 현재 퇴직보험 적립금)
  - 부담금 산출결과: 표준부담금 2.5억, 보충부담금 3.5억
* 2020.10.01일(제도도입일, 초년도 부담금 납입기일)
  – 퇴직보험 적립금 10억원 납부(표준부담금 2.5억원, 보충부담금 7.5억원)
* 2020.12.31일(2차년도 부담금 납입기일)
  – 표준부담금 2.5억원, 보충부담금 3.5억원 납입

④ **임원부담금의 산정**

임원 부담금은 종업원과 구분하지 않고 통합하여 산출하거나, 다음 각호에서 정한 방식과 같이 별도로 산출할 수 있다.

표준부담금	대상임원이 1년 후 퇴직할 경우의 예상 퇴직급여에서 기준시점에 퇴직할 경우의 예상 퇴직급여를 차감하는 방식
보충부담금	대상임원이 기준시점에 퇴직할 경우의 예상 퇴직급여를 필요적립액(수리채무, Accrued Liability)으로 하여 산출 • **임원과 근로자의 적립금(연금자산)을 구분관리 하지 않는 경우** – 임원 보충부담금은 근로자와 통합하여 산출 • **적립금을 구분하여 관리하는 경우** – 근로자와 구분하여 별도로 산출 · 적용 가능 (단, 별도로 산출할 경우 종업원과 임원의 상각방법은 동일하게 적용)

⑤ 부담금의 재계산

퇴직연금사업자는 퇴직연금제도를 운영함에 있어 부담금의 재산출이 필요하다고 판단되는 경우 부담금을 재계산할 수 있다.

사업자는 퇴직연금제도를 운영함에 있어 부담금은 3년마다 산출하되, 부담금 산출 시 적용한 기초율이 다음 각호와 같은 이유로 실제 상황과 현저한 차이가 발생할 것으로 예상되는 경우에는 다시 산출하여야 한다.

① 가입자의 수가 현저히 변동하는 경우
② 가입자의 자격 또는 급여의 수준을 변경하는 경우
③ 기타 장래 연금재정의 균형에 상당한 영향을 미칠 것으로 예상되는 경우

부담금을 재계산하는 경우 가입자 명부는 부담금 재계산기준일 이전 6개월 이내에 작성된 명부로 한다.

간사기관이 아닌 퇴직연금사업자는 간사기관이 부담금 재계산을 위해 적립금 현황 등 필요정보를 요청하는 경우 담당자 연락처 안내 등 간사기관이 해당 업무를 수행할 수 있도록 적극 협조하여야 한다.

⊙ 경험기초율의 산출

① 경험기초율의 재산출

경험기초율은 해당 단체의 경험통계를 기초로 산출하며 최소한 3년마다 재산출하여야 한다. 단, 기초통계가 현저히 변동되었다고 판단되는 경우 즉시 재산출하여야 한다.

다음 각호에 해당하는 경우에는 고용노동부 또는 보험개발원이 발표하는 자료를 활용한 기초율을 이용할 수 있다.

 [法 시행규칙 제3조제5항] 사업장 경험통계 사용 예외 사유

① 해당 사업이 성립된 지 3년 미만인 경우. 다만, 합병·분할로 인하여 설립된 경우는 제외

② 화재 등으로 경험통계 자료를 분실한 경우

③ 과거의 경험통계가 장래의 예측자료로 사용하기가 어렵다고 판단되는 경우

④ 사용자가 경험통계를 제공하지 않는 등 기초율 산출을 위한 통계자료 확보가 불가능한 경우

퇴직연금사업자의 합리적인 판단 하에 경험률을 적용할 수 있는 적정 인원수준에 대한 기준 (예: 200명)을 내부적으로 마련하여 운영하되, 적정인원기준을 충족하더라도 비정상적인 통계치가 산출되는 경우에는 예외적으로 직전 과거자료 또는 표준율을 사용할 수 있다. 이때 그 판단 근거를 최소 3년간 보관하여야 한다.

비정상적인 통계치란 퇴직률이 0%로 산출되거나 구조조정 등으로 너무 높게 나타나는 경우, 계약직비중 등이 높아져 임금상승률이 부의 값(−)으로 나타나는 경우 등을 말한다.

퇴직연금사업자는 표준율의 합리적 산출을 위해 보험업법 제176조에서 정한 보험요율 산출 기관이 통계자료를 요청하는 경우 적극 협조하여야 한다.

② 경험퇴직률 산출

경험퇴직률 산출을 위한 퇴직자에 대한 경험통계 자료는 산출시점의 가입자명부 및 직전 3년 이상의 퇴직관련 자료가 명기되어 있는 퇴직자 명부를 대상으로 산출하여야 한다. 가입자명부와 퇴직자명부의 작성일은 동일하게 설정하고, 산출대상 기간에 급격한 퇴직자의 변동이 발생한 연도가 있는 경우에는 그 연도를 제외하고 산출한다.

최저연령은 근로기준법상의 최저연령으로 설정하고, 연령별 인원분포 작성을 위한 대상자의 연령은 산출일을 기준으로 1년 단위로 구분된 기간별 기시시점의 만연령으로 계산한다.

기초퇴직률은 퇴직자를 재직자로 나누어 산출해야 하는데, 퇴직자 및 재직자에는 기중 입사자를 반영하지 않고 기시 재직자만으로도 산출 가능하다.

기초퇴직률 = 퇴직자 ÷ 재직자
- 퇴직자 = 기시재직자 중 퇴직자 + 기중입사자 중 퇴직자 ÷ 2
- 재직자 = 기시재직자 + 기중입사자 ÷ 2

③ 경험임금상승률 산출

경험임금상승률은 재직자 통계를 기초로 한 연령별 승급지수와 임금인상률을 혼합하여 적용한다. 연령별 승급지수의 산출방식은 재직자 통계를 기초로 연령별 평균임금을 산출하고, 연령별 평균임금에 선형회귀식 등을 적용하여 수정된 연령별 평균임금을 산출한다. 연령별 승급지수는 수정된 연령별 평균임금을 기준연령의 평균임금으로 나누어 산출한다.

- x세 승급지수 = x세 평균임금 ÷ 기준연령(k세) 평균임금

임금인상률은 소비자 물가상승률, 가입단체의 경험임금인상률 및 임금정책 등을 고려하여 산출하며, 연령별 경험임금상승률은 연령별 승급지수에 임금인상률을 반영하여 산출한다.

- x세의 경험임금상승률 = x세의 승급지수 × (1+임금인상률)(x세−k세)

2. 사용자의 퇴직급여 지급능력 확보

2-1. 기준책임준비금 산정

기준책임준비금은 사용자가 퇴직급여 지급능력을 확보하기 위하여 적립해야 하는 기준이 되는 금액을 의미한다. 확정급여형(DB)을 취급하는 퇴직연금사업자는 기준책임준비금의 산정을 위해 연금계리인력을 두어야 한다.

기준책임준비금은 다음 ① 또는 ②에 해당하는 금액 중 더 큰 금액을 말한다.

① 계속기준(국제기준)	예상 퇴직급여액의 현재가치 - 부담금수입 예상액의 현재가치
② 비계속기준	연도말까지의 퇴직급여 예상액

계속기준 책임준비금은 예측단위 적립방식을 사용하여 해당 사업연도 말일 기준으로 산정한 가입자의 예상 퇴직시점까지의 가입기간에 대한 급여에 드는 비용 예상액의 현재가치에서 장래 근무기간분에 대하여 발생하는 부담금 수입 예상액의 현재가치를 차감한 금액으로 한다. 다만, 임원의 경우 퇴직급여추계액을 계속기준 책임준비금으로 사용할 수도 있다.

비 계속기준책임준비금은 가입자와 가입자였던 사람의 해당 사업연도 말일까지의 가입기간에 대한 급여에 드는 비용 예상액을 해당 가입자의 가입기간에 대하여 급여수준을 곱하여 예상 급여를 산출한 후 가입자별 예상급여를 합하는 방법으로 산정한 금액을 말한다.

2-2. 적립금의 산정

확정급여형(DB) 퇴직연금제도의 운용관리업무를 수행하는 퇴직연금사업자는 다음 각 호의 방법에 따라 적립금을 산정하여야 한다.

적립금을 산정하는 퇴직연금사업자는 재정균형을 장기적으로 유지할 수 있도록 장래 급여에 소요되는 비용예상액, 예상운용수입액 등을 고려하여야 한다.

적립금 평가는 매 사업연도 말 직전 12개월간의 일별 시가(時價) 평균으로 한다. 단, 평가된 금액이 사업연도 말 현재 시가에 따라 평가된 금액의 100분의 90 이하 또는 100분의 110 이상이 될 경우 각각 100분의 90 또는 100분의 110으로 산정한다. 이때 손실이 확정되었거나 예금·적금 등 특정 시점까지 시간이 지나면서 자산가치가 일정하게 상승하는 운용방법의 경우에는 사업연도 말 시가를 적용한다.

적립금 평가 시 설정일로부터 사업연도말까지 12개월 미만인 경우에는 해당 기간의 일별 시가 평균으로 한다. 일별 시가 평균으로 평가된 금액과 사업연도말 현재 시가를 비교하여 100분의 90 또는 100분의 110으로 보정하는 방식은 '실적배당형 운용방법별 일별 기준가를 평균하여 사업연도말 잔고 좌수와 곱한 금액의 전체 실적배당형 운용방법별 합산금액'과 '실적배당형 운용방법별 사업연도말 기준가를 사업연도말 잔고 좌수와 곱한 금액의 전체 실적배당형 운용방법별 합산금액'을 비교하여 보정한다.

2-3. 최소적립금 수준

확정급여형(DB) 퇴직연금제도를 설정한 사용자는 근로자의 퇴직급여 수급권 보장을 위하여 지급능력을 확보하여야 하며, 매 사업연도 말 기준책임준비금 대비 최소적립 의무비율에 해당하는 최소적립금 수준 이상을 적립하도록 적립의무를 부과하고 있다.

[法 시행령 제5조] 기준책임준비금 대비 최소적립비율

연도	2019~2020년	2021년 이후의 기간
최소적립비율	90%	100%

그리고 퇴직연금제도 설정 전에 해당 사업에 제공한 과거 근로기간을 가입기간에 포함시키는 경우에는 해당 근로기간에 대한 기준책임준비금 대비 적립금 비율로서 과거근로기간의 연수(年數)와 가입 후 연차(年次)의 구분에 따라 아래 비율 이상으로 적립을 하여야 한다.

[표 2-1] 확정급여형(DB) 과거 근로기간에 대한 최소적립비율

〈기간 : 2019년 1월 1일~2020년 12월 31일〉

과거근로기간 / 연차구분	1년 미만	1년 이상 3년 미만	3년 이상 6년 미만	6년 이상 10년 미만	10년 이상
1차년도	60%	30%	20%	15%	12%
2차년도	70%	60%	40%	30%	24%
3차년도	80%	70%	60%	45%	36%
4차년도	90%	80%	70%	60%	48%
5차년도		90%	80%	70%	60%

연차구분 과거근로기간	1년 미만	1년 이상 3년 미만	3년 이상 6년 미만	6년 이상 10년 미만	10년 이상
6차년도			90%	80%	70%
7차년도				90%	80%
8차년도					90%

과거근무기간을 소급하여 도입한 제도의 최소적립비율은 퇴직연금규약에서 정한 퇴직연금 설정 이후의 가입기간(장래근무기간)과 과거근무기간을 각각의 최소적립비율을 가입기간별로 가중평균 하여 적용한다. 이때 과거근로기간과 퇴직연금 설정 이후의 가입기간을 합산한 가입기간 전체에 대한 최소적립비율은 다음의 산식에 의하여 산정한다.

과거근무기간 및 가입기간은 소수점 둘째자리, 최종 산출된 최소적립비율은 소수점 셋째자리까지 반올림하여 적용한다.

$$\frac{[(전체\ 가입자의\ 평균\ 과거근로기간 \times 해당\ 기간의\ 최소적립비율) + (전체가입자의\ 퇴직연금\ 설정\ 이후의\ 평균\ 가입기간 \times 해당사업연도\ 최소적립비율)]}{전체\ 가입자의\ 과거근로기간을\ 포함한\ 평균\ 전체\ 가입기간}$$

 법정 최소적립비율 계산 사례

[예시] A회사는 기존 퇴직금제도를 폐지하고 과거근무기간을 소급하여 퇴직연금제도를 도입(제도도입 시점에 근로자는 갑, 을, 병, 정 4명이었으며 각각의 과거근무기간은 각각 8년, 5년, 3년, 0년)

[계산] 근로자 변동이 없는 경우 4차년도(2019년)의 최소적립비율
- 소급된 과거근무기간평균 : (8 + 5 + 3 + 0)/4 = 4년
  - 4차년도 과거근무기간의 최소적립비율 : 90%
- 4차년도의 전체가입기간 : 8.25년
- 법정최소적립비율
  - 기간 : 2019년 1월 1일~ 2020년 12월 31일
  - 장래근무기간 : 90%

[답안] 최소적립비율 = (4 × 90% + 4 × 90%) ÷ 8.25 = 87.2%

3. 재정건전성 검증

3-1. 재정건전성 검증 절차

ⓒ 재정건전성 검증 개요

퇴직연금사업자는 확정급여형(DB) 제도를 도입한 사용자의 매 사업연도 종료 시마다 퇴직연금 적립금액이 법령에서 정한 최소적립금액 이상 적립되어 있는지 여부를 확인하여야 하는데, 이러한 절차를 재정건전성검증이라 한다.

확정급여형(DB)에 가입한 사용자는 급여 지급능력 확보 여부 등을 확인하는데 필요한 자료를 매 사업연도 종료 후 3개월 이내에 퇴직연금사업자에게 제공할 책무가 있다. 즉, 단체협약, 취업규칙, 근로계약서, 급여명세서 등 부담금 산정 및 급여 지급능력 확보 여부 등을 확인하는데 필요한 자료 등을 제공할 책무가 있다. 그리고 퇴직연금사업자는 확정급여형(DB) 재정검증을 수행하기 위하여 필요한 자료(단체협약, 급여명세서 등)와 재정검증 결과를 전체 근로자에게 알려야 하는 경우에 필요한 근로자의 주소 등의 자료를 사용자에게 요구할 수 있으며, 퇴직연금 제도의 안정적인 운영을 위하여 필요한 자료인 ① 중도인출 가능 여부 판단을 위한 임금총액 근거자료, ② 퇴직연금 운영현황 통지를 위한 가입 근로자의 현재 주소지 또는 연락처 등의 제공을 요구할 수 있다.

퇴직연금사업자의 자료제공 요구에도 불구하고 자료를 제공하지 않거나 또는 고의로 자료를 누락하거나 거짓으로 작성하여 제공한 사용자는 500만원 이하의 과태료를 부과한다. 다만, 개인정보가 포함된 정보로서 근로자가 퇴직연금사업자에게 제공을 거부하거나, 보유하고 있지 않은 정보는 제출할 수 없음을 증명하는 경우에는 해당 정보를 제공하지 않을 수 있다.

퇴직연금사업자가 사용자에게 자료의 제공을 요청할 때에는 법령 또는 퇴직연금 운용관리 및 자산관리 계약의 내용에 자료제공 요청의 근거와 제공 항목이 명시되어 있어야 하고, 가입자의 개인정보가 포함된 자료는 해당 근로자의 자료제공에 대한 동의가 필요하며, 퇴직연금사업자가 업무를 수행하는데 필요한 자료라는 점을 입증하여 최소한도의 자료만을 요구하여야 한다.

사용자가 재정검증의 실행을 위해 필요한 자료는 매 사업연도 종료 후 3개월 이내에 퇴직연금사업자에게 제공하여야 하는데, 이때 '3개월 이내'의 기간은 사업연도 종료일 다음날부터 시작하여, 3개월이 되는 월에서 그 기산일에 해당한 날의 전일로 기간이 만료된다. 만약, 기간이 만료되는 월에 해당 만료일이 없는 경우에는 그 월의 말일로 기간이 만료되며, 말일이 토요일 또는 공휴일에 해당한 때에는 그 다음날이 만료일이 된다.

확정급여형(DB) 퇴직연금제도를 도입한 사용자는 매년 1회 이상 부담금을 정기적으로 납부해야 하며, 근로자들의 퇴직급여 수급권 보장을 위해 적립금을 기준책임준비금 대비 최소적립비율 이상 적립해야 한다.

재정건전성 검증은 제도를 도입한 해의 사업연도 말부터 실시하여야 하며, 이 경우 과거근무기간 연차는 1차년도로 한다. 다른 사업자로부터 이전된 계약의 경우 제도 도입일자를 기준으로 재정검증을 실시하여야 한다.

ⓒ 간사기관의 역할

간사기관으로 선정된 퇴직연금사업자는 재정검증을 실시하기 위하여 사용자 또는 퇴직연금 규약을 통해 비간사기관을 확인하여야 하고, 간사기관 지정 변경사실을 비간사기관에 통지하여야 하며, 비간사기관이 요청하는 경우에는 재정검증 결과를 비간사기관에 통지하여야 한다.

복수 퇴직연금사업자와 계약을 체결한 사용자가 간사기관을 지정하지 아니한 경우 퇴직연금사업자는 자사 적립금 수준만으로 재정검정을 실시하고 검증결과에 따라 이행계획 요청 및 해당기준에 따른 급여지급을 하여야 한다. 이때, 간사기관을 지정하지 않은 사용자가 타 퇴직연금사업자 자료와 합산하여 재정검증을 요구하는 경우에는 사용자에게 간사기관을 지정토록 요청할 수 있고, 간사기관 지정 요청에도 불구하고 지정하지 아니할 경우에는 자사 적립금만으로 재정검증을 실시할 수 있다.

퇴직연금제도 도입 후에 간사기관을 지정한 경우에는 간사기관이 재정검증을 실시한 후 재정검증 결과에 따라 적립비율 판단하고, 해당 기준에 따른 급여를 지급한다.

비간사기관은 간사기관의 요청에 따라 간사기관이 재정검증을 실시할 수 있도록 매 사업연도 종료 후 2개월 이내에 '확정급여형(DB) 퇴직연금제도 적립금 평가 확인서'를 엑셀 파일로 작성하여 퇴직연금 담당부서장의 확인절차를 거친 후 전자우편을 통해 간사기관에 제공하여야 한다.

사용자는 간사기관의 선정 및 변경 시 그 사실을 그 선정일 또는 변경일로부터 7일 이내에 운용관리업무를 수행하는 퇴직연금사업자에게 통보하여야 한다. 간사기관 선정일 또는 변경일 다음날부터 기산하여 7일이 되는날이 만료일이 되며, 그 만료일이 토요일 또는 공휴일인 경우에는 그 다음날이 만료일이 된다.

⊙ 재정건전성 검증 절차

확정급여형(DB) 운용관리업무를 수행하는 퇴직연금사업자는 매 사업연도 종료 후 3개월 이내에 가입자 명부변경을 실시하고, 6개월 이내에 적립금이 최소적립금을 상회하고 있는지 여부를 확인하는 재정건전성 검증을 실시하여야 하며, 검증결과보고서를 사용자에게 우편으로 발송하여야 한다. 만약, 최소적립금을 하회하는 경우는 근로자대표에게도 함께 통지하여야 한다.

검증결과보고서를 통보받은 사용자는 적립부족으로 판정될 경우에는 재정안정화계획서를 작성하여 퇴직연금사업자와 근로자대표에게 통보하여야 한다.

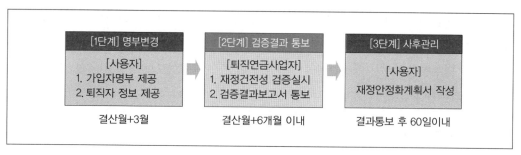

[그림 2-3] 재정건전성 검증 절차

3-2. 가입자명부 변경

⊙ 가입자 명부변경

확정급여형(DB)제도를 도입한 사용자는 급여 지급능력 확보 여부 등을 확인하는데 필요한 자료를 매 사업연도 종료 후 3개월 이내에 퇴직연금사업자에게 제공하여야 한다. 퇴직연금사업자는 사용자에게 받은 가입자명부를 바탕으로 최근 상태로 가입자정보를 변경해 주어야 한다. 즉, 기존 가입자의 퇴직금추계액을 최근 기준으로 변경하고, 새로운 입사한 근로자를 가입자 명부에 추가하며, 근속기간 1년 미만 퇴직자의 명부를 삭제(무급부 퇴직처리)하는 업무이다.

특히, 가입자명부를 매 사업연도 종료 후 3개월 이내에 변경하지 않으면 사용자에게 과태료(500만원 이하)가 부과될 수 있으므로 반드시 기한내에 변경하여야 한다. 사용자가 가입자명부를 오류로 통보하거나, 명부변경을 하지 않은 경우 잘못된 검증결과가 산출되어 퇴직급여 지급능력에 영향을 미칠 뿐만 아니라, 적립금을 충분히 불입하였음에도 적립금 부족기업으로 판명될 경우 사후관리 대상 기업으로 선정될 수 있으므로 유의하여야 한다.

명부변경의 주요 내용은 ① 신규입사 등으로 인한 가입자 추가,② 근속기간 1년미만 퇴직자 및 퇴직 등으로 인한 가입자 삭제,특히 사내지급 및 타 퇴직연금사업자 지급 등의 경우에는 증 빙서류를 구비해 놓고 무급부퇴직으로 가입자 삭제,③ 기존 가입자의 평규님금,추계액 및 중간 정산일자 등 정보변경 업무이다.평균임금은 퇴직금 계산의 기준이 되는 급여로 결산월말 과거 3 개월 월평균급여를 말하고,추계액은 결산월말 기준 퇴직하였을 경우 종업원이 받게 되는 퇴직 금을 말하며,중간정산을 했을 경우에는 퇴직금은 입사일이 아닌 중간정산일로부터 계산한다.

그리고 300인 이상 사용자의 경우, 모범기준에 따라 경험률(퇴직률/승급률)을 적용하여 재정 검증을 실시해야 하기 때문에 정확한 산출을 위해 과거 3개년 퇴직자 정보도 함께 제공받아 재 정건전성 검증에 반영하여야 한다.

가입자 명부변경 업무는 재정건전성 검증을 위한 필수 작업이므로 항상 최근의 정보를 유지 하도록 관리하여야 한다.

ⓒ 무급부 퇴직처리

무급부 퇴직처리는 퇴지급여를 지급하지 않고 가입자를 명부에서 삭제하는 업무로 다음과 같은 사유가 있을 경우에는 처리가 가능하다.

[표 2-2] 무급부 퇴직처리 사유별 필요 서류

무급부 퇴직처리 사유	필요 서류
공통서류	① 가입자등록/변경신청서 ② 무급부 퇴직처리 요청 공문(회사양식)
회사에서 퇴직금 전액을 지급한 경우	① 퇴직소득원천징수영수증 ② 퇴직금 입금증(입금확인 서류)
근속연수 1년 미만 근로자가 퇴직한 경우	없음
간사기관에서 퇴직금 전액을 지급하고, 복수기관에 무급부 퇴직을 요청한 경우	① 퇴직급여지급신청서 사본 ② 퇴직소득원천징수영수증 사본
업체가 복수기관들 중 한곳을 지정하여 계약이전 금액을 이전신청하고, 복수기관에 무급부 퇴직을 요청한 경우	– 퇴직연금 계약이전 신청서 (다수인 경우 계약이전 명부 사본 추가)

* 양식명은 퇴직연금사업자별로 상이할 수 있음

3-3. 재정건전성 검증결과 통지

ⓒ 재정건전성 검증 실시

확정급여형(DB) 퇴직연금제도의 운용관리업무를 수행하는 퇴직연금사업자는 매 사업연도 종료 후 6개월 이내에 재정건전성 검증을 실시한다.

사용자가 복수의 운용관리계약을 체결하고 있는 경우에 재정건전성 검증은 간사기관인 퇴직연금사업자가 수행하여야 한다. 간사기관이 아닌 퇴직연금사업자는 간사기관에서 정확한 재정건전성 검증을 수행할 수 있도록 협조하여야 하며, 적립금확인서를 간사기관에 제출하여야 한다.

확정급여형(DB)은 재정건전성 검증 결과에 따라 급여지급방식(전액지급 또는 적립비율지급)이 달라지며 부족기업의 경우 검증결과보고서를 근로자대표에게 통보하여야 하고, 재정안정화계획서를 작성하여야 하는 등 사후관리 업무가 발생할 수 있다.

ⓒ 과거근로기간 소급 가입 시 최소적립금 계산방법

과거근로기간을 소급하여 가입한 경우 그 기간도 포함하여 전체 가입기간에 대하여 해당 연도별 최소적립비율을 적용한다. 즉, 과거근로기간에 대하여도 고시에 따른 최소적립비율을 적용하지 아니한다.

최소적립금은 아래 산출식에 따른 가입기간 전체에 대한 최소적립비율에 기준책임준비금을 곱하여 산출한 금액이다.

$$\frac{[(전체\ 가입자의\ 평균\ 과거근로기간 \times 해당\ 기간의\ 최소적립비율) + (전체가입자의\ 퇴직연금\ 설정\ 이후의\ 평균\ 가입기간 \times 해당사업연도\ 최소적립비율)]}{전체\ 가입자의\ 과거근로기간을\ 포함한\ 평균\ 전체\ 가입기간}$$

즉, 과거근로기간에 대한 적립비율은 과거근로기간에 대한 가입근로자의 근로연차별 적립비율을 산정하여 합산한 것이고, 설정 이후 가입기간에 대하여 「근로자퇴직급여보장법」에서 정하는 최소적립비율을 적용한다.

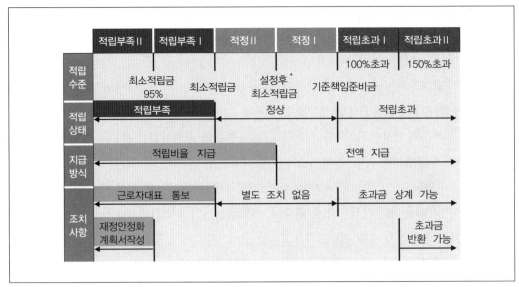

* 퇴직연금제도 설정 이후 가입기간에 대하여 해당 사업연도에 적립하여야 하는 최소적립금

[그림 2-4] **재정건전성 검증결과에 따른 조치사항**

◉ 검증결과보고서 통보

퇴직연금사업자는 재정건전성 검증결과 산정된 적립금과 최소적립금를 비교하여 적립금의 부족 여부, 적립금 및 부담금 납입현황, 재정안정화계획서 작성여부 등이 포함된 재정건전성 검증결과보고서를 사용자에게 서면으로 통지하여야 한다. 다만, 퇴직연금 적립금이 퇴직금 예상액(기준책임준비금)의 법정최저비율(90%) 이하를 말하는 최소적립금보다 적은(적립부족Ⅰ, Ⅱ) 기업에 대하여는 근로자의 과반수 이상이 가입한 노동조합이 있는 경우에는 그 노동조합에 재정검증 결과를 서면 또는 정보통신망으로 알리고, 근로자의 과반수가 가입한 노동조합이 없는 경우에는 전체 근로자에게 재정검증 결과를 서면 또는 정보통신망에 의한 방법으로 알려야 한다. 전체근로자에게 통지할 경우에는 통지전에 사용자에게 사전 안내를 통해 알려줌으로써 불시 통보로 인한 불만이 발생하지 않도록 유의하여야 한다.

여기서 정보통신망이란, 전기통신설비 및 컴퓨터의 이용기술을 활용하여 정보를 송수신하는 정보통신체제를 의미하므로 모바일 기기를 활용한 SNS, 사내 인트라넷, 인터넷 홈페이지 등도 이에 포함된다. 따라서 이메일, 내부 인트라넷 메일, SNS 등을 활용하여 근로자 개인별로 재정검증 결과를 통보해야 한다.

그리고 퇴직연금사업자는 전체 근로자에게 적립부족 사실을 서면 또는 정보통신망으로 알리기 위하여 사용자에게 ① 사용자가 운영하는 사내 전산망에 대한 이용 제공, ② 전체 근로자의 주소 또는 전자우편주소의 제공, ③ 퇴직연금사업자를 대신하여 전체 근로자에게 적립부족 사실에 대한 사항의 통보에 대한 협조를 요청할 수 있다. 이 경우 사용자는 특별한 사유가 없는한 이에 따라야 한다.

하지만, 적립금이 최소적립금보다 적은(적립부족 I, Ⅱ) 경우에 해당하는 기업이 ① 폐업된 업체, ② 퇴직연금사업자가 간사기관이 아닌 경우, ③ 당해 연도에 계약이전 또는 해지한 경우에는 증빙서류를 갖추어 놓은 후 통지하지 않아도 된다. 폐업한 경우에는 폐업사실증명원 또는 국세청 홈페이지상 폐업을 확인할 수 있는 화면 캡쳐, 간사기관이 아닌 경우에는 사무처리약정서 또는 규약사본을 증빙서류로 갖추어 놓으면 된다.

만약, 재정건전성 검증 결과 적립금이 최소적립금보다 적은(적립부족 I, Ⅱ) 경우에 해당하는 기업이 사후관리를 면하기 위하여 부족금액을 적립한 경우에도 사후관리 절차는 동일하게 진행하여야 한다. 왜냐하면 기준책임준비금 평가와 적립금 평가의 기준일은 직전 결산월말로써, 재정건전성 검증 결과를 보고 부족금액을 적립한다고 해도 직전 결산월말 잔고와 관계가 없기 때문에 재정금증 결과에는 영향을 미치지 않는다. 다만, 부족금액을 추가불입하고 적립부족을 면한 경우에는 재정안정화계획서에 해당 내용을 기재하면 되기 때문에 적극적으로 추가불입을 안내하는 것이 바람직하다.

4. 재정건전성 검증결과에 따른 사후관리

4-1. 적립금 부족기업의 사후관리

ⓒ 재정안정화계획서 작성 및 통보

재정검증 결과 적립금이 최소적립금의 95%에 미달하는(적립부족 Ⅱ) 경우 사용자는 재정안정화계획서를 작성하고, 최대 3년 이내에 특별부담금을 납입하여야 한다.

재정안정화계획서는 3년 이내에 적립금 부족을 균등하게 해소할 수 있도록 부족 금액에 대한 자금조달 방안, 납입계획 등을 포함하여야 한다.

재정안정화계획서는 퇴직연금사업자로부터 재정건전성 검증결과보고서를 통보받은 날부터 60일 이내에 근로자대표(근로자의 과반수가 가입한 노동조합이 있는 경우에는 그 노동조합, 근로자의 과반수가 가입한 노동조합이 없는 경우에는 전체 근로자)와 퇴직연금사업자에게 통보하여야 한다.

근로자대표에게 통지하는 방법으로는 서면 또는 정보통신망을 통한 개별통지 등의 방법을 활용하면 된다.

 [法 시행령 제7조] 적립금 부족의 판단기준 및 해소방안

- **적립금 부족의 판단기준 : 최소적립금의 100분의 95**

- **적립금 부족 해소방안**
① 사용자는 적립금 부족을 3년 이내에 균등하게 해소할 수 있도록 부족금액에 대한 자금조달방안, 납입 계획 등의 내용을 포함한 '재정안정화계획서'를 구체적으로 작성하고 3년간 보존할 것
② 사용자는 퇴직연금사업자로부터 재정검증 결과를 통보 받은날부터 60일 이내에 근로자의 과반수가 가입한 노동조합이 있는 경우에는 그 노동조합, 근로자의 과반수가 가입한 노동조합이 없는 경우에는 전체 근로자와 퇴직연금사업자에게 재정안정화계획서를 통보할 것
③ 사용자는 적립금 부족분을 충당하기 위한 부담금을 납입하는 등 재정안정화계획서를 성실하게 이행할 것

ⓒ 재정안정화계획서 이행

사용자는 재정안정화계획서에 따라 3년 이내에 적립금 부족을 성실하게 해소하여야 하며, 재정안정화계획서는 3년간 보존하여야 한다.

재정검증 결과 적립금 부족으로 확인되었음에도 사용자가 재정검증 결과를 통보받은 날부터 60일 이내에 재정안정화계획서를 작성하지 않거나 통보하지 않는 경우에는 500만원 이하의 과태료가 부과될 수 있다.

ⓒ 재정안정화계획서 면제

재정안정화계획서를 제출하지 않아도 되는 면제사유는 두 가지가 있다. 첫째, 확정급여형 (DB) 퇴직연금제도를 폐지 또는 전부 제도전환을 하였을 경우이다. 둘째, 사업장이 폐업한 경우이다. 폐업사실증명서 또는 국세청폐업사실 출력 후 제출하면 된다.

부도, 파산, 여신매각, 연락두절 등과 확정급여형(DB), 퇴직연금제도를 타 퇴직연금사업자로 전부이전되어 해지된 경우에는 재정안정화계획서 면제사유에 해당되지 않으니 재정안정화계획서를 징구하여야 한다.

4-2. 초과적립금의 처리

초과적립금은 재정검증 결과 적립금이 기준책임준비금을 초과한 경우 해당 금액을 말한다.

퇴직연금사업자는 매 사업연도 말 적립금이 기준책임준비금을 초과한 경우 그 초과분을 사용자의 요구에 따라 향후 납입할 부담금에서 상계할 수 있으며, 매 사업연도 말 적립금이 기준책임준비금의 100분의 150을 초과하고 사용자가 반환을 요구할 경우 퇴직연금사업자는 그 초과분을 사용자에게 반환할 수 있다. 즉, 해당 사업의 사업연도 말 적립금이 기준책임준비금의 180%로 확인된다면 퇴직연금사업자는 사용자가 반환을 청구할 경우 150%를 초과하는 30%에 대하여 반환이 가능하다.

5. 적립금의 운용

5-1. 적립금의 운용

사용자가 매년 1회 이상 정기적으로 자산관리기관에 납부하여 누적된 적립금은 사용자 책임하에 직접 운용하여야 하며, 적립금 운용에서 발생한 손익도 사용자에게 귀속된다.

적립금 운용에서 이익이 발생할 경우에는 사용자가 인출하여 사용할 수는 없고, 차기에 납부할 적립금에서 동 금액만큼 차감한 후 납부하면 된다. 반대로 적립금 운용에서 손실이 발생해서 최소적립금 수준을 맞추지 못할 경우에는 차액만큼 기업에서 추가로 자급을 부담하여야 한다.

따라서 사용자가 차기에 납부할 부담금 수준은 적립금의 운용결과에 따라 변동하게 된다. 또한, 임금인상률·퇴직률·운용수익률 등 연금액 산정의 기초가 되는 가정에 변화기 있는 경우에도 사용자가 그 위험을 부담한다.

5-2. 복수의 퇴직연금사업자 선정 시 적립금 운용방법

확정급여형(DB) 제도는 사업장 단위로 하나의 계좌를 설정하고 있고 사용자의 권한과 책임

아래 적립금을 운용하게 된다.

따라서 복수의 퇴직연금사업자를 선정한 경우 근로자 그룹별로 분리하는 것이 사실상 어렵고, 분리한다고 하더라도 각 퇴직연금사업자의 운용능력에 따라 근로자 그룹별 적립금 적립비율이 달라질 수 있어 근로자간 형평성을 저해할 수 있다는 점에서 그룹별로 분리 운영하는 것은 타당하지 않다.

확정급여형(DB) 제도의 특성상 사업당 하나의 계좌에 전체 근로자의 적립금을 보관하고 관리하므로 복수의 퇴직연금사업자를 선정한 경우 각각의 퇴직연금사업자에 모든 근로자를 가입시키고, 적립금은 퇴직연금사업자별로 나누어 적립하며 적립비율의 합은 100%가 되도록 하여 가입자관리 및 재정건전성 확보 등이 이루어지는 방법으로 하여야 한다. 이 경우 사용자는 특정 자산관리기관으로 하여금 퇴직한 자에 대하여 해당 퇴직급여를 지급하게 할 수 있다.

5-3. 운용현황의 통지

퇴직연금사업자는 적립금액 및 운용수익률 등을 다음 각 호의 하나에 해당하는 방법으로 가입자에게 알려야 한다.

[法 시행규칙 제7조] 운용현황의 통지

① 우편 발송
② 서면 교부
③ 정보통신망에 의한 전송
④ 그 밖에 이에 준하는 방식으로서 운용관리업무의 위탁계약을 체결할 때 당사자가 합의한 방법

6. 퇴직급여 지급

6-1. 퇴직급여 지급

◎ 퇴직급여 지급 방법

사용자는 가입자의 퇴직 등 급여의 지급할 사유가 발생한 날부터 14일 이내에 퇴직연금사업

자로 하여금 적립금의 범위에서 지급의무가 있는 퇴직급여 전액을 지급하도록 하여야 한다. 다만, 사업장의 도산 등 대통령령으로 정하는 사유에 해당하는 경우에는 적립금 비율에 해당하는 금액을 지급하여야 한다.

만약 퇴직연금제도 적립금으로 투자된 운용자산 매각이 단기간에 이루어지지 아니하는 등 특별한 사정이 있는 경우에는 사용자, 가입자 및 퇴직연금사업자 간의 합의에 따라 지급 기일을 연장할 수 있다.

사용자는 퇴직연금사업자가 지급한 퇴직급여 수준이 가입 근로자가 받아야 할 퇴직급여 수준에 미치지 못할 때에는 퇴직급여를 지급할 사유가 발생한 날부터 14일 이내에 그 부족한 금액을 해당 근로자에게 지급하여야 한다. 이 경우 특별한 사정이 있는 경우에는 당사자 간의 합의에 따라 지급 기일을 연장할 수 있다.

ⓒ 퇴직급여 전액지급

확정급여형(DB) 퇴직연금제도에서 퇴직자가 발생할 경우 사용자는 최소적립금 이상을 적립한 경우 급여를 지급할 사유가 발생한 날부터 14일 이내에 퇴직연금사업자로 하여금 적립금의 범위에서 지급의무가 있는 퇴직급여 전액을 지급하도록 하여야 한다. 다만, 사업장의 도산 등 전액지급 시 퇴직급여 지급에 있어 근로자간 형평성이 훼손될 수 있는 경우에는 '전액지급'의 예외로 한다.

사용자가 재정검증 결과 부족분에 대하여 일시에 추가 납부하였거나 가입자 명부조정 등이 있는 경우에는 사용자와 퇴직연금사업자간 협의를 통해 일시 추가납부 또는 가입자 명부 조정 시점 이후로 재정검증을 재 실시하고 그 결과 최소적립비율을 초과한다면 전액지급 하는 것이 가능하다.

ⓒ 퇴직급여 비율지급

전액지급 예외사유에 해당할 경우 가입 근로자자별로 '적립비율'(적립금, 비계속기준 퇴직부채)에 따라 사용자는 미적립분을 지급하고, 퇴직연금사업자는 적립분을 적립비율 기준으로 지급한다.

[法 시행령 제8조] 급여 전액지급 예외 사유

① 사업주가 파산선고를 받은 경우

② 사업주가 회생절차 개시결정을 받은 경우

③ 사업주가 「임금채권보장법」상 사업장의 도산 또는 임금체불 한 경우

④ 기준책임준비금 대비 적립금의 비율이 최소적립금 수준 보다 낮은 경우

⑤ 다음 값이 고용노동부장관이 정하여 고시한 비율(25%) 이상인 경우

[사업연도 개시일 이후 해당 사업의 가입자에게 지급한 퇴직급여의 누계액 /

(사업연도 개시일의 적립금 + 사업연도 개시일 이후 납입된 부담금의 합계액)]

⑥ 그 밖에 급여를 전액 지급하면 다른 근로자의 수급이 제한되는 경우

최소적립비율 미달로 확정급여형(DB) 적립비율에 따라 퇴직급여를 개인형IRP 계정으로 지급하였으나, 회사가 퇴직급여 부족분을 미지급하거나 지급 지연 시 퇴직급여의 지급의무 주체는 원칙적으로 사용자이며, 사용자의 귀책사유로 인해 퇴직급여의 체불이 발생하여 그 체불액이 지방고용노동관서를 통해 확정된 경우에는(체불금품확인원 발급) 퇴직연금사업자는 부득이 일부 납입된 부담금만큼 가입자가 지정한 개인형IRP로 이전하고 가입자는 계약해지를 통해 이전 받은 금액을 인출할 수 있다.

ⓒ 간사기관의 퇴직급여 지급

복수의 퇴직연금사업자와 운용관리계약을 체결하고 간사기관을 선정하였는데, 퇴직 등 급여 지급 사유가 발생하여 적립비율 방식이 아닌 전액 지급을 해야 할 경우 급여를 지급할 퇴직연금사업자의 선정은 사용자의 지시에 따르는 것으로 간사기관은 그 지시를 해당 퇴직연금사업자에게 전달하는 업무를 수행할 뿐이다. 따라서 반드시 간사기관만이 퇴직급여를 전액 지급해야 하는 것은 아니다.

사용자는 가입자의 IRP 계정으로 급여가 전액 이전될 수 있도록 하는데 필요한 조치로, 특정 퇴직연금사업자에게 전액 지급을 지시하거나 또는 퇴직연금사업자별로 지급 비율(금액)을 정하여 지시하는 것이 가능하다.

하지만 실무상으로는 간사기관이 전액 지급을 하고, 연말 추가불입 시 적립비율을 조정하는 형식으로 한다.

6-2. 급여지급 방법

개인형IRP 전액 의무이전

퇴직급여가 연금수급 개시 연령인 만 55세까지 노후재원으로 보존될 수 있도록 퇴직급여는 가입 근로자가 지정한 개인형IRP 계정으로 의무이전 하는 방법으로 한다. 가입자가 개인형IRP 의 계정을 지정하지 아니하는 경우에는 해당 퇴직연금사업자가 운영하는 계정으로 이전한다. 이 경우 가입자가 해당 퇴직연금사업자에게 개인형IRP를 설정한 것으로 본다.

개인형IRP 일부 이전

기존 퇴직금제도에 퇴직 일시금을 받거나, 개인형IRP로의 의무이전 예외 사유에 해당되는 근로자가 일시금으로 수령하는 경우가 해당된다.

일시금으로 수령하는 퇴직금 중 전부 또는 일부를 개인형IRP로 이전할 수 있다. 이 경우 개 인형IRP로 이전한 금액 부분에 대하여는 퇴직소득세를 과세이연 한다.

또한, 퇴직 일시금을 수령한 후 60일 이내에 일부 또는 전부를 개인형IRP에 입금할 경우에 는 입금한 금액 비율만큼 퇴직소득세를 환급해 준다.

근로자 입출금계좌로 직접 지급

개인형IRP로의 의무이전 예외 사유에 해당될 경우에는 근로자가 요청할 경우 원천징수의 무자인 사용자가 원천징수를 하고 근로자가 지정하는 입출금 계좌로 직접 지급할 수 있다.

[法 시행령 제9조] 개인형IRP로의 의무이전 예외 사유

① 가입자가 55세 이후에 퇴직하여 급여를 받는 경우

② 가입자가 급여를 담보로 대출받은 금액 등을 상환하기 위한 경우. 다만, 대출상환 금액을 초과하 는 금액은 개인형IRP 계정으로 이전함

③ 퇴직급여액이 300만원 이하인 경우

④ 기타 불가피한 사유

· 근로자의 사망

· 의사 또는 뇌사판정위원회 등에 의해 의식불명 또는 뇌사의 판정을 받아 근로자가 의사표시를 할 수 없음이 명백한 경우

- 한시적 체류자격에 의한 외국인근로자가 퇴직과 동시에 해외로 출국한 경우
- 일시적 해외에 체류하는 것이 아니라 해외영주권, 시민권의 획득 등으로 국내주소를 말소하고 거주 목적으로 해외 이주한 경우

사용자가 퇴직연금 급여 지급을 위해 퇴직한 근로자에게 전화, 주소방문 등 노력하였음에도 연락이 되지 않아 IRP계정으로 지급할 수 없는 경우, 단순히 연락두절 상태만으로 퇴직연금 급여의 IRP 계정 이전 예외로 할 수는 없으며, 사용자 및 퇴직연금사업자는 근로자 퇴직 시 IRP 계정 개설을 통한 급여 지급방법을 반드시 사전 안내하고, 법정 지급기한까지 주소지방문, 내용증명 등 사용자의 지급의무 이행 노력을 소명하는 경우에 한해 근로자의 일반계좌로 납입할 수 있다.

◉ 사망 퇴직 시 급여지급 방법

근로자가 사망한 경우 개인형IRP가 설정되더라도 사실상 운용이 불가능하므로 민법상 상속법리에 따라 상속자에게 일시금 지급이 가능하다.

사용자가 근로자의 성명과 주민등록번호를 확인하여 제출한 서류만으로 금융기관은 1차 실명확인 후 근로자 명의의 개인형IRP 계좌 개설이 가능하다. 다만, 개인정보 보호를 위해 사용자가 계좌개설을 위해 근로자의 성명, 주민등록번호 등 개인정보를 금융회사에 제공 시 반드시 근로자의 서면동의를 받아야 한다.

사망 퇴직 시 징구 하여야 할 서류는 다음과 같다.

① 피상속인의 사망진단서, 가족관계증명서, 기본증명서 (또는 제적등본) 각1부
② 대표 수급자 지정 확인서 1부
③ 대표 수급자의 인감증명서 및 거래통장사본 1부
   (단, 대표 수급자가 미성년자인 경우 법정대리인 통장사본)
④ 대표수급자의 상속인 외 전원의 인감증명서 1부

◉ 사업장 도산(폐업)에 따른 지급

사업장 도산(폐업) 등으로 근로자가 퇴직연금사업자에게 직접 퇴직급여를 청구하는 경우, 사

용자 확인이 불가능하다면 퇴직연금사업자는 근로자·인사담당자 등으로부터 퇴직사실, 지급의 무금액 등 확인한 사실에 근거하여 적립비율에 따른 급여(DB) 및 적립금(DC)을 전액 지급한다. 그리고 체당금 지급 시 근로자의 퇴직금 수령 여부, 퇴직연금 가입사실 확인을 통해 퇴직연금 급여를 제외하고 지급액을 산정하므로 퇴직연금사업자는 지급 의무가 있는 금액 전액을 지급하면 된다.

세무서발행 사업자의 '폐업사실 확인서'를 징구하고, 퇴직일자는 폐업일자 또는 사실퇴직일 자를 사용하며, 확정급여형(DB)의 경우 퇴직연금사업자가 퇴직소득세를 계산하여 '세액이연'을 신청한다.

참고자료 사업장 도산 등 사업주 확인이 불가능한 경우 퇴직사실 판단기준

① 당해 사업자의 폐업사실 확인서(세무서 발행)

② 청구 근로자(가입자)의 사회보험제도에서의 자격상실 확인서류 (고용보험 자격상실 서류의 상실 코드 참조 등)

③ 청구 근로자(가입자)가 다른 회사에 취업했음을 확인할 수 있는 서류 (고용보험 자격취득사실 확인, 재직증명서 등)

④ 위의 세 가지 경우로 확인이 불가능한 경우 근로자에게 퇴직확인서를 징구하고, 사업장에 유선으로 통화시도 또는 인사담당 및 다른 근로자에게 통화하는 등 사실확인 후 처리

※ 자료 : 노동부 행정해석

ⓒ 사용자 반환 여부 확인

① 국민연금전환금

국민연금전환금은 (구)국민연금법에서 국민연금보험료 부담을 완화하기 위해 퇴직금에서 보험료 일부를 납부하도록 한 것으로 1993.1월부터 1999.3월까지 시행되다가 1999.4월분부터 폐지된 제도이다.

(구)국민연금법에 따르면 국민연금전환금은 사용자가 지급할 퇴직금 중 해당금액을 미리 지급한 것으로 보고 있으므로 퇴직 시 지급하는 퇴직급여는 사용자가 부담한 국민연금전환금을

공제하고 지급하여야 한다. 국민연금전환금은 사용자계좌 반환하여야 한다.

② 임원퇴직소득 한도초과금액 반환

소득세법에서는 임원퇴직소득한도 규정을 두고 있으며, 임원퇴직소득한도를 초과한 퇴직금은 근로소득으로 보며 초과분을 반환신청 할 경우 사용자계좌로 반환한다.

6-3. 운용상품의 현물이전

확정급여형(DB) 제도에 가입한 근로자가 사실상 퇴직을 하지 않고 합병·영업양수도 및 관계사·계열사이전 하는 경우 현물의 전부이전 및 일부이전(상품계좌별 등)이 가능하다.

퇴직급여의 현금지급원칙과 현물이전의 필요성을 고려해 볼 경우, 계열사 간 기업분할 및 합병으로 인한 근로자의 기업이동 시 포괄적 근로관계 승계의 경우 퇴직연금의 연속성을 확보하고, 저가 매도에 따른 손실을 예방하여 근로자의 수급권을 강화하고, 근로자는 기업이동에 의한 운용자산 매각에 따른 수수료 및 개인형IRP 운용에 따른 수수료 부담을 방지하기 위해 근로자의 요청에 의해 자산(현물)의 확정급여형(DB) 계정 간 이동하는 것이 가능하다. 다만, 기술적·실무적으로 퇴직연금사업자 및 취급상품이 동일하여 운용중인 자산(현물)의 확정급여형(DB) 간 원활한 이전이 가능한 경우이어야 한다.

7. 퇴직연금 제도간 전환

7-1. 확정급여형(DB)에서 확정기여형(DC)으로 전환

확정급여형(DB) 제도를 도입한 사용자는 필요 시 확정기여형(DC) 제도로 전환할 수 있다. 기존에 이미 확정기여형(DC) 제도를 복수로 도입하였다면 원하는 근로자만 이전할 수 있도록 기회를 주면 되나, 확정기여형(DC) 제도가 도입되지 않았다면 두 가지 방법 중 하나를 선택해야 한다.

확정기여형(DC) 제도를 추가로 도입하여 확정급여형(DB) 제도와 복수제도를 운영하는 방법과 확정급여형(DB) 제도의 모든 근로자를 확정기여형(DC) 제도로 전환하는 방법이 있다.

확정기여형(DC) 제도를 추가로 도입할 경우에는 근로자들에게 불이익 한 사항이 아니어서 근로자대표의 의견청취 후 규약 신규 신고를 하면 되나, 확정기여형(DC) 제도로 전환하는 경우에는 근로자에게 불이익 한 사항에 해당되어 근로자대표의 동의를 받은 후 규약변경 신고를 하여야 한다.

사용자가 임금체계를 연봉제로 전환하고자 하거나, 임금피크제를 도입하고자 할 경우에는 확정기여형(DC) 제도를 도입하여 근로자들에게 제도 전환 기회를 줌으로써 퇴직급여 수령에 불이익이 발생하지 않도록 하여야 한다.

확정급여형(DB) 제도에 가입한 근로자가 주택구입 등으로 퇴직급여의 중도인출이 필요한 경우 사용자는 동 근로자에게 확정기여형(DC)으로 전환할 기회를 줌으로써 중도인출을 원활하게 할 수 있을 것이다.

확정급여형(DB) 제도에서 확정기여형(DC) 제도로 전환할 경우 과거근로기간에 대한 부담금은 전환시점까지 퇴직 일시금을 중간정산 하는 방식으로 계산하여 해당 근로자의 확정기여형(DC) 계정에 불입하면 된다. 이때 과거근로기간에 대한 부담금은 '과거근로기간을 가입기간에 포함시키기로 결정한 날 이전 1년간 가입자가 지급받은 임금총액'을 기준으로 산정하여 부담하되, 제도변경에 따른 불이익이 발생하지 않도록 과거근로기간에 대한 부담금은 소급기간 1년에 대하여 평균임금의 30일분 이상이 되어야 한다.

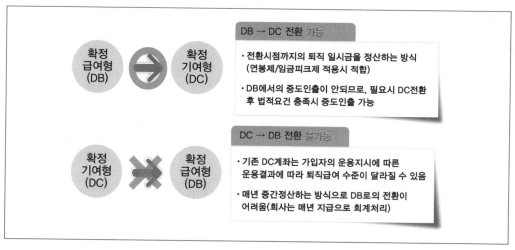

[그림 2-5] 제도간 전환

　　사용자가 복수의 퇴직연금사업자와 확정급여형(DB) 운용관리계약을 체결하여 분산하여 적립금을 운용하는 경우에는 확정기여형(DC)으로 제도 전환 시 개별 사업자별로 적립비율에 따라 이전할 수 있으며, 간사기관이 개별 사업자의 적립금을 이전 받아 총 적립비율만큼 일괄 이전할 수도 있다. 다만, 해당 근로자의 확정급여형(DB) 적립금이 100%에 미달하는 경우에는 퇴직연금사업자는 적립비율만큼을 확정기여형(DC) 계정으로 이전하고, 차액은 사용자가 직접 확정기여형(DC) 계정에 부담금을 납입하여야 한다.

7-2. 확정기여형(DC)에서 확정급여형(DB)으로 전환

　　확정기여형(DC) 퇴직연금제도에서 확정급여형(DB) 퇴직연금제도로의 전환하는 방법은 종전의 확정기여형(DC) 제도를 폐지하고 새로운 확정급여형(DB) 제도를 도입하는 방법과 종전 확정기여형(DC) 제도를 폐지하지 않고 새로운 확정급여형(DB) 제도를 도입하는 방법이 있다.

　　확정기여형(DC) 제도를 폐지하고 확정급여형(DB) 제도를 도입하게 되면 확정기여형(DC) 제도에 있던 적립금을 중간정산 하여 개인형IRP 계정으로 이전하여야 하고, 확정급여형(DB) 제도에는 가입된 시점부터 적립금을 적립해야 한다.

　　한편, 확정기여형(DC) 제도를 유지하면서 확정급여형(DB) 제도로 전환하는 경우에는 관할 지방노동청에 확정급여형(DB) 퇴직연금규약을 신규 신고를 함과 동시에 확정급여형(DB) 제도에 가입하는 시점부터 확정기여형(DC) 제도에 부담금 납입을 중단한다는 내용을 명시하여 확정기여형(DC) 퇴직연금규약 변경신고를 해야 한다.

　　그리고 확정기여형(DC) 제도에 적립된 적립금은 지급사유 발생일 전까지 운용하다가 근로자의 퇴직 등 지급사유가 발생한 경우에 개인형IRP 계정으로 지급되도록 하여야 한다. 이 경우 근로자 입장에서는 과거분은 확정기여형(DC), 향후 불입분은 확정급여형(DB)으로 두 가지 제도 모두를 운영하게 되는 것이다.

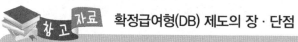 확정급여형(DB) 제도의 장 · 단점

구분	사용자 측면	근로자 측면
장점	• 임금채권부담금 감면 • 법인세 손비 인정 • 퇴직금제도와 유사하여 제도 도입 용이 • 최소적립금 수준만 적립하면 됨 　(100% 적립하지 않아도 됨)	• 최소적립금 수준 퇴직금 확보 • 퇴직금 누진제 유지 가능 • 연공서열형 임금제도 유리 • 퇴직연금 압류금지 • 퇴직연금사업자의 부가서비스 수혜
단점	• 퇴직연금 적립금 직접 운용부담 • 원천징수 의무 부담 • 최소적립금 수준 의무적립 • 적립의무 불이행 시 재정안정화계획서 　작성 및 이행	• 미 적립분 수급권 보장 안됨 • 임금피크제 기업 불리 • 기업에서 적립금 운용손실 과다 　발생 시 퇴직금 수급권 불안 • 중도인출 불가능

제2절 확정기여형 퇴직연금제도
(DC: Defined Contribution)

1. 확정기여형(DC) 제도 개요

사용자가 납입할 부담금이 사전에 확정된 퇴직연금제도이다. 즉, 사용자는 납입할 부담금을 근로자 퇴직연금계정에 납입해 줌으로써 퇴직급여 지급의무가 종료된다. 사용자가 납입할 부담금은 매년 연간 임금총액의 1/12 이상을 말한다.

사용자가 근로자 개별 계좌에 부담금을 정기적으로 납입하면, 근로자가 직접 적립금을 운용하며, 근로자 본인자금으로 추가부담금 납입도 가능하다. 근로자는 사용자가 납입한 부담금과 근로기간 동안 발생한 운용손익을 최종 퇴직급여로 지급받는다.

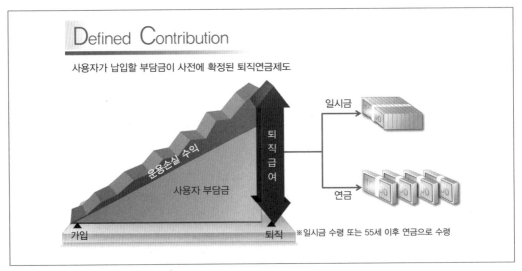

[그림 2-6] 확정기여형(DC) 퇴직연금제도

근로자의 적립금 운용성과에 따라 퇴직 시의 퇴직급여 수령액이 증가 또는 감소하게 되므로, 결과적으로 적립금 운용과 관련한 위험을 근로자가 부담하게 된다.

근로자는 퇴직 시 본인이 지정한 개인형IRP 계정으로 퇴직급여를 의무이전 받아 일시금이나 연금으로 선택하여 수령하면 된다.

확정기여형(DC)제도를 설정하려는 사용자는 근로자대표의 동의를 얻거나 의견을 들어 확정기여형(DC) 퇴직연금규약을 작성하여 고용노동부장관에게 신고하여야 한다.

2. 부담금의 부담수준 및 납입

2-1. 부담금의 납입

확정기여형(DC) 퇴직연금제도를 설정한 사용자는 가입 근로자의 연간 임금총액의 1/12 이상에 해당하는 부담금을 현금으로 가입 근로자의 확정기여형(DC) 퇴직연금제도 계정에 매년 1회 이상 정기적으로 납입하여야 한다. 다만, 확정기여형(DC) 퇴직연금규약에서 납입 기일을 연장할 수 있도록 한 경우에는 그 연장된 기일까지 부담금을 납부할 수 있다.

가입 근로자는 사용자가 부담하는 부담금 외에 스스로 추가부담금을 가입 근로자의 확정기여형(DC) 계정에 납입할 수 있다.

2-2. 과거근로기간에 대한 부담금의 납입

퇴직연금제도 설정 전에 해당 사업장에서 제공한 과거 근로기간을 가입기간에 소급하여 포함시키는 경우, 근로자의 퇴직연금 수급권을 조속히 확보하고자 하는 확정기여형(DC)의 취지를 고려해, 퇴직연금 설정 전에 제공한 근로기간을 퇴직연금 가입기간으로 함과 동시에 당해 기간에 대한 부담금을 전액 납부하여야 한다.

그리고 과거 근로기간을 소급하여 확정기여형(DC) 부담금을 납입할 경우 부담금 산정 기준은 과거 근로기간을 가입기간에 포함시키기로 '결정한 시점 이전 1년간 임금총액'을 기준으로 산정하여야 한다. 예를 들어 2020.1.1 확정기여형(DC) 제도 도입 시 2017.1.1부터 가입기간을 소급하여 가입할 경우, 2019년 임금총액의 1/12금액 × 3년(2017 ~ 2019년)으로 산정한다.

만약 통상임금에 포함되는 항목의 변동으로 과거근로기간에 대해 임금을 소급하여 인상하는 경우 확정기여형(DC) 부담금도 '가입자의 연간 임금총액의 1/12 이상 이므로, 실제로 임금인상분이 소급 적용되는 기간에 대해 확정기여형(DC) 부담금도 추가적으로 발생하게 된다. 다만, 임금채권에 대한 소멸시효가 3년 이므로 사용자는 최소한 최근 3년간의 부담금을 재산정 하되, 구체적인 소급기간에 대하여는 판결 및 노사합의에 따라 임금의 소급인상분에 대해 부담금을 재산정 하여야 한다.

2-3. 무급인 휴직기간에 대한 부담금 납입

확정기여형(DC)에 가입한 근로자가 무급인 휴직기간에 대하여는 근로자가 계속 그 직을 보유하여 사용종속관계를 유지하고 있는 한 휴직기간 중이라도 당해 사업장에 설정된 퇴직연금의 가입자의 자격을 유지하고 있다고 보아 휴직 중에 임금이 발생한 경우 달리 볼 사정이 없는 한 사용자는 당해 가입자에 대하여 부담금을 납부하여야 한다.

근로자가 퇴직으로 인해 비로소 지급사유가 발생한 연차유급휴가미사용수당(평균임금 산정에는 포함되지 않음)도 근로의 대가로 발생한 임금에 해당하므로 확정기여형(DC) 부담금 산정 시 산입하여야 한다.

2-4. 가입자부담금 추가불입 및 세액공제

확정기여형(DC) 가입 근로자는 스스로 부담하는 부담금을 가입자의 확정기여형(DC) 계정에 추가로 불입할 수 있다. 또한 만기도래한 ISA(개인종합자산관리) 계좌의 해지금액 중 전액 또는 일부를 만기일로부터 60일 이내에 확정기여형(DC) 계정에 추가로 불입할 수 있다.

가입자부담금 추가불입으로 세액공제 혜택을 받는 방법이 2가지가 있다. 첫째, 가입자가 본인자금으로 추가 불입한 가입자부담금은 불입금액 기준으로 연간 700만원 한도(연금저축 합산)로 연간 총 급여가 55백만원 이하인 근로자는 15%(105만원)로, 55백만원 초과인 근로자는 12%(84만원)로 세액공제 혜택을 받을 수 있으며, 세액공제 한도를 초과할 경우에는 다음연도로 이월해서 세액공제를 받을 수 있다. 다만, 연금저축의 경우에는 연간 400만원 한도로 세액공제를 받을 수 있으나, 종합소득 1억원(총급여 1억2천만원) 초과인 거주자는 연간 300만원 한도로 세액공제를 받을 수 있다. 또한, 만 50세이상 개인의 노후대비를 위해 2020.1.1부터 2022.12.31일까지 납입하는 가입자부담금 추가불입금에 대하여는 연간 900만원 한도(연금저축 최고 600만원 합산)로 세액공제 대상 납입한도를 확대했다. 다만, 종합소득 1억원(총급여 1억2천만원) 초과하는 고소득자 및 금융소득종합과세 대상자는 제외하고, 2022.12.31까지 한시적으로 적용한다. 둘째, 만기 도래한 ISA(개인종합자산관리)계좌의 해지금액 한도 내에서 확정기여형(DC) 계정에 추가불입한 금액의 10%까지 최대 300만원 한도로 세액공제 혜택을 받을 수 있다. 따라서 만 50세 이상 특례까지 감안하면 세액공제는 최고 1,200만원 한도까지 받을 수 있다.

[표 2-3] 연금상품별 총급여액 기준 세액공제 기준

구분	총 급여액 기준		
	55백만원 이하	55백만원 초과	1억2천만원 초과
세액공제 세율	15%	12%	
세액공제 금액 (700만원 기준)	105만원	84만원	
연금저축 한도	400만원		300만원
퇴직연금 한도 (연금저축 합산)	700만원		
만 50세이상 특례[주1] (3년간 한시 적용)	900만원(600만원)[주2]		700만원(300만원)
ISA 추가불입(별도)[주3]	300만원		–

※ 주 1) 만 50세이상 세액공제 특례금액 200만원을 합산한 총 세액공제한도이다.
    2) ()는 연금저축 불입금액 최고한도를 말한다.
    3) 만기도래한 ISA 계좌 해지금액 추가불입에 따른 세액공제 최고 한도이다.

2-5. 미납 부담금에 대한 지연이자 적용

◯• 지연이자 납입

사용자가 정하여진 기일까지 부담금을 납입하지 아니하고 지연한 경우 발생되는 가입 근로자의 운용수익 손실을 보전하고, 정해진 기일에 부담금 납부를 유도하기 위하여 지연이자 납입 제도라는 벌칙이 도입되었다.

부담금을 납입하기로 정해진 날짜(당사자 간의 합의에 따라 납입 날짜를 연장한 경우 그 연장된 날짜)

의 다음 날을 기산일로 하여 가입자의 퇴직 등 급여를 지급할 사유가 발생한 날부터 14일까지의 기간은 연 100분의 10을 납입하고, 15일부터 부담금을 납입하는 날까지의 기간은 연 100분의 20의 지연이자를 납입해야 한다.

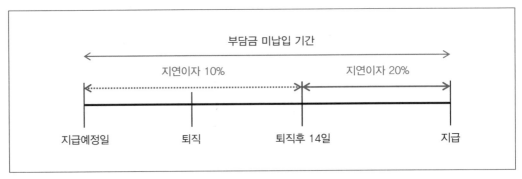

[그림 2-7] **지연이자 적용기준**

지연이자제도 시행일(2012.7.26) 이전에 미납 부담금이 있었다 하더라도 이는 개정 법에 따른 지연이자의 적용에 해당되지 않는다. 또한 미납 부담금이 없는 상태에서 근로자가 납입 예정일 도래 전에 퇴사한 경우에는 지연이자가 발생하지 않는다. 퇴직연금사업자는 확정기여형(DC)의 부담금이 납입예정일부터 1개월 이상 미납된 경우, 가입자에게 운용현황의 구체적인 내용을 10일 이내에 알려야 한다.

지연이자의 적용제외 사유

사용자가 천재지변, 그 밖에 대통령령으로 정하는 사유에 따라 부담금 납입을 지연하는 경우 그 사유가 존속하는 기간에 대하여는 적용하지 아니한다.

[근로기준법 시행령 제18조] 지연이자의 적용제외 사유

① 「임금채권보장법」 제7조제1항 각 호의 어느 하나에 해당하는 경우

  1. 회생절차개시의 결정이 있는 경우

  2. 파산선고의 결정이 있는 경우

  3. 고용노동부장관이 대통령령으로 정한 요건과 절차에 따라 미지급 임금등을 지급할 능력이 없다고 인정하는 경우

4. 사업주가 근로자에게 미지급 임금등을 지급하라는 다음 각 목의 어느 하나에 해당하는 판결, 명령, 조정 또는 결정 등이 있는 경우

　가.「민사집행법」제24조에 따른 확정된 종국판결

　나.「민사집행법」제56조제3호에 따른 확정된 지급명령

　다.「민사집행법」제56조제5호에 따른 소송상 화해, 청구의 인낙(認諾) 등 확정판결과 같은 효력을 가지는 것

　라.「민사조정법」제28조에 따라 성립된 조정

　마.「민사조정법」제30조에 따른 확정된 조정을 갈음하는 결정

　바.「소액사건심판법」제5조의7제1항에 따른 확정된 이행권고결정

② 「채무자 회생 및 파산에 관한 법률」,「국가재정법」,「지방자치법」 등 법령상의 제약에 따라 임금 및 퇴직금을 지급할 자금을 확보하기 어려운 경우

③ 지급이 지연되고 있는 임금 및 퇴직금의 전부 또는 일부의 존부(存否)를 법원이나 노동위원회에서 다투는 것이 적절하다고 인정되는 경우

④ 그 밖에 제1호부터 제3호까지의 규정에 준하는 사유가 있는 경우

3. 적립금 운용

3-1. 적립금 운용 개요

확정기여형(DC) 제도에서의 적립금 운용은 매우 중요하다. 왜냐하면 가입 근로자가 적립금을 스스로의 책임으로 운용해야 하기 때문이다.

적립금을 운용해야 하는 운용상품은 확정금리 정기예금부터 위험에 100% 노출되는 주식형 수익증권까지 다양하나, 직접 운용상품을 선택해야 하는 가입 근로자의 자금운용에 대한 지식 수준 차이가 너무 크기 때문이다.

금융기관에 근무하는 근로자 등 상품에 대한 기본적인 지식을 갖추고 있는 근로자가 있는가 하면, 운용상품에 대한 정보를 전혀 갖고 있지 않은 근로자까지 수준의 차이가 다양하나, 상품은 동일한 기준으로 제시되기 때문이다.

따라서 적립금을 책임지고 운용해야 하는 근로자 입장에서는 운용상품을 본인의 투자성향

보다 더 리스크가 큰 상품으로 선택하였을 경우에는 이익이 발생하면 괜찮겠으나, 손실이 발생할 경우에는 만기까지 스트레스를 받게 됨은 물론 퇴직 시 받게 될 퇴직급여가 줄어드는 위험에 직면하게 된다.

3-2. 적립금 운용방법

ⓒ 적립금 운용방법의 제시

확정기여형(DC) 퇴직연금제도의 가입자는 적립금의 운용방법을 스스로 선정할 수 있고, 반기마다 1회 이상 적립금의 운용방법을 변경할 수 있다. 퇴직연금사업자는 반기마다 1회 이상 위험과 수익구조가 서로 다른 네 가지 이상(원리금보장상품 1가지 + 실적배당상품 3가지)의 적립금 운용방법을 제시하여야 한다.

 **위험과 수익구조가 다른 운용방법**

① 예·적금·보험, 유가증권, 간접투자증권은 각각 다른 운용방법으로 봄. 다만, 운용대상(기초자산을 포함)이 동일한 경우에는 그러하지 아니함.
② 동일한 운용방법의 경우에도 운용대상(파생상품의 경우 기초자산)이 다르다면 서로 다른 운용방법이라 할 수 있음.
③ 원리금보장운용방법과 실적배당형운용방법은 서로 다른 운용방법으로 봄.
④ 종류가 다른 유가증권이라 하더라도 발행인이 동일한 경우에는 서로 다른 운용방법이라고 볼 수 없음.

ⓒ 운용방법별 정보의 제공

퇴직연금사업자는 가입자의 적립금 운용을 위한 정보를 제공하여야 하며, 주요 제공 정보는 다음과 같다.

① 이익의 예상 및 손실 가능성에 관한 사항
② 운용방법에 관한 과거 3년간(3년이 안되는 경우에는 당해 취급기간)의 이익 또는 손실관련 실적

③ 운용방법을 선택 또는 변경한 경우에 발생하는 비용과 부담 방법에 관한 정보
④ 예금자보호법에 의한 보호대상이 되는지에 관한 정보
⑤ 기타 가입자가 운용지시를 하기 위하여 필요한 정보 등

3-3. 운용현황의 통지

확정기여형(DC) 퇴직연금제도의 퇴직연금사업자는 가입자별 적립금액 및 운용수익률, 운용방법별 구성비율 등을 다음 각 호의 하나에 해당되는 방법으로 가입자에게 알려야 한다.

 [法 시행규칙 제7조제1항] 운용현황의 통지

① 우편 발송
② 서면 교부
③ 정보통신망에 의한 전송
④ 그 밖에 이에 준하는 방식으로서 운용관리업무의 위탁계약을 체결할 때 당사자가 합의한 방법

퇴직연금사업자는 다음 각 호의 어느 하나에 해당하는 경우에는 운용현황의 구체적인 내용을 그 사유가 발생한 날부터 10일 이내에 가입자에게 알려야 한다.

 [法 시행규칙 제7조제4항] 10일 이내 가입자에게 통지할 사항

① 부담금 납입 예정일부터 1개월 이상 미납된 경우
② 적립금 운용수익률이 현저히 변동한 경우 등 고용노동부장관이 정하여 고시하는 기준에 해당하는 경우

4. 퇴직연금 중도인출

확정기여형(DC) 퇴직연금제도에 가입한 근로자는 주택구입 등 法으로 정해진 사유에 해당하는 경우 적립금을 중도인출할 수 있다.

[法 시행령 제14조] 확정기여형(DC) 퇴직연금제도의 중도인출 사유

① 무주택자인 근로자가 본인 명의로 주택을 구입하는 경우

② 무주택자인 근로자가 주거목적으로 전세금 또는 보증금을 부담하는 경우
   (근로자가 하나의 사업에 근로하는 동안 1회로 한정)

③ 6개월 이상 요양을 필요로 하는 다음 각 목의 어느 하나에 해당하는 사람의 질병이나 부상에 대한 요양 비용을 근로자가 부담하는 경우로서 가입자가 본인 연간 임금총액의 1000분의 125를 초과하여 의료비를 부담하는 경우

   가. 근로자 본인

   나. 근로자의 배우자

   다. 근로자 또는 그 배우자의 부양가족

④ 신청시점 5년 이내에 가입자가 『채무자회생 및 파산에 관한 법률』에 따라 파산선고를 받은 경우

⑤ 신청시점 5년 이내에 가입자가 『채무자회생 및 파산에 관한 법률』에 따라 개인회생절차 개시 결정을 받은 경우

⑥ 그 밖에 천재지변 등으로 피해를 입은 등 고용노동부장관이 정하여 고시하는 사유와 요건에 해당하는 경우

중도인출 사유 중 무주택자 주택구입 및 전세(보증)금을 제외한 나머지 4개 사유는 부득이한 사유에 의한 저율 분리과세를 적용받는다(소득세법 제14조, 시행령 제20조의2). 즉, 부득이한 사유로 인정될 경우 인출금액 중 퇴직소득은 퇴직소득세의 70%만 납부하면 되고, 가입자부담금 중 세액공제분과 가입자부담금의 운용수익에 대해서는 연금소득세율(3%~5%)를 적용 받고, 분리과세로 종료하게 된다. 저율 분리과세를 적용받기 위해서는 해당 사유가 확인된 날로부터 6개월 이내에 그 사유를 확인할 수 있는 증빙서류를 제출하여야 한다. 다만, 6개월 이상 요양의 경우 가입자가 본인 연간 임금총액의 1000분의 125를 초과하여 의료비를 부담하는 경우에 해당되며, 추가적으로 '의료비 영수증' 또는 '간병료 & 간병인 인적사항이 기재된 영수증' 또는 '휴업/휴직에 대한 증빙서류'를 제출하여야 한다. 만약, 관련 증비서류를 제출하지 않거나 증빙서류 내에서 사유발생일을 확인할 수 없는 경우에는 부득이한 사유에 의한 저율 분리과세를 적용 받을 수 없다.

[표 2-4] 부득이한 사유의 필수 확인 정보

구분	제출서류	필수 확인
6개월 이상 요양	진단서 또는 소견서 등	진단일자
개인회생절차 및 개인파산	판결문	결정일자
천재지변 등 피해	피해사실확인서 등	발생일자

중도인출을 원하는 임직원은 확정기여형(DC) 퇴직연금을 가입한 퇴직연금사업자에게 관련 증빙서류와 함께 '퇴직연금 중도인출 신청서'를 제출하면 된다. 중도인출 기산일자는 중간정산을 하지 않은 가입자는 '최초 입사일자'로 하면 되고, 중간정산을 한 가입자는 '최종 중간정산일 다음날'로 하면 된다.

중도인출 신청 시 이미 불입한 가입자부담금이 있는 경우에는 「연금보험료 등 소득·세액 공제확인서」를 제출해야 한다. 「연금보험료 등 소득·세액공제확인서」에서 가입자부담금 불입 액 중 소득(세액)공제액에 기재된 금액은 2012.12.31 이전인 경우에는 퇴직소득세로 과세하고, 2013.1.1 이후인 경우에는 기타소득세로 과세한다. 소득(세액)공제액이 없는 경우에는 해당 가입 자부담금의 원금은 비과세 적용되므로 증거서류를 제출하여 정확한 과세가 될 수 있도록 하여 야 한다.

5. 퇴직급여의 지급

5-1. 퇴직급여 수준

확정기여형(DC) 퇴직연금제도 가입 근로자는 연간 임금총액의 1/12 이상에 해당하는 부담 금을 현금으로 확정기여형(DC) 퇴직연금제도 계정에 매년 1회 이상 정기적으로 납입 받는다.

가입 근로자는 사용자가 불입해 준 부담금을 운용상품을 선정하여 운용하며, 퇴직 시 받게 되는 퇴직급여의 수준은 매년 불입 받은 부담금과 운용수익의 합계가 된다. 따라서 수령하는 퇴 직급여 수준은 운용수익의 정도에 따라 달라 질 수 있다. 운용수익이 높을 경우에는 확정급여형 (DB)에서 받는 것 보다 더 많이 받을 수 있으나, 운용수익이 낮을 경우에는 확정급여형(DB) 받는 것 보다 더 작을 수 있다.

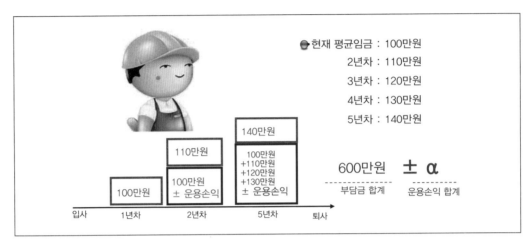

[그림 2-8] 확정기여형(DC) 퇴직급여 (예시)

5-2. 퇴직급여 지급

ⓒ 개인형IRP 전액 의무이전

퇴직급여가 연금수급 개시 연령인 만 55세까지 노후재원으로 보존될 수 있도록 퇴직급여는 가입 근로자가 지정한 개인형IRP 계정으로 의무이전 하는 방법으로 한다. 가입자가 개인형IRP의 계정을 지정하지 아니하는 경우에는 해당 퇴직연금사업자가 운영하는 계정으로 이전한다. 이 경우 가입자가 해당 퇴직연금사업자에게 개인형IRP를 설정한 것으로 본다.

ⓒ 개인형IRP 일부 이전

기존 퇴직금제도에 퇴직 일시금을 받거나, 개인형IRP로의 의무이전 예외 사유에 해당되는 근로자가 일시금으로 수령하는 경우가 해당된다.

일시금으로 수령하는 퇴직금 중 전부 또는 일부를 개인형IRP로 이전할 수 있다. 이 경우 개인형IRP로 이전한 금액 부분에 대하여는 퇴직소득세를 과세이연 한다.

또한, 퇴직 일시금을 수령한 후 60일 이내에 일부 또는 전부를 개인형IRP에 입금할 경우에는 입금한 금액 비율만큼 퇴직소득세를 환급해 준다.

근로자 입출금계좌로 직접 지급

근로자는 퇴직 시 개인형IRP로의 의무이전 예외 사유에 해당될 경우에는 퇴직급여를 입출금계좌로 직접 지급을 요청할 수 있다. 이럴 경우 사용자는 퇴직연금사업자에게 지급지시를 하고 원천징수의무자인 퇴직연금사업자가 원천징수를 하고 근로자가 지정하는 입출금 계좌로 직접 지급할 수 있다.

[法 시행령 제9조] 개인형IRP로의 의무이전 예외 사유

① 가입자가 55세 이후에 퇴직하여 급여를 받는 경우
② 가입자가 급여를 담보로 대출받은 금액 등을 상환하기 위한 경우. 다만, 대출상환 금액을 초과하는 금액은 개인형IRP 계정으로 이전함
③ 퇴직급여액이 300만원 이하인 경우

사용자가 퇴직연금 급여 지급을 위해 퇴직한 근로자에게 전화, 주소방문 등 노력을 하였음에도 연락이 되지 않아 개인형IRP 계정으로 지급할 수 없는 경우, 단순히 연락두절 상태만으로 퇴직연금 급여의 개인형IRP 계정 이전 예외로 할 수는 없으며, 사용자 및 퇴직연금사업자는 근로자 퇴직 시 개인형IRP 계정 개설을 통한 급여지급방법을 사전 안내하고, 법정 지급기한까지 주소지방문, 내용증명 등 사용자의 지급의무 이행 노력을 소명하는 경우에 한해 근로자의 일반계좌로 납입할 수 있다.

부득이한 사유에 의한 지급

① 사망 퇴직 시 급여지급 방법

근로자가 사망한 경우 개인형IRP가 설정되더라도 사실상 운용이 불가능하므로 민법상 상속법리에 따라 상속자에게 일시금 지급이 가능하다.

사용자가 근로자의 성명과 주민등록번호를 확인하여 제출한 서류만으로 금융기관은 1차 실명확인 후 근로자 명의의 개인형IRP 계좌 개설이 가능하다. 다만, 개인정보 보호를 위해 사용자가 계좌개설을 위해 근로자의 성명, 주민등록번호 등 개인정보를 금융회사에 제공 시 반드시 근로자의 서면동의를 받아야 한다.

사망 퇴직 시 징구 하여야 할 서류는 다음과 같다.

① 피상속인의 사망진단서, 가족관계증명서, 기본증명서(또는 제적등본) 각1부
② 대표 수급자 지정 확인서 1부
③ 대표 수급자의 인감증명서 및 거래통장사본 1부
　(단, 대표 수급자가 미성년자인 경우 법정대리인 통장사본)
④ 대표수급자의 상속인 외 전원의 인감증명서 1부

② 해외이주 시 급여 지급

근로자가 해외이주를 위하여 부득이한 사유로 연금계좌에서 인출하려는 경우 해당 사유가 확인된 날부터 6개월 이내에 그 사유를 확인할 수 있는 서류를 갖추어 퇴직연금사업자에게 신청하여야 한다. 이때 제출 서류는 '해외이주 신고서'이다.

다만, 원천징수 되지 않은 퇴직소득을 해외이주에 해당하는 사유로 인출하는 경우에는 해당 퇴직소득을 연금계좌에 입금한 날부터 3년 이후 해외이주를 하는 경우에 한정하여 연금소득으로 인정받아 세제혜택을 볼 수 있다.

ⓒ• 사업장 도산(폐업)에 따른 지급

사업장 도산(폐업) 등으로 근로자가 퇴직연금사업자에게 직접 퇴직급여를 청구하는 경우, 사용자 확인이 불가능하다면 퇴직연금사업자는 근로자·인사담당자 등으로부터 퇴직사실, 지급의무금액 등 확인한 사실에 근거하여 적립비율에 따른 급여(DB) 및 적립금(DC)을 전액 지급한다. 그리고 체당금 지급 시 근로자의 퇴직금 수령 여부, 퇴직연금 가입사실 확인을 통해 퇴직연금 급여를 제외하고 지급액을 산정하므로 퇴직연금사업자는 지급 의무가 있는 금액 전액을 지급하면 된다.

세무서발행 사업자의 '폐업사실 확인서'를 징구하고, 퇴직일자는 폐업일자 또는 사실퇴직일자를 사용하며, 확정급여형(DB)의 경우 퇴직연금사업자가 퇴직소득세를 계산하여 '세액이연'을 신청한다.

 **사업장 도산 등 사업주 확인이 불가능한 경우 퇴직사실 판단기준**

① 당해 사업자의 폐업사실 확인서(세무서 발행)

② 청구 근로자(가입자)의 사회보험제도에서의 자격상실 확인서류
   (고용보험 자격상실 서류의 상실코드 참조 등)

③ 청구 근로자(가입자)가 다른 회사에 취업했음을 확인할 수 있는 서류
   (고용보험 자격취득사실 확인, 재직증명서 등)

④ 위의 세 가지 경우로 확인이 불가능한 경우 근로자에게 퇴직확인서를 징구하고, 사업장에 유선
   으로 통화시도 또는 인사담당 및 다른 근로자에게 통화하는 등 사실확인 후 처리

※ 자료 : 노동부 행정해석

사용자 반환 여부 확인

① 국민연금전환금

국민연금전환금은 (구)국민연금법에서 국민연금보험료 부담을 완화하기 위해 퇴직금에서 보험료 일부를 납부하도록 한 것으로 1993.1월부터 1999.3월까지 시행되다가 1999.4월분부터 폐지된 제도이다.

(구)국민연금법에 따르면 국민연금전환금은 사용자가 지급할 퇴직금 중 해당금액을 미리 지급한 것으로 보고 있으므로 퇴직 시 지급하는 퇴직급여는 사용자가 부담한 국민연금전환금을 공제하고 지급하여야 한다. 국민연금전환금은 사용자계좌 반환하여야 한다.

② 계속근로기간 1년 미만 퇴직자 전부 반환

「근로자퇴직급여보장법」에 따르면 사용자는 퇴직하는 근로자에게 급여를 지급하기 위하여 퇴직급여제도 중 하나 이상의 제도를 설정하여야 한다. 다만, 계속근로기간이 1년 미만인 근로자, 4주간을 평균하여 1주간의 소정근로시간이 15시간 미만인 근로자에 대하여는 그러하지 아니하다.

퇴직급여 지급대상을 1년 이상자로 정한 이유는 퇴직급여가 근로자가 재직 중에 적립하여 두었던 임금을 사후적으로 지급하는 후불임금의 성격과 함께 장기 근속에 대한 공로보상적 성격도 포함하고 있기 때문이다.

따라서 계속근로기간 1년 미만 퇴직자의 경우에는「근로자퇴직급여보장법」에 따른 퇴직금 지급의무가 발생하지 않기 때문에 적립금을 사용자에게 반환해야 한다.

그러나 계속근로기간이 1년 미만이더라도 사업장 단체협약, 취업규칙 또는 근로계약 등으로 퇴직급여를 지급하기로 정하였다면 이에 따라 지급의무가 발생한다.

③ 임원퇴직소득 한도초과금액 반환

소득세법에서는 임원퇴직소득한도 규정을 두고 있으며, 임원퇴직소득한도를 초과한 퇴직금은 근로소득으로 보며 초과분을 반환신청 할 경우 사용자계좌로 반환한다.

● 퇴직급여 수령시 제출서류

가입 근로자는 개인형IRP 통장 사본을 사용자에게 제출하고, 퇴직급여지급신청서를 작성하여야 하며, 가입자부담금을 입금한 근로자의 경우에는 소득공제 받지 않은 금액을 증명하기 위해 '연금보험료 등 소득·세액공제확인서'를 제출하여야 한다.

[표 2-5] 퇴직급여 수령시 제출서류

제출서류	세 부 내 용
퇴직급여지급신청서	
개인형IRP 통장 사본	다른 금융기관 개인형IRP로 이전할 경우
퇴직소득원천징수영수증	① 회사에서 지급한 별도의 퇴직금이 있는경우 ② 명예퇴직금이 있는 경우 ③ 당해 연도 중간정산이 있는 경우 ④ 당해 연도 이전에 중간정산 퇴직금의 합산 과세
연금보험료 등 소득·세액공제확인서	가입자부담금을 입금한 근로자의 경우 소득공제 받지 않은 금액을 증빙하기 위해제출
① [퇴직연금]대표수급자지정합의서 ② 피상속인 사망진단서 ③ 가족관계증명서 ④ 기본증명서 ⑤ 대표수급자 인감증명서/통장사본 ⑥ 대표수급자 상속인 외 인감증명서	사망한 경우(부득이한 사유)
해외이주신고서	퇴직자의 해외이주(부득이한 사유)

근로자가 사망한 경우와 해외이주의 경우에는 부득이한 인출 사유에 해당되어 관련사안을 증빙할 수 있는 서류를 제출할 경우에는 낮은 세율의 연금소득세를 적용 받게 된다.

5-3. 운용상품의 현물이전

◉ 개인형IRP 현물이전

운용중인 자산(현물)의 이전은 근로자 퇴직 시 급여의 지급에 갈음하여 근로자의 요청에 따라 개인형IRP 계정으로 이전하는 경우에 가능하도록 하고 있다. 이는 근로자가 이직·퇴직하는 경우, 확정기여형(DC) 계정에서 운용중인 자산을 전부 환매하여 이전하여야 함에 따른 수수료 발생, 시가변동에 따른 손실가능성, 가입자 불편 등을 해소하기 위하여 현물이전을 예외적으로 허용하고 있는 것이다.

가입자는 퇴직할 때에 받을 급여를 갈음하여 그 운용 중인 자산을 가입자가 설정한 개인형 IRP 계정으로 이전해 줄 것을 해당 퇴직연금사업자에게 요청할 수 있다. 가입자의 요청이 있는 경우 퇴직연금사업자는 그 운용중인 자산을 가입자의 개인형IRP 계정으로 이전하여야 한다. 이 경우 확정기여형(DC) 퇴직연금제도 운영에 따른 가입자에 대한 급여는 지급된 것으로 본다. 다만, 현물이전 신청 시 미납퇴직금이 입금되지 않을 수 있으니 사전에 미납퇴직금을 모두 입금한 후에 현물이전 신청해야 한다.

◉ 확정기여형(DC) 제도간 현물이전

확정기여형(DC) 제도에 가입한 근로자가 사실상 퇴직을 하지 않고 합병·영업양수도 및 관계사·계열사이전 하는 경우 현물의 전부이전 및 일부(금액)이전이 가능하다.

퇴직급여의 현금지급원칙과 현물이전의 필요성을 고려해 볼 경우, 계열사 간 기업분할 및 합병으로 인한 근로자의 기업이동 시 포괄적 근로관계 승계의 경우 퇴직연금의 연속성을 확보하고, 저가 매도에 따른 손실을 예방하여 근로자의 수급권을 강화하고, 근로자는 기업이동에 의한 운용자산 매각에 따른 수수료 및 개인형IRP 운용에 따른 수수료 부담을 방지하기 위해 근로자의 요청에 의해 자산(현물)의 확정기여형(DC) 계정 간 이동하는 것이 가능하다. 다만, 기술적·실무적으로 퇴직연금사업자 및 취급상품이 동일하여 운용중인 자산(현물)의 확정기여형(DC) 간 원활한 이전이 가능한 경우이어야 한다.

5-4. 퇴직한 근로자에 대한 퇴직급여 인상분 소급 지급방법

이미 퇴직한 확정기여형(DC) 가입자에 대하여 노사합의 등으로 소급하여 인상된 임금과 퇴직급여를 지급하기로 한 경우, 퇴직으로 이미 가입자 명부에서 삭제된 퇴직자에 대한 추가 퇴직급여는 퇴직연금사업자가 개인형IRP로 이전하는 방식으로 지급할 것이 아니라 당해 사용자가 직접 퇴직한 근로자에게 현금으로 지급하면 된다.

5-5. 퇴직급여청구권을 포기한 경우

퇴직급여채권은 퇴직이라는 근로관계 종료를 요건으로 비로소 발생하는 것이므로 근로자가 퇴직하여 퇴직급여채권이 발생한 후 이를 포기하는 것은 그것이 유효한 의사표시인 이상 허용된다. 예를 들어 근로자의 사망으로 근로관계가 종료되면 직접의사표시를 할 수 없어 그 상속인에 의해 의사를 표시하게 되며, 상속인이 퇴직급여채권의 상속을 포기하여 퇴직급여청구권을 포기한 경우에는 사용자의 퇴직급여지급의무가 없으므로 해당 근로자의 적립금을 사용자에게 반환할 수 있다.

5-6. 지연이자 적용

사용자는 근로자가 퇴직한 경우에는 그 지급사유가 발생한 날부터 14일 이내에 퇴직급여를 지급하여야 한다. 다만, 특별한 사정이 있는 경우에는 당사자 간의 합의에 따라 지급 기일을 연장할 수 있다. 따라서 해외펀드, 실적배당상품과 같이 상품매도에 상당한 기일이 소요되는 경우 퇴직연금규약 등으로 사용자, 근로자, 퇴직연금사업자 간에 미리 지급기일 연장 사유와 기한에 대해 합의하는 것이 필요하다.

사용자는 확정기여형(DC) 퇴직연금제도 가입자의 퇴직 등 사유가 발생한 때에 그 가입자에 대한 부담금을 미납한 경우에는 그 사유가 발생한 날부터 14일 이내에 부담금과 지연이자를 해당 가입자의 확정기여형(DC) 퇴직연금제도 계정에 납입하여야 한다. 다만, 특별한 사정이 있는 경우에는 당사자 간의 합의에 따라 납입 기일을 연장할 수 있다.

[法 시행령 제11조] 미납 부담금에 대한 지연이자 이율

① 부담금을 납입하기로 정해진 날짜의 다음 날을 기산일로 하여 가입자의 퇴직 등 급여를 지급할 사유가 발생한 날부터 14일(당사자 간의 합의에 따라 납입 날짜를 연장한 경우 그 연장된 날짜)까지의 기간 : 연 100분의 10

② ①에 따른 기간의 다음 날부터 부담금을 납입하는 날까지의 기간 : 연 100분의 20

 **확정기여형(DC) 제도의 장·단점**

구분	사용자 측면	근로자 측면
장점	• 임금채권부담금 감면 • 법인세 손비 인정 • 퇴직연금 적립금 관리부담 해소 (납입하는 것으로 의무 해소) • 원천징수 의무 없음	• 퇴직금 수급권 100% 보장 • 임금피크제 기업 유리 • 중도인출 가능 • 가입자부담금 추가납입 가능 (세액공제 혜택) • 퇴직연금수수료 사용자가 납부 • 퇴직연금 압류금지 • 퇴직연금사업자의 부가서비스 수혜
단점	• 퇴직급여 100% 적립 부담 • 지연 적립 시 지연이자 납부 • 퇴직연금수수료 현금 납부	• 퇴직연금 적립금 직접 운용 부담 • 운용손실 발생 시 퇴직급여 감소 • 확정급여형(DB)으로 전환 불가

제3절 기업형 개인퇴직연금제도 (IRP)

1. 기업형IRP 개요

🔵 기업형IRP 설정

상시 근로자 10명 미만 사업장에 대한 특례제도이다. 상시 근로자 10명 미만을 사용하는 기업의 경우 사용자가 개별 근로자의 동의를 받거나 근로자의 요구에 따라 기업형IRP를 설정하는 경우에는 해당 근로자에 대하여 퇴직급여제도를 설정한 것으로 본다. (法 제25조 ①)

소규모 기업의 경우 복잡한 퇴직연금제도 가입 절차를 거치지 않고 간편한 방법으로 확정기여형(DC) 퇴직연금과 유사한 형태의 퇴직연금제도를 운영할 수 있도록 특별히 허용한 특례제도이다.

[法令 제25조의 ②] 기업형 IRP를 도입 할 경우 준수사항

① 사용자가 퇴직연금사업자를 선정하는 경우에 개별 근로자의 동의를 받을 것. 다만, 근로자가 요구하는 경우에는 스스로 퇴직연금사업자를 선정할 수 있다.

② 사용자는 가입자별로 연간 임금총액의 12분의 1 이상에 해당하는 부담금을 현금으로 가입자의 기업형IRP 계정에 납입할 것

③ 사용자가 부담하는 부담금 외에 가입자 부담으로 추가 부담금을 납입할 수 있을 것

④ 사용자는 매년 1회 이상 정기적으로 ②호에 따른 부담금을 가입자의 기업형IRP 계정에 납입할 것. 이 경우 납입이 지연된 부담금에 대한 지연이자의 납입은 DC형을 준용한다.

⑤ 그 밖에 근로자의 급여 수급권의 안정적인 보호를 위하여 대통령령으로 정하는 사항

ⓒ 기업형IRP 혜택

10인 미만 사업장은 노무관리 능력이 매우 취약하여 취업규칙 작성의무도 면해주고 있는 점을 고려할 때, 10인 미만 사업장 노사가 원할 경우, 보다 간편한 방법으로 퇴직연금과 유사한 형태의 기업형IRP를 운영할 수 있도록 허용했다.

그리고 사용자에게 퇴직연금규약 작성 및 신고 의무를 면제하고, 가입자 교육의무도 면제된다. 기업형IRP의 가입자 교육은 퇴직연금사업자가 직접 실시해야 한다.

 **10인 미만 사업특례의 사업장규모 해석기준**

상시근로자는 '일정한 사업기간 내의 근로자 연인원수를 같은 기간 동안 사업장 가동 일수로 나누어 산정'하며, 여기에는 퇴직급여제도의 의무적용 대상이 아닌 근로자도 모두 포함하여 산정하여야 한다.

예를 들어, 사립학교 교직원의 경우는 사립학교교직원연금법이 적용되어 근로자퇴직급여보장법 적용이 배제된다 하더라도 근로기준법의 적용을 받는 근로자이므로 상시근로자수 산정에 포함된다.

2. 기업형IRP 운영

ⓒ 부담금의 납부

사용자는 가입자별로 연간 임금총액의 12분의 1 이상에 해당하는 금액의 부담금을 현금으로 납부한다. 매년 1회 이상 정기적으로 납부하며, 월납, 분기납, 반기납, 연납 등 다양한 납입주기를 선택할 수 있다.

부담금 납입일에 부담금을 납입하지 않은 경우에는 그 지연일수에 대해 지연이자를 납부한다.

ⓒ 적립금의 운용

가입 근로자는 스스로 적립금 운용방법을 선정하되, 매반기 1회 이상 적립금 운용방법을 변경할 수 있다. 실무상으로는 언제든지 자유롭게 변경이 가능하다.

적립금 운용 금지상품으로는 상장주식, 실물자산, 파생상품이 있으며, 주식형펀드와 혼합형펀드, 채권형펀드의 개별자산 투자한도는 없으나 총자산에 대한 위험자산비중은 70%로 제한하고 있어 주식형펀드를 운용할 경우에는 70%밖에 운용할 수 없으므로 나머지 30%는 원리금보장상품인 정기예금 등으로 운용하여야 한다.

◉• 가입자부담금 추가불입

기업형IRP 가입근로자는 사용자가 부담하는 부담금 외에 본인 부담으로 가입자부담을 추가로 불입할 수 가 있다. 추가로 불입한 가입자부담금은 연말정산에서 세액공제 혜택을 받을 수 있다. 추가불입금 기준으로 연간 700만원 한도(연금저축 합산)로 연간 총급여가 55백만원 이하인 근로자는 15%(105만원)로, 55백만원 초과인 근로자는 12%(84만원)로 세액공제 혜택을 받을 수 있으며, 세액공제 한도를 초과할 경우에는 다음연도로 이월해서 세액공제를 받을 수 있다. 다만, 연금저축의 경우에는 연간 400만원 한도로 세액공제를 받을 수 있으나, 종합소득 1억원(총급여 1억2천만원) 초과하는 거주자는 연간 300만원 한도로 세액공제를 받을 수 있다. 또한, 만 50세이상 개인의 노후대비를 위해 2020.1.1부터 2022.12.31일까지 납입하는 가입자부담금 추가불입금에 대하여는 연간 900만원 한도(연금저축 최고 600만원 합산)로 세액공제 대상 납입한도를 확대했다. 다만, 종합소득 1억원(총급여 1억2천만원) 초과하는 고소득자 및 금융소득종합과세 대상자는 제외하고, 2022.12.31까지 한시적으로 적용한다.

◉• 수수료 부담 주체

사용자가 퇴직연금규약에 정한 납입주기에 따라 정기적으로 납입하는 사용자부담금에 대한 수수료는 사용자가 부담하고, 가입 근로자가 추가로 납입하는 가입자부담금에 대한 수수료는 가입 근로자가 부담한다.

◉• 미납부담금 납부

가입근로자가 퇴직하는 경우 사용자는 퇴직일로부터 14일 이내에 미납부담금과 지연이자를 가입자의 기업형IRP 계정에 납입하여야 한다. 다만, 특별한 사정이 있는 경우에는 당사자 간의 합의에 따라 납입 기일을 연장할 수 있다.

ⓒ 개인형IRP 의무이전

기업형IRP 제도에 가입한 근로자가 퇴직하는 경우 퇴직급여는 개인형IRP로 의무이전 해야 한다.

ⓒ 사용자 반환

계속근로기간 1년 미만인 근로자는 퇴직급여제도 의무 설정대상이 아니며, 1년 미만 근속한 근로자가 퇴직할 경우에는 노사간 별도의 약정이 없다면 적립금을 사용자에게 반환하여야 한다.

3. 기업형IRP 가입 절차

ⓒ 가입대상 사업장 확인

기업형IRP 가입대상은 상시 근로자 10명 미만을 사용하는 사업장이다. 따라서 소규모 사업장이 기업형IRP를 가입하고자 할 경우에는 상시 근로자가 10명 미만인지를 정확히 확인할 필요가 있다. 상시 근로자수에는 계속근로기간 1년 미만 근로자도 포함한다.

확인 방법은 '원천징수이행상황신고서'을 필수로 제출 받아 간이세액란의 인원수에 적혀진 숫자를 확인하고 증빙서류로 보관하여야 한다. 또한, 향후 가입자 추가 시에도 반드시 징구 받아 상시 근로자가 10인 이상이 되지 않는지를 확인하여야 한다. 왜냐 하면 10인 이상이 될 경우에는 확정기여형(DC) 퇴직연금제도로 전환해야 하기 때문이다.

ⓒ 가입대상

상시 근로자 10인 미만 사업장에 근무하는 근로자이다. 가입을 원하는 근로자만 가입을 하면 되며, 이 경우 가입하지 않은 근로자는 퇴직금제도를 적용 받는다. 사용자와 근로자의 협의에 의하여 계속근로기간 1년 미만 근로자도 가입할 수 있다.

ⓒ 동의명부 작성

기업형IRP에 가입할 경우 근로자 동의명부를 작성하여야 한다. 이때 동의명부는 기업형IRP에 가입하는 근로자만 작성을 하면 된다.

ⓒ· 계약체결

기업형IRP는 가입 근로자와 퇴직연금사업자가 각각 개별로 퇴직연금 계약을 체결하여야 한다. 근로자는 본인이 원하는 퇴직연금사업자를 선정하여 계약체결을 하면 되며, 개인별로 1인당 1개의 퇴직연금사업자와 기업형IRP 계약을 체결하여야 한다. 근로자 1인당 2개 이상의 금융기관과 기업형IRP 중복계약 체결은 금지한다. 각 근로자별로 서로 다른 퇴직연금사업자와 계약체결을 해되 된다.

ⓒ· 확정기여형(DC) 제도로 전환

기업형IRP 가입 이후 상시 근로자수가 10인 이상이 될 경우에는 10인 이상이 된 날로부터 1년 이내에 확정기여형(DC) 퇴직연금 제도로 전환하여야 한다.

참고자료 기업형IRP 제도의 장·단점

구분	사용자 측면	근로자 측면
장점	• 규약작성 및 신고의무 면제 　(즉시 가입 가능) • 가입자교육 의무 면제 • 임금채권부담금 감면 • 법인세 손비 인정 • 퇴직연금 적립금 관리부담 해소 　(납입하는 것으로 의무 해소) • 원천징수 의무 없음	• 퇴직금 수급권 100% 보장 • 임금피크제 기업 유리 • 중도인출 가능 • 가입자부담금 추가납입 가능 　(세액공제 혜택) • 퇴직연금수수료 사용자가 납부 • 퇴직연금 압류금지 • 퇴직연금사업자의 부가서비스 수혜
단점	• 퇴직급여 100% 적립 부담 • 지연 적립 시 지연이자 납부 • 퇴직연금수수료 현금 납부	• 퇴직연금 적립금 직접 운용 부담 • 운용손실 발생 시 퇴직급여 감소 • 확정급여형(DB)으로 전환 불가

경영성과급 확정기여형 퇴직연금제도(DC)

제 **4** 절

1. 「경영성과급 DC」개요

1-1. 「경영성과급 DC」의의

회사의 경영성과에 따라 지급여부 및 지급액이 결정되는 임금으로 볼 수 없는 경영성과급을 사용자부담금 형태로 근로자의 확정기여형(DC) 퇴직연금 계정에 추가 납입하는 제도이다.

경영성과에 따라 불확정적이고 변동적인 경영성과급은 임금에 해당되지 않아 사용자부담금 형태로 근로자의 확정기여형(DC) 퇴직연금 계정에 추가 납입할 경우 근로소득이 아닌 퇴직소득으로 인정해 준다. 임금으로 분류되지 않는 대표적인 소득인 경영성과급을 원천징수세율이 높은 근로소득(근로소득세)에서 원천징수세율이 낮고 과세이연이 가능한 퇴직소득(퇴직소득세)으로 전환함으로써 근로자에게 세금절감 혜택을 줄 수 있는 효율적인 급여제도이다.

[소득세법 시행령 제38조제2항] 근로소득의 범위

② 근로소득의 범위를 적용할 때 퇴직급여로 지급되기 위하여 적립(근로자가 적립금액 등을 선택할 수 없는 것으로서 기획재정부령으로 정하는 방법에 따라 적립되는 경우에 한정)되는 급여는 근로소득에 포함하지 아니한다.

임금에 속하는 경영성과급은 근로기준법의 보호를 받는 근로의 대가이며, 임금 지급의 원칙이 지켜져야 하기 때문에 경영성과급 DC의 부담금으로 납부할 수 없다.

[근로기준법 제43조] 임금 지급의 원칙

① 임금은 통화로 직접 근로자에게 그 전액을 지급해야 한다. 다만, 법령 및 단체협약에 특별한 규정이 있는 경우에는 임금의 일부를 공제하거나 통화 이외의 것으로 지급할 수 있다.
② 임금은 매월 1회 이상 일정한 날짜를 정하여 지급하여야 한다. 다만, 임시로 지급하는 임금, 수당, 정근수당, 근속수당, 장려금, 능률수당, 상여금, 그 밖에 부정기적으로 지급되는 모든 수당은 그러하지 아니하다.

1-2.「경영성과급 DC」부담금 적립요건

근로자 및 임원의 경영성과급을 확정기여형(DC) 퇴직연금 계좌에 사용자부담금으로 추가 납입을 하고 퇴직소득으로 인정받기 위해서는 다음과 같은 적립요건을 충족하여야 한다.

[소득세법 시행규칙 제15조의3] 퇴직급여 적립방법

근로자가 적립금액 등을 선택할 수 없는 방법

① 퇴직급여제도의 가입대상이 되는 근로자(임원 포함) 전원이 적립 할 것. 다만, 각 근로자가 다음 각 목의 어느 하나에 해당하는 날에 향후 적립하지 아니할 것을 선택할 수 있는 것

　가. 사업장에 제2호에 따른 적립방식이 최초로 설정되는 날

　나. 근로자가 최초로 퇴직급여제도의 가입대상이 되는 날

　다. 제2호의 적립방식이 변경되는 날

② 적립할 때 근로자가 적립금액을 임의로 변경할 수 없는 적립방식을 설정하고 그에 따라 적립할 것

③ 적립방식이 확정기여형(DC)(또는 혼합형) 퇴직연금규약에 명시되어 있을 것

④ 사용자가 확정기여형(DC) 퇴직연금계좌에 적립할 것

「경영성과급 DC」 가입 근로자는 개별적으로 경영성과급 적립비율을 변경할 수 없다. 다만, 전체 가입 근로자에 대하여 일정한 근속년수에 도달하면 사전에 근속년수 별로 다르게 설정된 적립비율을 적용할 수 있다. 즉, 누진률을 적용하는 방법은 허용하고 있다.

또한, 개인별 성과등급에 따른 차등 적립도 허용하며, 임원과 근로자의 보수 및 임금체계, 퇴직금 산정 기준 등이 달라 퇴직연금 부담금이 상이한 경우 예외적으로 임원의 경영성과급의 적립비율을 달리 정할 수 있다.

2. 「경영성과급 DC」도입 방법

2-1. 확정기여형(DC) 제도를 운영하는 사용자

「경영성과급 DC」는 경영성과급을 확정기여형(DC) 계정에 불입할 경우에만 퇴직소득으로 인정해 준다. 따라서 기존에 확정기여형(DC) 제도를 운영하고 있는 사용자의 경우에는 기존의 퇴직연금규약에 경영성과급 적립요건을 반영한 후, 근로자대표의 동의를 얻어 고용노동부에 퇴직연금규약 변경 신고를 하여 승인을 받아야 한다.

「경영성과급 DC」는 확정기여형(DC) 제도를 운영하고 있는 사용자가 도입하기 가장 쉬운 제도이며, 퇴직연금규약 변경 수리공문이 도달하면 근로자대표와 협의한 특정비율만큼 경영성과급을 근로자의 확정기여형(DC) 계정에 불입하면 된다.

2-2. 확정급여형(DB) 제도를 운영하는 사용자

확정급여형(DB) 제도에서는 사용자가 가입 근로자 전체를 대상으로 운용하는 것이므로 근로자 개인의 추가 불입은 허용하지 않는다. 경영성과급은 가입 근로자별 확정기여형(DC) 계정에 불입되어야 하므로, 경영성과급 부담금을 불입하기 이전에 확정기여형(DC) 제도에 가입되어 있어야 한다.

만약, 경영성과급을 사용자부담금으로 납입하기로 퇴직연금규약으로 정하였다 하더라도 적립방식이 최로 설정되는 날 또는 적립방식이 변경되는 날 현재 확정기여형(DC)이나, 혼합형제도에 가입하지 않은 경우에는 경영성과급을 퇴직연금 계정에 적립할 수 없다.

따라서 사용자는 다음 2가지 방법 중 하나를 선택하여 확정기여형(DC) 제도를 미리 도입한 후 경영성과급을 가입 근로자의 퇴직연금 계정에 납입하여야 한다.

◉ 확정기여형(DC) 제도로 전환

기존 확정급여형(DB) 제도를 경영성과급 적립요건을 반영한 확정기여형(DC) 제도로 전환한 후, 각 근로자별로 경영성과급을 불입하는 방법으로 확정기여형(DC) 단일 제도로 운영하는 방법이다.

혼합형제도(DB + DC)로 전환

기존 확정급여형(DB) 제도를 경영성과급 적립요건을 반영한 혼합형제도로 전환하여 확정기여형(DC) 제도에 경영성과급을 불입해 준다.

혼합형제도란 한 명의 근로자가 확정급여형(DB)과 확정기여형(DC)를 동시에 가입하는 방법으로, 근로자가 확정급여형(DB)과 확정기여형(DC) 제도에 사용자부담금을 일정비율로 분산하여 운용하고자 할 경우 선택하는 제도이다. 혼합형제도 도입 시 혼합형 불입비율은 노사합의로 자유로이 결정할 수 있으나, 비율의 합은 100%가 되도록 하여야 한다. 예를 들면 확정급여형(DB)과 확정기여형(DC)의 불입비율을 80% : 20%으로 정할 경우 사용자는 매년 1회 이상 정기적으로 납입하는 사용자부담금을 제도별로 각각 80% : 20%로 나누어 불입하여 주며, 경영성과급 부담금은 확정기여형(DC) 제도에 불입해 주는 방법이 있다.

혼합형제도(DB + DC) 신규 도입

일부 근로자들의 확정급여형(DB) 제도에서 확정기여형(DC) 제도나, 혼합형제도로 전환하는 것을 반대할 수도 있다. 이럴 경우 혼합형제도를 신규로 도입한 후 혼합형제도와 확정급여형(DB) 제도를 동시에 운영할 수 있다. 「경영성과급 DC」에 가입을 원하는 임직원만 혼합형제도를 선택하고, 확정기여형(DC) 계정에 경영성과급을 불입해 주면 된다.

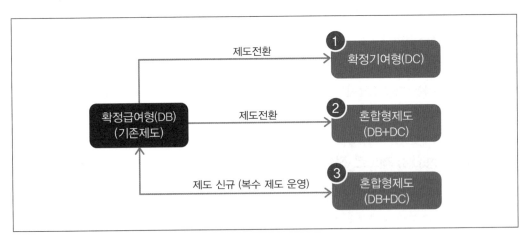

[그림 2–9] 「경영성과급 DC」 도입 방법

2-3. 확정급여형(DB)과 확정기여형(DC) 복수운영 사용자

복수로 퇴직연금제도를 운영하고 있는 사용자는 2가지 종류가 있다. 근로자가 확정급여형(DB) 제도와 확정기여형(DC) 제도로 나누어져 있는 경우와 확정기여형(DC) 제도를 운영하다 확정급여형(DC) 제도로 전환한 경우가 있다.

복수로 퇴직연금제도를 운영하고 있는 사용자의 경우에는 경영성과급 적립요건을 반영한 혼합형제도를 신규로 도입한 후에 경영성과급을 혼합형제도의 확정기여형(DC) 계정에 납입하면 된다.

3. 「경영성과급 DC」가입

3-1. 가입 대상

「경영성과급 DC」의 가입대상은 경영성과에 따라 임금 이외에 추가로 급여가 발생하는 확정기여형(DC) 퇴직연금제도에 가입한 근로자 및 임원이다.

임원은 소득세법 상 임원퇴직소득한도 초과액은 근로소득으로 과세하므로 한도를 초과하지 않는 범위 내에서 운용하여야 하며, 임원을 가입대상으로 할 경우에는 경영성과급의 납입에 관한 사항을 정관 또는 주주총회에서 의결한 임원퇴직위로금규정에 반영하여야 한다.

 [서면법규-663] 임원에게 지급하는 경영성과급의 근로소득 해당 여부

[제목]	확정기여형퇴직연금에 포함하여 임원에게 지급하는 경영성과급의 근로소득 해당여부 (2014.6.26)
[질의내용]	확정기여형 퇴직연금규약에 부담금의 산정방법, 지급시기, 불입방법 등을 구체적으로 명시하여 이에 따라 불입하는 경영성과급은 「소득세법 시행령」 제32조제2항에 따라 근로소득에 해당하지 않는 것인데 여기에 임원의 경영성과급 불입액도 포함되는지 여부
[회신내용]	회사가 경영의 성과에 따른 경영성과금의 일부 또는 전부를 임직원에게 지급하지 아니하고 임직원과 합의한 퇴직연금규약에 따라 확정기여형 퇴직연금의 사용자부담금으로 추가 납입하는 경우 해당 경영성과금은 「소득세법 시행령」 제32조제2항에 따라 근로소득에 해당하지 않는 것임

3-2. 납입비율 결정

경영성과급을 확정기여형(DC) 계정에 적립하고, 퇴직소득으로 인정받기 위해서는 적립할 때 근로자가 적립금액을 임의로 변경할 수 없는 적립방식을 설정하고 그에 따라 적립하여야 한다.

근로자가 적립금액을 임의로 변경할 수 없는 적립방식이란 퇴직연금규약에 명시할 납입비율을 말한다. 여기서 납입비율이란 근로자가 수령하는 경영성과급 중 '몇%'를 확정기여형(DC) 계정에 불입하고, 나머지는 상여금으로 수령할 것인가를 결정하는 것이다.

따라서 납입비율은 「경영성과급 DC」가입 근로자가 모두 동일한 비율을 적용 받아야 하기 때문에 경영성과급의 1%~100% 사이에서 노사합의로 특정 비율을 결정하여야 한다. 예를 들면 경영성과급의 30%, 50%, 80%, 100% 등으로 결정하면 된다.

3-3. 「경영성과급 DC」규약작성

경영성과급을 확정기여형(DC) 퇴직연금제도에 사용자부담금으로 납입하려는 경우에는 미리 노사가 합의한 퇴직연금규약에 납입시기, 납입비율, 산정방식 등 구체적인 내용을 가입자별 차등 없이 정하여야 한다.

또한 정기적으로 납부해야 하는 사용자부담금 이외에 별도로 경영성과급을 부담금으로 추가 납부할 수 있다는 사항을 퇴직연금규약에 명시하여야 한다.

그리고 퇴직연금규약에서 정한 납입비율은 개별 근로자가 임의로 변경할 수 없으며, 한번 가입하면 탈퇴 사유가 발생할 때까지 임의로 납입을 중단할 수 없다.

 **경영성과급 DC 규약 작성 (예시)**

제4장 부담금

제9조(부담금의 부담)
① 사용자는 가입자의 연간 임금총액의 12분의 1에 해당하는 금액을 통화로 가입자의 확정기여형 퇴직연금제도 계정에 납입하여야 한다.
② 가입자는 제1항에 따른 사용자 부담금 외에 스스로 부담하는 추가 부담금을 가입자의 확정기여형퇴직연금제도 계정에 납입할 수 있다.
③ 사용자는 제1항에 따른 부담금 외에 가입자에게 지급하는 경영성과급의 50%를 사용자 부담금으로 추가납부 한다.

④ 제3항에도 불구하고 각 가입자는 다음 각 호에 해당하는 날에 향후 적립하지 아니할 것을 선택할 수 있다.

1. 해당 사업장에 제3항에 따른 적립방식이 최초로 설정되는 날

2. 해당 사업장에 최초로 근무하게 된 날에 제3항의 적립방식이 이미 설정되어 있는 경우에는 근로자퇴직급여보장법 제4조제1항에 따라 최초로 퇴직급여제도의 가입대상이 되는 날

3. 제3항의 적립방식이 변경되는 날

제10조(부담금의 납입)

① 사용자는 제9조제1항에 따른 부담금을 매월말일까지(이하 '납부기한'이라 한다) 정기적으로 자산관리기관에 납입하여야 한다.

② 가입자가 제9조제2항에 따른 부담금을 납부하고자 할 경우 부담금의 납부의사 및 금액을 사용자에게 통지하고, 임금공제 등의 방법으로 사용자를 통하여 자산관리기관에 납입하기로 한다.

③ 가입자가 제9조제2항에 따른 부담금을 납부하고자 할 경우 부담금의 납부의사 및 금액을 사용자에게 통지하고, 임금공제 등의 방법으로 사용자를 통하여 자산관리기관에 납입하기로 한다.

3-4. 부담금 납입

경영성과급은 퇴직연금제도 가입자가 사용자로부터 지급받아 가입자부담금으로 납입하는 것이 원칙이다. 다만, 경영성과급을 퇴직연금 계정에 사용자부담금으로 납입하려는 경우 부담금의 납입에 관하여 사전에 퇴직연금규약으로 납입비율과 납입기준 등을 정하여 정기적으로 납입하여야 한다.

퇴직연금 부담금은 가입 대상인 근로자 및 임원 전원이 적립하여야 하며, 부담금 납입기준을 사전에 퇴직연금규약에 정하여 집단적으로 적용한다.

퇴직연금 부담금에 관한 사항은 집단적 의사결정으로 퇴직연금규약에 정하여 근로자 모두에게 적용되는 것이며, 경영성과급의 전액 또는 일정부분을 납입하기로 사전에 정하는 경우에는 가입 근로자에게 동일한 부담금 납입기준을 정하여야 한다.

임원의 경우에는 소득세법 상 임원퇴직소득한도 초과액은 근로소득으로 과세하므로 한도를 초과하지 않는 범위 내에서 납입하도록 유의하여야 한다.

3-5. 「경영성과급 DC」추가 가입 및 탈퇴

➡ 「경영성과급 DC」추가 가입

「경영성과급 DC」제도를 도입한 사업장에서 제도에 가입하지 않은 근로자는 '적립방식이 변경되는 날'에 향후 적립할 것을 선택할 수 있다.

즉, 「경영성과급 DC」도입 시에 가입 대상이었으나, 적립하지 않을 것을 선택한 임원 및 근로자는 기 도입한 퇴직연금규약으로는 추가 가입이 불가능 하다.

따라서 노사합의로 퇴직연금규약에 기존의 적립방식(납입비율)을 변경하는 내용으로 정하여 고용노동부 신고수리 후 다시 선택 기회가 주어질 경우에는 추가 가입하여 확정기여형(DC) 계정에 경영성과급을 납입할 수 있다.

➡ 「경영성과급 DC」탈퇴

「경영성과급 DC」제도를 도입한 회사의 근로자는 다음과 같은 사유가 있을 경우 경영성과급 DC 탈퇴 여부를 선택할 수 있으며, 탈퇴를 선택한 경우에는 재진입이 불가하다.

① 사업장에 경영성과급 DC 제도 도입에 따라 적립방법이 최초로 설정되는 날
② 해당 사업장에 신입직원으로 최초로 근무하게 된 날에 적립방법이 이미 설정되어 있는 경우에는 최초로 퇴직급여제도의 가입 대상이 되는 날,
③ 적립방식이 변경되는 날

3-6. 부담금 납입의 차등설정 여부

경영성과급을 퇴직연금제도에 사용자부담금으로 납입하려면 미리 퇴직연금규약으로 납입시기, 부담률, 산정방식 등을 가입자별 차등 없이 설정하여 납입하여야 한다. 즉, 하나의 사업장에서 하나의 퇴직급여제도 내에서 근로자의 직위, 직종, 직류, 직급, 정년연장, 입사시기 등을 이유로 부담금 산정방법을 달리 정하는 것은 차등금지 원칙에 위배된다.

하지만, 경영성과급 납입기준을 설정할 당시 전체 가입자에 대해 근속연수에 따른 누진율을 적용하는 경우에는 미리 다르게 설정한 납입비율을 적용하여 적립할 수 있다. 예를 들어, 일정한 근속년수별로 납입비율을 100%, 80%, 60% 등으로 사전에 기준을 정하여 전체 근로자가 해당 근속년수에 도달하면 미리 정해진 비율에 따라 납입하는 것은 허용한다.

4. 「경영성과급 DC」도입 효과

4-1. 근로자 측면의 효과

절세에 따른 실질소득 상승 효과

근로소득이 아닌 퇴직소득으로 인정받아 근로소득세율보다 상대적으로 낮은 퇴직소득세율을 적용 받음으로 인해 절세효과를 누릴 수 있다. 또한, 10년까지 연금수령 금액은 퇴직소득세의 30%, 10년 초과 연금수령 금액은 퇴직소득세의 40%를 감면받을 수 있으므로 절세효과를 극대화할 수 있다.

「경영성과급 DC」를 도입하지 않을 경우 경영성과급은 상여금 형태로 지급받게 되며, 상여금은 지급시점에 근로소득세를 원천징수 하고 차액만 지급받게 된다.

아래의 사례에서 볼 경우에는 「경영성과급 DC」 가입 근로자가 5년 후 퇴직 시에 지급받는 다고 가정하고 계산할 경우에는 「경영성과급 DC」에 가입하는 것이 상여금으로 지급받는 것 보다 약 31%가량 실질소득 상승 효과가 있다.

> **사례** 다음과 같은 가정하에 2019년도 「경영성과급 DC」에 가입한 근로자가 5년 후 퇴직 시 실질소득 상승 효과는?
> - 2019년도 연간 임금총액 120백만원(고정), 매년 퇴직금 10백만원, 과거근로기간 10년, 매년 경영성과급 20백만원, 종합소득세율 38.5%
> - 적립금과 현금 수령 금액은 정기예금 2%로 운용, 이자소득세율 15.4%
> - 절세효과를 보여주기 위해 모든 여건을 감안하지 않은 단순 가정에 의한 사례이므로 실제와는 계산상의 차이가 있을 수 있다.

① 당해 연도 실질소득 상승 효과

경영성과급을 확정기여형(DC) 계정에 납입하였을 경우와 상여금으로 지급하였을 경우를 비교해 보면, 당해 연도에는 퇴직연금에 납입할 경우에는 퇴직소득으로 인정받아 납입단계와 운용단계에서 과세이연 되어 세금을 전혀 납부하지 않는다. 하지만, 상여금으로 수령할 경우에는 지급단계에서 종합소득세율로 원천징수를 한번 한 다음에 다시 운용단계에서 이자소득에 대하여 원천징수를 하게 되므로 당해 연도 「경영성과급 DC」 가입 근로자의 실질소득 상승 효과는 7,891,884원이 된다.

구분	경영성과급 DC	상여금 지급	실질소득 상승효과
납입(수령)액	20,000,000원	20,000,000원	
원천징수	과세이연	7,700,000원	
실 납입(수령)액 ①	20,000,000원	12,300,000원	7,700,000원
운용수익	400,000원	246,000원	
원천징수	과세이연	37,880원	
세후손익 ②	400,000원	208,120원	191,880원
소득 합계 (①+②)	20,400,000원	12,508,116원	7,891,884원

※ 이해를 돕기 위해 당해 연도만 단순 계산하였음.

② 5년 후 퇴직 시 실질소득 상승 효과

「경영성과급 DC」 가입 근로자가 5년간 납입하다 퇴직할 경우 「경영성과급 DC」에 납입한 금액은 과세이연으로 복리운용이 되고, 상여금으로 수령한 경우에는 수령할 때 마다 원천징수를 하고 수령하게 되므로 잔액만 가지고 운용하게 되고, 매 만기 시마다 운용수익에 대하여 원천징수를 하게 된다.

여기서 주목할 부분은 상여금으로 원천징수 후 수령해서 운용하는 정기예금 이자는 이자소득세율을 적용 받는 반면, 「경영성과급 DC」에 납입하고 운용한 결과 발생한 운용수익은 퇴직 시 퇴직소득으로 인정받아 낮은 퇴직소득세율을 적용 받는다는 것이다. 따라서 예시에서는 이러한 모든 효과를 감안해서 5년 후 퇴직 시에는 30,803,569원의 실질소득 상승 효과가 있다.

구분	경영성과급 DC	상여금 지급	실질소득 상승효과
수령금액	100,000,000원	100,000,000원	
원천징수	과세이연	38,500,000원	
실 수령금액 ①	100,000,000원	61,500,000원	38,500,000원

운용수익	4,080,803원	2,501,977원	
원천징수	과세이연	385,300원	
세후손익 ②	4,080,803원	2,116,677원	1,964,126원
소득 합계 (①+②)	104,080,803원	63,616,677원	40,464,126원
퇴직소득세(−)	9,660,550원	−	
최종 수령금액	94,420,246원	63,616,677원	30,803,569원

※ 운용수익은 5년간 복리운용 수익임.

[퇴직소득세 산출과정]

구 분	계산식	계산결과(원)
① 퇴직급여액	퇴직일시금 150,000,000(운용수익제외) 경영성과급 104,080,803	254,080,803
② 근속연수공제	▶ 4,000 + 800 × (15 − 10)	△8,000,000
③ 과세표준(①−②)	퇴직급여액 − 퇴직소득공제	246,0800,803
④ 환산급여(연분, 환산)	과세표준 ÷ 15년 × 12	196,864,642
⑤ 차등공제	▶ 61,700 + 96,864 × 45%	△105,289,089
⑥ 연평균과세표준	환산급여 − 차등공제	91,575,553
⑦ 연평균산출세액	15,900 + 3,575 × 35%	17,151,444
⑧ 퇴직소득세산출액	연평균산출세액 × 15년 ÷ 12	21,439,300
⑨ 지방소득세		2,143,930
⑩ 세금합계		23,583,230
⑪ 퇴직소득세율		9.3%
⑫ 경영성과급 환산 퇴직소득세	(104,080,803 ÷ 254,080,803) × ⑩	9,660,550

※ 퇴직소득세는 2016년도 변경 기준 적용함.

ⓒ 과세이연에 따른 복리운용 효과

「경영성과급 DC」 제도 도입에 따라 근로자는 불입자금에서 발생하는 운용수익에 대한 과세이연으로 복리운용 효과를 누릴 수 있다.

근로자는 「경영성과급 DC」 제도 도입에 따라 경영성과급을 퇴직연금으로 불입할 경우 상여금으로 현금으로 수령할 경우 내야 할 근로소득세를 납부하지 않고, 전액 불입 받아 세금까지 복리운용 하여 수익을 극대화할 수 있는 과세이연 효과를 누릴 수 있다.

또한, 퇴직연금에 불입한 사용자부담금은 퇴직연금사업자가 제공하는 다양한 금융상품으로 운용할 수 있으며, 적립금 운용으로 발생한 운용수익은 최종 인출시점까지 과세이연 함으로 인해 복리운용 효과를 누릴 수 있다.

위의 사례에서 5년간 정기예금으로 운용한 복리운용 효과는 세후손익 차이인 1,964,126백만원으로 상여금으로 수령했을 경우보다 2배 수준이다. 만약, 정기예금 보다 높은 실적배당상품으로 운용하였을 경우에는 복리운용효과가 더 크게 나타날 수 있다.

ⓒ 분류과세 효과

경영성과급을 상여금으로 현금 수령할 경우에는 원천징수를 한 후 다시 종합소득합산과세 하나, 퇴직연금계좌에 불입할 경우에는 퇴직소득으로 인정되어 불입 당시에는 세금을 납부하지 않고 과세이연하며, 최종 수령 시점에 일시금으로 수령할 경우 퇴직소득세를 납부하고 분류과세로 종료함으로써 퇴직소득세의 낮은 실효세율 적용 효과를 누릴 수 있다.

위의 사례에서 볼 경우에도 상여금으로 받을 경우에는 매년 38.5%(주민세 포함)의 종합소득세율을 적용 받으나, 퇴직연금으로 불입하고 5년 후 일시금으로 수령할 경우에는 9.3%의 퇴직소득세를 납부하면 되므로 단순히 세율 차이만 계산하더라도 분류과세 효과는 약 29.2%임을 알 수 있다. 하지만, 종합소득세는 매년 납부하나, 퇴직소득세는 5년 후 일시에 납부하게 되므로 실제 세금절감 효과는 더 크게 나타난다.

ⓒ 운용수익도 퇴직소득으로 인정

경영성과급을 확정기여형(DC) 퇴직연금 계좌에 불입할 경우 발생한 운용수익도 퇴직소득으로 인정받아 근로자 퇴직 후 일시금으로 수령 시 상대적으로 낮은 퇴직소득세를 적용 받게 되므로 상여금으로 수령하여 운용할 경우 적용 받는 이자소득세 또는 종합소득세 보다 절세효과가 있다.

◉ 3대보험 절감효과

「경영성과급 DC」에 사용자부담금으로 불입할 경우 퇴직소득으로 인정되어 4대보험 부과대상 소득이 아니므로 사용자와 근로자가 각각 1/2씩 부담하는 3대 보험(국민연금, 건강보험, 고용보험)은 사용자와 근로자 모두에게 보험료 절감효과가 있다.

4-2. 사용자 측면의 효과

◉ 4대보험 절감효과

4대보험은 기준소득월액(보수월액 or 월평균보수)을 기준으로 부과하고 있으며, 퇴직소득은 분류과세로 4대보험 부과대상 소득이 아니다.

따라서 경영성과급을 현금으로 지급할 경우에는 근로소득으로 인정받아 4대보험 부과 대상에 해당되나, 「경영성과급 DC」에 사용자부담금으로 납입할 경우에는 퇴직소득으로 인정받아 4대보험 부과대상에서 제외된다.

[표 2-6] 경영성과급의 현금지급과 DC 사용자부담금 납입 비교

구 분	지급방식	과세방법	기 타
상여금	현금 지급	근로소득세 (종합소득세 과세대상)	4대보험 부과대상
경영성과급 DC	사용자부담금 불입	퇴직소득세 (분류과세 대상)	4대보험 비대상

그러므로 「경영성과급 DC」에 사용자부담금으로 불입할 경우 사용자와 근로자가 각각 1/2씩 부담하는 3대 보험(국민연금, 건강보험, 고용보험)은 사용자와 근로자 모두에게 보험료 절감효과가 있으며, 사용자가 전액 부담하는 산재보험의 경우에는 사용자에게 보험료 절감효과가 있다.

[표 2-7] 4대보험 주요 특징

구 분		국민연금	건강보험	고용보험	산재보험
관련 기관	자격 관리	국민연금공단	국민건강보험공단	근로복지공단, 고용노동부 고용센터	
	보험료 징수	2011년부터 4대 사회보험 통합징수에 따라 건강보험공단에서 수행			
목 적		소득보장 (노령, 장애)	질병치료, 출산	실업 및 고용안정	산업재해보상
대 상		전 국민 (근로소득자)	전 국민 (근로소득자)	근로자	근로자
자격관리		사업장, 지역가입자	직장, 지역가입자	사업/가입자	사업/가입자
보험료 산정 부과	부과 기준	기준월소득액	보수월액	월평균보수	
	보험 료율	9%	6.07% (장기요양보험료: 6.55%)	실업급여: 1.3% 고용안정능력개발: 0.25%~0.85%	사업종류별로 고용 노동부장관이 매년 결정,고시
	부담 수준	사업장가입자: 근로자:사용자 각 1/2씩 부담	직장가입자: 근로자:사용자 각 1/2씩 부담	실업급여:근로자와 사용자 각 1/2씩 부담 고용안정직업능력개발 사업 : 사용자 전액부담	사용자 전액부담
		지역가입자: 개인전액부담	지역가입자: 개인전액부담		
	부과 및 정산	매월 부과	매월 부과한 후 보수총액신고로 사후정산	건설업 벌목업	연 1회 개산(확정)보험료 납부(자진신고 납부)
				상기 이외의 사업	매월 부과한 후 보수총액 신고로 사후정산

직원복지 향상 효과

사용자 입장에서는 어차피 지급하여야 할 경영성과급을 상여금으로 지급하느냐, 아니면 퇴직연금 계정에 불입해 주느냐 하는 선택의 문제이다.

지금까지는 상여금으로 원천징수 후 근로자 급여계좌에 입금해 주고, 근로자들은 연말에 다시 종합소득합산과세를 했다. 하지만, 근로자의 퇴직연금 계정에 불입해 줄 경우 퇴직소득으로 인정받아 불입 시점에 과세이연을 하고 전액 입금시켜 주며, 최종 수령 시점에 운용수익까지 퇴직소득으로 인정받아 낮은 퇴직소득세를 납부하면 되므로 근로자가 절세효과를 누릴 수 있도록 도와주는 것이다. 또한, 근로자는 3대보험 절감효과도 누릴 수 있다.

즉, 사용자 입장에서는 단순히 지급 방법만을 달리 함으로써 직원복지 향상 효과를 가져올 수 있다.

업무절차 간소화

경영성과급을 상여로 지급할 경우에는 각 근로자별로 근로소득세율로 원천징수를 한 후 차액만 급여계좌로 지급하여야 하는 업무부담이 있으나, 퇴직연금 계정에 전액 불입할 경우에는 가입 근로자별 명부만 퇴직연금사업자에게 송부하면 되므로 업무처리 절차를 간소화할 수 있다.

5. 「경영성과급 DC」도입 시 유의사항

5-1. 근로자 가처분소득 감소

「경영성과급 DC」 제도를 도입할 경우 매년 발생하는 경영성과급은 사용자부담금으로 근로자의 퇴직연금 계좌에 추가납입을 하게 되며, 동 적립금은 근로자 퇴직 시까지 인출 등이 제한되기 때문에 근로자 입장에서는 필요할 경우 사용이 불가능하여 가처분소득이 감소한다는 단점이 있다. 따라서 「경영성과급 DC」 제도 도입 시에는 제도 운영에 따라 가처분소득이 감소되는 사항에 대하여 근로자들에게 사전에 충분히 설명할 필요가 있다. 다만, 법정사유에 의한 중도인출 및 퇴직연금 담보대출 등 자금활용 방안을 안내하여 근로자들이 가처분소득 감소에 대비할 수 있도록 해야 한다.

5-2. 근로자 진입 및 탈퇴 제한

최초 「경영성과급 DC」제도 도입 시 가입을 하지 않은 근로자의 경우에는 해당 제도가 운영되는 동안은 추가 진입이 불가하다. 그리고 가입한 근로자의 경우에는 도중에 탈퇴가 불가하다.

따라서 노사합의로 다시 퇴직연금규약 변경을 통하여 진입 기회를 줄 경우에만 추가 진입 및 탈퇴가 가능하므로 근로자는 제도 도입 시 가입 여부를 신중하게 따져 봐야 한다.

5-3. 사용자 퇴직연금수수료 부담 증가

「근로자퇴직급여보장법」에서는 사용자부담금에 대한 수수료는 사용자가 부담하도록 규정하고 있으며, 「경영성과급 DC」 제도 도입으로 추가불입 하게 되는 사용자부담금에 대한 수수료도 사용자가 납부하여야 한다.

경영성과급의 퇴직연금 불입에 따라 사용자부담금의 규모는 시간이 경과할수록 증가하여 사용자가 납부하여야 할 수수료의 규모도 증가하게 되므로 사용자에게는 상당한 부담으로 작용할 수 있다. 따라서 사전에 퇴직연금수수료에 대하여 사용자와 충분한 협의가 있어야 한다.

5-4. 사용자 업무부담 가중

과거에는 경영성과급을 상여금으로 원천징수 후 일괄 지급해 왔으나, 「경영성과급 DC」제도 도입으로 근로자에게 가입과 탈퇴의 선택 기회를 줄 경우 일부 근로자는 가입하고 일부 근로자는 그냥 상여금으로 수령하길 원할 경우에는 사용자 입장에서는 이중으로 업무처리를 해야 하는 부담이 있다.

참고자료 「경영성과급 DC」 가입과 상여금 지급 비교

구분		「경영성과급 DC」 가입	상여금 지급
사용자 측면	비용인식	퇴직급여 (당기비용)	상여금 (당기비용)
	원천징수	과세이연 (원천징수 없음)	근로소득세 원천징수 (단계별 6%~ 40%)
	납입한도 (수령금액)	• 근로자 : 경영성과급 전액 • 임원 : 임원퇴직소득한도 內	원천징수 후 잔액 급여계좌 입금
	납입비율 결정	• 경영성과급 중 일정비율(1%~100% 사이로 결정) ☞ 근로자별 임의변경 불가 • 퇴직연금규약에 적립방식 명시	–
	가입대상	퇴직연금 가입자 전원	–
	탈퇴방법	① 적립방식이 최초로 설정되는 날 ② 신입직원으로 제도가 설정되어 있는 경우 가입대상이 되는 날 ③ 적립방식이 변경되는 날 ☞ 이후 가입 및 탈퇴 불가	
	수수료	회사에서 현금으로 납부	–
근로자 측면	수령금액	경영성과급 전액	원천징수 후 잔액
	수령방법	경영성과급 DC 납입	급여계좌 입금
	자금운용	경영성과급 전액 운용	세후 금액으로 운용
	운용손익	퇴직소득 (과세이연)	금융소득 (원천징수)
	퇴직 시	개인형IRP 의무이전 (단, 만 55세 이후 제외)	–
	연금수령	• 이연퇴직소득 : 퇴직소득세×(60%~70%) • IRP 운용수익 : 연금소득세(3~5%)	–
	개인형IRP 중도해지	• 이연퇴직소득 : 퇴직소득세 • IRP 운용수익 : 기타소득세(15%)	–

제5절 「표준형 DC」 퇴직연금제도

1. 「표준형 DC」 개요

1-1. 「표준형 DC」 의의

「표준형 DC」는 둘 이상의 사용자가 참여하는 확정기여형(DC) 퇴직연금제도를 말한다. 즉, 퇴직연금사업자가 확정기여형(DC) 퇴직연금제도 도입을 위해 하나의 표준화된 규약과 표준계약서를 작성하여 고용노동부장관의 승인을 받은 후 여러 사업장이 동일한 제도에 함께 참여할 수 있게 하는 「복수 사용자 DC」제도이다.

1-2. 「표준형 DC」 가입대상

「표준형 DC」는 하나의 퇴직연금규약으로 둘 이상의 사용자가 함께 참여하는 제도 이므로 사업의 성격이 유사해야 한다.

따라서 유사한 업종을 영위하는 중소기업 각종 협회, 단체, 계열사, 지역연합회, 조합 등의 회원사가 공동으로 가입하는 제도이다. 특히, 협회 및 단체가 소속 회원사의 이익을 대표하고, 협회 및 단체의 소속 회원사에 대한 장악력이 높으며, 소속 회원사간의 결속력이 높은 경우 가입하기에 적합한 제도이다.

가입대상의 예로는 주위에서 주로 볼 수 있는 수협회원사협회, 농협회원사협회, 외식업중앙회, 자동차정비조합, 어린이집연합회, 주유소연합회, 소상공인연합회, 경영자협회, 병원협회, 경비협회 등을 들 수 있다.

1-3. 협회 및 단체의 역할

소속 회원사의 이익을 대표하여 퇴직연금사업자를 선정하고, 퇴직연금사업자와 함께 표준규약 및 표준계약서 작성을 주관하고, 개별 사업장의 의견을 수렴하여 표준규약 및 표준계약서에 반영해 주며, 개별 사업장이 원활히 「표준형 DC」를 도입할 수 있도록 지원해 준다.

1-4. 소속 회원사의 역할

소속 회원사는 협회의 결정에 의하여 「표준형 DC」를 도입하기로 한 경우 표준규약 및 표준계약서에 반영시킬 내용이 있는지 근로자대표와 협의하여 사전에 협회에 의견을 제시하여야 한다.

협회 차원에서 「표준형 DC」를 도입한다 하더라도 소속 회원사의 가입은 자율 이므로 근로자대표와 협의하여 가입여부를 결정하면 된다.

가입하기로 결정을 한 경우에는 퇴직연금사업자와 신규계약을 체결하고, 부담금을 납입하면 된다.

2. 「표준형 DC」 도입 절차

협회나 단체 및 계열사 등이 둘 이상의 사용자가 함께 참여하는 확정기여형(DC) 제도 도입을 위해서는 우선 퇴직연금사업자를 선정하여야 한다.

선정된 퇴직연금사업자는 표준규약 및 표준계약서를 협회 및 단체와 세부내용을 협의하여 미리 작성한 후 고용노동부장관의 승인을 받아야 한다.

[法 시행령 제15조] 표준규약에 추가로 정할 사항

① 표준규약으로 설정되는 확정기여형퇴직연금제도의 특성과 이를 반영한 명칭
② 가입 대상 사업의 범위 또는 특성에 관한 사항
③ 적립금 운용방법 및 그 선정기준, 이 경우 가입자가 운용지시를 하지 않는 경우의 운용방법 및 그 선정기준을 포함*
④ 탈퇴할 수 있는 사유 및 절차 등에 관한 사항
⑤ 수수료에 관한 사항

⑥ 그 밖에 둘 이상의 사용자가 참여하는 확정기여형퇴직연금제도의 합리적 운영에 필요한 사항으로서 고용노동부장관이 정하는 사항

*디폴트옵션: 가입자가 적립금의 운용방법에 관하여 운용지시를 하지 않는 경우퇴직연금사업자가 규약에서 미리 정해진
바에 따라 운용하거나 운용방법을 정하는 기준

 [法 시행령 제16조] 표준계약서에 규정될 운용관리 및 자산관리 업무

① 표준규약의 이행에 관한 사항
② 둘 이상의 사용자가 참여하는 확정기여형퇴직연금제도의 운영과 관련한 비용 산출 및 부담에 관한 사항
③ 운용관리업무와 자산관리업무의 계약 해지 · 변경의 사유 및 절차 등에 관한사항
④ 그 밖에 가입자와 수급권 보장에 필요한 사항으로서 고용노동부장관이 정하여 고시하는 사항

「표준형 DC」퇴직연금 표준규약 신규는 일반 퇴직연금규약 신규 보다 다소 복잡한 측면이있다. 유사한 업종의 다수 사용자가 함께 참여하는 규약이기 때문에 해당 협회 및 단체의 성격과 해당 근로자들의 성향에 맞게 표준규약 및 표준계약서가 작성되었는지를 고용노동부에서 면밀히 검토한 후 승인 결과를 통보한다. 또한, 「표준형 DC」퇴직연금 표준규약은 퇴직연금사업자가 고용노동부에서 직접 승인을 받기 때문에 승인받는 과정에서 협회와의 긴밀한 유대관계가 필요하다.

퇴직연금사업자는 표준규약과 표준계약서의 승인 통보를 받은 경우 협회 및 단체와 협조하여 개별 사업장에 표준규약 및 표준계약서가 승인 완료되었음을 공문으로 통지하며, 퇴직연금에 가입하고자 하는 개별사업장은 승인받은 표준규약을 다시 고용노동부에 신고하여야 한다. 이러한 절차가 완료된 후 퇴직연금사업자는 고용노동부에 표준규약을 신고한 개별사용자와 각각 퇴직연금 계약을 체결한다. 퇴직연금계약 체결 시 개별 사업장에서는 근로자동의 서류를 징구 하여야 한다. 이때 개별 사업장의 가입여부는 의무가 아니므로 각 사업장별로 판단하여 원하는 사업장만 가입을 하면 된다.

「표준형 DC」에서는 퇴직연금사업자가 표준규약 및 표준계약서 작성과 고용노동부장관의 승인까지 업무를 주도적으로 처리하여야 하나, 개별사업장도 승인받은 표준규약을 고용노동부에 다시 신고해야 하는 번거로움이 있다.

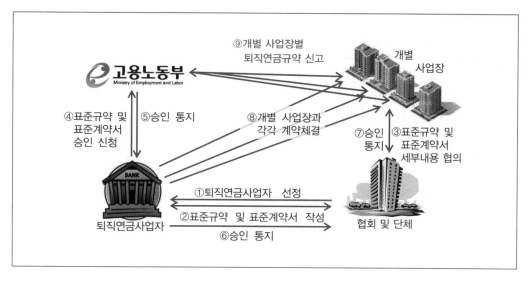

[그림 2-10] 「표준형 DC」 도입 절차

3. 「표준형 DC」도입 효과

3-1. 개별 사업장의 가입절차 간소화

「표준형 DC」는 퇴직연금사업자가 표준규약과 표준계약서를 고용노동부에서 승인을 받고, 개별사업장은 승인받은 표준규약을 고용노동부에 다시 신고하면 되기 때문에 일반 퇴직연금규약 승인 보다는 절차가 간소화되었다.

기존 확정기여형(DC) 제도를 가입하기 위해서는 개별 사업장별로 퇴직연금규약을 작성하고 근로자대표 동의를 받은 후 고용노동부에 신고 후 승인을 받아야 한다. 하지만 표준형 DC제도는 퇴직연금사업자가 표준화된 규약을 사전에 승인받아 놓았기 때문에 제도설계와 규약승인 등의 절차가 생략된다.

3-2. 퇴직연금수수료 절감 혜택

◉ 적립금 합산 적용에 따른 수수료 할인 혜택

「표준형 DC」를 적용 받는 모든 사업장을 하나의 동일한 단체로 인정해 적립금을 합산하여 합산된 금액으로 퇴직연금 수수료를 적용 받는다.

적립금 금액이 클수록 퇴직연금 수수료를 할인해 주는 퇴직연금수수료 체계하에서는 합산된 금액으로 할인된 수수료율을 적용 받아 수수료 절감이 가능하다. 특히, 규모가 작은 중소 사업 장의 경우 퇴직연금사업자와 직접 계약을 체결할 경우에는 적립금 금액이 작기 때문에 수수료 할인을 적용 받을 수 없어 가장 높은 수수료를 납부할 수밖에 없으나, 해당 제도에 참여하면 참 여 사업장들의 적립금을 합산하여 수수료 할인을 적용 받을 수 있기 때문에 비교적 유리한 수수 료 조건으로 계약을 맺을 수 있다.

중소 사업장이 확정기여형(DC) 제도에 단독으로 가입할 경우에는 국내 퇴직연금수수료체계 상 적립금 규모에 따라 수수료율이 차등 적용되므로 적립금이 적을수록 높은 수수료율을 적용 받아왔다.

ⓒ 낮은 기준수수료율 적용 혜택

「표준형 DC」는 여러 사업장이 하나의 통일된 퇴직연금규약으로 계약을 체결하게 되므로 그 만큼 업무원가가 절감된다.

따라서 운용관리계약 및 자산관리계약을 체결할 경우에는 단독으로 확정기여형(DC) 제도에 가입하는 것 보다 업무원가를 차감한 낮은 기준 수수료율을 적용 받을 수 있다.

3-3. 퇴직급여 적립금 운용 효율성 제고

개별 사업장별로 퇴직연금제도를 도입할 경우에는 대부분 계약형제도로 사용자가 직접 퇴직 연금사업자와 운용관리 및 자산관리 계약을 체결하여 자산운용에 전문성이 없는 사용자 및 가 입 근로자가 책임을 지고 직접 퇴직연금 적립금을 운용해야 하는 문제점이 있다.

하지만, 「표준형 DC」를 도입할 경우 소속 협회 회원들과 협의하여 제도 도입 예정인 기금형 제도를 선택할 수 있는데, 기금형제도는 사용자로부터 독립된 수탁법인을 설립하여 퇴직연금제 도를 운영하며, 수탁법인이 노사의 대리인(Agent)으로서 퇴직연금제도를 운영하게 되어, 노사 중심의 퇴직연금제도 운영이 가능하며, 수탁법인 내부 전문가 또는 외부 자산운용 전문기관 위 탁 운용을 통해 연금자산 운용의 성과를 제고할 수 있다.

개인형퇴직연금제도

(IRP: Individual Retirement Pension)

제6절

1. 개인형IRP 개요

개인형퇴직연금제도(IRP: Individual Retirement Pension)란 근로자가 이직 및 퇴직 시 수령한 퇴직급여를 적립 및 축적하여 운용하다가 노후소득재원으로 활용할 수 있도록 하기 위한 제도를 말한다. 즉, 퇴직연금 가입 근로자가 이직 또는 퇴직 시 수령할 퇴직급여를 근로자의 개인형IRP 계정으로 의무이전 해야 한다.

가입 근로자는 연금수령 시점까지 적립된 퇴직급여를 과세이연 혜택을 받으며 운용하다 만

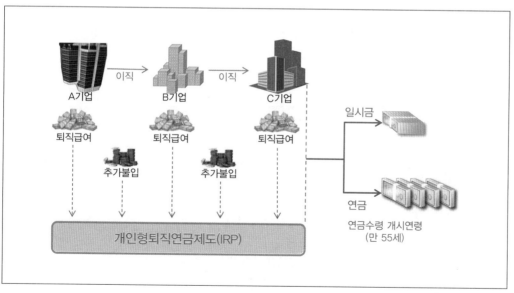

[그림 2-11] 개인형퇴직연금제도(IRP)

55세 이후에 일시금 또는 연금으로 수령하면 된다. 개인형IRP의 운용과정에서 발생한 운용수익에 대한 세금은 연금수령시점까지 연기한다.

개인형IRP 가입 근로자는 풍족한 노후생활 준비를 위해 스스로 본인 자금으로 연간 1,800만원까지, ISA 만기 해지자금은 전액 추가납입이 가능하다. 즉, 가입자가 스스로 납입한 부담금에 대해서는 연간 최대 1,200만원(50세 이상 특례 200만원+ISA 300만원)의 세액공제 혜택을 제공하는 노후생활자금을 저축하는 계좌이다. 또한 근로자가 여러 차례 직장 이동을 하더라도 퇴직급여를 하나의 개인형IRP로 지급받아 연금으로 수령할 수 있다.

2. 개인형IRP 가입

2-1. 개인형IRP 가입 대상

개인형IRP 가입대상은 일반 근로자뿐만 아니라 자영업자, 직역연금가입자인 공무원 등 직장에 다니면서 소득이 있는 모든 근로자가 가입이 가능하다.

[표 2-8] **개인형IRP 가입 대상**

퇴직근로자	• 퇴직연금제도(DB,DC)에서 퇴직급여를 수령한 근로자(의무) • 퇴직급여 일시금 또는 중간정산금 수령자(자율)
추가부담금 납부희망자	• 퇴직연금제도를 운영 중인 기업의 근로자 • 퇴직연금제도에서 일시금을 수령하여 IRP에 납입한 가입자 • 자영업자 • 퇴직급여제도 미설정 근로자 　– 1년 미만 및 단시간 근로자 　– 1주 소정근로시간이 15시간 미만인 단시간 근로자 • 퇴직금제도 적용 재직근로자 • 직역연금 가입자 　– 「공무원연금법」 적용 받는 공무원 　– 「군인연금법」 적용 받는 군인 　– 「사립학교교직원 연금법」 적용 받는 교직원 　– 「별정우체국법」 적용 받는 별정우체국 직원

그런데 여기서 우리가 유의한 사항이 하나 있다. 법인대표와 등기임원은 퇴직연금에 가입되어 있지 않을 경우에는 개인형IRP 가입자격이 되는지를 먼저 따져봐야 한다. 법인대표와 등기임원의 경우에는 근로자를 관리하는 사용자로 볼 수 있어서 근로자라는 사실을 입증해야만 가입이 가능하다. 따라서 고용계약서나 근로계약서 등을 징구하여 근로자라는 사실을 입증해야만 한다.

사립학교교직원연금법이나 공무원연금법의 적용을 받는 공무원이 퇴직금을 일시금으로 받았을 경우 개인형IRP에 가입할 수 있다.

고용노동부 회시 (임금복지과-163, 2009.5.14)

「근로자퇴직급여보장법」에 의한 개인형IRP는 퇴직일시금을 받은 근로자가 원하면 가입할 수 있는 제도로, 「사립학교교직원연금법」이나 「공무원연금법」의 적용을 받아 수령한 퇴직수당도 근로자가 퇴직으로 받는 퇴직급여 성격으로 볼 수 있으므로 개인형IRP에 가입 할 수 있다고 판단됨을 알려드리니 업무에 참고하시기 바랍니다.

2-2. 개인형IRP 계좌 신규

개인형IRP 계좌 일반 신규

개인형IRP는 퇴직연금사업자 별로 1인 1계좌만 신규가 가능하다. 즉, 하나의 퇴직연금사업자에게는 2개의 계좌를 가입할 수 없으나, 필요 시 퇴직연금사업자 별로는 각각 1개씩 계좌 개설이 가능하다.

따라서 가입자부담금 추가불입과 사용자부담금인 퇴직급여 불입계좌를 별도로 운영하고자 할 경우에는 A퇴직연금사업자에서는 가입자부담금 추가불입용 계좌를 개성하고, B퇴직연금사업자에서는 사용자부담금인 퇴직급여 불입계좌를 개설하여 2개의 계좌를 운영하면 된다.

하지만, 퇴직급여 통산장치 및 노후자금으로서의 역할 등의 취지를 고려할 때 퇴직급여를 이전 받을 개인형IRP는 하나의 계정으로 지정하는 것이 바람직 하다.

사업주의 개인형IRP 계좌 일괄 개설

사업주가 근로자의 성명과 주민등록번호를 확인하여 제출한 서류만으로 퇴직연금사업자는

1차 실명확인 후 근로자 명의의 개인형IRP 계좌 개설이 가능하다. 다만, 개인정보 보호를 위해 사업주가 계좌개설을 위해 근로자의 성명, 주민등록번호 등 개인정보를 금융회사에 제공 시 반드시 근로자의 서면동의를 받아야 한다.

2-3. 개인형IRP 가입 시 제출서류

ⓒ 가입 대상별 제출 서류

개인형IRP 가입대상이 모든 취업자로 확대되면서 취업자임을 증빙하는 서류 확인이 필요하다. 따라서 취업자가 재직 중에 자율로 개인형IRP에 가입하려면 취업자임을 증명할 수 있는 아래의 서류 중 택일하여 하나를 준비하여 제출 서류와 신분증을 들고 퇴직연금을 취급하는 금융기관을 방문하면 된다.

[표 2-9] 제출 서류 종류

가입 대상	제출 서류
퇴직급여 일시금 수령자	• 퇴직소득 원천징수 영수증
퇴직연금 가입 근로자 (DB, DC 가입 재직근로자)	• 퇴직연금제도 가입사실 확인서 • 근로계약서, 재직증명서, 원천징수영수증 • 건강보험 자격득실확인서
자영업자	• 사업자등록증, 사업소득원천징수영수증 • 소득금액증명원, 고용보험 가입확인서 • 산재보험 가입확인서 등
카드설계사 및 보험설계사 등 수당직 사업소득자	• 재직증명서, 위촉증명서 제출 가능
농림 · 축산 · 어업 등의 경우	• 농지원부, 농업인확인서 • 농업경영체등록확인서 • 어선원부, 어업인확인서 • 어업경영체등록확인서, 어업허가증(면허증) • 축산업허가증(면허증), 가축사육업등록증 • 포획승인서, 수렵면허증 등도 허용
1년 미만의 단시간 근로자 퇴직금제도 적용 재직 근로자	• 근로계약서, 재직증명서, 원천징수영수증 • 건강보험 자격득실확인서 등
직역연금 가입자	• 직역연금 가입자임을 확인할 수 있는 서류 • 재직증명서, 건강보험 자격득실확인서 등

ⓒ· 퇴직연금제도 가입 사실 확인서

퇴직연금제도 가입 근로자에게 확인해야 할 서류 중 하나가 '퇴직연금제도 가입 사실 확인서'이다.

'퇴직연금제도 가입사실 확인서'를 확인하는 방법은 두 가지가 있는데, 첫번째 방법은 퇴직연금제도를 가입한 금융기관에서 발급받는 방법인데, 실무상 발급받는 절차가 복잡하기 때문에 가입 근로자들이 제출하는 것을 부담스러워한다. 두번째 방법은 퇴직연금규약 맨 뒤쪽 페이지에 [별지]로 수록되어 있는'퇴직연금제도 가입사실 확인서'양식을 활용하여 회사담당자에게 확인을 받는 방법이다. 회사담당자의 성명과 서명을 받고, 부서명과 전화번호만 기재하면 되기 때문에 상대적으로 제출 받기가 편리한 방법이다.

ⓒ· 건강보험자격득실확인서

'건강보험자격득실확인서'란 건강보험의 가입 확인 및 수급자격 대상이 맞는지를 확인하기 위한 서류로써, 소득증빙이나 재직증명 등 다양한 용도로 사용하는 서류이다.

개인형IRP 신규 시 취업자임을 증빙하는 서류 중 확인하기 가장 쉬운 서류이므로 실무상으로는 활용하기 가장 편리하다.

'건강보험자격득실확인서'를 발급받는 방법은 세가지가 있는데, 첫번째 방법은 국민건강보험공단 사이버민원센터(minwon.nhis.or.kr)를 통해 온라인으로 발급받는 방법인데, 공인인증서만 있으면 발급받을 수 있다. 두번째 방법은 가까운 건강보험공단을 방문해서 발급받는 방법이다. 세번째 방법은 전화(1577-1000)로 상담원을 통해 본인확인 후 원하는 팩스로 전송받는 방법이다.

실무상 세번째 방법이 가장 간편하다.

개인형IRP 가입을 원하는 근로자가 방문하였을 경우 즉시 건강보험공단에 전화(1577-1000) 연결을 해 드리고, 직접 상담을 통해 본인 확인을 한 후 팩스로 전송받으면 된다. 따라서 번거로운 발급 절차가 생략되므로 가장 편리한 방법이다.

3. 개인형IRP 제도 운영

개인형IRP 제도는 부담금 납입단계와 납입된 적립금을 운용하는 단계, 급여 수령단계로 구분할 수 있다.

부담금 납입단계에서는 퇴직연금 가입 근로자 및 미가입 근로자가 퇴직 시에 받는 퇴직급여 일시금을 개인형IRP로 이전하는 방법과 개인형IRP 가입 근로자가 스스로 본인자금을 불입하는 방법이 있다.

적립금 운용단계에서는 납입된 적립금을 가입 근로자가 본인의 책임하에 직접 운용하여야 하는데, 퇴직연금사업자가 제시하는 다양한 금융상품으로 투자 및 운용하게 된다.

그리고 급여 수령단계에서는 자금이 필요할 경우에는 일시금으로 수령하거나, 노후자금으로 활용하고자 할 경우에는 연금으로 수령하는 방법이 있다.

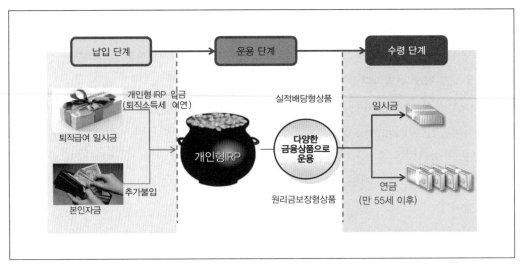

[그림 2-12] 개인형IRP 제도 운영

4. 개인형IRP 부담금 납입

4-1. 퇴직급여 일시금 납입

⊙ 퇴직연금 가입 근로자

퇴직연금 가입 근로자는 퇴직 시에 받는 퇴직급여 일시금을 개인형IRP로 의무 이전하여야 하기 때문에 퇴직급여를 수령하기 전에 퇴직연금을 취급하는 금융기관을 방문하여 개인형IRP 계정을 개설하고 통장사본을 사용자에게 제출하여야 한다.

사용자는 가입 근로자가 제출한 통장 사본으로 퇴직소득세를 과세이연 한 후 퇴직급여 일시금 전액을 입금해 준다.

⊙ 퇴직연금 미가입 근로자

퇴직연금 미가입 근로자는 퇴직 시 받는 퇴직급여 일시금을 개인형IRP에 의무 이전하지 않아도 되기 때문에 본인의 선택에 따라 개인형IRP로 전액 이전하거나, 퇴직소득세 원천징수 후 잔액을 급여계좌로 수령할 수 있다.

개인형IRP로 전액 이전하기를 원할 경우에는 퇴직급여를 수령하기 전에 퇴직연금을 취급하는 금융기관을 방문하여 본인의 개인형IRP 계정을 개설한 후 통장사본을 사용자에게 제출하고, 퇴직급여를 전액 개인형IRP로 이전해 줄 것을 신청한 경우에는 퇴직급여 전액을 이전하므로 퇴직소득세 환급절차가 없다.

하지만 퇴직한 근로자가 퇴직급여를 이미 수령한 후 퇴직급여 지급일로부터 60일 이내에 개인형IRP 계좌를 개설하고 수령한 퇴직급여를 입금하는 경우에는 퇴직소득세 환급절차가 필요하다.

환급신청자는 퇴직소득이 개인형IRP에 입금될 때 과세이연계좌신고서를 개인형IRP 취급 금융기관에 제출하여야 하며, 개인형IRP 취급 금융기관은 과세이연계좌신고서를 원천징수의무자(회사)에게 제출하고 퇴직소득세 환급 신청을 하여야 한다. 퇴직소득세 환급요청을 받은 원천징수의무자(회사)는 조정환급절차를 통하여 근로자의 과세이연계좌신고서에 적혀 있는 연금계좌로 퇴직소득세를 환급하여야 하며, 해당 환급세액은 이연퇴직소득에 포함한다.

4-2. 가입자부담금 납입

ⓒ 부담금 납입 및 세액공제 한도

개인형IRP에 가입한 사람은 자기의 부담으로 전 금융기관 합산하여 연간 1,800만원 한도(연금저축 합산)와 만기ISA계좌 해지금액 한도내에서 추가불입이 가능하다. 그리고 추가로 납입한 부담금은 만 50세이상의 3년간 한시적 특례한도 200만원 및 만기도래한 ISA 해지금액을 추가불입에 따른 최고 300만원을 포함할 경우 최대 1,200만원(연금저축 합산)까지 연말정산에서 세액공제를 받을 수 있다. 만약 당해 년도에 세액공제 한도를 초과하여 납부한 경우에는 그 초과분은 다음 연도로 이월하여 세액공제가 가능하다.

ⓒ 연금저축에 가입하지 않은 경우 세액공제 한도

연금저축에 가입하지 않은 근로자의 경우에는 개인형IRP 납입금 기준으로 만 50세이상의 3년간 한시적 특례한도 200만원 및 ISA 만기도래자금 세액공제 한도 300만원을 포함할 경우 최대 1,200만원까지 세액공제를 받을 수 있다. 따라서 연말정산에서 최대 한도로 세액공제를 받기 위하여 별도로 연금저축에 가입할 필요가 없다.

ⓒ 연금저축에 가입한 경우 세액공제 한도

연금저축에 가입한 경우에는 세액공제대상 납입금의 한도 계산이 조금 복잡해진다. 개인형IRP 세액공제대상 납입금의 한도는 연금저축을 포함한 포괄한도 이므로 연금저축 세액공제대상 납입금 한도를 먼저 산정한 후 세액공제 최대한도에서 차감하면 개인형IRP 세액공제대상 납입금 한도가 된다.

연금저축은 납입금 기준으로 만 50세이상의 3년간 한시적 특례한도 200만원을 포함할 경우 최대 600만원까지 세액공제대상이 된다. 따라서 개인형IRP 세액공제대상 납입한도는 차액인 300만원이 된다. 하지만 종합소득금액 1억원(총급여 1억2천만원)인 경우에는 불입금 기준으로 연간 최대 300만원 한도까지 세액공제을 받을 수 있으므로 따라서 개인형IRP 세액공제대상 납입한도는 차액인 400만원이 된다.

또한, ISA 만기 해지금액을 개인형IRP에 불입할 경우에는 불입금액의 10%, 최고 300만원 한도로 세액공제 혜택을 받을 수 있다.

[표 2-10] 개인형IRP 가입자부담금 세액공제 한도

구 분	종합소득 1억원 이하 (근로소득 1억2천만원 이하)	종합소득 1억원 초과 (근로소득 1억2천만원 초과)
연금상품 총한도 (ISA 만기 해지금액)	1,200만원 (300만원)	700만원 (-)
연금상품 한도 (만 50세 특례 포함)	900만원	700만원
연금저축 한도 (만 50세 특례 포함)	600만원	300만원
개인형IRP 한도	300만원	400만원

세액공제 초과분 다음연도 전환 신청

개인형IRP 가입자부담금 불입 한도는 1,800만원(ISA 만기해지 금액 제외)이나, 세액공제 한도는 연간 최고 900만원 밖에 되지 않기 때문에 세액공제 한도를 초과하여 불입하는 경우도 있다. 이러한 경우에는 가입자가 연금계좌를 개설한 금융기관에 신청하여 전년도 세액공제 한도 초과 불입금을 다음연도 불입금으로 전환 신청한 경우, 전환된 불입금은 전환연도에 세액공제를 받을 수 있다. 실무적으로는 세무서에서 발행하는'연금보험료 등 소득·세액 공제확인서'를 발급받아 연금계좌를 개설한 금융기관의 '세액공제한도 초과납입분에 대한 당해납입금 전환신청서'를 제출하면 된다.

세액공제 적용 세율

종합소득금액이 4천만원(근로소득만 있는 경우 총급여 5,500만원) 이하인 거주자에 한해 최대 15% 세액공제 세율을 적용하며, 그 외의 경우에는 최대 12%까지 세액공제 세율을 적용한다.

[표 2-11] 개인형IRP 가입자부담금 세액공제 세율

구분	종합소득 4천만원 이하 (근로소득 5,500만원 이하)	종합소득 4천만원 초과 (근로소득 5,500만원 초과)
적용세율	15%	12%

5. 적립금 운용

5-1. 적립금 운용방법

개인형IRP의 적립금 운용방법은 가입자가 스스로 운용상품을 선정하고, 반기마다 1회 이상 적립금 운용방법의 변경이 가능한데, 실무상으로는 가입자가 원하면 언제든지 운용방법을 변경할 수 있다.

적립금 운용방법으로는 리스크가 가장 큰 주식형펀드에서부터 채권형펀드와 원리금보장상품까지 다양한 선택을 할 수 있으나, 적립금 운용에 있어서 위험자산 투자한도는 확정기여형(DC)과 동일하게 가입자별 전체 적립금의 70% 이내이다. 즉 주식형펀드의 경우에는 70% 까지만 운용할 수 있으므로 나머지 30%는 위험자산이 아닌 채권형펀드나 원리금보장상품에 운용해야 한다.

실적배당형상품 운용 시에는 운용결과 손실이 발생할 수 있으며, 손실은 가입자에게 귀속되므로 노후생활자금의 취지에 맞게 신중하게 운용할 필요가 있다.

퇴직연금사업자는 반기마다 1회 이상 위험과 수익구조가 다른 세가지 이상의 적립금 운용방법을 제시하되, 원리금보장운용방법을 하나 이상 포함하여야 한다. 운용방법별 이익 및 손실 가능성에 대한 정보 등 적립금 운용방법을 선정하는데 필요한 정보를 제공하여야 한다.

5-2. 과세이연

○• 일시금을 수령할 경우

개인형IRP 운용수익에 대해서는 원천징수를 하지 않고 최종 수령시점까지 과세이연이 되기 때문에 세금까지 복리로 운용할 수 있다.

과세이연 된 운용수익에 대한 세금은 최종 수령 시점에 일시금으로 수령할 경우에는 높은 기타소득세(15%)를 납부한다.

가입자부담금을 개인형IRP에 불입하지 않고 정기예금으로 운용할 경우에는 이자소득에 대해 이자소득세(14%)를 납부하면 되는데, 개인형IRP에 불입하고 정기예금으로 운용할 경우에는 퇴직연금수수료 납부와 함께 이자소득세 보다 높은 기타소득세(15%)을 납부하게 되어, 그대로 보기에는 기타소득세가 1%p 높아 보인다. 하지만, 기타소득세는 최종 수령시점에 한번만 부과하는 반면, 이자소득세는 수익발생 시점마다 원천징수를 하고 잔액으로만 운용할 수 있어 근속 기간이 장기일 경우에는 제도 운영기간 중에는 과세이연을 통하여 복리운용을 하다가 최종 일시금으로 수령하는 시점에 기타소득세를 납부하는 것이 더 유리할 수 있다.

ⓒ 연금으로 수령할 경우

연금으로 수령할 경우에는 연령에 따라 낮은 연금소득세(3 ~ 5%)를 납부하기 때문에 과세이연 효과가 가장 큰 방법이다. 그리고 연금소득세는 과세표준이 낮은 연금수령 금액에 대하여 원천징수를 하기 때문에 과세이연으로 인한 복리운용 효과를 극대화할 수 있다.

5-3. 예금자보호

개인형IRP는 예금자보호 대상 금융상품으로 운용되는 적립금에 한해 예금자보호법에 따라 예금보험공사가 보호한다.

보호한도는 가입자의 다른 예금보호 대상 금융상품과 별로도 1인당 최고 5,000만원이며, 5,000만원을 초과하는 나머지 금액은 보호하지 않는다. 단, 2개 이상 퇴직연금에 가입할 경우에는 합산하여 5,000만원까지만 보호된다.

6. 개인형IRP 급여 수령

6-1. 급여 종류별 수급요건

ⓒ 급여종류 및 수급요건

개인형IRP는 연금수령 계좌로 급여 종류별 수급요건으로는 연금은 만 55세 이상, 가입기간 5년 이상인 가입자에게 연금수령한도 內에서 지급하여야 한다.

일시금은 연금수급 요건을 갖추지 못하였거나, 일시금 수급을 원하는 가입자에게 개인형IRP 계좌를 해지하는 방법으로 지급한다.

만약, 개인형IRP 가입자가 연금수령한도 적용을 받지 않는 가운데 전액을 수령하는 경우에는 전액 연금소득으로 인정되는데, 이 경우에는 종합소득 합산과세 여부를 따져봐야 한다.

[표 2-12] 급여 종류별 수급요건

구분	일시금	연금
가입자부담금으로 적립한 경우	일시금 수급 희망자	만 55세 이상 가입기간 5년 이상 연금수령한도 內 지급
확정급여형(DB) 또는 확정기여형(DC)에서 개인형IRP로 이전한 경우	연금수급 요건을 갖추지 못하였거나 일시금 수급 희망자	55세 이상 연금수령한도 內 지급

⊙ 관할 세무서 자료 제출

연금계좌 가입자가 연금수령 개시 또는 연금계좌의 해지를 신청하는 경우 연금계좌취급자는 연금수령 개시 및 해지명세서를 다음 달 10일까지 관할 세무서장에게 제출하여야 한다.

6-2. 일시금 수령

⊙ 일시금 수령 요건

일시금은 연금수급 요건을 갖추지 못하였거나, 일시금 수급을 원하는 가입자에게 지급할 수 있다.

실무상으로는 개인형IRP를 설정한 가입자가 자신의 의사표시에 의하여 해지하는 것에 제한이 없기 때문에 언제든지 전액 해지하여 일시금으로 수령할 수 있다. 개인형IRP로 이전한 후 즉시 일시금으로 수령하고자 할 경우에는 개인형IRP 설정 시 운용자산을 선정하지 말고 대기성자금 상태로 두고 수령 받은 후 해지하면 된다.

이때 유의하여야 할 점은 개인형IRP에서도 퇴직연금수수료가 발생하기 때문에 일시금으로 수령하고자 할 경우에는 수수료가 발생하지 않는 기간(퇴직연금사업자별로 입금 후 14일 ~ 1개월) 내에 전액 해지를 하여야 수수료 출금으로 인한 손해가 발생하지 않는다.

◉ 일시금 수령 시 과세방법

① 「연금보험료 등 소득·세액공제확인서」제출 한 경우

일시금으로 수령할 경우 퇴직급여를 개인형IRP로 이전할 당시 받은 세제혜택은 없어 지고, 이연퇴직소득에 대하여는 과세이연 해온 퇴직소득세를 전액 납부하여야 하며, 세액공제 받은 가입자부담금과 개인형IRP 적립금 운용으로 발생한 운용수익에 대하여는 기타소득세를 납부 한다.

이연퇴직소득에 대하여는 퇴직소득세를 납부하고 분류과세로 종료하며, 세액공제 받은 가입 자부담금과 운용수익은 분리과세로 종합소득 합산과세 하지 않고 과세 종료한다.

[표 2-13] **일시금 수령 시 과세방법**

소득원천	일시금 수령	과세방법
이연퇴직소득	퇴직소득세	분류과세
세액공제 받은 가입자부담금 및 운용수익	기타소득세 (15%)	분리과세

② 「연금보험료 등 소득·세액공제확인서」제출 하지 않은 경우

개인형IRP 가입자부담금을 납부한 가입자가 중도해지 시'연금보험료 등 소득·세액공제확인 서'를 제출하지 않은 경우에는 세액공제 여부와 상관없이 가입자부담금 중 세액공제 한도인 700 만원, 50세 특례 200만원을 포함할 경우에는 900만원까지 세액공제 받은 것으로 간주하고 기 타소득세를 원천징수 한다.

가입자가 세액공제를 받지 않은 경우 원천징수 한 세액을 돌려받기 위해서는'연금보험료 등 소득·세액공제확인서'를 제출하여 세액공제 받지 않은 사실을 소명 한 후 원천징수 한 기타소득 세를 환급 받을 수 있다.

◉ 개인형IRP 일부 인출 방법

개인형IRP의 일부 인출은 원칙적으로 불가하다.

하지만 근로자가 연금수급요건을 갖추고, 연금수령을 개시할 경우 일부금액을 인출할 수 있다. 따라서 개인형IRP 평가금액 중에서 연금수령 시에 원하는 금액을 일부 인출하고, 남은 금액으로 연금수령을 신청하면 된다.

◯• 「연금보험료 등 소득·세액공제확인서」 제출

개인형IRP에 가입자부담금을 납입한 근로자가 중도해지를 할 경우에는 세액공제 여부와 상관없이 연금계좌 취급기관에'연금보험료 등 소득·세액공제확인서'를 제출하여야 한다. 제출 받은 연금계좌 취급기관에서는 동 서류를 통하여 세액공제 여부를 확인한 후 세액공제를 받은 경우 기타소득세를 원천징수하고, 세액공제를 받지 않은 경우 전액 일시금으로 지급한다.

'연금보험료 등 소득·세액공제확인서'는 5월말 종합소득세 확정신고 후 국세청 홈택스에서는 7월 이후에 발급이 가능하며, 동 서류는 인터넷 신청(국세청 홈택스, 민원24) 또는 방문(세무서, 동사무소 무인발급기)해서 신분증을 제시하고 발급받을 수 있다.

6-3. 연금으로 수령

◯• 연금수령 요건

연금수령이란 연금수령 일반적인 요건을 갖추어 인출하거나, 의료목적 또는 부득이한 인출의 요건을 갖추어 인출하는 것을 말한다.

소득세법 상 연금수급요건은 최소가입기간 5년 이상(단, 이연퇴직소득이 입금된 계좌는 면제), 만 55세 이상, 연금수령한도 내에서 인출할 경우 낮은 세율의 연금소득세를 적용 받게 된다.

연금수령연차란 최초로 연금수령 할 수 있는 날이 속하는 과세기간을 1년차(기산연차)로 하여 그 다음 과세기간을 누적 합산한 연차로 11년 이상이면 한도를 적용하지 않는다. 연금수령한도를 적용 받지 않는 연금계좌에서 인출하는 금액은 연금소득으로 본다.

[法 시행령 제40조의2제3항] 연금수령 요건

① 가입자가 55세 이후 연금수령 개시를 신청한 후 인출할 것
② 연금계좌의 가입일부터 5년이 경과된 후에 인출할 것. 다만, 이연퇴직소득이 연금계좌에 있는 경우에는 그러하지 아니함

③ 과세기간개시일(연금수령개시일) 현재 연금수령한도 이내에서 인출할 것

연금수령한도 = [연금계좌의 평가액 ÷ (11−연금수령연차)] × 120%

※ 연금수령연차란 최초로 연금수령 할 수 있는 날이 속하는 과세기간을 1년차(기산연차)로 하여 그 다음 과세기간을 누적 합산한 연차로 11년 이상이면 한도를 적용하지 않음. 단, 다음 각 호의 어느 하나에 해당하는 경우의 기산연차는 다음 각 호를 따른다.

① 2013.3.1. 전 가입한 연금계좌의 경우 '6년차' 적용

② 연금계좌를 승계한 경우 '사망일 당시 피상속인의 연금수령연차' 적용

연금수령개시연령	연금수령연차	연금수령한도 적용기간
55세	1	11 − 1 = 10년
60세	6	11 − 6 = 5년
65세	11	11 − 11 = 0, 한도 미적용

연금수령은 연금수령한도 이내에서 인출할 것을 요건으로 하고, 한도를 초과하여 인출하는 금액은 연금외수령 하는 것으로 보아 연금소득으로 인정하지 않는다.

사례

연금개시 신청일 현재 만 60세인 홍길동은 2017.1.1일 가입한 확정기여형(DC) 가입 근로자로서 2019.12.20일 퇴직하여 퇴직금을 개인형IRP 계좌로 의무이전 하였다. 연금수령 기산일과 연금수령한도는?

• 개인형IRP 가입일자 : 2017.1.1.
• 개인형IRP에 퇴직금 입금일자 : 2019.12.31.
• 연금개시 신청일 : 2020.1.1.
• 연금개시 신청일 현재 적립금 : 200백만원

풀이

1. 연금수령 기산일 : 2019.12.20일
   - 퇴직금이 개인형IRP에 이체된 날과 만 55세가 된 날 중 늦은 날
2. 연금수령연차 : 1년차
   - 2013.3.1 전 가입한 연금계좌의 경우 '6년차' 적용
   - 최초로 연금수령 할 수 있는 날이 2019.12.20 이므로 1년차임
3. 연금수령한도 = [200백만원 ÷ (11 − 1)] × 120% = 24백만원

ⓒ 연금수령 일자

최초연금수령 일자는 연금을 수령하고자 하는 가입자가 직접 지정할 수 있다. 다만, 연금지급을 위한 상품매도기간을 고려하여 아래의 제한을 따라야 한다.

- **1회차 연금수령일**
  - 1개월/3개월 : 30일 〈 최초수령일자 ≤ 30일 + 3개월
  - 6개월 : 30일 〈 최초수령일자 ≤ 30일 + 6개월
  - 12개월 : 30일 〈 최초수령일자 ≤ 30일 + 12개월

- **2회차 연금수령일**
  - 직전연금수령일자 + 연금수령주기(1개월/3개월/6개월/12개월)

ⓒ 연금전환 방법

연금전환 방법은 전부전환과 일부전환 방법이 있는데, 전부전환은 개인형IRP 전액(퇴직금+가입자부담금)을 연금으로 전환하는 방법을 말하고, 일부전환은 일부금액은 중도인출 후에 나머지 금액을 연금으로 전환하는 방법을 말한다.

ⓒ 연금전환 시 유의사항

① 연금전환 가능한 상품으로 보유상품 변경

개인형IRP에서 연금전환을 할 경우에는 사전에 점검해 보아야 할 몇 가지 사항이 있다. 연금전환 전에 연금전환이 불가능 한 상품(ELB, GIC 등)을 보유하고 있는지 확인해 보고, 전환이 가능한 상품(정기예금, 수익증권 등)으로 보유상품을 변경 완료한 후 연금전환을 하여야 한다. 연금전환 후에 보유상품을 변경할 경우에는 변경된 상품의 매도기간이 변경 전 상품의 매도기간보다 길어질 경우에는 연금지급이 지연될 수 있으므로 동 내용을 검토한 후 운용상품을 변경하여야 한다.

② 연금전환 시 일부 인출 가능

근로자가 1회차 연금수령액을 최대한 빨리 받고 싶어할 경우에는 최초수령일자를 근로자가 원하는 날짜로 등록하고, 연금수령 개시할 경우 일부 금액을 인출할 수 있다. 따라서 개인형IRP 평가금액 중에서 연금수령 시에 원하는 금액을 일부 인출하고, 남은 금액으로 연금수령을 신청하면 된다.

③ 연금전환수수료 취득

연금전환수수료는 직전 계약응당일부터 연금전환 등록일 전일까지의 기간에 대하여 취득을 하며, 일부 중도인출을 신청한 경우에는 보유상품의 매도가 완료된 후 일부 중도인출이 가능하다.

ⓒ 연금계좌의 인출 순서

연금계좌에서 일부 금액이 인출되는 경우에는 다음 각 호의 순서에 따라 인출되는 것으로 본다.

[法 시행령 제40조의3제1항] 연금계좌의 인출순서

① 연금계좌 납입액 중 세액공제 받지 않은 금액 (과세제외금액)

② 원천징수 되지 아니한 이연퇴직소득

③ 세액공제 받은 연금계좌 납입액

④ 연금계좌의 운용실적에 따라 증가 된 운용수익

⑤ 그 밖에 연금계좌에 이체 또는 입금되어 해당 금액에 대한 소득세가 이연된 소득으로서 대통령령으로 정하는 소득

소득세법 시행령에서는 개인형IRP에 가입한 근로자가 연금수령을 요청할 경우 근로자에게 유리한 방법으로 순서를 정했다. 즉, 연금계좌에서 일부 금액이 인출되는 경우에는 세금을 납부하지 않는 가입자부담금 중 세액공제 받지 않은 금액부터 인출하며, 전액 과세에 노출되는 소득세가 이연 된 소득을 제일 마지막에 인출되도록 하였다.

이러한 이유는 연금소득세율이 만 70세 이하는 5%로 가장 높으므로 초기에는 세금을 납부하지 않는 가입자부담금 중 세액공제를 받지 않은 금액부터 인출하다가, 연금소득세율이 3%로

가장 낮아지는 80세 이후에 전액 과세대상이 되는 운용수익 등을 인출하게 함으로써 전체적으로 근로자에게 적은 세금을 부담하도록 하였다.

인출된 금액이 연금수령한도를 초과하는 경우에는 연금수령분이 먼저 인출되고 그 다음으로 연금외수령분이 인출되는 것으로 본다.

연금계좌에 납입한 가입자부담금 중 연금계좌세액공제 한도액 이내의 가입자부담금은 납입일이 속하는 과세기간의 다음 과세기간 개시일부터 세액공제를 받은 금액으로 본다. 만약 납입일이 속하는 과세기간에 연금수령 개시를 신청한 날이 속하는 경우에는 연금수령 개시를 신청한 날부터 세액공제를 받은 금액으로 본다.

연금계좌의 운용에 따라 운용손실이 발생하여 연금계좌 평가금액이 원금에 미달하는 경우 연금계좌에 있는 금액은 원금이 연금계좌 인출순서와 반대의 순서로 차감된 후의 금액으로 본다.

⊙ 연금지급 방법

개인형IRP에 가입한 근로자가 연금수령을 요청할 경우 운용중인 상품을 매도하여 연금을 지급하여야 하는데, 연금을 지급하는 방법에는 '수령금액 지정방식'과 '수령기간 지정방식'이 있다.

'수령금액 지정방식'은 가입자가 매월 수령하기를 원하는 금액을 먼저 정한다. 그리고 가입자가 정한 연금수령금액을 받을 수 있도록 설계하는 방식으로 운용수익률이 높을수록 연금수령 기간이 늘어나고, 반대로 운용수익률이 낮을수록 연금수령 기간이 줄어 듭니다.

'수령기간 지정방식'은 가입자가 연금으로 수령하고자 원하는 기간을 먼저 정한다. 그리고 가입자가 정한 연금수령기간만큼 연금을 받을 수 있도록 설계하는 방식으로 운용수익률이 높을수록 연금수령금액이 커지고, 운용수익률이 낮을 경우 연금수령금액이 작아진다.

'수령기간 지정방식'은 연금수령금액이 연금을 받을 때 마다 변동되어 일반적으로 사용되지 않고 있으며, 연금을 지급하는 방식으로는 주로 '수령금액 지정방식'이 사용되고 있다.

그럼에도 불구하고 만약 근로자가 '수령기간 지정방식'으로 요청할 경우에는 연금수령금액을 조정하여 근로자가 원하는 '연금수령기간'을 설정하여야 하는데, 이럴 경우 향후 운용수익의 변경 등에 따라 수령기간이 길러지거나 짧아질 수 있다.

⊙ 보유상품 변경 방법

연금수령 중에 보유상품 변경은 가능하다. 다만, 연금수령 중 보유상품을 변경할 경우 변경된 상품의 매도기간이 연금 지급계획상의 매도 기간과 달라져서 근로자가 지정한 연금수령일보다 연금지급이 지연될 수 있다. 예를 들어 미운용자산을 정기예금으로 변경하는 경우, 매도기간이 1일에서 2일로 변경되어 연금수령일보다 1일이 지연된다. 그러므로 반드시 연금전환 전에 보유상품 변경을 완료하는 것이 중요하다.

ⓒ 연금수령 시 과세방법

① 과세방법

연금계좌에서 연금수령한도 내에서 연금을 수령할 경우 장기 연금수령을 유도하기 위하여 장기 연금 수령 시 이연퇴직소득의 원천징수세율을 인하해 준다. 최초 연금수령한 연도부터 실제 연금수령한 연도를 카운트하여 10년(연금수령하지 않은 연도는 제외) 이하 연금수령한 금액에 대하여는 연금소득세(퇴직소득세율×70%)를 납부하나, 10년을 초과하여 연금수령한 금액에 대하여는 연금소득세(퇴직소득세율×60%)를 납부하고 분리과세로 종료한다. 따라서 10년을 초과하여 연금수령하는 금액에 대하여는 퇴직소득세율 10%를 더 절감할 수 있다.

또한, 세액공제 받은 가입자부담금과 과세이연 해 온 운용수익은 낮은 세율의 연금소득세를 납부하나, 연간 사적연금(퇴직연금+연금저축) 분리과세한도인 1,200만원을 초과하면 종합소득합산과세 한다. 따라서 종합소득합산과세 적용 여부를 면밀히 따져 보고 높은 종합소득세율을 적용 받지 않도록 절세방안을 마련할 필요가 있다.

그리고 연금계좌에서 연금수령한도를 초과하여 인출한 금액은 연금외수령 하는 것으로 보며, 일시금 수령 시와 같이 이연퇴직소득은 퇴직소득세를 납부하고, 세액공제 받은 가입자부담금과 운용수익은 기타소득세를 납부한다.

[표 2-14] 연금 수령 시 과세방법

소득원천	연금 수령		과세방법
	10년 이하	10년 초과	
이연퇴직소득	연금소득세 (퇴직소득세율 × 70%)	연금소득세 (퇴직소득세율×60%)	분리과세
세액공제 받은 가입자부담금 및 운용수익	연금소득세[주] (3 ~ 5%)		종합소득합산과세

※ 주) 80세 이상 : 3%, 70세~79세 : 4%, 69세 이하 : 5%

② 종합소득세 확정신고

개인형IRP에서 세액공제 받은 가입자부담금과 운용수익으로 연금수령 시 연금소득이 연간 사적연금(퇴직연금+연금저축) 분리과세한도인 1,200만원을 초과할 경우 전액을 다른 종합소득과 합산하여 종합소득세를 신고하여야 한다. 다만, 퇴직소득을 원천으로 연금수령 시에는 금액에 관계없이 무조건 분리과세 된다.

1994년부터 2000년까지 판매된 소득공제상품인 개인연금저축은 연금으로 수령 시 비과세 상품이므로 사적연금 한도에 포함되지 않는다.

국민연금 등 공적연금 수령자는 공적연금기관에서 발급한 연말정산원천징수영수증에 표시된 공적연금 과세대상액을 종합소득 합산하여 신고한다. (국민연금 콜센터 1355)

연금으로 수령하지 않고 연금개시 전에 개인형IRP 계좌를 해지한 경우에는 무조건 분리과세 되나, 연금수령 개시 후 해지한 경우에는 종합소득 합산과세 대상이 될 수 있으므로 연금계좌 원천징수영수증에서 확인할 필요가 있다.

종합소득세 확정신고는 그 과세기간의 다음 연도 5월 1일부터 5월 31일까지 납세지 관할 세무서장에게 신고하여야 한다. 신고 방법은 납세지 관할 세무서을 방문하여 신고할 수 있으며, 전자신고를 할 경우에는 국세청 홈택스(www.hometax.go.kr)를 방문하여 자세히 안내받고 신고하면 된다. 종합소득 신고 관련 문의는 국세청 콜센터(국번 없이 126)에서 안내를 받으면 된다.

만약, 종합소득세 확정신고를 하지 않을 경우에는 해당 소득세와 신고불성실가산세(20% ~ 40%) 및 납부불성실가산세(1일당 3/10000, 연간 10.95%)를 납부해야 된다.

 [소득세법 제14조제3항제9호] 분리과세 연금소득

① 퇴직소득을 연금으로 수령하는 연금소득
② 의료목적, 천재지변이나 그 밖에 부득이한 사유 등 법정요건에 의한 연금소득
③ 연금소득의 합계액이 연 1천200만원 이하인 경우 그 연금소득

③ 연금수령한도 적용을 받지 않는 연금수령

개인형IRP 가입자가 최초로 연금수령 할 수 있는 날이 속하는 과세기간을 1년차(기산연차)로 하여 그 다음 과세기간을 누적 합산한 연차로 11년 이상이면 한도를 적용하지 않는다. 특히,

2013.3.1. 전 가입한 연금계좌의 경우에는 연금수령연차가 '6년차' 이상이면 한도를 적용하지 않는다.

'최초로 연금수령 할 수 있는 날'이란 가입기간 5년, 만 55세와 이연퇴직소득의 입금에 따라 연금수령 요건을 갖춘 날을 말한다. 예를 들어 만 60세에 이연퇴직소득이 입금된 경우에는 만 60세가 1년차(기산연차)가 된다.

연금수령한도를 적용 받지 않는 연금수령금액은 모두 연금소득으로 인정을 받으므로 이연퇴직소득의 경우에는 연금소득세(퇴직소득세율×70%)를 납부하면 되고, 세액공제 받은 가입자부담금과 운용수익은 연금소득세를 납부하면 된다.

◉ 부득이한 사유에 의한 인출 시 과세방법

개인형IRP에 퇴직일시금을 이전하여 운용하다가 부득이한 법정사유에 해당될 경우에는 중도인출이 가능하다. 부득이한 법정사유에 해당되어 중도인출 할 경우에 인출금액은 '연금소득'으로 분류되어 이연퇴직소득은 연금소득세(퇴직소득세율×70%)를 적용 받고, 세액공제 받은 가입자부담금과 운용수익은 연금소득세(3%~5%)를 납부하고 분리과세로 종료한다.

법에서 정한 부득이한 사유로 중도인출을 할 경우에는 모두 분리과세로 종료한다. 따라서 따라서 연금으로 수령할 경우보다 세제상 유리하므로 개인형IRP로 운용하다가 노후자금으로 활용할 계획이 없을 경우에는 상속, 해외이주 및 의료비로 인출할 경우에는 절세효과를 누릴 수 있다.

[표 2-15] 부득이한 사유에 의한 인출 시 과세방법

소득원천	부득이한 사유[*]	과세방법
이연퇴직소득	연금소득세 (퇴직소득세율 × 70%)	분리과세
세액공제 받은 가입자부담금 및 운용수익	연금소득세 (3 ~ 5%)	분리과세

[*] 의료 목적 또는 부득이한 인출의 요건(소득세법 시행령 제20조의2)
 ① 천재지변 ② 가입자의 사망 또는 해외이주 ③ 가입자 또는 부양가족이 3개월 이상 요양
 ④ 가입자가 파산선고 또는 개인회생절차 개시결정을 받은 경우
 ⑤ IRP 취급 금융기관의 영업정지, 영업 인허가 취소, 해산결의 또는 파산선고

특히, 가입자 또는 부양가족이 3개월 이상 요양으로 인해 가입자가 본인 연간 임금총액의 1000분의 125를 초과하여 의료비를 부담하는 경우 중도인출을 신청할 수 있다. 의료비를 중도인출 신청하는 경우에는 진단서 또는 소견서의 '진단일자'로부터 6개월 이내에 신청하는 경우에 한하며 아래의 한도까지 중도인출이 가능하다.

> 200만원 + '의료비영수증' 또는 '간병료 & 간병인 인적사항이 기재된 영수증'의 영수증 기재금액 + '휴일/휴직에 대한 증빙서류' 제출시 '휴업월수 × 150만원(1개월 미만의 기간이 있는 경우 1개월로 봄)'

7. 중도인출 및 담보제공 사유

개인형IRP도 확정기여형(DC)과 동일하게 법으로 정한 사유에 해당할 경우 가입자는 본인의 계좌에서 중도인출이 가능하다.

퇴직급여가 근로기간 중 생활자금으로 소진되는 것을 방지하고, 근로자의 안정적인 노후생활 보장의 역할을 할 수 있도록 중도인출 및 담보제공 사유를 엄격히 제한하고 있다.

개인형IRP 가입 후 중도인출을 할 경우에는 가입 시 부여받은 퇴직소득세 과세이연, 가입자부담금 세액공제 등 세제에 대한 혜택이 박탈된다. 따라서 소득원천별로 사용자부담금은 과세이연 해 온 퇴직소득세를, 가입자부담금 및 운용수익은 기타소득세를 납부하여야 한다. 다만, 법에서 정한 부득이한 사유에 해당되는 경우에는 연금소득세가 적용되어 가입자부담금 및 운용수익에 대하여 3~5%로 저율 분리과세 된다.

개인형IRP의 가입자는 연간 임금총액의 1천분의 125 이상을 의료비로 지출하는 경우 주도인출이 가능하다. 다만, 개인형IRP 가입자가 중도인출 신청 시점에서 '건강보험자격득실확인서' 및 '소득금액증명원'을 통해 근로소득이 없음을 증명하는 경우에는 중도인출의 허용 여부를 판단할 연간 임금총액이 없으므로, 6개월 이상의 요양을 필요로 하는 질병이나 부상에 대한 의료비 지출을 입증하면 중도인출이 가능하다.

6개월 이상의 요양에 대한 의료비 부담을 사유로 하는 퇴직급여의 중도인출은 별도의 횟수 제한이 없으므로 중도인출 이후 다시 중도인출을 하는 것도 가능하다. 다만, 최초의 중도인출 이후 발생한 의료비의 총액이 연간 임금총액의 1000분의 125를 초과하여야 한다.

[표 2-16] 중도인출 및 담보제공 사유

사유	중도인출	담보제공
무주택자 본인 명의 주택구입	○	○
무주택자 주거목적 전세금 및 임차보증금 부담 (하나의 사업장에 근로하는 동안 1회로 한정)	○	○
본인, 배우자, 부양가족 6개월 이상 요양비 부담(질병, 부상)	○	○
파산선고	○	○
개인회생절차 개시 결정	○	○
본인, 배우자, 부양가족의 대학등록금 부담	×	○
본인, 배우자, 부양가족의 혼례비 및 장례비 부담	×	○
천재지변	○	○

※ 자료 : 고용노동부 개인형퇴직연금(IRP) 리플렛

8. 개인형IRP 가입 효과 및 유의사항

8-1. 개인형IRP 가입 효과

ⓒ 세액공제 혜택

개인형IRP는 가입자부담금 기준으로 만 50세이상의 3년간 한시적 특례한도 200만원을 포함할 경우 연간 900만원(연금저축 합산)한도로 세액공제 혜택을 받을 수 있다. 총급여 55백만원 이하인 근로자는 15%의 세율을 적용 받아 연말정산에서 최고 135만원의 세액공제를 받고, 총급여 55백만원 초과인 근로자는 12%의 세율을 적용 받아 연말정산에서 최고 108만원까지 세액공제 혜택을 받는다.

특히, 연금수령연차 11년차(2013.3.1 이전 가입 6년차)를 초과 연금수령하여 연금수령한도 적용 제외 대상인 가입자의 경우에는 향후 인출 금액이 모두 연금소득으로 인정된다. 따라서 세액공제 받은 가입자부담금도 연금소득세를 납부하면 되므로 약 10% 이상의 수익증대 효과가 있어 절세효과를 극대화할 수 있다.

○• 연금 수령 및 부득이한 인출 시 퇴직소득세 최고 40% 절세효과

연금으로 수령 및 부득이한 인출 시에는 이연퇴직소득은 연금소득세(퇴직소득세율×70%)를 납부하면 된다. 그런데 최초 연금수령한 연도부터 실제 연금수령한 연도를 카운트하여 10년(연금수령하지 않은 연도는 제외)을 초과하여 연금수령한 금액은 연금소득세(퇴직소득세율×60%)를 납부하면 되므로 퇴직소득세 최대 40%를 절감할 수 있다. 그리고 금액에 상관없이 전액 분리과세 하며, 세액공제 받은 가입자부담금과 과세이연 해 온 운용수익은 일반 해지 시 납부해야 하는 기타소득세 보다 낮은 세율의 연금소득세를 납부하면 되므로 약 10% 이상의 절세효과가 있다.

[표 2-17] 연금 수령과 일반 해지 비교

소득원천	연금 수령		일반 해지
	10년 이하	10년 초과	
이연퇴직소득	연금소득세 (퇴직소득세율 × 70%)	연금소득세 (퇴직소득세율×60%)	퇴직소득세
세액공제 받은 가입자부담금 및 운용수익	연금소득세 (3 ~ 5%)		기타소득세 (15%)

○• 과세이연 효과

퇴직급여를 일시금으로 수령하지 않고 개인형IRP 계좌로 이전한 후 운용할 경우 퇴직소득세와 운용수익에 대하여 과세이연 효과를 누릴 수 있다.

퇴직일시금으로 수령할 경우에는 퇴직소득세를 공제한 후 세후금액으로 퇴직급여를 수령하여야 하나, 개인형IRP로 이전할 경우에는 퇴직소득세를 최종 수령 시점까지 과세이연 하기 때문에 세전금액으로 개인형IRP로 이전 받아 재투자를 통한 복리운용 효과를 극대화할 있다.

또한 개인형IRP에 불입한 자금을 운용함에 따라 발생한 운용수익도 매년 이자가 발생할 때마다 과세하지 않고 최종 인출시점까지 과세이연 하기 때문에 복리운용 효과가 있다.

○• 개인형IRP 적립금 전액 압류금지

개인형IRP 계좌에 불입하는 적립금은 전액 압류금지 대상이다. 개인형IRP 불입하는 사용자부담금(퇴직급여 등)과 가입자부담금, 개인형IRP에서 발생한 수익도 모두 압류금지 대상이다. 따라서 의도하지 않는 사유로 인하여 모든 계좌가 압류된 근로자라 할 지라도 개인형IRP에는 부담금을 입금할 수 있고, 사용자의 경우에도 뜻하지 않은 사유로 회사가 어려움에 처할 경우라도 퇴직금을 개인형IRP로 수령할 경우에는 전액 압류금지가 되므로 노후생활자금으로 안전하게 보호할 수 있다.

 **전액 압류금지 대상**

① 확정급여형(DB) / 확정기여형(DC) / 기업형IRP 적립금
② 개인형IRP 적립금
③ 확정급여형(DC) 및 기업형IRP, 개인형IRP 추가적립금
④ 확정급여형(DC) 및 기업형IRP, 개인형IRP에서 발생한 수익
⑤ 퇴직연금 미납적립금

◉ 통산장치에 따른 안정적인 노후자금 마련 가능

근로자가 직장을 옮길 때마다 수령한 퇴직금을 개인형IRP에 불입할 경우 퇴직소득세를 최종 수령시점까지 과세이연 해 주는 통산장치에 따라 잦은 이직에 따른 퇴직금의 생활자금화를 예방하므로 안정적인 노후자금 확보와 관리가 가능하다. 또한, 개인형IRP 계좌를 개설한 후 본인 자금으로 연간 1,800만원(연금저축 합산) 한도로 추가 불입하여 원하는 노후자금을 추가로 마련할 수 있다. 그리고 개인형IRP 연간 불입한도에 추가하여 만기 도래한 ISA계좌의 해지금액 한도 내에서 개인형IRP에 만기일로부터 60일 이내에 추가불입이 허용되기 때문에 추가적인 노후자금 마련이 가능하다.

8-2. 개인형IRP 유의사항

◉ 개인형IRP 중도해지 시 유의사항

① 세액공제 받은 가입자부담금 기타소득세 납부로 손실 발생

개인형IRP에 세액공제를 받기 위하여 가입한 총급여 55백만원 초과인 근로자는 12%의 세율

을 적용 받아 연말정산에서 최고 84만원까지 세액공제 혜택을 받는다.

하지만, 중도해지를 할 경우에는 기타소득세율 15%를 적용 받아 최고 105만원까지 세금을 납부해야 하므로 가입자부담금 납입액 기준으로 700만원을 세액공제 받은 근로자는 21만원의 손해를 보게 된다. 지방소득세를 포함할 경우에는 손실금액이 더 커진다.

따라서 총급여 55백만원 초과인 근로자가 가입하고자 할 경우에는 중도해지를 할 경우에는 손실을 볼 수 있다는 점을 명확히 설명을 하고, 반드시 연금으로 수령하도록 안내를 하여야 한다.

② 운용손익 기타소득세 납부로 기회손실 발생

근로자가 목돈을 개인형IRP로 운용하지 않고 정기예금으로 운용할 경우에는 이자수입에 대하여 이자소득세 14%를 원천징수 하게 된다.

하지만, 개인형IRP에 불입하고 운용을 하다가 중도해지를 할 경우에는 운용수익에 대하여 기타소득세 15%를 납부하게 되어 정기예금으로만 운용한다고 가정할 경우에는 표면상으로 운용수익에 대하여 1%의 기회손실이 발생하게 된다. 여기에다 퇴직연금수수료까지 감안할 경우에는 기회손실 규모는 훨씬 커지게 된다. 따라서 단기간 목돈을 안정적으로 운용하고자 하는 근로자에게는 이러한 점을 충분히 설명하고 장기로 운용하거나, 연금으로 수령하도록 안내한다.

그렇지만 투자상품으로 운용하여 초과수익을 누리고자 하는 근로자는 운용수익에 대하여 과세이연 효과를 누릴 수 있고, 장기간 동안 운용할 계획이 있는 근로자의 경우는 복리운용 효과로 기회손실이 상쇄될 수 있으며, 연금으로 수령할 경우에는 낮은 연금소득세율의 적용을 받아 세제효과를 누릴 수 있으므로 개인형IRP로 운용하는 것이 유리하다.

③ 상반기 중도해지 시 세액공제 해당금액 기타소득세 원천징수

개인형IRP에 가입자부담금을 납부한 가입자는 개인형IRP 중도해지 시에 '연금보험료 등 소득·세액공제확인서'를 제출하여 세액공제 여부를 확인받아야 한다.

그런데 매년 상반기에 개인형IRP 중도해지를 할 경우가 문제이다.

'연금보험료 등 소득·세액공제확인서'는 5월말 종합소득세 확정신고 후 국세청 홈택스에서는 7월 이후에 발급이 가능하기 때문에, 매년 7월 전에 중도해지를 할 경우에는 동 확인서를 제출할 수 없게 된다. 따라서 개인형IRP 가입자는 가입자부담금에 대하여 세액공제를 받지 않았음에도 최대 세액공제 한도 금액인 700만원까지 세액공제를 받은 것으로 간주하여 기타소득세를 원천징수 당하는 불합리한 상황에 처하게 된다.

그리고 세액공제 받지 않은 사실을 소명하기 위하여 다시 7월 이후에 '연금보험료 등 소득·세액공제확인서'를 발급받아 연금계좌 취급기관에 제출하고, 원천징수 한 기타소득세를 환급 받아야 하는 불편함이 있다.

따라서 개인형IRP를 가입하는 근로자에 대하여는 이러한 사실을 충분히 인지할 수 있도록 설명하여야 한다.

◉ 퇴직연금수수료 납부에 대한 철저한 안내

개인형IRP에 가입하는 근로자는 퇴직연금수수료에 대하여 인지하고 있지 않는 경우가 많다. 따라서 향후 분쟁의 소지가 될 수 있는 운용관리수수료 및 자산관리수수료에 대하여 명확히 설명하고 가입 근로자로부터 확인 서명을 받아 놓아야 한다.

◉ 사적연금 분리과세한도 준수

개인형IRP 연금 수령 시 세액공제 받은 가입자부담금과 운용수익은 연금소득세를 납부하면 되나, 연간 사적연금(퇴직연금+연금저축) 분리과세한도인 1,200만원을 초과하면 종합소득합산과세 되므로 동 한도를 초과하지 않도록 사전에 절세전략이 필요하다. 하지만, 연금소득공제(10% ~ 40%, 연간 900만원 한도)가 적용되어 과세표준이 낮아지므로 이 부분을 감안할 필요가 있다.

종합소득합산과세 대상 소득은 세액공제 받은 가입자부담금과 운용수익이 해당되며, 동 수익은 연금수령 시 인출순서가 가장 늦으므로 가입자가 정상적으로 연금을 수령할 경우에는 대부분 소득이 낮은 80세 이후에 인출되게 되므로 세제상 불이익을 받을 확률은 높지 않다.

하지만, 가입자가 연금수령한도 적용을 받지 않게 되어 일시에 연금으로 수령하고자 할 경우에는 분리과세 한도를 초과하여 종합소득합산과세 대상이 될 수 있다. 그리고 그 동안 세액공제 받은 가입자부담금이 누적되어 금액이 클 경우에는 높은 종합소득세율이 적용되어 세액공제 받은 금액보다 더 많은 종합소득세를 일시에 납부해야 하는 손실이 발생할 수 있으므로 연간 분리과세한도 내에서 연금수령금액을 조정하는 등 절세전략을 안내하여야 한다.

8-3. 가입자부담금 세제혜택 극대화 방안

◉ 일부인출 제도 활용

개인형IRP에 가입하는 근로자들이 가장 우려하는 것은 전액 해지 밖에 되지 않는 다는 것이다. 특히, 연간 총급여 55백만원 초과하는 근로자가 가입자부담금을 중도해지 할 경우에는 세액공제는 12%의 세율로 받고 기타소득세는 15%로 납부해야 하기 때문에 3%의 손해를 볼 수 있기 때문이다.

이럴 경우 일부인출 제도를 활용하면 된다. 개인형IRP는 연금수령 전에 일부 금액을 인출할 수 있다. 원하는 연금수령금액을 제외하고는 일부 인출을 하면되고, 연금계좌에서는 이연퇴직소득부터 인출되기 때문에 손실 발생이 가능한 가입자부담금 중 세액공제 받은 금액을 남겨 놓고 연금수령 전에 원하는 금액을 일부 인출하면 세제상 손실을 보지 않는다.

◉ 연금수령한도 적용 제외 대상은 고수익 상품

개인형IRP 가입자의 연금수령연차가 11년 이상이면 연금수령한도를 적용하지 않는다. 특히, 2013.3.1. 전 가입한 연금계좌의 경우에는 연금수령연차가 '6년차' 이상이면 한도를 적용하지 않는다.

개인형IRP 가입자가 가입자부담금을 매년 불입할 때 마다 12% 또는 15%의 세율로 세액공제를 받고, 향후 연금수령한도를 적용 받지 않는 시점에 인출을 할 경우에는 인출금액 모두 연금소득으로 인정받으므로 가입자부담금 중 세액공제 받은 금액도 낮은 연금소득세를 납부하면 되므로 최대 12%(15% - 3%), 최소 7%(12% - 5%)의 세제상 이익을 보게 된다.

◉ 부득이한 사유로 인한 인출

가입자부담금으로 세액공제를 받은 경우 개인형IRP를 중도해지 할 경우에는 기타소득세를 납부하므로 세제상 불이익이 발생할 수 있다.

따라서 의료비 인출 등 부득이한 사유로 인출할 경우에는 낮은 연금소득세율을 적용 받게 되므로 부득이한 사유로 인한 인출을 활용할 필요가 있다.

⊙• 가입자부담금과 사용자부담금 계좌 분리

현재 개인형IRP 계좌는 퇴직연금사업자 당 1인 1계좌만 개설이 가능하다.

따라서 가입자부담금으로 세액공제를 받은 개인형IRP 가입자가 중도해지를 할 경우 세제상 불이익이 발생할 것을 우려하여 개인형IRP를 연금수령한도 적용 제외대상 연차까지 유지하고, 이연퇴직소득을 일부 또는 전액 일시금으로 수령하고자 하는 가입자는 서로 다른 퇴직연금사업자에 개인형IRP 계좌를 각각 개설하고, 하나의 계좌는 가입자부담금 납입계좌로 활용하고, 다른 하나의 계좌는 사용자부담금 납입계좌로 활용하여 필요 시 계좌 해지 및 일부 인출을 하면 된다.

9. 개인형IRP의 계약이전

9-1. 계약이전 요건

개인형IRP 계좌의 운용 및 가입주체는 근로자로서 근로자의 자유로운 의사에 따라 퇴직연금사업자를 유지하거나 계약이전 하여 변경할 수 있다.

연금수령 중인 계좌의 경우에는 연금이 개시되지 않은 퇴직연금사업자의 개인형IRP 계좌로 계약이전이 가능하다. 다만, 다음의 경우에는 계약이전을 할 수 없다.

① 2013년 3월 1일 이후에 가입한 개인형IRP 계좌에서 2013년 3월 1일 전에
   가입한 개인형IRP 계좌로 이체하는 경우
② 연금이 개시된 개인형IRP 계좌로 이체하는 경우
③ 개인형IRP 계좌에 있는 일부 금액이 이체되는 경우

9-2. 계약이전 절차

개인형IRP 가입 근로자가 퇴직연금사업자간에 계약이전을 하고자 할 경우에는 이관할 퇴직연금사업자가 제시하는'계약이전신청서'양식을 수령하고, 계약이전 신청 시 제출해야 하는 서류목록을 정확히 확인한 후 수관 받을 퇴직연금사업자를 방문하여 작성한 '계약이전신청서'를 제

출하고, 서류목록을 알려주며, 개인형IRP 계좌 신규서류를 작성한다.

수관 받을 퇴직연금사업자는 가입자가 작성한 '계약이전 신청서'와 '계약이전 요청 공문'등 필요서류를 첨부한 후 이관할 퇴직연금사업자에게 계약이전 신청을 한다. 그리고 계약이전 신청시 제시한 법인통장으로 계약이전 금액이 입금되고, 개인형IRP 해지계산서가 도착하면 개인형IRP 계약이전 신규를 한다.

'계약이전신청서'와 요청서류는 퇴직연금사업자 별로 상이한 경우가 대부분 이므로 기존 퇴직연금사업자를 방문하여 '계약이전신청서' 양식을 수령하고, 필요서류를 명확히 확인하고 제출하여야 계약이전 절차가 지연되지 않는다.

[표 2-18] 일반적인 계약이전 서류 명세 (예시)

구 분	서류 명세
기존 퇴직연금사업자에게 제출할 서류	① 계약이전 신청서(기존 퇴직연금사업자 양식) ② 계약이전 요청 공문(변경 퇴직연금사업자) ③ 사업자등록증 사본(변경 퇴직연금사업자) ④ 계약이전 받을 법인통장사본(변경 퇴직연금사업자)
변경된 퇴직연금사업자에 개인형IRP 계좌 신규	① 개인형IRP 운용관리 및 자산관리계약 체결 ② 신분증

10. 개인형IRP 계좌이체 간소화

10-1. 계좌이체 개요

연금계좌에 있는 금액을 연금수령이 개시되기 전에 세법에 따라 세액공제 및 과세이연 등 세제혜택을 유지하면서 다른 연금계좌로 이체하는 것을 말하며, 이체를 연금계좌의 해지로 보지 않는다. 연금저축계좌 상호간, 퇴직연금계좌 상호간, 연금저축계좌와 개인형IRP계좌 간의 이체를 말한다.

개인형IRP 계좌이체 간소화란 연금계좌 이체 요청 시 2개의 금융기관을 모두 방문해야 하는 번거로움을 이체받을 금융기관(개인형IRP 보유 시 이체하는 금융기관 방문 가능) 1회 방문으로 계좌이체가 가능하도록 하는 제도를 말한다. 따라서 이체하는 금융기관에서 가입자에 대한 이체확인은 전화통화로 하게 된다. 물론, 기존 방식대로 가입자가 2개의 금융기관을 모두 방문하여 계좌이체를 진행해도 된다.

개인형IRP와 연금저축계좌간 계좌이체를 할 경우 연금계좌의 가입일 등은 이체 받은 연금계좌를 기준으로 적용한다. 다만, 연금계좌가 새로 설정되어 전액이 이체되는 경우에는 이체되기 전의 연금계좌를 기준으로 할 수 있다.

연금계좌의 이체에 따라 연금계좌취급자가 변경되는 경우에는 이체하는 연금계좌취급자가 이체와 함께 연금계좌이체명세서를 이체 받은 연금계좌취급자에게 통보하여야 한다.

 [소득세법 시행령 제40조의4] 연금계좌의 이체

① 연금계좌에 있는 금액이 연금수령이 개시되기 전의 다른 연금계좌로 이체되는 경우에는 이를 인출로 보지 아니한다. 다만, 다음 각 호의 어느 하나에 해당하는 경우에는 그러하지 아니한다.

1. 연금저축계좌와 퇴직연금계좌 상호 간에 이체되는 경우

2. 2013년 3월 1일 이후에 가입한 연금계좌에 있는 금액이 2013년 3월 1일 전에 가입한 연금계좌로 이체되는 경우

3. 퇴직연금계좌에 있는 일부 금액이 이체되는 경우

② 제1항 단서 및 같은 항 제1호에도 불구하고 다음 각 호의 어느 하나에 해당하는 경우에는 인출로 보지 아니한다.

1. 연금수령 요건*을 갖춘 연금저축계좌의 가입자가 집합투자증권 중개계약에 해당하는 퇴직연금계좌로 전액을 이체(연금수령이 개시된 경우를 포함)하는 경우

2. 연금수령 요건을 갖춘 퇴직연금계좌(개인형퇴직연금계좌)의 가입자가 연금저축계좌로 전액을 이체(연금수령이 개시된 경우를 포함)하는 경우

* 만 55세 이상 & 계좌 가입일로부터 5년 경과

10-2. 계좌이체 요건

개인형IRP와 연금저축계좌간 계좌이체를 하기 위해서는 두 가지 요건을 동시에 충족하거나, 연금수령이 개시된 경우에 가능하다. 즉, 가입자가 만 55세 이상이고, 연금계좌가 가입일로부터 5년이 경과되어야 한다. 두 가지 요건을 갖춘 연금저축계좌의 가입자가 개인형IRP 계좌로 전액 이체를 하는 경우와 개인형IRP 계좌의 가입자가 연금저축계좌로 전액을 이체하는 경우에 가능하다. 다만, 이체하는 연금계좌에 이연퇴직소득이 있는 경우 가입일로부터 5년이 미경과할

경우에도 가능하다.

개인퇴직계좌(IRA)도 이체 대상에 포함되나, 개인연금저축은 소득세법에 따라 이체 대상에서 제외된다. 하지만, 가입자가 기존에 보유하고 있던 개인형IRP와 개인형IRP 간의 계좌이체는 계좌이체 요건을 적용받지 않고 언제든지 계약이전 절차를 통해 자유롭게 가능하다.

 [소득세법 시행령 제40조의4제2항제1호] 계좌이체 요건

① 가입자가 55세 이후 연금계좌취급자에게 연금수령 개시를 신청한 후 인출할 것

② 연금계좌의 가입일부터 5년이 경과된 후에 인출할 것.

다만, '이연퇴직소득'이 연금계좌에 있는 경우에는 그러하지 아니한다.

10-3. 계좌이체 방법

기존에 개인형IRP 계좌를 보유하고 있는 가입자는 이관 또는 수관 금융기관 어디든 1개금융기관만 방문하여 '연금저축계좌 이체/취소 신청서'를 접수하고 계좌이체를 신청할 수 있다. 예를 들어 A기관과 B기관에 개인형IRP 보유를 하고 있는 가입자가 A기관에 있는 개인형IRP를 B기관으로 계좌이체 요청 시에는 A기관 또는 B기관 중 1개 기관을 방문하여 계좌이체를 신청하면 된다. 다만, 수관기관인 B기관을 방문한 경우에는 A기관과 전화통화로 계좌이체 의사를 확인하여야 한다. 만약, 이체신청일 익영업일 안에 이체의사 확인이 안될 경우에는 이체신청이 취소가 될 수 있다. 이런 경우 가입자는 다시 해당 금융기관을 방문하여 이체신청서를 새로 접수하여야 한다.

연금저축계좌 이체 신청 후 취소를 하고자 하는 경우에는 당초 계좌이체 신청 시 이체의사 확인 방법에 따라 다르다. 유선통화를 선택한 경우에는 통화 시 취소 의사를 표시하면 된다. 그리고 이체 전 금융기관 방문을 선택한 경우에는 방문하여 '계좌이체 취소 신청서'를 접수하면 된다.

10-4. 계좌이체 신청시 가입일 적용

이체한 계좌는 이체 받는 계좌의 가입일을 적용한다. 첫째, 이체 받는 계좌의 가입일이 이체한 계좌보다 더 앞서는 경우 예를 들면 2013.8.1 가입계좌에서 2013.4.1 가입계좌로 이체가 가능하다.

둘째, 종전 조세특례제한법에 따른 연금저축도 동일하게 적용한다. 2013.3.1 이전 가입계좌에서 2013.3.1 이후 가입계좌로 이체하는 경우에는 가입일을 선택할 수 있는데, 선택방법에 따라 연금수령조건과 세제혜택이 달라지므로 유의하여야 한다. 2013.3.1 이전에 가입한 기존 가입일을 선택한 경우에는 기존 가입기간을 유지하게 되며, 따라서 연금수령연차 6년차를 적용받게 되어 5년간 연금수령을 하면 세제혜택을 받게 된다. 하지만, 2013.3.1 이후 신규 가입일을 선택하게 되면, 기존 가입기간은 포기하게 되는 것으로 연금수령연차 11년차를 적용받게 되어 10년간 연금수령을 해야만 세제혜택을 받게 된다. 다만, 2013.3.1 이후 가입한 연금계좌에서 2013.3.1 이전 가입한 연금계좌로 이체는 불가능하다. 2013.3.1 이후 가입계좌에서 2013.3.1 이후 가입계좌로 이체하는 경우에는 어떤 가입일을 선택하더라도 연금수령조건과 세제혜택이 동일하다.

셋째, 다음 요건을 모두 충족하는 경우에는 이체 전 연금계좌 또는 이체 후 연금계좌의 가입일 중 가입자가 선택할 수 있다. ① 연금계좌를 신규하여 잔액이 없고, ② 종전 연금계좌를 해지하여 전액 이체하는 경우에만 이체하는 계좌의 기존 가입일 또는 이체받는 계좌의 신규 가입일 선택이 가능하다.

과세는 선택한 가입일에 따라 일괄 적용하며, 2013.3.1 이전에 확정급여형(DB) 퇴직연금제도에 가입한 후 퇴직소득 전액을 신규 개설한 연금계좌로 이체하는 경우에는 기산연차를 6년으로 적용한다. 연금계좌 가입일은 연금 납입액이 최초 입금된 날로서 계좌 개설일(계약체결일)과는 무관하다.

[표 2-19] 계좌 유형별 이체가능 여부

이관 \ 수관	2013.3.1 이전 연금저축계좌	2013.3.1 이후 연금저축계좌	2013.3.1 이전 개인형IRP	2013.3.1 이후 개인형IRP
2013.3.1 이전 연금저축계좌	○	○	○	○
2013.3.1 이후 연금저축계좌	×	○	×	○
2013.3.1 이전 개인형IRP	○[주]	○	○	○
2013.3.1 이전 개인형IRP	×	○	×	○

주) 연금저축계좌가 해지가산세를 적용받는 계좌인 경우에는 이체는 가능 하나, 추후 해지 시 해지가산세가 부과될 수 있음을 가입자에게 사전에 알린다.

10-5. 계좌이체 절차

개인형IRP와 연금저축계좌간 계좌이체를 하고자 하는 연금계좌 가입자는 수관 받는 연금계좌취급기관을 방문하여 신규계좌를 개설하고, 이체신청서를 작성하고 계좌이체 시 유의사항 확인 후 서명을 하여야 한다. 즉, 이체하는 연금계좌취급기관과 수관 받는 연금계좌취급기관 중 1곳만 방문하면 된다.

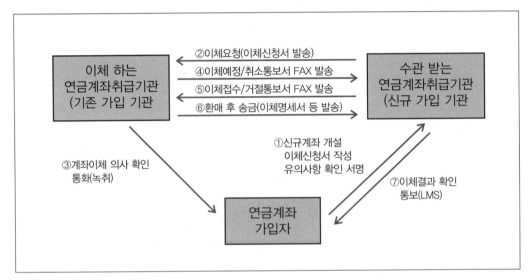

[그림 2-13] 개인형IRP와 연금저축 간 계좌이체 절차

① [가입자] 수관 받는 연금계좌취급기관을 방문하여 연금계좌 이체가능 여부를 확인한 후 이체가 가능한 경우에는 개인형IRP 신규계좌를 개설하고, '이체신청서'를 작성한다.

② [수관 받는 연금계좌취급기관] 계좌이체 신청 시 '가입자 유의사항'을 설명하고 가입자에게 확인 후 서명을 받는다. 수관 받는 연금계좌취급기관의 기존 연금계좌로 이체하고자 할 경우, 신규 계좌 개설이 생략되므로 이체하는 연금계좌취급기관에서도 계좌이체 신청이 가능하다. 그리고 이체하는 연금계좌취급기관으로 '이체신청서'를 FAX로 발송한다. 계좌이체 신청 후 취소는 당초 계좌이체 신청 시 이체 의사확인 방법에 따라 다르다. 즉, 유선통화 선택 시에는 통화 시 취소 의사를 표시하면되고, 이체하는 연금계좌취급기관 방문 선택 시에는 방문 시 계좌이체 취소 신청서를 작성하면 된다. 이체 후 매입할 금융상품과 매수비율 등을 결정하면 된다.

③ [이체하는 연금계좌취급기관]은 '이체신청서' FAX 수령 후 계좌이체 간소화 대상 TM을 등록하고, 고객상담센터에서 가입자에게 계좌이체 의사 확인 TM을 실시(본인확인, 이체의사 확인, 연금계좌 비밀번호 ARS 입력)한 후 신청완료 및 취소 여부를 영업점에 통지한다. 계좌이체 신청등록 및 수관 받는 연금계좌취급기관으로 이체예정(취소)통보서를 FAX로 발송한다.

④ [수관 받는 연금계좌취급기관] 이체하는 연금계좌취급기관에서 보내온 이체예정(취소)통보서를 등록하고, 접수가능 여부를 판단하여 '계좌이체 접수(거절)통보서'를 FAX로 발송한다.

⑤ [이체하는 연금계좌취급기관] 수관 받는 연금계좌취급기관으로부터 받은 계좌이체접수(거절)통보서를 등록하고, 계좌이체 해지 등록을 한다. 연금계좌 환매자금 입금일에 이체명세서 및 연도별 납입내역, 이익계산서, 퇴직금 보유시 퇴직소득원천징수영수증 출력 후 FAX로 수관 받을 연금계좌취급기관에 발송한다. 그리고 환매자금을 수관 받는 연금계좌취급기관의 영업점 법인계좌로 송금하고, 이체 전 계좌는 반드시 해지한다.

⑥ [수관 받는 연금계좌취급기관] 이체하는 연금계좌취급기관에서 FAX로 발송한 이체명세서 및 연도별납입내역 등을 등록하고, 영업점 법인계좌로 입금된 송금금액을 확인한 후 가입자 계좌로 입금한다. 이체결과는 LMS로 가입자에게 통보한다. 수관 받는 계좌가 개인형 IRP 신규계좌인 경우 계좌 가입일은 가입자가 기 선택한 날짜로 설정(기존 계좌 가입일 또는 신규 계좌 개설일) 한다.

10-6. 계좌이체 종류별 처리 방법

☞ 기존 계좌로의 이체

기존 계좌로 전액이 이체되는 경우에는 이체하는 계좌의 연도별 납입내역을 이체받는 계좌의 연도별 납입내역에 합산한다.

☞ 연금수령개시 이후 이체

연금수령개시 이후 이체는 신규계좌로 전액이체하고, 이체 전 계좌의 가입일을 적용하는 경우만 허용한다. 연금수령개시 사실까지 이체된 것으로 간주하며, 추가납입이 불가하다. 당해연도 연금수령연차, 수령한도 및 기 수령금액 등의 정보를 추가로 송부하여야 한다. 또한, 종신연금의 경우 연금수령개시 이후 가입자의 임의 해지가 불가능하여 다른 연금계좌로의 이체가 불가하다.

ⓒ 확정기여형(DC) 퇴직연금제도에 가입자부담금이 있는 경우

이체 전 연금계좌(DC)에 2012.12.31 이전 납입한 가입자부담금이 있는 경우에는 원천징수업무가 어려워 이체가 불가능하다.

ⓒ 실명연결 계좌의 이체

이체 전 연금계좌취급기관의 실명연결계좌(실명확인이 되지 않은 계좌)를 이체받을 연금계좌취급기관에 개설된 동일인 명의의 실명계좌로 이체하는 경우에는 이체 전 연금계좌취급기관은 위 연결 계좌에 대한 실명확인 없이도 이체가 가능하다.

이체 전 연금계좌취급기관의 실명연결 계좌를 이체 받을 연금계좌취급기관에 개설된 비실명계좌(또는 법인계좌)로 이체하려는 경우에는, 이체 전 연금계좌취급기관이 가입자의 계좌이체 의사를 확인(녹취 등)하는 과정에서 실명연결 계좌의 실명확인절차를 안내하고 실명확인된 이후에 계좌 이체한다. 만약, 가입자가 이체받을 연금계좌취급기관이 아니라 이체 전 연금계좌취급기관를 통해 이체를 요청하는 경우에는 이체 전 연금계좌취급기관이 실명연결 계좌의 실명을 확인한 후에 계좌 이체를 한다.

10-7. 계좌이체 시 유의사항

개인형IRP와 연금저축간 계좌이체 시에는 몇 가지 유의할 사항이 있다.

계좌이체 시 기존의 세금혜택은 그대로 유지되나 기존에 운영하던 상품이 중도해지 되기 때문에 불입 원금보다 적은 금액이 환매될 수 있으므로 계좌이체 전 손해가 발생하는지 환매예상액을 미리 확인해 볼 필요가 있다. 그리고 2013.3.1 이전 계좌를 2013.3.1 이후 계좌로 이체신청 시에는 어떤 가입일을 선택하느냐에 따라 과세 및 연금수령기간이 달라지므로 가입자에게 충분한 설명을 한 후 정하는 것이 중요하다.

연금수령 중인 계좌로는 이체가 불가하다. 연금수령 개시 이후에는 가입자부담금 추가 불입도 불가하므로 유의해야 한다(소득세법 제40조의2제2항2호). 계좌이체는 전액이체만 가능하며, 일부 이체는 할 수 없고, 계좌이체의 취소는 신청 익영업일 까지만 가능하다. 다음의 계좌이체 제한 대상을 유의해서 살펴볼 필요가 있다.

계좌이체 제한 대상

① 연금수령 중인 계좌로 이체 불가
 (연금수령 개시 이후에는 가입자부담금 추가 입금도 불가)
② 2013년 3월 1일 이후에 가입한 연금계좌에 있는 금액이 2013년 3월 1일 전에 가입한
 연금계좌로 이체되는 경우
③ 퇴직연금계좌에 있는 일부 금액이 이체되는 경우(전액이체만 가능)
④ 압류, 가압류, 질권설정, 법적 지급 제한 등의 계좌 이체 불가
⑤ 승계받은 계좌의 이체 불가
⑥ 이체하는 계좌에 2012.12.31 이전 DC에 납입한 가입자부담금이 있는 경우 이체 불가
⑦ 일부 인출이 있었던 연금계좌의 경우 이체 제한
⑧ 연금개시된 계좌의 이체는 가능하나, 종신연금을 수령 중인 연금계좌는 이체 불가

10-8. 기타사항

원천징수 후 인출된 계좌를 이체한 후에 가입자가 소득(세액)공제 누락 등을 이유로 환급을
요구하는 경우에는 실제 원천징수가 있었던 연금계좌취급기관에서 환급한다. 또한, 당해 연도
납입금액 중 소득세법상 연금계좌 납입한도(연 1,800만원)를 초과한 금액이 납부되지 않도록 이
체받는 계좌에서 이체 전 계좌의 한도만큼 납입한도를 상향하여 관리한다.

동일한 연금계좌취급기관 내에서 연금저축계좌와 개인형IRP 간에 계좌이체를 할 경우에도
퇴직연금펀드와 연금저축펀드가 상이하므로 펀드 대체는 불가능하다.

임원의 퇴직연금 가입

제 7 절

1. 임원의 퇴직연금 개요

1-1. 가입대상

ⓒ• 대표이사를 포함한 임원

대표이사를 포함한 임원도 퇴직연금 가입이 가능 하다. 다만, 근로자의 수급권과 노후보장을 위해 도입된 퇴직연금제도 본연의 목적상 임원들만 가입하는 퇴직연금제도는 인정되지 않는다. 즉, 임원이 퇴직연금에 가입하려면 최소한 1인 이상의 근로자와 함께 가입해야 한다. 그리고 퇴직연금 도입과 관련하여 임원을 제외한 근로자대표(노동조합 또는 근로자의 과반수)의 동의가 필요하다.

 **임원의 범위**

① 법인의 회장, 사장, 부사장, 이사장, 대표이사, 전무이사, 상무이사 등 이사회 구성원 전원과 청산인

② 합명회사, 합자회사 및 유한회사의 업무집행사원 또는 이사

③ 감사

④ 기타 ①내지 ③에 준하는 직무에 종사하는자

CEO플랜에 가입한 임원

기존 보험회사의 CEO플랜에 가입한 경우에도 임원 퇴직연금은 가입이 가능하다. 다만, 퇴직연금과 CEO플랜에 복수가입을 한 경우에는 「임원퇴직급여지급규정」에서 정한 한도 내에서 불입하여야 손비인정을 받을 수 있다.

비등기 이사인 업무집행 임원

임원의 여부는 등기 또는 명칭에 관계없이 실질적인 직무 내용으로 판단하고 있으며, 통상 회사로부터 일정한 사무처리를 위임받아 업무대표권 또는 업무집행권을 가진 이사 등 임원은 비록 대주주가 아니더라도 특별한 사정이 없는 한 근로기준법상 근로자라 할 수 없어 법인세법 시행령에 의해 임원으로 분류된다.

반면, 형식적으로 법인 등기부에 임원으로 등재되어 있더라도 업무대표권 또는 업무집행권을 가지고 있지 않고 사용종속관계 하에 근로를 제공하였다면 근로자로 볼 수 있다. 근로기준법상 근로자라 함은 임금을 목적으로 사용종속관계 하에서 근로를 제공하는 자를 의미한다.

1-2. 퇴직연금규약에 명시

임원이 퇴직연금에 가입할 경우에는 퇴직연금규약 가입대상에 임원퇴직급여지급규정 또는 '정관상 임원퇴직금규정'에서 정한 임원을 포함한다는 문구가 들어가야 한다.

 **퇴직연금 규약 (예시)**

제6조(가입대상) ① 이 제도의 가입대상은 이 사업에 소속된 근로자 중 계속근로기간이 1년 이상인 근로자로 한다. 단, 계속근로기간이 1년 이상인 근로자 중 4주간을 평균하여 1주간의 소정근로시간 이 15시간 미만인 근로자는 제외한다.

② 이 제도의 가입대상에는 이 사업의 '임원퇴직급여지급규정'에서 정한 임원을 포함 한다.

1-3. 임원퇴직급여지급규정

⊙ 규정 신설

법인이 정관의 위임에 따라 주주총회에서 결의한 「임원퇴직급여지급규정」에 의하여 지급하는 임원퇴직금은 법인세법 상 손금산입 하며, 이 경우 「임원퇴직급여지급규정」은 당해 임원이 퇴직하기 전에 주주총회의 결의로 정한 것을 말한다.

따라서 임원이 퇴직하기 전에 「임원퇴직급여지급규정」을 개정한 경우에는 당해 규정 개정 전의 과거 근속기간에 대하여도 소급하여 적용할 수 있다.

⊙ 공증의 효력

「임원퇴직급여지급규정」에 대한 공증은 의무는 아니다. 일단 유효하게 성립된 정관의 변경은 원칙적으로 주주총회 특별결의를 받으면 결의가 있었던 때 바로 그 효력이 발생하는 것이기 때문에 굳이 공증하여야만 효력이 발생하는 것은 아니다. 또한, 정관의 변경내용이 등기사항인 경우에는 2주 내에 관할 등기소에 변경등기를 하여야 하나, 「임원퇴직급여지급규정」은 상법상 정관의 임의적 기재사항으로 등기사항이 아니다. 그러나 일반적으로 향후 혹시 있을지도 모르는 분쟁에 대비하여 공증을 받는 경향이 있다.

⊙ 임원 퇴직금의 제한

정관의 포괄적인 위임에 따라 이사회에서 결정된 규정은 법인세법에 의한 임원퇴직급여지급 규정으로 볼 수 없다.

법인세법이 임원이 아닌 근로자의 퇴직금 손금산입 범위에 대해서는 특별한 제한을 가하지 않으면서도 임원의 퇴직금 손금산입에 대해서는 제한을 두는 이유는 법인의 임원이 권한을 이용하여 스스로의 퇴직금을 부당하게 과다 지급함으로써 법인의 소득을 감소시킬 우려가 있기 때문이다.

정관에 정해 놓은 금액을 지급하는 경우에는 임원의 퇴직금이라 하더라도 그 전액을 손금산입 할 수 있도록 규정한 이유는 정관 변경은 상법상의 절차를 거쳐야 하므로 임원이라도 임의로 임원 퇴직금을 과다 지급하는 것이 비교적 어려워 법인의 소득을 부당히 감소시킬 우려가 적기 때문이다.

2. 임원 퇴직소득 한도

임원 퇴직급여는 주총에서 결정한 연간 보수한도와는 별도로 지급된다. 즉, 임원퇴직금은 예측하지 못하게 급작스럽게 발생하므로 그러한 퇴직금에 대하여 별도로 승인한 임원퇴직급여지급규정에 따라 통제된다고 보는 것이 합리적이다. 다만, 해석상 명확하게 하기 위하여 임원퇴직급여지급규정에 퇴직금 지급은 연간보수 한도와는 별도로 집행한다는 조항을 두거나, 아니면 정기주총에서 연간 보수총액을 승인할 때 임원퇴직금에 대하여는 한도 적용에서 배제된다고 하는 것이 바람직하다.

[소득세법 제22조] 퇴직소득

③ 퇴직소득금액은 제1항 각 호에 따른 소득의 금액의 합계액(비과세소득의 금액은 제외한다)으로 한다. 다만, 대통령령으로 정하는 임원의 퇴직소득금액(제1항제1호의 금액은 제외하며, 2011년 12월 31일에 퇴직하였다고 가정할 때 지급받을 대통령령으로 정하는 퇴직소득금액이 있는 경우에는 그 금액을 뺀 금액을 말한다)이 다음 계산식에 따라 계산한 금액을 초과하는 경우에는 제1항에도 불구하고 그 초과하는 금액은 근로소득으로 본다.

임원에 대한 퇴직소득 한도 규정은 과다하게 퇴직급여를 수령(퇴직소득세 부과)하던 관행을 제한하는 것으로 일정 기준 초과액은 근로소득으로 간주한다.

임원 퇴직소득 한도 계산은 3개 기간으로 각각 계산한 후 합산하도록 되어 있다. 첫째, 2011.12.31 이전 근무기간에 대한 임원 퇴직소득 한도를 산정한다. 기존에 퇴직소득 한도를 미적용 하던 퇴직소득금액(2011.12.31에 퇴직하였다고 가정할 때 지급받을 퇴직소득금액)에 대해서도 2011.12.31 이전 근무기간을 전체 근무기간으로 나눈 비율을 곱한 금액을 임원 퇴직소득 한도로 규정을 명확화 하였다(소득세법 시행령 제42조의2). 다만, 2011.12.31 당시 임원 퇴직급여지급규정이 있는 경우에는 해당 규정에 따라 지급받을 퇴직소득금액으로 할 수 있도록 하여, 기존 방식이 유리하면 기존 방식을 적용할 수 있도록 허용하였다. 둘째, 2012.1.1부터 2019.12.31까지 근무기간에 대한 임원 퇴직소득 한도를 산정한다. 동 근무기간에 대한 임원 퇴직소득 한도는 3배수를 적용하되, 한도 계산의 기초가 되는 '소급 3년간의 총급여 연평균환산액' 역시 2019년말부터 소급 3년을 적용하여 산정한다. 셋째, 2020.1.1부터 퇴직일까지 근무기간에 대한 임원 퇴직소득 한도를 산정한다. 2020.1.1 이후 기간에 대해서는 2배수를 적용하며, 임원 퇴직소득

한도 산정 시 '퇴직일부터 소급 3년간의 총급여 연평균환산액'을 적용하며, 2020.1.1부터 퇴직일까지의 근무기간이 3년 미만이면 해당 근무기간에 대한 한도를 산정한다.

    소득세법의 개정에도 불구하고 법인의 손금인정 한도에는 영향 없으므로 임원퇴직급여지급규정을 무조건 변경해야 하는 것은 아니다. 퇴직 시 한도초과로 인한 근로소득 발생을 원하지 않거나, 소득세법상 한도와 법인 비용처리 금액을 일치시키려는 경우에만 변경하면 된다.

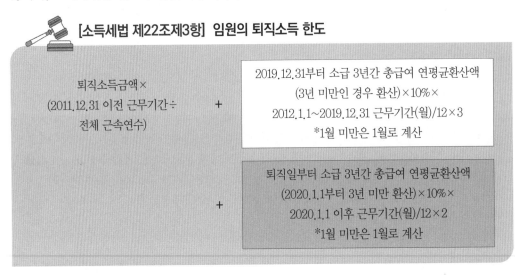

[소득세법 제22조제3항] 임원의 퇴직소득 한도

$$퇴직소득금액 \times (2011.12.31 \text{ 이전 근무기간} \div 전체 \text{ 근속연수})$$

$+$

2019.12.31부터 소급 3년간 총급여 연평균환산액
(3년 미만인 경우 환산) × 10% ×
2012.1.1~2019.12.31 근무기간(월)/12 × 3
*1월 미만은 1월로 계산

$+$

퇴직일부터 소급 3년간 총급여 연평균환산액
(2020.1.1부터 3년 미만 환산) × 10% ×
2020.1.1 이후 근무기간(월)/12 × 2
*1월 미만은 1월로 계산

3. 임원 퇴직급여 손금 산입 한도액

3-1. 임원퇴직급여지급규정이 있는 경우

    임원 퇴직급여가 ① 정관에 퇴직급여(퇴직위로금 등 포함)로 지급할 금액이 정하여진 경우 또는 ② 정관에서 위임한 퇴직급여지급규정이 따로 있는 경우 해당 규정에 의한 금액을 한도로 손비인정을 받을 수 있다.

 **정관 예시**

제40조(이사의 보수와 퇴직금)
  ① 이사의 보수는 주주총회의 결의로 이를 정한다.
  ② 이사의 퇴직급여의 지급은 주주총회 결의를 거친 임원퇴직급여지급규정에 의한다.

정관에 정해진 경우란? 임원의 퇴직금을 계산할 수 있는 '지급금액'이 구체적으로 명시된 경우 및 임원의 퇴직금을 계산할 수 있는 '기준'이 정하여진 경우를 말한다. 그러나 정관에 임원의 퇴직금을 주주총회 또는 이사회의 결의에 위임한다는 규정만 있고, 이에 의하여 지급하는 퇴직금은 정관에 계산할 수 있는 기준이 없는 경우 '정관에 정하여진 금액'으로 보지 아니한다.

정관에서 위임한 규정이란? 정관에서 별도의 규정에 의한 임원 퇴직급여 지급을 정하고 있어야 한다. 그리고 주주총회의 결의에 의한 규정 제정이 필수적이다.

 **정관의 변경절차**

① 정관의 변경에 대한 의안 통지와 공고

주주총회를 소집하기 위해서는 회의 일자를 정하여 2주 전에 각 주주에 대하여 서면 또는 전자문서로 통지를 발송하여야 한다. 그리고 통지 시에는 회의의 목적사항을 기재하여야 한다.

② 주주총회의 특별결의

정관의 변경은 주주총회의 결의에 의하여야 하며, 이는 특별결의에 의한다. 즉, 출석한 주주의 의결권의 3분의 2 이상의 수와 발행주식총수의 3분의 1 이상의 수로써 하여야 한다.

③ 필요서류의 구비 및 공증

아래의 필요서류를 갖춘 후 공증을 한다.

※ 필요서류

- 임시주주총회의사록 3부 작성 및 공증
- 공증위임장(2/3 이상 주주 인감증명 및 인감날인)
- 변경 전, 후 정관 각 1부
- 등기위임장(법인 인감 날인)
- 주주명부(법인 인감 날인)
- 진술서(법인 인감 날인)
- 법인등기부등본

3-2. 임원퇴직급여지급규정이 없는 경우

손비 인정 한도는 임원이 퇴직하는 날부터 소급하여 1년 동안 당해 임원에게 지급한 총급여액의 1/10 해당액에 근속연수를 곱하여 산출한 금액이다.

[표 2-20] **임원 퇴직급여 손금 산입 한도액**

퇴직급여 지급규정 유무	손금산입 한도액
정관에 퇴직급여(퇴직위로금 포함)로 지급할 금액이 정하여진 경우 (정관에 임원의 퇴직급여를 계산할 수 있는 기준이 기재된 경우 포함)	그 정관에 정해진 금액 (정관에서 위임된 퇴직급여지급규정이 따로 있는 경우 해당 규정에 의한 금액)
그 외의 경우	퇴직 전 1년간 총급여 × 10% × 근속연수

3-3. 임원퇴직금 세무조사 사례

사례 1 **임원퇴직금 지급규정 차이에 따라 A법인과 B법인의 결과가 다름**

직책	관계 및 등기	주식소유비율	A법인	B법인
회 장	아버지(비등기)	30%	임원인정	**임원불인정**
대표이사	아들(등기)	60%	임원인정	임원인정
감 사	딸(등기)	10%	임원인정	임원인정

[A법인 임원퇴직금 지급규정]

제2조(적용범위)

1. 이 규정에서 임원이란 등기여부와 관계없이 실질적인 관계가 경영에 참여하며, 의사결정권을 가지고 있는 근로소득세를 납부하는 자를 말한다.
2. 근로자가 임원으로 승진하여 취임하는 경우 등기부등본에 취임한 날을 기준으로 적용한다.

[B법인 임원퇴직금 지급규정]

제2조(적용범위)

1. 이 규정에서 임원이란 주주총회에서 선임된 등기이사 및 등기감사로서 근로소득세를 납부하는 자를 말한다.
2. 근로자가 임원으로 승진하여 취임하는 경우 등기부등본에 취임한 날을 기준으로 적용한다.

사례 2	임원퇴직금 지급규정에 따라 부장이 임원으로 인정받은				
직책	담당업무	관계 및 등기여부	주식소유비율	C법인
대표이사	최고경영자	본인(등기)	100%	**임원불인정**
전무이사	영업총괄	타인(등기)	없음	임원인정
부　장	재정책임자	타인(비등기)	없음	임원인정

[C법인]

매출향상과 당기순이익의 증가 공로를 인정하여 C법인에서 인정하는 임원인 대표이사, 전무이사, 부장에게 상여금으로 임원상여금 지급규정의 한도내에서 각각 3억원, 2억원, 1.5억원을 지급하였는데, 임원에게 지급한 상여금에 대한 세무조사가 실시되었다.

[부장이 임원으로 인정받은 근거]

부장의 경우 상법적 관점과 근로기준법적 관점에서 임원으로 인정받을 수 있는 근거가 없기 때문에 다른 근로자와의 형평성을 고려할 경우 부인될 우려가 있었지만, 세무조사 과정에서 부장도 임원으로 인정받았다.

5. 그 밖에 제1호부터 제4호까지의 규정에 준하는 직무에 종사하는 자

회사 제출 자료: 부장이라는 직책을 가지고 있지만, 회사의 모든 재정을 책임지고 있으며, 재정에 대한 의사결정도 부장이 하고 있고, 그 결과에 대한 보고만을 대표이사, 전무이사에게 하고 있는 점을 고려할 때 임원으로 인정해야 한다는 점

4. 임원 퇴직급여 가입 효과

4-1. 퇴직연금 불입금의 법인세 손비 인정

[표 2-21] 손금산입 한도

구　분	손금 산입 한도	법인세 효과
확정기여형(DC)	연간 부담금 납입액 (임원퇴직소득한도 내)	부담금 납부액 × 법인세율 *과세표준 2억 이하 : 10%
확정급여형(DB)	퇴직급여추계액 한도 내 (임원퇴직소득한도 내)	과세표준 2억~200억 : 20% 과세표준 200억 초과 : 22% 과세표준 3000억 초과 : 25%

4-2. 임원 급여인상 효과

임원의 퇴직연금 도입으로 기존에 상여금으로 받아가던 것을 퇴직연금 지급배수를 높여 퇴직연금에 불입할 경우 급여인상 효과가 있다. 왜냐하면 상여금으로 받아갈 경우에는 일시에 근로소득세율인 40% 내외로 근로소득세를 납부하고 잔여금액만 본인의 급여통장으로 수령을 하게 되나, 퇴직연금에 불입할 경우 당장 세금을 내지 않고 최종 퇴직시점에 낮은 퇴직소득세를 납부하면 되므로 절세효과를 통해 급여인상 효과를 누릴 수 있다.

특히 임원들의 경우에는 기준급여가 높기 때문에 과세표준이 높아 그 만큼 절세효과가 크므로 퇴직연금 지급배수를 최대화하는 것이 유리하다.

4-3. 절세효과

임원들은 대부분 금융소득종합과세대상자이기 때문에 높은 근로소득세율을 적용 받고 있어 상여금으로 지급할 금액을 임원퇴직금으로 불입할 경우에는 퇴직 시 낮은 퇴직소득세를 납부하면 되므로 '분류과세' 효과가 있다. 또한, 임원퇴직금으로 불입한 금액에 대해서는 퇴직 시까지 세금을 납부하지 않고 복리운용할 수 있으며, 운용수익도 퇴직소득으로 인정받아 퇴직소득세를 납부하면 되므로 절세효과를 누릴 수 있다.

또한, 임원 본인의 여유자금을 연간 1,800만원 한도로 추가불입 하고 운용한 후 해지를 하더라도 운용수익에 대해 기타소득세(15%)만 납부하면 되므로 '분리과세' 혜택을 누릴 수 있다.

4-4. 임원 동기부여 효과

임원퇴직소득한도 지급배수를 높여 줌으로써 임원이 회사에 기여한 부분에 대해 적정한 보상을 해 줌으로써 임원에 대한 동기부여효과가 있다. 또한, 임원의 안정적인 노후준비를 지원해 줌으로써 임원이 회사업무에만 전념할 수 있도록 유도한다.

4-5. 기업의 재무위험 관리

임원의 퇴직금은 규모가 커서 임원이 예기치 않게 갑자기 퇴직하게 될 경우에는 기업의 재무위험으로 작용하기 때문에 미리 분할하여 적립할 필요가 있다. 특히, CEO의 경우에는 퇴직금 규모가 크기 때문에 과도한 퇴직금 누적은 향후 갑자기 유고 시 재무위험이 될 가능성이 높다.

4-6. 4대 보험료 절감

임원의 경영성과급을 퇴직연금에 불입할 경우 총급여를 기준으로 납입하게 되는 4대보험료를 절감할 수 있다.

5. 임원 퇴직급여 가입 시 유의사항

5-1. 법인 대표이사 또는 임원 단독으로 DB/DC 가입 불가

「근로자퇴직급여보장법」은 근로자에 한하여 적용하기 때문에, 근로자가 1인 이상 가입한 DB 또는 DC(기업형IRP 포함)에 임원의 추가 가입이 가능하다. 따라서 임원들 만으로 퇴직연금제도 가입이 불가능 하다.

5-2. 최고 한도 손비인정을 위한 임원퇴직급여지급규정 개정 필요

2011.12.31 이전분에 대하여는 퇴직소득금액에 2011.12.31 이전 근속연수를 전체 근속연수로 나눈 비율을 곱한 금액에 20121.1 이후분은 퇴직소득금액에 2012.1.1 이후 근속연수를 전체 근속연수로 나눈 비율을 곱한 금액을 합한 금액(소득세법 제22조 ③)이 손비 인정을 받을 수 있는 최고한도이나, '정관'에 구체적으로 지급배율이 적시되어 있거나, 정관의 위임에 의거하여 주주총회 결의에 의해 설정된 '임원퇴직급여지급규정'에 구체적인 지급 내용이 적시되어 있어야 최고 한도까지 손비 인정을 받을 수 있다. 따라서 소득세법의 내용에 따라 임원퇴직급여규정을 개정하여야 한다.

5-3. 임원퇴직급여지급규정이 없는 경우 세법상 연봉의 10%까지 손비 인정

'정관' 또는 '임원퇴직급여지급규정'이 없는 경우에는 세법상 연봉의 10%까지 손비인정을 받을 수 있으므로 그 한도 내에서 퇴직연금에 가입을 하면 된다. 다만, 이 경우도 임원급여규정/임원연봉계약서 등에서 10%이내의 퇴직급여 지급에 대한 명시가 있어야 한다.

[참고자료] 경영성과급 DC를 반영한 임원퇴직급지급규정 (예시)

임원퇴직금지급규정

제정 : 2019년   월   일

제1조(목적) 이 규정은 정관 제○○조에 따라 ○○주식회사(이하 '회사'라 한다)의 임원의 퇴직금 지급에 관한 사항을 정함을 목적으로 한다.

제2조(적용범위) ① 이 규정에서 '임원'이란 등기이사 및 감사를 말하며, 상근임원에 한한다.
② 이 규정의 적용을 받지 않을 것을 조건으로 월급여액 등 보수조건을 정한 임원(연봉제 임원)은 제외한다.
③ 임원에 준하는 대우를 받는 별도의 계약에 의하여 근무하는 자는 그 별도의 계약에 의하며 본 규정의 적용을 받지 않는다.

제3조(지급사유) 이 규정의 퇴직금은 임원으로 선임되어 재임기간이 만 1년 이상이 된 자가 퇴직 또는 사망하였을 경우 지급한다.

제4조(퇴직금 산정) 임원의 퇴직금은 제1항의 산식에 의한 금액을 지급한다.
① 임원의 퇴직금 지급 산식

퇴직소득금액 ×
(2011.12.31 이전 근무기간 ÷
전체 근속연수)

+

> 2019.12.31부터 소급 3년간 총급여 연평균환산액
> (3년 미만인 경우 환산) × 10% ×
> 2012.1.1~2019.12.31 근무기간(월)/12 × 지급배수1
> *1월 미만은 1월로 계산

+

> 퇴직일부터 소급 3년간 총급여 연평균환산액
> (2020.1.1 부터 3년 미만 환산) × 10% ×
> 2020.1.1 이후 근무기간(월)/12 × 지급배수2
> *1월 미만은 1월로 계산

② 1항의 총급여에는 월급여(기본급)와 상여금, 성과급을 포함하고 기타보수는 포함하지 않는다.
③ 주주총회에서 승인한 임원의 연간 보수한도에는 본 규정의 퇴직금을 포함하지 아니한다.

제5조(재임기간) ① 재인기간은 제2조의 임원지위를 취득한 날로부터 제3조의 규정에 의한 퇴직금 지급사유 발생일까지의 기간으로 한다.

② 재임기간 계산에서 휴직기간은 산입하지 아니한다.

③ 임원의 재임기간 계산에 있어서 1년 미만의 단수가 있을 경우에는 월할계산하고 1월 미만의 기간은 1월로 계산한다.

제6조(지급배수) ① 임원의 재임기간에 대한 지급배수는 다음과 같다.

구 분	지급배수 1	지급배수 2
사장	3배	2배
부사장, 전무이사	2배	2배
상무이사, 상임이사, 상임감사	1배	1배

②상임임원으로 여러 직을 연임하였을 경우에는 각 직의 재임기간별로 배수를 적용한다.

제7조(퇴직연금 적립) ①회사가 설정한 확정기여형 퇴직연금에 가입한 임원의 퇴직금 지급에 관하여는 별도로 정하는 확정기여형 퇴직연금규약에 따른다.

②회사는 제4조제1항 및 제6조제1항에 따라 산정된 금액을 확정기여형 퇴직연금규약에서 정한 자산관리기관에 사용자부담금으로 납부함으로써 이 규정에 따른 퇴직금 지급의무를 면한다.

③사용자는 제2항에 따른 부담금 외에 임원에게 지급하는 경영성과급의 50%를 사용자부담금으로 추가납부 한다.

④제3항에도 불구하고 각 임원은 다음 각 호에 해당하는 날에 향후 적립하지 아니할 것을 선택할 수 있다.

1. 해당 사업장에 제3항에 따른 적립방식이 최초로 설정되는 날

2. 해당 사업장에 최초로 근무하게 된 날에 제3항의 적립방식이 이미 설정되어 있는 경우에는 근로자퇴직급여보장법 제4조제1항에 따라 최초로 퇴직급여제도의 가입대상이 되는 날

3. 제3항의 적립방식이 변경되는 날

제8조(지급한도) 경영성과급을 포함한 재임기간에 대한 퇴직위로금 총액은 제4조 제1항의 지급배수에 3배를 적용한 금액을 초과할 수 없다.

제9조(지급제한) 임원이 본인의 귀책사유로 인하여 주주총회에서 해임결의 또는 법원의 해임판결을 받아 해임되는 경우 이사회결의로 해당 임원에 대한 퇴직금을 지급하지 않을 수 있다.

Memo

제3장

퇴직연금
적립금 운용

제1절 퇴직연금 운용상품의 이해

제2절 퇴직연금 적립금 운용

퇴직연금 운용상품의 이해

1. 퇴직연금 적립금 운용 개요

현행 퇴직연금제도는 투자 가능한 금융상품을 운용방법에 따라 원리금보장상품과 원리금비보장상품으로 구분하고, 투자 금지대상을 열거하고 있다. 퇴직연금제도 적립금 운용의 안정성과 근로자 수급권 보장을 위해 투자가 가능한 금융상품은 다음과 같다.

[표 3-1] DB형과 DC형의 비교

구분	상품유형
현금성 자산	Call
원리금보장상품	은행, 저축은행 및 우체국 예금·적금
	원리금보장 보험계약(금리연동형, 이율보증형)
	원리금보장 ELB
	환매조건부 채권(RP)
	통화안정증권, 국채증권, 정부가 원리금 상환을 보증한 채권
	기타 금융위가 고시하는 운용방법(발행어음 및 표지어음 등)

구분	상품유형
원리금비보장상품	원리금비보장 보험계약(실적배당형)
	채무증권(채권) – 투자 부적격등급 채권 제외
	수익증권(펀드) – 파생형펀드, 투자부적격 수익증권 등 제외
	파생결합증권 – 사모발행 최대손실률 △40% 초과 제외
	상장주식, 상장 리츠(REITs)
	구조화상품

※ 저축은행 예금·적금은 저축은행별로 예금자 보호 한도까지만 편입 허용

　　퇴직연금 부담금 불입 후 가입 근로자가 운용상품을 결정하지 못하였거나, 증권시장 전망 등에 따라 향후 운용상품을 선택하고자 할 경우에는 현금성 자산으로 남아있게 되며, 신탁상품의 특성상 현금성 자산으로 남아 있을 경우에는 Call로 운용되므로 매일 Call금리를 적용 받게 된다. 따라서 현금성 자산으로 남겨 놓는다 하더라도 Call금리 만큼은 수익이 발생한다.

　　현금성 자산은 Call금리만큼 수익을 달성할 수 있을 뿐만 아니라, 필요 시 즉시 인출이 가능하고, 환매 절차 없이 즉시 원하는 자산을 선택해서 운용할 수 있는 장점이 있기 때문에 몇 가지 측면에서 전략적으로 활용할 수 있다. 첫째, 금융당국에서 정책금리를 인상하는 추세에 있을 경우에는 현금성 자산으로 둘 경우 정책금리를 인상할 때 마다 즉시 Call금리에 반영되어 운용수익률이 상승하게 되므로 만기까지 금리가 고정되는 정기예금 보다 유리한 상품이다. 둘째, 증권시장 전망에 따라 일정기간 후에 운용상품을 선택하고자 할 경우에는 현금성 자산을 활용할 수 있다. 셋째, 주택구입 등을 위해 자금을 중도에 인출하고자 할 경우에는 현금성 자산으로 운용하는 것이 유리하다. 왜냐하면 정기예금 등 원리금보장상품으로 운용하다 중도에 인출을 할 경우에는 운용상품 중도해지에 따라 낮은 중도해지이율을 적용 받기 때문에 현금성 자산 보다 수익률 측면에서 손해를 볼 수 있고, 운용자산 현금화하는 기간 동안 인출이 제한되기 때문에 자금을 원하는 날짜에 인출하지 못하는 리스크도 있기 때문이다.

　　원리금보장상품은 원금과 이자가 확정되는 상품을 말한다. 하지만, 금융기관의 신용리스크에는 자유롭지 못하다. 은행, 보험, 저축은행 및 우체국의 예금, 적금 및 보험의 경우에는 발행 금융기관이 도산할 경우 예금자보호 한도인 5,000만원까지는 보호를 받게 되나, 5,000만원을

초과하는 금액에 대하여는 보호를 받지 못하게 되는 신용리스크가 있다. 특히, 증권에서 발행하는 ELB의 경우에는 예금자보호를 받지 못하기 때문에 발행기관의 신용리스크에 더욱 주의가 필요하다. 그리고 저축은행 예금 및 적금은 저축은행별로 예금자보호 한도까지만 편입이 허용되기 때문에 안전하면서도 고수익을 노릴 수 있는 원리금보장상품이다. 통화안정증권은 한국은행에서 통화량 조절을 위해 발행하는 1년 내외 만기의 단기 할인채로 정부가 원리금 상환을 보장하므로 수익률은 다소 낮으나 안정적인 투자상품이다. 국채는 정부에서 재정정책 일환으로 발행하는 채권으로 3년, 5년, 10년, 20년, 50년 등 다양한 만기로 발행되고 있다. 채권은 증권시장에서 100억원 단위로 매매가 되기 때문에 확정기여형(DC)이나 개인형IRP에서는 운용하기가 어렵고, 적립금 규모가 큰 확정급여형(DB)이나, 향후 기금형제도가 활성화될 경우에는 중요 상품으로 자리잡을 것으로 예상된다.

원리금비보장상품으로 대표적인 것은 수익증권이다. 수익증권은 고객들의 소액자금을 모아 주식과 채권 등에 분산투자를 하는 펀드로 고객들은 소액자금으로 여러 회사의 주식을 동시에 투자하는 효과를 얻게 된다. 수익증권은 다시 채권만 투자하는 채권형과 재권과 주식을 함께 투자하는 혼합형, 주식만 투자하는 주식형으로 구분된다. 퇴직연금 도입 초기인 2006년대에는 퇴직연금 가입 근로자의 은퇴연령에 따라 자동적으로 주식비중을 조정하는 라이프사이클(Life Cycle) 펀드가 출시되었으나, 성공하지 못하고 가입 근로자의 관심에서 멀어 졌다. 하지만, 2017년도부터 다시 TDF(Target Date Fund)라는 이름으로 퇴직연금사업자들이 출시해서 판매를 하고 있다. 그리고 2018년 9월부터는 확정급여형(DB) 퇴직연금에 한하여 거래소에 상장된 「부동산투자회사법」상 부동산투자회사의 주식인 리츠(REITs)에 대한 투자도 허용했다. 다만, 퇴직연금사업자의 계열사 등이 출시 및 투자한 부동산 펀드 등은 편입을 금지했다.

위에서 살펴본 바와 같이 퇴직연금 적립금 운용은 가입 근로자의 위험선호도와 수익률달성 목표에 따라서 3가지 유형을 적절히 조합하여 운용하게 된다. 현금성 자산은 향후 투자 목적을 위해 잠시 보유하는 자금을 말하며, 원리금보장상품은 수익률은 낮지만 안전성이 높은 자산이므로 포트폴리오의 기준이 되는 상품으로 가입 근로자의 위험선호도에 따라서 그 비중이 결정되게 된다. 위험선호도가 낮은 경우에는 원리금보장상품의 비중을 높이고, 위험선호도가 높은 경우에는 원리금보장상품 비중을 낮추고 원리금비보장상품 비중을 상대적으로 높여 리스크에 노출하면서 보다 더 높은 수익률을 추구하게 될 것이다. 원리금비보장상품은 시장리스크에 주로 노출되어 있기 때문에 시장전망에 따라 수익률이 급변동 하는 경향이 있다. 증권시장이 좋을 경우에는 높은 수익률을 달성하다가 증권시장이 좋지 않을 경우에는 원금손실도 발생하기 때문이다. 따라서 원리금비보장상품은 포트폴리오에서 초과수익 달성 목적으로 활용해야 한다. 위험을 선호하면서 높은 초과수익을 달성하고자 하는 경우에는 원리금비보장상품의 투자비중을 높이고, 안정적인 수익률을 추구하는 경우에는 원리금비보장상품의 투자비중을 낮게 해야 한다.

　퇴직연금 적립금을 목적자금으로 활용하고자 하는 근로자의 경우에는 운용상품별 퇴직연금 지급 소요일수를 주의하여 살펴볼 필요가 있다. 정기예금의 경우에도 타사업자의 정기예금으로 운용되고 있기 때문에 지급하는데 3영업일이 소요되고, 해외펀드의 경우에는 환매하는데 10일 이상 소요되는 경우도 많으니 자금을 활용하고자 하는 일정에 맞추어 미리 지급요청을 할 필요가 있다.

참고자료　상품별 퇴직연금 지급 소요일수 (예시)

구분	상품유형	지급일(신청일 포함)	기 타
원리금보장상품	은행 정기예금	3영업일	지급신청 후 지급(예정)일자 확인 후 안내 필요
	증권사 ELB	3~7영업일	
	보험사 GIC	4영업일	
수익증권	채권형	5~11영업일	
	혼합형	6~12영업일	
	주식형	6~12영업일	

2. 원리금보장상품 운용방법

2-1. 원리금보장상품의 개요

　원리금보장상품으로는 신용등급 등에 관해 금융위원회가 정하는 기준 이상의 안정적 금융기관이 원리금 지급을 보장하는 금융상품과 정부나 공공기관이 원리금 지급을 보장하는 국채증권, 통화안정증권 및 정부보증채권 등이 있다. 신용등급 등에 관하여 금융위원회가 정하여 고시하는 기준 이상의 금융기관이란 신용평가기관으로부터 받은 당해 금융기관에 대한 신용평가등급이 투자적격(국내 신용평가기관의 신용평가등급기준 BBB- 이상, 국제 신용평가기관의 경우 이에 상응하는 등급) 등급을 말한다. 다만, 둘 이상의 신용평가기관으로부터 신용평가등급을 받은 경우 기 중 낮은 신용평가등급을 적용하며, 당해 금융기관에 해한 신용평가등급이 없을 경우에는 무보증사채에 대한 신용평가등급으로 갈음할 수 있다.

원리금보장상품은 퇴직연금제도에 맞게 안정성을 강조한 상품이다. 발행 금융기관의 신용등급을 일정 등급 이상으로 제한하여 신용리스크를 최소화하였고, 중도해지를 할 경우에도 원금의 손실이 발생하지 않는 요건을 갖춘 상품이다. 하지만, 원리금보장상품은 안정성이 높은 반면, 수익성이 낮다는 단점이 있다.

퇴직연금 적립금 운용에서 수익달성은 중요한 지표이다. 확정급여형(DB) 제도의 경우에는 근로자가 퇴직하는 시점의 기준급여를 기준으로 퇴직연금을 지급하기 때문에 퇴직연금을 계산하는 최종 기준급여에는 그 동안의 임금인상률 누적 분이 포함되어 있다. 따라서 퇴직연금 적립금을 임금인상률 보다 낮은 수익률로 운용할 경우에는 해당 수익률 차이만큼 회사에서 추가로 부담해야 하는 기회비용이 발생하게 된다. 그리고 확정기여형(DC) 제도의 경우 매년 중간정산과 유사한 형태로 퇴직연금을 근로자계정으로 불입 받기 때문에 근로자가 임금인상률 보다 낮은 운용수익률을 달성하게 될 경우에는 확정급여형(DB)에 가입하는 것보다 못한 결과를 가져오게 된다. 따라서 확정급여형(DB)이나 확정기여형(DC) 모두 퇴직연금 적립금 운용수익률을 임금인상률 보다 높게 달성해야만 기업이나, 근로자 모두에게 이익이 된다.

원리금보장상품은 이러한 기업이나 근로자의 목표를 채워주기에는 수익률이 낮기 때문에 계속해서 원리금보장상품만 운용할 경우에는 확정급여형(DB)에 가입한 기업의 경우에는 운용수익률 보다 더 많이 누적된 임금인상률에 따른 미래 퇴직금을 지급해야 하는 재무리스크에 노출되게 되고, 확정기여형(DC)에 가입한 근로자의 경우에는 운용수익률이 물가상승률을 따라가지 못함에 따라 노후에 원하는 퇴직연금을 마련하지 못하는 인플레이션리스크에 직면하게 된다. 따라서 기업과 가입 근로자의 리스크 선호도 수준을 감안하여 일부 원리금비보장상품을 운용하여 초과수익을 달성함으로써 미래에 다가올 리스크에 대비하여야 한다.

2-2. 퇴직연금 원리금보장상품의 운용

ⓒ 원리금보장상품 유형

확정급여형(DB) 제도에서는 원리금보장상품의 제시가 의무화되어 있지 않지만, 확정기여형 (DC) 제도와 개인형IRP의 경우에는 퇴직연금사업자가 적립금 운용상품을 제시할 때 '원리금보장 운용상품이 하나 이상 포함될 것'이라고 法으로 의무화하도록 하고 있다.

원리금보장상품의 종류는 다음과 같으며, 각 상품별 특징을 살펴보면 다음과 같다.

[표 3-2] 원리금보장상품 유형

구분	상품유형
은 행	정기예금 및 적금
보 험	원리금보장 보험계약(금리연동형, 이율보증형)
증 권	원리금보장 ELB, 환매조건부 채권(RP)
우체국	정기예금 및 적금
저축은행	정기예금 및 적금
정 부	통화안정증권, 국채증권, 정부가 원리금 상환을 보증한 채권

※ 저축은행 예금·적금은 저축은행별로 예금자 보호 한도까지만 편입 허용

은행 및 보험, 우체국, 저축은행의 원리금보장상품을(증권 원리금보장 ELB 제외) 확정기여형 (DC) 및 개인형IRP에 가입한 근로자의 경우에는 은행의 금융상품과는 별도로 1인당 최고 5,000 만원까지 예금자보호법의 적용을 받는다. 예를 들어 근로자가 일반 정기예금 5,000만원과 정기예금을 편입한 퇴직연금(DC 및 IRP) 5,000만원을 가입하고 있다면, 동 근로자는 동일 금융기관당 정기예금 5,000만원과 퇴직연금(DC 및 IRP) 5,000만원 합하여 최고 1억원까지 예금자보호를 받게 된다.

ⓒ 원리금보장상품 포괄 운용지시방법

확정기여형(DC) 및 기업형IRP, 개인형IRP 가입자가 퇴직연금 적립금에 대하여 운용지시방

법을 포괄(만기 1,2,3,5년중 선택)로 지정하면 입금 시점마다 최적 금리상품을 자동 매수하는 운용지시 방법을 말한다.

도입대상 제도	확정기여형(DC, 표준형 DC는 불가), 기업형IRP, 개인형IRP
적용대상 상품	시중은행 및 지방은행 정기예금(저축은행 제외)

최적 금리상품은 퇴직연금사업자가 사전에 선정한 상품으로 월중 변동이 가능하며, 상품 선정 시 금리를 우선으로 하나, 「퇴직연금 감독규정」 등 관련 법령 준수 및 제공기관의 상품제공 거절, 상품제공한도 초과 등의 사유가 발생하는 경우 차선의 상품을 매수할 수 있다. 따라서 포괄적 운용지시가 반드시 최고금리 상품의 매수를 보장하는 것은 아니기 때문에 사전에 가입자에게 명확한 안내가 필요하다. 특히, 특정 퇴직연금사업자가 제공하는 원리금보장 운용방법의 총액 한도는 직전 연도를 기준으로 자신을 자산관리기관으로 하는 자산관리계약의 총 적립금의 100분의 30을 넘을 수 없기 때문에 상품제공한도 초과 사유가 발생할 수 있다.

포괄적 운용지시로 매수한 상품의 만기 도래 시 재예치 반영 후 기존 상품을 매도하여 포괄적 운용지시에 부합하는 다른 최적 상품으로 교체매매가 일어나며, 기간 소요로 인하여 만기일과 신규 매수일의 차이가 2영업일 이상 발생할 수 있다. 포괄적 운용지시에 부합하는 상품이 기존 상품과 동일할 경우 교체하지 않고 그대로 재예치 된다. 포괄적 운용지시에 대한 상품거래 결과 및 약관/상품설명서는 상품매수 완료 후 익영업일에 전자매체(알림톡 또는 LMS)를 통해 안내한다.

포괄적 운용지시 선정 시 기존 특정상품 지정방식과 함께 선정은 불가하나, 펀드와는 함께 선정할 수 있다. 만기는 1가지만 선택이 가능하며, 예시는 다음과 같다.

> **(포괄)** 원리금보장상품(시중은행/지방은행정기예금) 1년 100% (○)
>
> **(포괄)** 원리금보장상품(시중은행/지방은행정기예금) 1년 60%
> & 베어링퇴직연금배당40증권 40% (○)
>
> **(포괄)** 원리금보장상품(시중은행/지방은행정기예금) 1년 70%
> & K은행퇴직연금정기예금 30% (×)

⊙ 은행 정기예금

정기예금은 퇴직연금사업자 중 은행에서 취급하는 상품으로 대표적인 원리금보장상품이다. 일반 은행 창구에서 고객이 가입하는 정기예금과는 달리 퇴직연금 자산운용을 위한 정기예금은 기업에서 퇴직연금을 가입한 은행의 정기예금은 편입이 금지되어 있기 때문에 다른 은행의 정기예금을 제시하도록 되어 있다. 예를 들어 퇴직연금 가입은행이 K은행일 경우 K은행을 제외한 다른 은행의 정기예금을 모두 제시할 수 있고, 각 은행들은 정기예금을 다른 퇴직연금사업자에게 제공하는 경우 금리 등의 조건은 자신을 운용기관으로 하는 경우나 제3의 퇴직연금사업자에게 제공하는 경우에 제시하는 조건과 동일하게 제시하여야 한다. 다른 퇴직연금사업자에게 별도의 수수료 또는 이와 유사한 비용을 부과할 수 있다. 또한, 특정 퇴직연금사업자에게 제공하는 원리금보장상품의 총액은 직전년도를 기준으로 자신 자산관리계약의 총 적립금의 100분의 30을 넘지 않아야 한다. 퇴직연금 가입자에게 제시하는 원리금보장상품별 금리는 매월 공시되는 금리와 동일해야 한다.

따라서 퇴직연금사업자는 퇴직연금 운용상품으로 타 은행의 정기예금을 제시하고 있으며, 해당 은행이 퇴직연금사업자일 경우에는 제공받은 원리금보장상품의 총액이 자산관리계약 총 적립금의 100분의 30을 넘어서 제공받을 수 없으므로 한도관리에 유의하고 있다. 또한, 이렇게 제공받은 원리금보장상품의 금리는 각 은행별 신용등급과 자금운영 상황에 따라 수시로 변경되므로 퇴직연금 가입 근로자에게 타 은행 정기예금을 제시할 경우에는 매 순간 유리한 상품을 제시할 수 있도록 유의하여야 한다.

퇴직연금 자산운용을 위한 정기예금 상품의 계약기간(만기)는 6개월·1년·2년·3년·5년의 5종류가 있는데 만기가 지나면 이자가 지급되고, 이자와 원금을 합한 금액으로 재예치를 하게 된다. 만기일만 경과하면 이자가 지급되므로 자산운용을 위한 특별한 지식이 필요하지 않은 가장 기본적인 원리금보장상품이다.

다만, 유의해야 할 사항은 만기 전 중도해지를 하게 되면 중도해지이자를 원금과 함께 지급받게 되는데, 중도해지이율은 금융기관별로 다소 차이는 있겠으나 1년 이내 해지 시 통상 연 0.1~1%의 이율이 적용된다. 따라서 정기예금을 운용할 경우 리스크는 만기일 전에 중도해지 할 경우 패널티로 낮은 이자는 적용 받는 것이다.

ⓒ 보험의 원리금보장상품

원리금보장상품으로서 보험계약이란 보험회사가 취급하는 보험계약으로서 적립금의 최저이자율을 보증하는 등의 형태로 원리금 지급을 보장하는 보험계약을 말한다. 원리금 지급을 보장하는 보험계약은 3가지 종류가 있는데, 금리연동형과 금리연동형Ⅱ, 이율보증형이 있다.

① 금리연동형

매월 변동금리상품으로 이해하면 된다. 매월 변동되는 적용이율이 해당월 1일~말일까지 적용되는 변동금리형 상품으로 한 달 동안 이자를 확정하여 보장하며, 해당월에 납입된 부담금을 포함한 전체 적립금이 매월 적용이율에 연동하는 상품으로 적용이율은 해당 특별계정의 운용자산이익률과 지표금리를 고려하여 매월 1일 회사가 결정하며 해당월 말일까지 확정 적용한다.

예금과 국공채, 특수채 등 안전자산에 93%내외 투자하며, 수익증권에도 5% 투자하고 있어 시장금리와 주가지수 변동에 따라 매월 적용되는 이율이 변동한다.

단기자산으로 운용하고 있어 중도해지 시 중도해지이율을 적용하지 않는다.

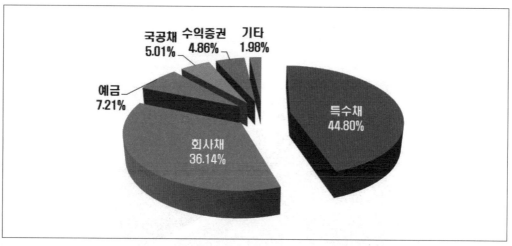

[그림 3-1] S보험 퇴직연금 금리연동형 운용자산 구성현황 (사례)

안전자산인 채권과 실적배당상품에 분산투자 하는 실적배당상품이다. 월 변동금리상품으로 매월 운용실적에 따라 적용이율이 결정된다. 채권금리가 상승할 경우에는 수익률이 하락하고, 채권금리가 하락할 경우에는 수익률이 상승하는 구조이다.

② 금리연동형Ⅱ

각각의 부담금 납입일부터 경과기간별로 납입 1차년 적용이율과 납입 2차년 이후 적용이율로 이원화한 연변동 금리연동형 상품이다. 납입 1차년 적용이율은 지표금리를 고려하여 매월 1일에 회사가 결정하며, 부담금 납입일부터 처음 1년동안 확정 적용한다. 납입 2차년 이후 적용이율은 해당 특별계정의 운용자산이익률과 지표금리를 고려하여 매월 1일 회사가 결정하며, 부담금 납입일 이후 1년이 지난 날의 다음날부터 매1년간 확정 적용한다.

주로 만기 3년 이상 채권에 투자하여 운용하며, 각각의 부담금 납입일로부터 3년 이내에 해지 시 중도해지이율을 적용한다. 다만, 약관에서 정한 특별중도해지사유(퇴직, DB에서 DC로 제도전환 등)로 해지하는 경우에는 중도해지이율을 적용하지 않는다.

[표 3-3] S보험 퇴직연금 금리연동형Ⅱ 중도해지이율 적용 (사례)

납입 경과기간별	중도해지이율
부담금 납입일부터 경과기간 1년미만	연 1.0%(최저보증이율)
부담금 납입일부터 경과기간 2년미만	(적용이율-연 1.5%)와 연 1.0% 중 높은 이율
부담금 납입일부터 경과기간 3년미만	(적용이율-연 1.0%)와 연 1.0% 중 높은 이율

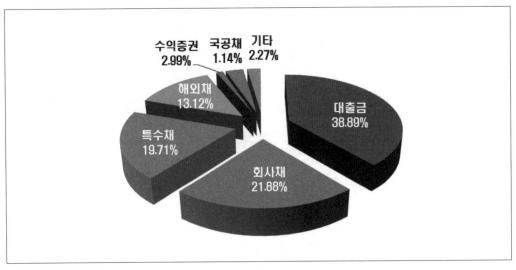

[그림 3-2] S보험 퇴직연금 금리연동형Ⅱ 운용자산 구성현황 (사례)

③ 이율보증형

보험회사의 대표적인 원리금보장상품이다. 실제 보험상품에는 잘 활용되지 않고 있지만, 퇴직연금 전용상품으로 개발되어 가입 기업 및 근로자에게 경쟁상품으로 제시하고 있다.

이율보증형보험은 납입된 원금에 납입 당시의 공시이율을 적용하여 보증기간(1년, 2년, 3년, 5년)동안 확정부리하여 적립하는 원리보장형상품으로 보장이율은 월 1회 발표되는 적용이율이 계약기간(1년, 2년, 3년, 5년) 동안 적용되는 고정금리형 상품이다.

[표 3-4] S보험 퇴직연금 이율보증형(1년) 중도해지이율 적용 (사례))

납입 경과기간별	중도해지이율
90일 미만	연 0.1%
180일 미만	연 0.5%
1년 미만	연 1.0%
3년 미만	적용이율의 50%와 연 1% 중 높은 이율
4년 미만	적용이율의 60%와 연 1% 중 높은 이율
5년 미만	적용이율의 70%와 연 1% 중 높은 이율

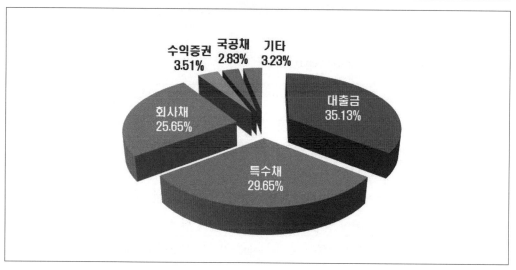

[그림 3-3] S보험 퇴직연금 이율보증형 운용자산 구성현황 (사례)

대부분 회사채, 특수채, 대출금으로 운용하고 있다.

각 단위보험별로 이율보증기간(1년, 2년, 3년, 5년)이 경과되기 전에 해지하는 경우에는 납입 경과기간에 따른 중도해지이율을 적용한 금액을 해지환급금으로 지급한다. 다만, 약관에서 정한 특별중도해지 사유(퇴직, DB에서 DC로의 제도전환 등)로 해지하는 경우에는 중도해지이율을 적용하지 않는다.

◉○ 증권의 원리금보장상품

증권사에서 「자본시장법」에 따라 발행한 원리금보장상품은 퇴직연금감독규정에 따라 다음 각 목의 요건을 갖춘 것으로 한정한다. 현재 증권에서 제시하는 원리금보장상품은 원리금보장 ELB와 RP가 있다.

[퇴직연금감독규정 제8조의2, 2항] 기타 원리금보장 운용방법

① 상환금액이 원금 이외의 수익을 보장할 것
② 중도해지시에도 원금의 손실이 발생하지 않을 것
③ 수취자금의 우용시 파생결합증권과 계정분리 등의 형태로 독립성을 갖출 것
④ '모집'이나 '매출'의 방법(공모)으로 발행되고 복수의 신용평가기관으로 부터 투자적격 신용평가등급을 받을 것

① 원리금보장 ELB(Equity Linked Bond)

ELB(Equity Linked Bond)는 기초자산의 가격에 연동되어 상환금액이 결정되는 상품으로 '주가연계 파생결합사채'라고 한다. 주가연계 파생결합사채(ELB)는 법 개정에 따라 주가연계증권(ELS)에서 재분류 되어 은행에서도 팔 수 있도록 변경한 금융상품이다. 원금보장형이기 때문에 위험이 적고, 약정조건에 따라 추가 수익을 올릴 수 있다는 장점이 있으나, 아무래도 채권이다 보니 증권에 비해 고수익 구간이 제한적이어서 수익이 낮은 편이고, 만기가 1년 이상인 경우가 많아 중도에 해지할 경우 손실이 발생하여 장기 투자에 적합한 상품이다. ELB의 상품구조는 자산의 거의 대부분을 채권으로 운영하고 채권 이자로 원금을 보호하며, 채권을 사고 남은 금액으로 옵션을 구매하여 초과 수익을 노리는 구조이다.

기초자산이란 ELB의 수익률을 결정하는 데 기준이 되는 자산으로 국내외 주가지수, 특정 개별종목, 채권 등이 주로 사용된다. 주식 및 펀드 투자는 방향성 투자로 주식시장의 상승과 하락에 따라 이익과 손실의 격차가 크게 발생한다. 따라서 주식시장이 하락할 것으로 전망되면 운용자산을 모두 매도 및 환매하여 유동화 한 다음 다시 상승이 기대될 때까지 기다릴 수밖에 없는데, 퇴직연금 운용자산인 ELB는 원금보장형으로 설계되었기 때문에 시장변동과 상관없이 안정적인 수익을 달성하도록 설계되었다.

ELB는 기초자산이 무엇이냐에 따라, 또는 구조를 어떻게 설계하느냐에 따라 다양한 형태로 발행될 수 있어 투자자들의 투자성향과 기초자산의 전망에 따라 투자자들은 선택의 폭이 넓다. 즉, 주식시장이 상승하고 하락하는 것과 상관없이 언제든지 투자가 가능한 상품이다.

ELB는 기본적으로 기초자산의 변동성을 거래하는 상품이므로 기초자산의 변동성이 높으면 투자자에게 제시하는 수익률도 높은 반면 리스크도 높고, 기초자산의 변동성이 작으면 수익률이 낮은 반면 안정성이 높다. 따라서 기초자산이 개별 주식종목일 경우 우량주라면 등락폭이 크지 않아 수익률도 낮지만, 개별 소형주일 경우에는 등락폭이 커서 수익률도 높게 제시할 수 있다.

퇴직연금 운용상품으로 제시되는 원금보장형 ELB는 만기에 원금보장이 가능하도록 포트폴리오의 약 95% 내외를 안전한 채권으로 편입하여 만기 시 이자수익 취득으로 원금이 보장되도록 하고, 나머지 약 5%내외 옵션 등 파생상품에 투자함으로써 초과수익을 추구하는 구조이다.

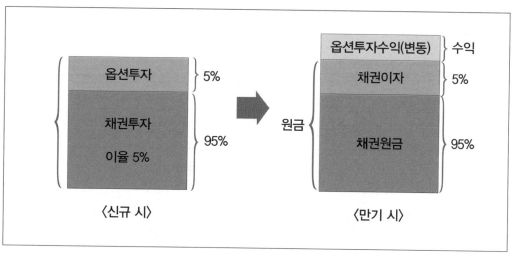

[그림 3-4] 원리금보장형 ELB 운용 구조 (예시)

퇴직연금 적립금 운용상품인 ELB는 원금뿐만 아니라 일정한 이자까지도 보장해 주는 원리금보장형 ELB가 발행되고 있는데, 이것은 일반적인 원리금보장상품과는 다소 차이가 있다. 일반적인 원리금보장상품은 상품 자체가 원리금을 보장하도록 설계되어 있으나, 원리금보장형 ELB의 경우에는 주가연계증권(ELS)에서 손실이 발생할 경우 손실을 발행 금융기관이 보전해 줌으로써 확정이자를 지급해 주는 구조이다. 따라서 원래는 주가연계증권(ELS)이나, 발행 시 약정한 이자보다 만기 수익이 작을 경우에는 발행한 증권사가 차액만큼 이자를 보전해서 약정한 이자를 지급해 주는 변형된 원리금보장상품으로 이해하면 된다.

퇴직연금제도 도입 초기 은행과 보험에는 기존부터 판매하던 원리금보장상품이 있어 별 문제가 없었으나, 증권의 경우에는 모두 실적배당상품 밖에 없어서 확정금리 경쟁에서 불리해지자, 감독당국에서 손실이 발생할 경우 보전해 주는 조건으로 원리금보장형 ELB를 증권에 허용해 주게 되었다. 따라서 원리금보장형 ELB는 발행하는 증권사의 신용리스크가 은행이나 보험보다 더 크며, 실적배당형 상품 구조를 지니고 있으므로 예금자보호를 받지 못한다.

아래 그림은 퇴직연금시장에 제공되는 보편적인 원리금보장형 ELB 상품 구조 예시이다. 기초자산 가격이 어떻게 변하던 만기에 수령하는 수익률이 확정되어 있다.

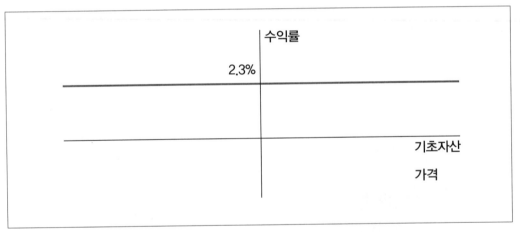

[그림 3-5] **원리금보장형 ELB**

ELB는 '공모'형태 이기 때문에 발행신청은 최소 7영업일 전에 하여야 하고, 만기 시에 무조건 해지되며 은행 정기예금과 같이 동일 상품으로 자동 재예치나 재연장이 불가능 하다. 따라서 ELB 재매수시에는 만기시점에 기존 ELB 만기 상환 후 신규 발행 ELB에 다시 '공모'해야 하는 번거로움이 있다. 만기 전에 중도해지 할 경우에는 퇴직금 지급인 경우에는 약정이율을 적용하나, 그 외 사유는 약정이율에서 −1%를 차감하는 패널티를 부과한다. 그리고 ELB는 예금자보호 대상 상품이 아니므로 상품안내 시 설명의무를 다할 수 있도록 주의를 기울여야 한다.

② 환매조건부채권(RP)

환매조건부채권(RP: Repurchase Agreements)이란 금융기관이 일정 기간 후에 다시 사는 조건으로 채권을 팔고 경과 기간에 따라 소정의 이자를 붙여 되사는 채권으로, 채권투자의 약점인 환금성을 보완하기 위한 금융상품으로 RP라고 한다. RP 매매는 자금 수요자가 자금을 조달하는데 이용하는 금융거래 방식의 하나로 주로 콜자금과 같이 단기적인 자금 수요를 충족하기 위해 생겼다.

우리나라의 RP거래 형태에는 한국은행 RP, 금융기관의 대고객 RP, 기관 간 RP가 있다. 한국은행은 통화량과 금리를 조정하기 위한 통화조절용 수단으로 시중 은행에 RP를 판매한다. 한국은행 RP는 시중 단기자금 조절에 효과적이며 콜금리에 직접적인 영향을 미친다. 한국은행은 시중에 단기자금이 풍부할 때에는 시중은행에 RP를 매각해 시중자금을 흡수하고, 단기자금 부족 시에는 RP를 매입해 유동성을 높임으로써 통화량을 조절한다. 즉 단기자금이 부족할 때 한국은행은 각 금융기관이 보유하고 있는 국채, 지방채 등을 매입함으로써 시중에 자금을 공급하고 일정 기간 후 시중에 유동성이 풍부해지면 동 채권을 해당은행에 정해진 가격으로 환매하여 시중 유동성을 조절한다.

이와 같이 RP거래는 단기자금의 수급을 조절하는 기능을 수행함과 아울러 채권의 유동성을 높여 채권의 발행을 촉진함으로써 자본시장의 효율성을 제고하는 데도 기여하게 된다. 특히 한국은행 RP는 시중 콜금리에 즉각 영향을 미치기 때문에 금리수준이나 자금량에 대한 중앙은행 통화정책의 중요한 척도로 인식되고 있다.

퇴직연금 원리금보장상품으로서의 금융기관 RP는 수신상품의 하나로 은행이나 증권회사가 일정 기간 후 다시 사들인다는 조건으로 고객에게 판매하는 금융상품이다. 대상 채권으로는 국채, 지방채, 특수채, 회사채 등이 있다. 즉, 은행·증권·종금 등이 자체 보유 채권을 담보로 쌓아두고 담보채권의 금액 범위 내에서 거래 고객에게 '일정 시점 이후 다시 사주는 조건으로 담보채권을 쪼개서 판매하는 거래 방식'이다. 이는 은행과 고객 사이에 실제로 채권이 오고 가는 채권거래가 아니라 단지 '일정기간 후에 원금과 이자를 지급한다.'는 약속으로 은행 예금처럼 거래가 이뤄지므로 고객은 채권 대신에 RP 통장을 받게 된다. 금융기간 RP는 고객들의 채권 투자 편의를 위해 마련된 거래 방식인데, 예를 들어 국공채, 회사채 등은 만기가 3~50년 정도로 길고 거래 단위도 100억 원 이상으로 대규모다. 따라서 수백, 수천만원 정도의 비교적 적은 금액으로 1~6개월 정도 단기로 투자하려는 사람은 채권 시장에 참여하기가 힘들다.

퇴직연금 원리금보장상품으로의 RP는 일반 고객이 적은 돈으로 단기로 운용할 수 있도록 은행이나 증권회사 등의 금융기관이 수신 금융상품의 하나로 고객에게 직접 판매하는 상품이다. 운용 기간은 1~30일에서 3개월 정도가 적합하며, 길게는 1년까지 만기를 지정할 수 있다. 금리는 자금사정이나 금융기관의 신용도에 따라 다른데, 일반적으로 정기예금보다 약간 높은 수준이다. 다만, 만기 이후에는 별도의 이자를 더해 주지 않는 방식이 대부분이다. 중도환매가 가능하고 환매 시에는 해지 수수료를 지불해야 한다. 1998년 7월 25일 이후 발행분부터는 예금자보호 대상에 해당되지 않지만, 판매기관 및 보증기관의 지급보증과 우량채권의 담보력 등에 힘입어 안정성이 높은 편이다.

ⓒ 우체국 정기예금

우체국에서 퇴직연금사업자들에게 제공하는 우체국퇴직연금정기예금은 만기이자지급식으로 만기별로 6종류(①3개월~6개월 미만, ②6개월~12개월 미만, ③12개월~24개월 미만, ④24개월~36개월 미만, ⑤36개월~60개월 미만, ⑥60개월 이상)가 있다. 중도해지를 할 경우에는 신규일 또는 재예치 시점 정기예금 중도해지 이율을 적용 받으며, 퇴직금 지급 등을 위한 특별중도해지 사유에 해당될 경우에는 정기예금 예치 기간에 해당하는 정기예금 만기별 하단의 퇴직연금정기예금 이율을 적용 받는다.

[표 3-5] 우체국 퇴직연금정기예금 특별중도해지 이율

경과기간	특별중도해지 이율
6개월 미만	3개월 퇴직연금 정기예금 이율
6개월~12개월 미만	6개월 퇴직연금 정기예금 이율
1년~2년 미만	1년 퇴직연금 정기예금 이율
2~3년 미만	2년 퇴직연금 정기예금 이율
3년 이상	3년 퇴직연금 정기예금

🍳 저축은행 정기예금

퇴직연금 원리금보장상품으로 상대적으로 금리가 높은「상호저축은행법」에 따른 예금 및 적금을 추가함으로써 퇴직연금 수익률을 제고할 수 있게 되었다. 다만, 확정기여형(DC)과 개인형 IRP의 경우에는 저축은행별로 예금자보호 한도까지만 편입을 허용함으로써 가입 근로자의 신용리스크를 줄였다.

저축은행 정기예금은 잔존 만기별로 4가지 종류(6개월, 12개월, 24개월, 36개월)가 있으며, 여유자금을 일정기간 예치하고 만기시 확정금리로 고수익을 보장하는 예금으로 매월 이자를 받는 월이자지급식 정기예금과 만기에 복리로 계산된 이자를 지급하는 만기이자지급식이 있다.

저축은행 정기예금의 특징은 계좌분할이 가능하다는 점으로 만기전이라도 계약기간 내에는 만기 해지를 포함하여 4회까지 분할 해지가 가능하다. 분할 해지 후 나머지 잔액에 대해서는 신규 시와 동일한 혜택이 주어진다. 유의할 사항은 만기전 해지할 경우 중도해지 이자율이 적용된다는 것이다. 만기일 전에 중도해지 시 이미 지급된 이자가 있을 경우 중도해지 이자율을 적용한 중도해지 이자와 이미 지급한 이자의 차액을 원금에서 차감하여 지급한다.

[표 3-6] **저축은행 정기예금 중도해지 이율(예시)**

경과기간	중도해지 이율
3개월 미만	0.5%
3개월 이상 6개월 미만	1%
6개월 이상	1.5%

만기후 이율은 만기후 1개월간은 지급 전일까지 해당계좌의 약정금리와 기간별 적용금리 중 낮은 금리를 적용하고, 만기후 1개월 초과시에는 지급일 당시 보통예금 이율을 적용한다.

[표 3-7] 금융기관별 원리금보장상품 비교

구분	상품명	예금자보호	중도해지 시 패널티 적용 유무
은행	정기예금	○	기간별 중도해지이율 적용 (1년 이내 해지 시 보통 0.1~1% 적용)
보험	이율보증형 보험	○	기간별 해지일까지 중도해지이율 적용 (1년 미만의 경우 보통 0.1~1% 적용)
	금리연동형 보험	○	기간별 중도해지이율 적용(최저보증 1%)
증권	원리금보장 ELB	×	통상 약정이율 – 1%
우체국	정기예금	○	경과기간별 중도해지이율 적용
저축은행	정기예금	○	경과기간별 중도해지이율 적용

2-3. 원리금보장상품 거래조건 차별행위 등의 금지

퇴직연금 원리금보장상품 제공기관의 업무를 겸하는 퇴직연금사업자는 원리금보장 운용방법에 있어 통상적인 조건을 벗어나 현저히 유리한 조건을 제시하거나 자신이 원리금 지급을 보장하는 운용방법의 금리 등을 합리적인 이유 없이 차등 적용하는 행위를 방지하기 위하여 다음 각 호에 정한 사항을 준수하여야 한다. (감독규정 제15조의 4)

① 다른 퇴직연금사업자에게 원리금보장 운용방법을 제공하는 경우 금리 등의 조건은 자신을 운용기관으로 하는 경우나 제3의 퇴직연금사업자에게 제공하는 경우에 제시하는 조건과 동일하게 제시할 것

② 제1호의 경우 다른 퇴직연금사업자에게 별도의 수수료 또는 이와 유사한 비용을 부과하지 아니할 것

③ 특정 퇴직연금사업자에게 제공하는 원리금보장 운용방법의 총액은 직전 년도를기준으로 자신을 자산관리기관으로 하는 자산관리계약의 총 적립금의 100분의 30을 넘지 않을 것

④ 가입자에게 제시하는 원리금보장상품별 금리(기존 계약자에 대한 금리 조건 변경 포함)는 매월 공시되는 금리와 동일할 것

2-4. 자사 원리금보장상품 편입규제

Ⓒ 과거 자사 원리금보장상품 운영 현황

퇴직연금 초기시장에서는 퇴직연금사업자들이 손실을 감수하고서라도 퇴직연금시장을 선점하기 위하여 자사상품을 활용하여 고금리 경쟁을 펼침으로써 한때 시장은 과열경쟁에 돌입하기도 하였다.

이후 감독당국에서 개입하여 금리상한을 제한하고, 자사상품 편입 한도를 설정하면서 금리 과열경쟁은 진정국면에 접어들게 되었다. 따라서 퇴직연금 원리금보장상품의 금리는 어느 정도 시장금리 수준으로 정상화되는 듯하였지만, 퇴직연금사업자들이 필요 시 마다 자사 원리금보장상품을 퇴직연금을 유치하는 수단으로 활용하는 관행을 멈추지 않았다. 즉, 상시적으로 고금리 상품을 제시하지는 않지만 퇴직연금 유치 경쟁 시에는 경쟁사업자 보다 더 높은 고금리 원리금보장상품을 제시하여 경쟁우위를 점하는 방법을 사용하는 한편, 타사업자가 운용하는 퇴직연금에 대해서는 상품제공을 기피하거나 금리를 차별하는 등 불공정 거래 관행이 지속되고 있었다.

정부에서는 이러한 퇴직연금사업자의 불합리한 상품거래 관행을 해소하는 한편, 퇴직연금 운용자산을 퇴직연금사업자의 신용리스크와 분리해 놓음으로써 근로자의 퇴직연금 자산건전성을 더욱 높이기 위해 자사상품 편입비중 축소 및 폐지 방안을 마련하게 되었다.

Ⓒ 자사 원리금보장상품 전면 편입 금지에 따른 부작용

퇴직연금 신탁계약 시 퇴직연금사업자의 자사 원리금보장상품 편입을 단계적으로 축소하여 2015.7월부터 전면 금지하였다.

감독당국에서 퇴직연금시장의 금리 과열경쟁을 막기 위한 이러한 조치는 다시 원리금보장상품의 금리가 시장금리보다 더 낮아지는 부작용을 가져왔다. 자사 원리금보장상품을 사용할 수 없게 된 퇴직연금사업자들이 타사에 제공하는 원리금보장상품의 금리를 경쟁적으로 내림으로써 퇴직연금 운용상품으로 제공하는 정기예금금리가 은행 창구에서 일반 고객이 가입하는 정기예금금리보다 더 낮아지는 기 현상이 발생하게 되었다. 따라서 퇴직연금에 가입하고 운용상품으로 정기예금을 편입할 경우에는 3가지 측면에서 일반고객보다 불리한 현상이 발생하게 된다. 첫째, 정기예금 금리가 더 낮아서 손해를 보게 되고, 둘째, 퇴직연금수수료를 추가로 납부해야 하고, 셋째, 일반 고객들은 정기예금이자에 대하여 이자소득세 15.4%(주민세 포함)를 납부하면 되나, 퇴직연금 가입 근로자들은 퇴직 시 일시금으로 인출할 경우 정기예금이자에 대하여 기타소득세 16.5%(주민세 포함)을 납부해야 하므로 세금 측면에서도 약 1.1% 손실이 발생하게 된다.

우리나라는 아직 퇴직연금 자산운용 측면에서는 초기시장에 해당되어 퇴직연금에 가입하는 기업 및 근로자들의 약 90%가 원리금보장상품을 편입하게 되므로, 감독당국의 자사 원리금보장상품 편입 금지에 따라 퇴직연금 가입 근로자들에게 발생된 이러한 불리한 사항은 향후 불완전판매의 소지가 될 수 있으므로 사전에 철저한 안내가 필요하다.

2-5. 퇴직연금에서의 예금자 보호

2014.8.27 안정적이고 여유로운 노후생활 보장을 위한 사적연금 활성화 대책의 일환으로 퇴직연금의 수급권 보호를 위해 DC형·IRP에 대해서는 일반 금융상품과 별개로 예금자 보호한도 5,000만원을 적용하였다. 이는 퇴직연금(DC형, IRP)의 사회보장적 성격, 강제 가입, 장기간 예치 등 특수성을 고려할 때 예금자 보호한도를 확대 적용할 필요가 있다고 본 것이다. 따라서 DC형·IRP 적립금 중 예금자보호법상 부보금융상품으로 운용되는 금액에 대하여 한 금융회사에 적립된 예금 등 일반 금융상품과는 별도로 퇴직연금(DC형, IRP)을 예금자 1인당 5,000만원까지 보호한다.

퇴직연금 적립금을 근로자가 직접 운용하고 운용손익이 근로자에게 귀속되는 확정기여형(DC) 또는 개인퇴직계좌의 정기예금, 법인보험계약(GIC, 금리연동형보험)은 예금자보호 대상에 포함된다. 반면 기업에서 적립금을 직접 운용하고 운용손익이 기업에 귀속되는 확정급여형(DB)은 예금자보호 대상에 포함되지 않는다. 예금자보호법상 개인별 예금보호한도는 5,000만원으로 각 금융기관별로 분리계산 한다. 즉, 같은 금융기관의 다른 여러 점포에서 가입한 예금은 한 금융기관에 예금한 것으로 보아 동일 금융기관의 총 예금액 중 5,000만원을 한도로 보호되지만, 다른 금융기관인 은행, 저축은행 등 여러 금융기관에 분산하여 예금한 경우에는 개별 금융기관별로 각각 5,000만원씩 보호된다. (예금자보호법 제31조, 제32조 및 예금자보호법 시행령 제18조 참조)

따라서 근로자 입장에서는 퇴직연금 적립금이 5,000만원을 초과할 경우에는 하나의 금융기관에 예치하기 보다는 분리하여 예치하는 것이 유리하다. 현실적으로 확정기여형(DC)은 1개 금융기관만 선택하여 가입할 수밖에 없으므로 예금자보호법의 최대 수혜를 받기 위해서는 확정기여형(DC)과 개인형 IRP를 서로 다른 금융기관에 나누어서 가입하는 것이다.

[예금자보호법 시행령 제18조] 예금자보호법 시행령 제18조

⑥ 법 제32조 제2항의 규정에 의한 보험금의 지급한도는 5천만원으로 한다.
이 경우 확정기여형퇴직연금 등의 경우에는 피보험자 또는 수익자별로 보험금 지급한도를 적용한다.

원리금보장상품은 실적배당상품과 달리 원금과 이자를 보장해 준다는 면에서 매우 안정적이지만, 해당 상품을 제공하는 금융회사의 신용위험(Credit Risk)에서 자유롭지 못하다. 이는 예금자보호 대상인 정기예금과 보험 상품이 퇴직연금제도하에서는 근로자에게만 적용되기 때문이다.

예금자보호법은 개인 예금자를 보호한다는 취지 하에 금융회사 명의의 예금 및 법인 명의의 보험계약을 예금자보호 대상에서 제외시키고 있다. 따라서 확정기여형(DC) 및 개인형IRP에 가입한 근로자만 예금자보호 대상이 되고, 확정급여형(DB)은 기업이 적립금의 운용에 대한 책임을 지게 되므로 예금자보호 대상에서 제외된다.

따라서 퇴직연금 가입 근로자는 원리금보장상품 선택 시 예금자보호 대상이 안되는 ELB에 대하여는 발행 증권사의 신용등급, 발행능력, 지급여력을 꼼꼼히 따져보아야 하고, 기업의 경우에는 정기예금은 예금은행, ELB는 발행 증권사, 금리연동형·이율보증형 보험의 경우는 보험회사의 신용등급, 발행능력, 지급여력을 꼼꼼히 따져 보아야 한다.

3. 원리금비보장상품 운용방법

3-1. 원리금비보장상품의 이해

원리금비보장상품이란 발행 금융기관에서 원리금을 보장하지 않고 운용실적에 따라 수익을 지급하는 실적배당상품을 말한다. 대표적인 실적배당상품으로는 증권에서 판매하는 수익증권(펀드)이 있고, 기초자산 가격의 변동에 따라 수익이 결정되는 파생결합증권(ELS)과 투자목표시점이 명시되어 있고 이와 연동하여 자산배분 등이 조정되도록 투자설명서 상 운용계획이 명시되어 있는 집합투자기구인 TDF(Target Date Fund), 퇴직연금 가입 근로자의 욕구에 맞춰 발행되는 다양한 구조화펀드, 확정급여형(DB) 제도에서만 투자할 수 있는 상장주식과 상장 리츠(REITs) 등이 있다.

[표 3-8] 원리금비보장상품 유형

구분	상품유형
보 험	원리금비보장 보험계약(실적배당형)
증 권	상장주식 상장 리츠(REITs) 수익증권(펀드) 파생결합증권(ELS) TDF(Target Date Fund) 구조화펀드

원리금비보장상품은 시장리스크 노출 수준에 따라 다시 위험등급으로 구분해 볼 수 있는데, '매우높은위험'으로 구분되는 상장주식과 상장 리츠(REITs)는 시장리스크 노출 수준이 높아 퇴직연금 자산운용에서 내부통제가 가능한 확정급여형(DB) 제도에서만 투자가 가능하며, 수익증권(펀드)은 다양한 위험등급으로 구분할 수 있는데, '매우높은위험'의 주식형과 '보통위험'의 채권혼합형, '낮은위험'의 채권형으로 구분한다.

3-2. 실적배당상품의 종류

ⓒ 투자대상

실적배당상품의 투자대상으로는 증권과 부동산, 특별자산, 혼합자산, 단기금융이 있다. 증권인 주식과 채권에 투자하는 실적배당상품으로는 주식형과 혼합형, 채권형으로 분류할 수 있으며, 퇴직연금 운용상품으로 강조되고 있는 TDF(Target Date Fund)와 구조화펀드가 있다. 부동산펀드는 펀드재산의 100분의 50 이상을 부동산(부동산 개발과 관련된 법인에 대한 대출, 그 밖에 대통령령이 정하는 부동산과 관련된 증권에 투자하는 경우 포함)에 투자하는 펀드를 말한다. 특별자산펀드는 펀드재산의 100분의 50 이상을 특별자산(증권 및 부동산을 제외한 투자대상자산)에 투자하는 펀드를 말한다. 혼합자산펀드는 펀드재산을 운용함에 있어 증권, 부동산, 특별자산 집합투자기구의 규정 제한을 받지 아니하는 펀드를 말한다. 단기금융펀드는 자산을 주로 단기성 자산(잔존만기가 짧은 채권, 콜론, CP, CD 등)으로 운용하는 펀드를 말한다.

[표 3-9] 실적배당상품의 투자대상

구분	특 징
증권	주식, 채권에 투자하는 집합투자기구로 세부적으로 주식형, 채권형, 혼합형으로 분류
부동산	집합투자재산의 100분의 50 이상을 부동산(부동산개발과 관련된 법인에 대한 대출, 그 밖에 대통령령이 정하는 부동산과 관련된 증권에 투자하는 경우 포함)에 투자하는 집합투자기구
특별자산	집합투자재산의 100분의 50 이상을 특별자산(증권 및 부동산을 제외한 투자대상자산)에 투자하는 집합투자기구
혼합자산	집합투자재산을 운용함에 있어 증권, 부동산, 특별자산 집합투자기구의 규정 제한을 받지 아니하는 집합투자기구
단기금융	자산을 주로 단기성 자산(잔존만기가 짧은 채권, 콜론, CP, CD 등)으로 운용하는 상품

◉ 펀드스타일 유형

퇴직연금사업자들이 퇴직연금 운용상품으로 제시하는 실적배당상품은 퇴직연금 가입 근로자들의 상품에 대한 이해를 돕기 위해 스타일유형별로 구분하여 제시하고 있다.

스타일유형은 성장형과 가치형, 배당형, 인덱스형, TDF, 구조화펀드로 구분해 볼 수 있는데, 다음과 같다.

[표 3-10] 펀드스타일 유형 분류

구분	특 징
성장형	현재의 수익성보다 미래의 성장성이 높은 종목에 주로 투자하는 펀드로 주가지수에 비해 변동성이 높은 특징을 보임.
가치형	개별 종목 분석을 통해 내재가치가 높은 저평가 주식을 주로 편입시키는 펀드로 성장형 펀드에 비해 변동성이 낮은 특징을 보임.
배당형	배당성향이 높고 배당수익률이 높은 주식에 주로 투자하는 펀드로 넓은 의미에서 가치형 안에 포함.
인덱스형	주가지수의 수익률을 따라가도록 설계된 펀드로 펀드매니저의 재량이 배제

① 성장형펀드

성장형펀드는 증권사에서 흔히 볼 수 있는 펀드로 현재의 수익성 보다 미래의 성장성이 높은 종목으로 주로 삼성전자, SK텔레콤 등 대표적인 우량주식에 투자하는 펀드로 주가지수가 상승 추세일 경우에는 더 빨리 상승하고, 하락추세일 경우에는 더 빨리 하락하는 등 주가지수에 비해 변동성이 높은 특징을 보인다.

② 가치형펀드

가치형펀드는 개별 종목 분석을 통해 현재의 주가보다 내재가치가 높은 저평가 주식을 주로 편입시키는 펀드로 성장형펀드에 비해 변동성이 낮은 특징을 보인다. 과거에는 내재가치가 높은 소형주 위주로 편입하여 주식시장 상승추세 마무리 단계에서 성장형 주식이 상승한 이후에 가치형 주식의 내재가치가 이슈화 되면서 상승하는 경향이 있으므로 낮은 변동성을 보이다 급등하는 경향이 있다. 하지만, 가치형펀드는 주식시장이 하락추세에 접어들어 펀드 환매가 이루어질 경우에는 소형주로서 주식시장에서 거래량이 너무 작아 주식을 판매할 수 없는 경우가 발생하여 펀드 환매가 지연될 수 있는 우려도 있다. 따라서 가치형펀드는 주로 2,000억원 내외의 소규모 펀드인 경우가 대부분이었으나, 최근에는 가치형펀드의 규모가 2~3조원으로 커지면서 주식의 내재가치 보다는 현재 시장대비 주가가 저평가되었다고 판단되는 우량주식까지 편입하면서 원래 가치형펀드의 투자 취지와는 다른 형태로 변형되었다.

③ 배당형펀드

배당형펀드는 배당성향이 높고 배당수익률이 높은 주식에 주로 투자하는 펀드로 넓은 의미에서 가치형에 포함된다. 기업에서 이익이 발생할 경우 우리나라에서는 배당보다는 내부유보를 장려해 왔기 때문에 배당성향이 OECD 국가 중 가장 낮다.

[표 3-11] 2017년 주요 국가 배당성향 및 배당수익률 (단위: %)

구분	한국	일본	중국	독일	홍콩	프랑스	미국	영국	대만	호주
배당 성향	15.5	27.1	32.0	41.4	44.2	50.1	52.1	56.0	61.9	75.3
배당 수익률	1.24	1.62	1.78	2.53	3.43	3.10	1.89	4.02	3.79	4.18

※ 출처: Bloomberg

따라서 우리나라 주식투자자들은 아직까지 배당주 투자에 대한 관심이 낮으나, 해외에서는 이미 배당주 투자가 유행하고 있다. 최근 정부에서도 주주의 이익배분을 위한 배당에 대한 관심이 높아지고 있으며, 이러한 정책방향에 따라 향후 한국 기업들도 배당성향을 높일 것으로 예상되어 우리나라의 배당수익률이 현재보다 더 상승할 것으로 전망되므로 배당주 투자에 대한 관심이 점차 확대될 것으로 보인다.

④ 인덱스형펀드

인덱스펀드는 주식시장수익률을 추종하도록 설계된 펀드로 펀드매니저의 재량이 배제된 펀드이다. 따라서 주식시장이 상승추세에 있을 경우에는 꾸준히 수익률이 상승하게 되는 유리한 펀드이나, 주식시장이 하락추세에 있을 경우에는 보유할수록 수익률이 하락할 수 있기 때문에 투자에 유의해야 할 펀드이다.

ⓒ 특수구조 유형

펀드의 특수구조 유형은 종류형과 모자형, 전환형으로 구분할 수 있다.

[표 3-12] 특수구조 유형 분류

유형	특 징
종류형	수수료, 보수 차이로 기준가격이 다른 수종의 간접투자증권을 발행하는 펀드
모자형	자산운용의 효율성을 제고하기 위해 다수 자펀드 자산을 모펀드에 통합하여 운용하는 구조(퇴직연금펀드의 일반적인 구조)
전환형	환매수수료의 부담 없이 다른 유형간에 전환이 가능하도록 설계된 펀드

① 종류형펀드

종류형펀드란 '판매비용을 부과하는 방식'에 따라 여러 종류로 구분하여 투자자를 모집하는 펀드를 말한다. 종류형펀드는 클래스로 구분하며, 펀드매니저와 펀드이름도 같기 때문에 어떤 클래스로 펀드에 가입하든 운용전략, 투자대상 등은 모두 동일하다. A클래스는 선취수수료 형태로 투자를 시작할 때 판매수수료를 납부하고, B클래스는 후취수수료 형태로 투자를 그만둘 때 판매수수료를 납부한다. C클래스는 판매비용을 모든 투자기간 동안 계속 지불되는 판매보수로 납부하고, D클래스는 투자를 시작할 때와 그만둘 때 판매수수료를 납부하는 선·후취수수료 방식이다. '펀드판매의 표준약관'에 근거한 분류로 자산운용회사는 클래스를 더 다양하게 또는 더 간소하게 만들 수 있으며, 클래스 명칭도 A, B, C, D가 아닌 다른 명칭을 쓸 수도 있다. 환매수수료는 글래스 별로 다르게 부과할 수 있다.

[표 3-13] 종류형펀드의 구분

유형	A형	B형	C형	D형
운용보수	동일	동일	동일	동일
수탁보수	동일	동일	동일	동일
사무관리보수	동일	동일	동일	동일
판매수수료	선취	후취	×	선취, 후취
판매보수	판매보수	판매보수	판매보수	판매보수

종류형펀드의 특징은 2가지로 구분해 볼 수 있다. 첫째, 우리나라에서 주로 판매되는 펀드는 A클래스와 C클래스로 나뉘는 종류형펀드인데 장기로 투자하면 A형이, 단기로 투자하면 C형이 유리합니다. 왜냐하면 펀드에 따라 차이가 있지만 아래에서의 그림과 같이 투자기간이 약 2년 이하이면 C형의 펀드투자비용이 저렴하고, 약 2년 이상이면 A형의 펀드투자비용이 저렴하기

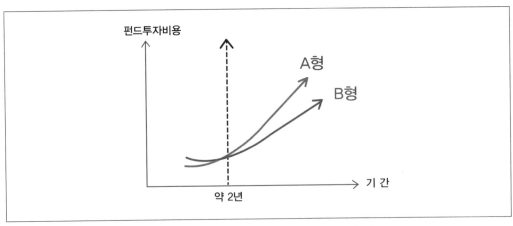

[그림 3-6] 종류형펀드 클래스별 수익 추이

때문이다. 통상 이러한 결과는 펀드에 투자한 자금이 꾸준히 증가한다는 것을 전제로 계산된 것이므로 펀드투자로 손실을 보거나 중간에 손실을 본 적이 있다면 결과는 달라질 수 있다. 둘째, 기준가격, 수익률은 비용을 포함하여 계산되기 때문에 클래스 별로 달라질 수밖에 없으므로 자산운용보고서, 홈페이지 등에서 운용현황을 확인할 때 본인이 가입한 클래스의 내용을 확인해야 한다.

② 모자형펀드

모자(母子)형펀드란 여러 펀드의 재산을 하나로 합쳐 운용함으로써 거래비용, 투자대상 조사 및 투자전략을 수립하는데 드는 비용 등을 줄여 '규모의 경제'를 달성하고자 하는 펀드이다. 투자자가 자(子)펀드에 투자하면 자(子)펀드는 모(母)펀드에 투자하고, 모(母)펀드가 한꺼번에 주식이나 채권 등에 투자하는 구조이다. 퇴직연금 운용자산으로 제시하는 펀드는 대부분 모자형펀드이다.

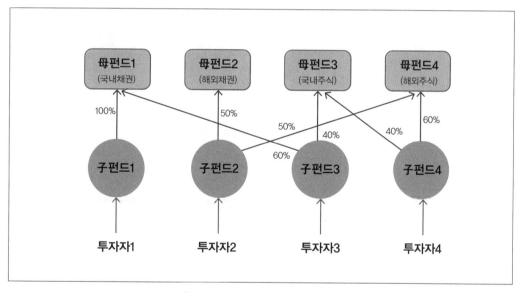

[그림 3-7] 모자형펀드(예시)

모자형펀드의 특징은 3가지가 있다. 첫째, 모(母는)펀드와 자(子)펀드는 자산운용회사가 반드시 같아야 한다. 둘째, 자(子)펀드는 모(母)펀드 외에 다른 펀드에 투자할 수 없다. 셋째, 자(子)

펀드는 모(母)펀드에 100% 이하로 투자할 수 있다. 즉, 펀드자산 전체를 모(母)펀드에 투자할 수도 있고, 일부를 직접 주식이나 채권 등에 투자할 수 있다. 넷째, 투자자는 오로지 자(子)펀드에만 투자할 수 있고, 모(母)펀드에는 투자할 수 없다.

③ 전환형펀드

전환형펀드(Umbrella Fund)란 자산운용사가 지정한 몇 개의 펀드그룹 내에서 투자자가 다른 펀드로 자유롭게 갈아탈 수 있는 펀드를 말한다.

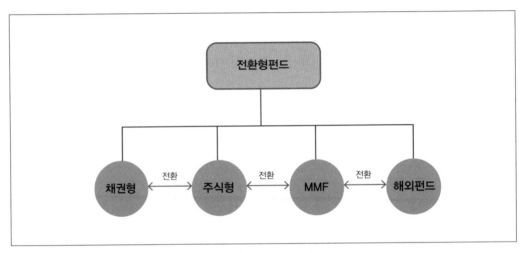

[그림 3-8] 전환형펀드(예시)

전환형펀드의 특징은 3가지로 나누어 볼 수 있다. 첫째, 시장의 상황에 적극적으로 대응할 수 있다. 전환형펀드는 다양한 성격의 펀드로 구성되기 때문에 시장상황에 따라 적절한 펀드로 갈아탈 수 있기 때문에 수익을 높이거나 손실을 축소할 수 있다. 예를 들어 주식시장이 상승전망일 경우에는 주식형펀드에 가입해서 수익을 달성하다가, 주식시장이 하락전망일 경우에는 경기도 나빠질 것이므로 채권수익률이 하락할 것에 대비하여 채권형펀드로 갈아탐으로써 계속 수익을 달성할 수 있다. 둘째, 투자한 돈을 전부 옮길 수도 있고 일부를 옮길 수도 있다. 투자한 돈을 전부 옮기지 않아도 되므로 각 상황에 맞게 일부는 다른 펀드로 전환하여 분산투자를 할 수 있다. 셋째, 다른 펀드로 갈아탈 때 환매수수료나 판매수수료 등 전환수수료가 들지 않는다. 다만, 전환횟수에 제한이 있는 전환형펀드도 있으니 유의하여야 한다. 그리고 투자하던 펀드를 환매하고 새로운 펀드를 매입해야 하기 때문에 3일~10일 정도의 시간이 소요된다.

3-3. 확정급여형(DB) 제도의 직접투자상품

ⓒ 상장주식

① 상장주식 개요

한국거래소(KRX)에서 거래 품목으로 상장되어 매매되고 있는 주식을 말한다. 상장주식은 퇴직연금제도 중 확정급여형(DB) 제도에서만 투자가 가능하며, 퇴직연금 적립금 평가금액의 최고 70%까지 투자할 수 있다.

한국거래소(KRX)에서는 어느 회사의 주식이라도 무조건 매매할 수 있는 것이 아니고 투자자 보호 입장에서 일정의 자격이나 조건인 상장기준을 갖춘 다음, 주식회사가 한국거래소에 신청해서 심사를 통화할 경우 주식시장에서 매매할 수 있게 된다. 이것을 상장이라 하고 상장기준이 엄한가 느슨한가에 따라서 제1부와 제2부로 나누어진다. 상장이 되면 ① 주식이 그만큼 신뢰를 받는다 ② 발행회사의 사회적 평가가 높아진다 ③ 시가로의 환금, 유통이 용이하다 ④ 증자하기가 쉽다 ⑤ 담보의 비중이 높아진다는 등의 효과가 있어, 가능한 한 빨리 그 자격이나 조건을 구비해서 상장시키고 싶어하는 중소기업이 많다.

주식투자는 시세차익을 목적으로 주식회사의 증권을 사고 파는 투자활동을 의미한다. 코스피 및 코스닥 등의 주식시장에서 주식을 사고 파는 것을 상장주식 매매라 한다.

② 투자 주체

상장주식의 투자 주체는 크게 기관과 개인 두 가지로 분류한다. 투자 주체가 개인인 경우 개인투자자라고 하고, 회사나 법인인 경우 기관투자자로 지칭한다. 우리나라 증시에서 시세를 좌우하는 것은 기관투자자로 이들은 증권사, 보험사, 자산운용사, 기금 등의 우리나라 기관과 헤지펀드 및 외국계 자산운용사 등의 외국계 기관으로 나뉜다. 일반적으로 국내의 기관투자자는 '기관'으로, 외국계 기관투자자는 '외국인'으로 지칭한다.

③ 투자기법

투자기법은 보유 기간에 따라 크게 장기투자와 단기투자로 나누며, 단기투자는 다시 스윙 (swing), 단타(day trading), 초단타를 말하는 스캘핑(scalping) 등으로 나눈다. 이는 단순히 보유 기간의 차이에 의한 분류라기보다 투자철학과 기업의 근본적인 아치에서 유래되는 것으로 볼 수 있다. 기업 가치를 보고 투자하는 경우 장기투자의 양상을 띠고, 주가 움직임의 기술적 분석을 통해 투자하는 경우 중·단기 투자의 양상을 띠게 되기 때문이다.

장기투자는 우량주를 매입해서 향후의 가치상승을 기대하고 오랜 기간 보유하는 것을 말하며, 바이 앤 홀드(buy and hold) 전략이라고 한다. 기업 가치를 보고 투자하는 것이므로 가치투자라는 용어로 잘 알려져 있다. 보유 기간은 주로 1년 이상을 의미하는데, 워런 버핏 같은 대표적인 장기투자자는 일부 종목에 한해 수십년간 보유하는 경우도 있다. 국민연금공단 등 공적 기금도 주식시장에 많이 투자하는 기관이며, 보유 현금이 많은 기업들도 주식투자를 하는 경우가 많다.

단기투자는 기업 가치보다는 기술적 분석에 의거하여 단기간의 등락을 예측하는 방식이다. 단타 매매는 주로 하루 이내의 기간으로 주식을 매매하는 것을 의미하는데, 당일 산 주식을 그날 장이 끝나기 전에 매도하는 것을 주로 의미하며, 전날 산 주식을 다음날 파는 매매까지를 포함하기도 한다. 단타보다는 긴 기간으로 즉 하루 이상 1주일 이내의 기간으로, 일반적으로는 2~3일의 기간을 두고 매매하는 것을 흔히 스윙매매라 부른다. 대표적인 스윙 투자자에는 대학 중퇴 후 아르바이트로 번 돈 1,600만원으로 5년만에 1,600억원을 번 일본의 젊은 부자인 코테가와 다카시(小手川 隆)가 있다. 이보다 짧은 시간 즉 수분~수초의 시간에 매수와 매도를 반복하는 방식을 초단타 혹은 스캘핑(scalping)이라 부른다. 영어로 scalping은 '가죽을 벗기다'라는 뜻인데, 아주 얇은 가죽을 벗겨내듯이 아주 작은 이익만 남기고 수많은 매매를 반복한다는 뜻이다. 스캘핑은 주로 거래량이 많고 가격 변화가 심한 종목에서 초단타 매매에 익숙한 전문가들에 의해 이루어진다. 스캘핑은 수학적 분석에 의한 자동화된 알고리즘 매매에서 많이 쓰이며 제임스 사이먼스의 르네상스 테크놀로지 등의 투자회사에서 주로 이용하는 방식이다.

④ 주식시장 분석기법

주식시장 분석기법으로는 기본적 분석과 기술적 분석 기법이 있다.

기본적 분석 기법은 기업가치를 분석하는 방법으로는 PER (주가수익률), PBR(주가순자산비율) 등 현재 이익 또는 보유자산 대비 주가의 정도를 파악할 수 있는 기준들이 널리 쓰인다. 예를 들어 PER이 낮은 주식은 현금창출능력에 비해 주가가 낮은 저평가된 기업이므로, 저PER 주식를 사서 장기 보유하는 방식은 널리 알려져 있는 투자방식이다. 그러나 이러한 방식은 현재의 현금흐름만을 따지므로 주가가 미래의 가치를 반영한다는 미래 성장성이 고려되지 않으며, 벌어들이는 이익 대비 주가가 낮다는 데는 그러한 이유가 반영되어 있다는 점에서 좋은 투자전략이 아니라는 견해가 있다.

또한 업종에 따라서는 이익보다도 매출 성장을 통한 시장점유율 장악이 중요한 경우도 있으므로, 투자 결정에 매출을 중시할 것인가 이익을 중시할 것인가 등의 문제가 있다. 이는 기본적 분석에서도 투자자의 견해가 개입될 여지가 많음을 의미하며, 가치투자를 더욱 어렵게 만드는 요인이기도 하다.

또한 상장회사는 공시를 통해 주기적으로 재무제표와 현금흐름표를 발표하므로, 투자자들은 이를 참고하여 기업의 가치를 가늠하게 된다. 재무제표는 기업의 총체적인 재무상태를 파악할 수 있는 가장 중요한 자료가 되는 한편, 분식회계의 위험성으로 투자에 실패를 초래할 위험이 있다. 엔론의 파산 등 대형 회계 부정 사건의 영향으로 오늘날에는 점차 현금흐름표의 중요성이 강조되고 있는 추세이다. 재무제표는 속여도 현금 흐름은 속이기 힘들기 때문이다.

또한 현금흐름만으로 기업의 가치를 평가하기 어려운 경우도 있는데, 예를 들어 신종플루 백신으로 유명한 바이오 기업인 길리어드사이언스 사는 기술개발에 많은 투자를 하는 회사로 신종플루 백신 등이 성공하기 전까지는 오랜 기간 큰 적자를 보아온 회사이다. 이처럼 기술력과 시장장악력 그리고 미래성장성은 매출액이나 순이익 등의 객관적인 지표로 표기하기 힘든 점이 있다.

기업 자체의 가치 분석 못지 않게 업종 현황과 전체 글로벌 경제의 상황 분석도 많은 비중을 차지한다. 새벽의 나스닥 지수는 다음날 아침 시작되는 대한민국의 주가에 많은 영향을 끼치며, 환율, 유가, 원자재 가격 등의 등락이 관련 업종에 밀접한 영향을 준다. 기업의 특성에 비추어 이러한 주변 상황이 긍정적으로 작용하는가 부정적으로 작용하는가가 주가의 등락에 영향을 끼친다.

기술적 분석 기법으로는 이동평균선, MACD, 스토캐스틱, RSI, 볼린저 밴드 등의 보조지표가 사용된다. 주가 차트는 하루 단위, 주 단위, 또는 월 단위로 시가와 종가, 고가와 저가를 하나

씩의 캔들에 표시하는 캔들 차트(candlestick chart)가 많이 쓰인다.

기본 단위가 하루인 경우 캔들을 일봉이라 하고, 한 주인 경우 주봉, 한 달인 경우 월봉이라 한다. 장중에는 분 단위로 표시된 캔들 차트도 많이 쓰이는데 이를 분봉 차트라 한다. 예를 들어 1분간의 거래를 하나의 봉으로 표시한 것은 1분봉, 3분간의 거래를 하나의 봉으로 표시한 것은 3분봉이라 한다. 종가가 시가보다 높은 경우를 양봉이라 하며 보통 빨간색으로 표시하고, 종가가 시가보다 낮은 경우는 음봉이라 하며 보통 파란색으로 표시한다.

주가 차트 외에 가장 기본적인 보조지표로는 이동평균선과 거래량을 꼽는다. 특히 투자시에 거래량은 매우 중요한 지표로 간주되는데 그 이유는 주가는 조작할 수 있어도 거래량은 속일 수 없기 때문이다. 따라서 "주가는 거래량의 그림자이다"라는 격언이 주식 시장에서는 널리 알려져 있다. 예를 들어 주가는 크게 상승했는데 거래량은 얼마되지 않는 경우, 주가조작 세력의 시세 조종 가능성을 배제할 수 없다.

다양한 기술적 분석 방식을 알고리즘으로 만들어 컴퓨터 프로그램으로 자동 매매를 할 수 있다. 이는 알고리즘 트레이딩, 시스템 매매, 또는 프로그램 매매 등으로 부른다.

⑤ 테마주

테마란 여러 종목들의 주가 등락에 공통의 원인이 되는 재료를 말하며, 그것에 의해 움직이는 주식들을 테마주라 한다. 예를 들어 우리나라를 찾는 중국인 관광객들이 늘어난다면 그로 인해 이익을 보는 회사들의 주가가 오르게 된다. 카지노 관련주, 백화점 관련주, 항공주, 화장품주 등이 그것이다. 정부 정책에 따른 테마도 있는데, 예를 들어 정부에서 사물인터넷이나 홀로그램을 육성하겠다는 발표가 있을 때 관련주가 크게 오르는 등의 움직임을 보인 것이 그 예다.

테마에는 별 관련성 없는 것들도 있어서, 예를 들어 정치테마주의 경우 정치인의 지인 혹은 학교 동문이 경영자로 있다는 이유만으로 해당 정치인의 행보에 의해 주가가 급등락하는 일들도 있다.

테마주는 주로 개인투자자들이 많이 하는 것으로 알려져 있는데, 그 이유로는 일단 주가를 움직이는 요인이 매우 단순하여 여러 요소를 고려할 필요가 없는데다 등락폭이 커 개인이 이익을 보기가 용이한 면이 있고, 매스컴에 의해 널리 알려져 주목을 받기 쉽다는 점이 있다.

테마주의 역사는 매우 길어서, 18세기 유럽에서 음악가 헨델은 남해회사(South Sea Company)에 투자하여 약 100배의 수익을 남겨 거부가 된 투자자이기도 하며, 아이작 뉴튼은 말년에 남해

회사에 투자했다가 1720년 거품이 터지면서 거의 전 재산을 잃기도 했다. 이 사건 후 뉴튼은 '천체의 움직임은 계산할 수 있어도 인간의 광기는 측정할 수 없다.'는 유명한 말을 남겼다.

◐• 상장 리츠(REITs)

리츠(REITs)란 부동산 투자를 전문으로 하는 뮤추얼펀드를 말한다. 'Real Estate Investment Trusts'의 약자로 부동산투자신탁이라는 뜻이다. 소액투자자들로부터 자금을 모아 부동산이나 부동산 관련대출에 투자하여 발생한 수익을 투자자에게 배당하는 회사나 투자신탁으로 증권의 뮤추얼펀드와 유사하여 '부동산 뮤추얼펀드'라고도 한다. 주로 부동산개발사업·임대·주택저당채권 등에 투자하여 수익을 올리며, 만기는 3년 이상이 대부분이다.

이 제도는 1938년에 스위스에서 처음으로 실시되었고, 제2차 세계대전 후 급속히 발달하여, 1959년 이후 구미 여러 나라에서 잇달아 시작되었는데, 특히 독일·미국 등에서 많은 발전을 이룩하였다.

리츠는 설립형태에 따라 회사형과 신탁형으로 구분된다. 회사형은 뮤추얼펀드와 마찬가지로 주식을 발행하여 투자자를 모으는 형태로 투자자에게 일정기간을 단위로 배당을 하며 증권시장에 상장하여 주식을 사고 팔 수 있다. 신탁형은 수익증권을 발행하여 투자자를 모으는 형태로 상장이 금지되어 있다.

리츠의 특징은 주식처럼 100만원, 200만원의 소액으로도 부동산에 투자할 수 있어 일반인들도 쉽게 참여할 수 있으며, 증권화가 가능하여 증권시장에 상장하여 언제든지 팔 수 있다. 또한 부동산이라는 실물자산에 투자하여 가격이 안정적이다. 가치상승에 의한 이익을 목적으로 하기보다는 가격상승에 따른 수입증가분의 분배를 목적으로 하는 경우가 많다.

투자의 대상이 부동산의 개발·임대·주택저당채권(MBS) 등 부동산에만 집중된다는 것이 여타 뮤추얼펀드와 차이점이다. 리츠에는 부동산에 직접 투자하는 지분형(Equity) 리츠, 부동산담보대출에 투자하는 부채형(Mortgage) 리츠 그리고 양쪽을 조합한 혼합형(Hybrid) 리츠가 있다. 리츠는 세법이 정한 요건을 갖추기 위해 투자자에게 안정적으로 배분해야 하기 때문에 대개 임대수입이 있는 상업용 부동산을 투자대상으로 삼는다. 이러한 리츠는 직접투자보다 몇 가지 더 나은 강점이 있다. 첫째, 조세감면 효과로 부동산취득에 따른 취득세와 등록세가 감면(50%)되어 직접투자 보다 수익성이 우수하다. 둘째, 관리가 용이하다. 직접투자는 부동산의 관리에 시간과 비용을 투자해야 하나, 리츠는 자산관리회사에 운용을 맡기므로 관리가 편하다. 셋째, 유동성이 우수하다. 부동산을 증권화하여 증권거래소에 상장하므로, 직접투자보다 유동성이 우수하다. 넷째, 소규모 투자자에게 기회를 제공한다. 대형빌딩과 같은 부동산투자 기회는 투자기회가 일부 시장 참가자에게 국한되나, 리츠를 이용하면 소규모 자금으로 대형부동산 투자기회를 얻을 수 있다. 다섯째, 자금조달이 용이하다. 개발사업에 필요한 자금을 자본시장에서 일반국민 또는 기관투자자로부터 직접 조달할 수 있다. 여섯째, 시장이 투명화된다. 부동산증권화를 촉진하여 유동성을 증가시키고 시장의 투명화, 외자유입의 촉진효과도 있다.

확정급여형(DB) 제도에 한하여 한국거래소에 상장된 「부동산투자회사법」상 부동산투자회사의 주식에 대한 투자가 허용된다.

3-4. 수익증권의 종류

⊙ 주식형수익증권

① 주식형수익증권의 의미

퇴직연금 적립금 운용을 위한 주식형수익증권은 주식에 60% 이상을 투자하고 나머지 금액을 채권과 유동성 자산에 투자하는 수익증권을 말한다. 하지만, 실무에서는 전체 자산의 90% 전후를 주식에 투자하는 것이 일반적이다. 또 주식형수익증권은 주로 거래소에서 상장된 주식에 투자해 시세차익, 배당금으로 수익을 낸 뒤 수익증권 투자자에게 되돌려주는 구조를 갖고 있다. 채권투자 수익도 시세차익, 이자로 구성된다는 점에서 주식과 유사하다. 다만 일반적인 주식의 가격변동성이 채권에 비해 워낙 크다 보니 주식투자 수익은 주로 시세차익, 채권투자 수익은 주로 이자수입에 의존하게 된다.

② 주식형수익증권의 운용방법

주식형수익증권은 주식에 직접투자 하는 것과 유사하다. 그러나 투자자는 수익증권이라는 투자기구를 통해 적은 금액을 여러 종목에 분산투자 함으로써 투자위험을 줄이는 한편 주식시장의 평균적 수익을 추구하게 된다. 금융당국은 일반개인이 투자하는 공모 주식형수익증권에 엄격한 분산투자를 요구하고 있다. 이를 강제한 법 규정을 '동일 종목 10% 룰'이라고 하는데, 이는 수익증권 자산의 10% 이상을 사용해 동일 종목에 투자할 수 없다는 뜻이다. 다만 삼성전자처럼 시가 총액이 주식시장 내에서 10%를 넘는 종목은 그 비중까지 투자할 수 있도록 허용함으로써 시장 평균수익률을 추구하는 데 애로가 없도록 하고 있다. 국내 주식에 투자하는 공모 주식형수익증권은 50~70개 종목을 보유하고 있다.

같은 주식이라도 모두 동일한 수익률 흐름을 보이지 않는다. 주식의 가격은 기업, 나아가 한 나라의 경제 흐름과 맥을 같이한다. 따라서 주식형수익증권의 수익률 움직임은 어떤 기업 주식, 더 나아가 어떤 나라의 주식에 투자하는가에 따라 전혀 다른 패턴을 보인다.

③ 스타일 투자기법

국내 주식형수익증권은 주로 투자하는 주식의 특성, 즉 중소형주, 고배당주, 가치주, 성장주 등의 구분에 의해 좀 더 세분할 수 있다. 고배당주 수익증권이나 가치주 수익증권은 주식시장 수익률보다 안정적 움직임을 보이나 중소형주 수익증권과 성장주 수익증권은 좀 더 급격한 움직임을 나타낸다. 또 가치주 계열 수익증권은 경기 하락 및 침체기에 시장 대비 초과 수익을 내는 경향이 있고 성장주 및 대형주 수익증권은 경기회복 및 활황기에 고수익을 내는 경향이 있다. 이 같은 주식형수익증권의 특성을 이용한 투자 방법을 스타일 투자기법이라 한다.

④ 해외 주식형수익증권의 종류

해외 주식은 미국, 서유럽국가 같은 선진국 주식에 투자하는 펀드가 안정적인 수익률 흐름을 보이는 반면 동유럽, 남미, 아시아 신흥국 등 신흥공업국가 주식펀드는 수익률 기복이 심한 편이다. 국내 주식은 신흥공업국과 선진국 중간 형태에 해당하는 특성을 갖고 있다.

또한, 해외 펀드는 투자하는 국가에 따라 개별 국가 주식형수익증권과 복수 국가 주식형수익증권으로 구분된다. 복수 국가는 권역별로 구분하는데, 전 세계에 분산투자 하면 글로벌 주식형수익증권, 전 세계에 분산투자 하되 신흥공업국가군에 집중 투자하면 이머징마켓 주식형수익증권 또는 신흥공업국 주식형수익증권이라고 부른다. 이 외에도 북미 주식, 서유럽 주식, 아시아 태평양 주식, 동유럽 주식, 남미 주식, 아시아신흥국 주식 펀드 등으로 세분할 수 있다.

권역별 투자수익증권은 해당 권역의 실물경제의 특성에 따라 상이한 수익률 흐름을 보이는 경향이 있다.

⑤ 주식형수익증권의 투자방법

주식형 상품은 고수익을 얻을 수 있다는 강점이 있다. 주가가 폭등하면 단 몇 일만에 1년 동안 공사채형에서 얻을 수 있는 수익보다 많은 성과를 올리는 것도 가능하다. 하지만 주가가 하락할 때는 원금마저 손실을 볼 가능성이 있으므로 주식형수익증권을 권유할 경우에는 이러한 위험에 대해 충분히 설명을 하고 가입자가 이러한 위험을 알고 가입할 수 있도록 한다. 특히 퇴직연금 적립금은 안전한 자산운용이 중요하므로 근로자 투자성향을 잘 파악하여 적절한 투자비율을 결정할 수 있도록 하여야 한다.

ⓒ 혼합형 수익증권

주식과 채권을 동시에 투자하는 펀드를 혼합형 또는 혼합자산수익증권이라고 한다. 주식형수익증권 보다는 다소 안정적인 펀드로 설계된 것이다. 주식에 최대 40% 이하 투자하도록 되어 있는 수익증권을 혼합채권형수익증권, 주식 최대 투자비율이 40~60%인 수익증권을 혼합형수익증권이라 한다. 따라서 혼합형수익증권은 주식형수익증권과 채권형수익증권의 중간 성격을 가진 셈이다.

혼합형수익증권은 주식형수익증권과 채권형수익증권에 각각 투자하는 번거로움이 없다는 장점 때문에 한때 국내 펀드의 주류를 이루기도 했다. 그러나 혼합형수익증권은 주식 부분의 과도한 수익률 기여도로 인해 채권 운용을 등한시할 수 있다는 점, 투자자 입장에서의 자산 배분을 어렵게 한다는 점 등 여러 단점 때문에 점차 쇠퇴하여 왔다.

국내 투자 수익증권 중 혼합형수익증권은 이처럼 주식과 채권에만 분산투자 하지만 해외투자 수익증권으로서 혼합형수익증권은 주식과 채권 외에 다양한 자산에 분산투자 하기도 한다. 예를 들어 주식, 채권 이외에도 부동산, 석유, 금, 곡물, 통화 등이 있다. 자산운용사에서는 각 자산별 상이한 수익률 패턴을 이용해 다양한 혼합자산 수익증권을 선보이려는 시도를 하고 있으나 아직 뚜렷한 성과를 보이지 못하고 있다.

최근에는 퇴직연금감독규정에서 총 위험자산 투자한도만 70%로 규제를 하고, 개별자산에 대한 투자한도를 폐지함으로써 확정급여형(DB)에 가입한 기업은 물론 확정기여형(DC)에 가입한 근로자들에게도 혼합형수익증권에 대한 관심이 높아지고 있다.

ⓒ 채권형수익증권

⑥ 채권형수익증권의 의미

채권형수익증권은 채권에 주로 투자하는 수익증권을 지칭하고 법적으로는 펀드자산의 60%

이상을 채권에 투자해야 한다. 그러나 일반적으로 채권형수익증권은 자산의 80% 이상을 채권에 투자하고 있다.

⑦ 채권의 성격

채권의 사전적 의미는 정부, 공공단체와 주식회사 등이 일반인으로부터 비교적 거액의 자금을 일시에 조달하기 위하여 발행하는 차용증서이며, 그에 따른 채권을 표창하는 유가증권이다. 채권은 상환기한이 정해져 있는 기한부증권이고, 이자가 확정되어 있는 확정이자부증권이라는 성질을 가진다. 대체로 정부 우량기업 등에서 발행하므로 안전성이 높고, 이율에 따른 이자 소득과 시세차익에 따른 자본 소득을 얻는 수익성이 있으며, 현금화할 수 있는 유동성이 크다. 이러한 특성에 따라 채권은 만기와 수익률에 따라 주요한 투자 자금의 운용 수단으로 이용되기도 한다.

채권은 대규모 자금조달 수단이라는 점에서 주식과 유사하다. 그러나 채권은 타 인자본이며, 증권 소유자가 채권자로서 이익이 발생하지 않아도 이자 청구권을 갖는 한편 의결권 행사에 의한 경영 참가권이 없고, 상환이 예정된 일시적 증권이다. 반면 주식은 자기자본이며, 증권 소유자가 주주로서 이익이 발생해야 배당 청구권을 갖지만 의결권의 행사에 의한 경영 참가권이 있고, 장차 상환이 예정되지 않은 영구적 증권이라는 점에서 크게 다르다.

⑧ 채권형수익증권의 투자 목적

채권은 발행 주체에 따라 국채·지방채·특수채·금융채·회사채 등으로 구분된다. 국공채라고 하면 국채, 지방채, 특수채, 통화안정증권과 함께 금융채 중 특수은행인 산업은행과 중소기업은행이 발행하는 산업금융채권, 중소기업금융채권 등을 포괄하는 개념이다.

그러나 채권형수익증권이 채권에만 투자하는 것은 아니라는 점을 주의해야 한다. 기업과 은행이 단기 자금 조달 목적으로 발행하는 CP(Commercial Paper, 기업어 음), CD(Certificate of Deposit)와 금융권 간 초단기 자금인 콜(Call) 등 확정이자부증권 모두가 투자 대상이다. 이들과 채권의 가장 큰 차이는 만기에 있다. 채권은 최소 1년 이상을 만기로 발행되는 데 반해 CD와 CP는 90일, 콜은 하루짜리가 주종을 이룬다. 따라서 채권형수익증권은 엄격히 말해 이자수익을 발생시키는 자산에 투자하는 펀드를 지칭한다. 물론 주식형수익증권도 펀드자산의 10% 전후를 채권 등 이자수익 발생 자산에 투자한다.

⑨ 듀레이션과 변동성

채권형수익증권의 수익에는 이자수익뿐 아니라 채권 등의 가격 변화도 중요한 변 수로 작용한다. 채권 가격은 금리와 반대 방향으로 움직인다. 다시 말해 채권 가격은 시중금리가 오르면 하락하고 금리가 내리면 상승한다. 금리변화에 따른 채권 가격 움직임의 민감도는 채권의 잔존만기와 관련돼 있다.

만기가 긴 채권은 작은 금리 변화에도 급격한 가격 변화를 일으킨다. 금리에 대한 채권가격 움직임의 척도로'듀레이션'이라는 개념을 사용한다. 원래 듀레이션은 채권 매입에 투입된 자금을 모두 회수하는 데 소요되는 기간을 의미한다. 이는 채권 잔존만기와 유사한 개념이지만 할인채를 제외하면 잔존만기보다 짧다.

듀레이션은 채권 가격과 금리와의 관계를 잘 표현하고 있어 채권의 투자위험을 나타내는 지표로 사용된다. 예를 들어 듀레이션이 2년인 채권은 금리가 1% 내리면 가격이 2% 상승하고, 1년인 채권은 금리가 1% 하락하면 가격은 1% 상승한다.

퇴직연금 운용방법으로 제시되는 채권형수익증권의 보유 채권의 평균듀레이션은 최근에는 대부분 5년 이상으로 길다. 왜냐하면 운용자산의 만기를 어느 정도 부채의 만기와 일치를 시켜야 하기 때문이다. 따라서 최근 채권형수익증권은 금리에 민감한 반응을 보인다. 금리가 급등하는 시기에는 채권가격 하락에 따른 평가손실이 발생하여 투자자들에게 불안감을 조성하는 한편, 금리가 하락하는 시기에는 채권가격 상승으로 생각했던 것보다 더 높은 수익률이 발생한다. 이러한 변동성의 증가는 평균듀레이션이 증가했기 때문이다.

⑩ 채권 유통수익률

채권 유통수익률, 즉 채권금리는 만기가 길고 신용등급이 낮을수록 높다. 만기가 긴 채권은 금리가 높긴 하지만 앞서 말한 대로 가격변동성이 높다는 위험이 있고, 신용등급이 낮은 채권은 부도 위험이 높아진다. 이 같은 채권의 특성을 기준으로 투자 채권형수익증권의 종류를 구분할 수 있다. 예를 들어 투자하는 채권의 잔존만기를 기준으로 단기, 중기, 장기 채권형수익증권으로 구분하고, 운용규정상 투자하는 채권의 잔존만기에 특별한 제한이 없으면 일반 채권형수익증권이라 한다.

⑪ 채권형수익증권의 투자방법

채권형수익증권을 이용한 투자방법은 이론상 간단하다. 금리가 중장기적으로 하락할 것 같으면 장기채권에 투자해 이자수익은 물론 시세차익을 노린다. 금리의 방 향성이 애매할 때는 단기채권 투자비중을 높여 이자수익 획득에 치중한다. 그러나 시장 방향성의 예측이란 만만한 일이 아니기 때문에 채권형수익증권에 투자해 성공할 확률은 주식형수익증권과 같다고 보면 된다.

또 일반적인 국내 공모 채권형수익증권은 신용등급이 BBB등급 이상인 채권에만 투자하도록 돼 있다. 그래서 신용등급이 BB등급 이하인 채권에 투자할 수 있으면 하이일드 채권형수익증권이라고 부른다. 신용등급이 낮은 채권형수익증권에 투자할 때 주의할 점은 부도 위험 때문에 종목 분산도가 높은 수익증권을 선택해야 한다는 것이다. 예를 들면 동일 기업이나 국가에 5% 이상 투자하지 않는 펀드가 좋다. 특히 자본시장의 신용 위험이 높아지면 국공채를 제외한 회사채 등은 금리가 높아지는 대신 환금성이 그만큼 악화된다. 그래서 시장의 부도율이 높아지는 신용경색 국면, 경기침체 국면에 신용도가 낮은 회사채 펀드에 투자할 때는 평소보다 더욱 신중해져야 한다.

앞서 말한 대로 채권형수익증권은 법적으로 채권에 60% 이상 투자해야 하는 수익 증권으로 말하지만 실무적으로는 CD와 CP처럼 단기물 위주의 이자수익 자산에만 투자하는 펀드도 포괄한다.

퇴직연금 적립금 운용상품으로서 채권형수익증권은 주로 안정적이면서 확정금리 상품보다 더 높은 수익을 추구하고자 하는 사용자 및 근로자들이 선택하여 운용한다. 따라서 주식형수익증권을 보완하면서 안정적인 수익을 얻기 위해 분산투자 하는 것이 유리하다.

ⓒ 주가연계증권(ELS)

① 주가연계증권(ELS) 개요

주가연계증권(ELS: Equity-Linked Securities, 株價連繫證券)이란 특정 주권의 가격이나 주가지수의 수치에 연계한 증권을 말한다. 개별 주식의 가격이나 주가지수에 연계되어 투자수익이 결정되는 유가증권이다. 자산을 우량채권에 투자하여 원금을 보존하고 일부를 주가지수 옵션 등 금융파생 상품에 투자해 고수익을 노리는 금융상품으로, 2003년 증권거래법 시행령에 따라 상품화되었다. 일반적으로 ELN(Equity-Linked Note)으로 불리고, 넓은 뜻으로는 신주인수권 증서인 워런트(warrant)도 포함된다.

장외파생금융상품업 겸영 인가를 받은 증권회사만 발행할 수 있는데, 만기는 3개월~3년으로 3년 이상의 장기가 주종을 이룬다. 유가증권에 대하여 적용되는 일반적인 규제가 동일하게 적용되나 주식이나 채권에 비해 손익구조가 복잡하다. 또한 원금과 수익을 지급받지 못할 위험성도 있고 투자자가 만기 전에 현금화하기가 어렵다는 특징도 지닌다.

주가지수가 상승할 때 일정한 수익을 얻을 수 있도록 하는 것부터 주가지수 등락구간별 수익률에 차이가 나게 하는 것 등 다양한 유형이 있는데, 일반적으로 원금보장형·원금부분보장형·원금조건부보장형의 3가지로 나뉜다. 원금보장형은 보수적이거나 안정적인 투자자가 선호하며, 원금부분보장형은 적극적인 투자자가, 원금조건부보장형은 공격적인 투자자가 선호한다.

흔히 ELS라고 불리는 주가연계증권은 개별 주식의 가격이나 주가지수에 연계되어 투자수익이 결정되는데, 연계되는 기초자산은 주가지수, 섹터지수, 개별종목 등 다양하고, 최근에는 주가뿐 아니라 원유와 같은 상품가격에 연계되어 발행되기도 한다. 만기는 1년이 일반적이지만, 일정한 수익이 발생하면 만기 전에 수익이 실현되는 녹아웃(knock-out)이나 기초자산 가격이 일정 수준 이상 상승 또는 하락하면 새로운 손익구조가 적용되는 녹인(knock-in)이 발생하기도 한다.

ELS는 발행기관의 의도에 따라 다양한 손익구조를 갖는다. 예를 들면, 기초자산 가격이 상승할 때 일정한 수익을 얻을 수 있도록 하는 것부터 투자기간 중 한번이라도 미리 정한 가격에 도달하면 일정한 수익률을 주고 아니면 만기 시 가격 변동률에 따라 수익률이 결정되는 구조, 일정한 등락 구간에서만 수익률에 차이가 나는 구조 등이 있다.

우리나라에서 ELS는 2003년부터 상품화되기 시작하여 초기에는 원금보장형 ELS가 주종을 이루었으나, 점차 수익구조가 복잡해지면서 원금과 수익을 지급받지 못할 위험성이 큰 상품들이 발행되고 있다. 예를 들면, 녹인(knock-in) 조건에 따라 '만기 전 기초자산 가격이 한번이라도 50% 이하로 떨어진다면 수익률이 −100%'가 되는 경우도 있다.

ELS는 투자자에게 투자선택의 폭을 넓히고, 증권회사의 수익구조를 변화시켜 증권업 활성화에 기여하는 것으로 평가되고, 또한 저금리 예금상품에 대한 대안으로 은행을 중심으로 ELS가 많이 판매되고 있다. 그러나 투자자의 경우는 원금보장 여부를 확인해야 하고, 아니라면 얼마만큼의 투자위험이 있는지를 꼼꼼하게 살펴보고 투자해야 한다.

② 주가연계증권(ELS) 사례

아래의 그림은 최근 증권회사가 판매하고 있는 ELS구조를 보여준다. 노낙인(No Knock-in)스텝다운 구조로 투자기간 동안 기초자산이 최초기초자산가격의 60% 미만인 날(Knock-in)과 상관없이, 만기평가일에 기초자산의 종가가 최초기초자산가격 대비 60% 이상이면 최대 18% 수준 (연 6% 수준, 세전)의 수익률로 상환하는 구조이다. 파생결합증권의 기초자산가격 수준에 따른 수익률은 예시수익률이며, 확정된 수익률은 아니다.

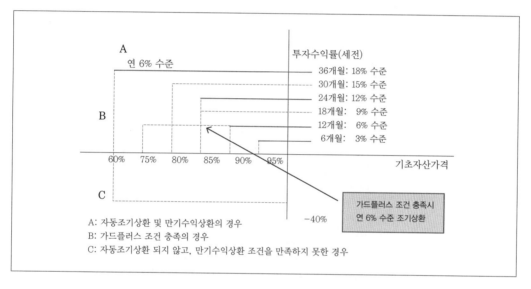

[그림 3-9] 주가연계증권(ELS) 수익구조 (예시)

파생결합증권기초자산: EUROSTOXX50, HSCEI, NIKKEI225

상환구분	상환	기간	상환조건
자동 조기상환	자동 조기상환	6개월	(1) 1차 자동조기상환평가일에 각 기초자산가격(종가)이 모두 최초 기초자산가격 대비 95% 이상인 경우
		12개월	(2-1) 2차 자동조기상환평가일에 각 기초자산가격(종가)이 모두 최초 기초자산가격 대비 90% 이상인 경우
		12개월	(2-2) (가드플러스) 2차 자동조기상환평가일에 위 (2-1)이 발생하지 않고, 최초 기초자산가격 결정일(불포함)부터 2차 자동조기상환평가일(포함)까지 기초자산 중 어느 한 기초자산이라도 기초자산가격(종가)이 최초 기초자산가격 대비 75% 미만으로 하락한 적이 없는 경우
		18개월	(3) 3차 자동조기상환평가일에 각 기초자산가격(종가)이 모두 최초 기초자산가격 대비 85% 이상인 경우
		24개월	(4) 4차 자동조기상환평가일에 각 기초자산가격(종가)이 모두 최초 기초자산가격 대비 85% 이상인 경우
		30개월	(5) 5차 자동조기상환평가일에 각 기초자산가격(종가)이 모두 최초 기초자산가격 대비 80% 이상인 경우
만기상환	수익 상환	36개월	(6) 만기평가일에 각 기초자산가격(종가)이 모두 최초 기초자산가격 대비 60% 이상인 경우
	수익 상환	36개월	(7) 만기평가일에 기초자산 중 어느 한 기초자산이라도 기초자산가격(종가)이 최초 기초자산가격 대비 60% 미만인 경우 ⇒ 원금손실 ⇒ 원금 손실률=기초자산 중 기초자산가격이 가장 많이 하락한 기초자산(기준종목)의 기초자산가격 기준 하락률 수준으로 원금손실 발생

최초 기초자산가격 결정일, 자동조기상환평가일 및 만기평가일에 해당 기초자산의 거래소 한 곳이라도 영업일이 아닌 경우에는 모든 기초자산의 거래소가 모두 영업일이 되는 날까지 순연되며, 이 경우 평가일이 순연됨에 따라 파생결합증권 대급지급일도 순연된다. 또한, 대급지급

일이 신탁업자 및 해당 판매사 영업일이 아닌 경우 순연된다.

위의 ELS는 12개월째에 가드플러스 조건이 있다. 가드플러스 조건이란 2차 자동조기상환일에 각 기초자산가격(종가)이 모두 최초 기초자산가격 대비 90% 이상인 요건을 충족하지 못하고, 최초 기초자산가격 결정일(불포함)부터 2차 자동조기상환평가일(포함)까지 기초자산 중 어느 한 기초자산이라도 기초자산가격(종가)이 최초 기초자산가격 대비 75% 미만으로 하락한 적이 없는 경우에는 연 6% 수준으로 조기상환 한다는 조건이다.

동 ELS의 원금손실 여부는 만기평가일이 중요하다. 만기평가일에 각 기초자산가격(종가)이 모두 최초 기초자산가격 대비 60% 이상인 경우에는 36개월간 18%(연 6% 수준)로 만기상환을 하지만, 만기평가일에 기초자산 중 어느 한 기초자산이라도 기초자산가격(종가)이 최초 기초자산가격 대비 60% 미만인 경우에는 원금손실이 발생하게 되므로 유의하여야 한다. 여기서 원금손실률은 기초자산 중 기초자산가격이 가장 많이 하락한 기초자산(기준종목)의 기초자산가격 기준 하락률 수준으로 주식시장이 폭락할 경우에는 최대 −100%까지도 가능하다.

③ 주가연계증권(ELS) 주요 위험

주가연계증권(ELS)의 주요 위험으로는 원본손실위험과 시장위험, 유동성 위험 및 중도환매위험, 발행회사 신용위험 등이 있다.

원본손실위험이란 주가연계증권(ELS)은 예금자보호법에 따라 예금보험공사가 보호하지 않으며, 운용결과에 따라 투자원금의 손실이 발생할 수 있다. 주가연계증권(ELS)은 투자원금의 전부 또는 일부에 대한 손실은 전적으로 투자자에게 귀속되는 실적배당상품이므로 유의하여야 한다.

시장위험이란 신탁재산의 대부분을 파생결합증권에 투자하므로 국내외 금융시장의 주가, 이자율 및 기타 거시경제지표, 정치·경제 상황, 정부의 정책변화, 세제의 변경 등이 운용에 영향을 미칠 수 있다. 특히 파생결합증권의 기초자산 가격 변동에 손익이 결정되며, 기초자산 관련 주식시장 붕괴 등으로 인한 주가 폭락 시 원금손실이 가능하다.

파생결합증권은 다른 증권과는 달리 발행한 회사와 직접 거래를 하여야 하므로 유동성이 작다. 이에 파생결합증권을 중도 환매하고자 하는 경우 매각이 원활하지 못할 수 있다. 중도 환매 시 환매청구일과 기준지수 적용일이 달라서 실제 환매대금은 환매청구일의 예상 금액과 차이가 발생하며, 잔존 투자자 보호를 위하여 환매수수료가 높게 책정됨으로 인해 높은 환매수수료 징구로 투자원금 손실이 발생할 수 있다.

또한, 파생결합증권에 신탁재산의 대부분을 투자하므로 그 파생결합증권 발행회사의 부도, 파산, 재무상황의 악화 등의 사유로 투자계약조건을 이행하지 못하는 경우에는 이 투자신탁이 추구하는 투자목적이 달성될 수 없으며, 원리금 지급이 지연되거나 투자원금의 일부 또는 전액 손실이 발생 또는 원금에 미달하는 금액으로 강제 조기 청산될 수 있다.

3-5. TDF (Target Date Fund)

⊙ TDF(Target Date Fund) 개요

TDF(Target Date Fund)란 은퇴예상시점까지 남은 기간 등에 따라 위험자산과 안전자산의 비중을 지속적으로 조정하여 안정적인 수익을 추구하는 펀드를 말한다. 즉, 투자자의 은퇴시점을 Target Date로 하여 생애주기에 따라 펀드가 포트폴리오를 알아서 조정하는 자산배분 펀드이다.

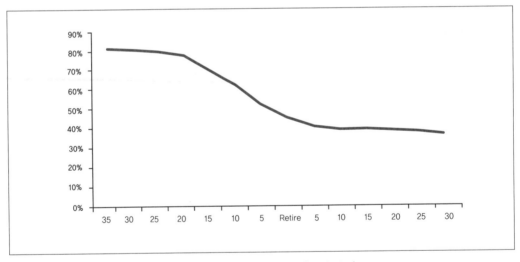

[그림 3-10] Glide Path (주식비중)

목표시점(Target Date, 개인별 은퇴시점)에 가까워질수록 위험자산의 투자비중을 줄여나가는 자산배분패턴인 Glide Path을 갖는 펀드로 투자자의 예상 은퇴시점별로 상품을 제공한다. Glide Path란 예상 은퇴시점까지의 잔여기간이 길수록 위험자산(주식) 비중을 높게 유지하고, 잔여기간이 짧을수록 비중을 낮게 유지하는데 이러한 위험자산 비중 조절 경로를 말한다. 일반펀드와 달리 고객의 별도 운용지시 없이 Glide Path를 통해 생애주기와 은퇴시점을 고려한 글로벌 자산배분과 펀드 내 상품을 자동 리밸런싱 및 위험자산 비중 조절을 한다.

TDF는 2025, 2030, 2035 등 예상은퇴시점을 기준으로 약 5개 ~ 7개까지 종류를 정해 놓고, 가입 근로자가 본인의 예상은퇴시점에 해당하는 펀드를 선택하도록 하고 있다. 예를 들어 2025펀드는 2025년도에 은퇴가 예상되는 근로자가 선택을 하게 되는 것이다. 그리고 여기서 2025펀드 보다는 2035펀드가 예상은퇴시점이 더 길기 때문에 주식편입 비중이 더 높다.

ⓒ TDF의 주요 투자위험

① 시장위험 및 개별위험

TDF는 간단히 말하면 채권과 주식을 혼합한 혼합형펀드로 이해를 하면 된다. 그리고 채권과 주식의 비중이 증권시장의 전망과 상관없이 예상은퇴시점에 따라 자동적으로 변경되기 때문에 시장위험에 항상 노출되어 있다는 점을 유의해야 한다. 따라서 증권시장이 좋지 않을 경우에는 은퇴예상지점이 긴 펀드의 경우에는 손실이 크게 발생할 수 있다. 즉, 채권과 주식을 혼합한 혼합형펀드의 유형 이므로 채권비중이 높은 Target Date가 짧은 펀드의 경우 시장금리 수준에 따라 펀드수익률이 영향을 받고, 주식비중이 높은 Target Date가 긴 펀드의 경우에는 주식시장 전망에 따라 펀드수익률이 급등락 하게 된다. 특히, 한번 가입하면 채권과 주식 비중이 시장전망과 상관없이 자동적으로 조정되기 때문에 국내 및 글로벌 주식시장이 급락할 경우나, 시장금리가 급등할 경우에는 일반 주식형펀드나 채권형펀드보다 리스크에 더 많이 노출될 우려가 있다.

또한, 국내 및 글로벌 증권의 가격 변동, 원자재관련 자산의 가격변동, 거시경제지표의 변화 등에 따른 위험에 노출되고, 해당 국자의 경제전망, 환율변동 등 해외경제지표의 변화에 따른 위험에 노출되어 있다. 그리고 투자신탁재산의 가치는 투자대상종목 발행회사의 영업 환경, 재무상환 및 신용상태의 악화에 따라 급격히 변동될 수 있다.

② 환율변동위험

TDF는 통화관련 파생상품 거래를 통해 환위험을 회피하는 것을 목표로 하고, 미 실현 손익에 대해서는 주기적으로 환 헷지 비율을 조정하여 최대한 환 위험을 회피하고자 한다. 그러나 관련 시장 규모, 거래비용, 투자수단의 유용성, 시장간의 시차, 관련 시장의 교란 및 전세계 거시 경제적인 기타 변수 등에 따라 환 위험을 회피하기 곤란한 경우에는 일부 또는 전체에 대하여 환 위험에 노출될 수 있다. 또한, 환헷지를 하는 경우에도 투자신탁 설정 및 해지의 반복, 가격변동, 최소 환헷지 거래규모 등으로 인하여, 이 투자신탁에서 투자하는 외화자산의 환위험에 대하여 100% 헷지를 하는 것은 불가능하기 때문에 투자신탁 순자산액 ±일정 범위에서 환헷지가 이루어 진다. 이에 따라 환헷지를 하는 경우에도 투자신탁 순자산액에 미달되거나 초과되는 부분은 환율변동위험에 노출된다.

③ 거래상대방 및 신용위험

보유하고 있는 증권 및 단기금융상품 등을 발행한 회사가 신용등급의 하락 또는 부도 등과 같은 신용사건에 노출되는 경우 그 증권 및 단기금융상품 등의 가치가 하락할 수 있다.

○ 퇴직연금에서 TDF(Target Date Fund) 운용

확정급여형(DB) 제도의 경우에는 사용자(기업)의 퇴직연금 재원을 운용하는 형태로 은퇴예상시점을 특정할 수 없어 TDF의 투자한도를 적립금의 70%로 제한했으나, 확정기여형(DC)와 개인형IRP에서는 퇴직연금감독규정 시행세칙에서 감독원장이 정한 기준을 충족한 적격TDF에 대해서는 투자한도를 적립금의 100%까지 허용했다. 적격TDF란 주식 투자한도 최대 80% 이내, 은퇴시점 이후 40% 이내를 충족하는 TDF를 말한다.

[퇴직연금감독규정 제5조의2] 적격 집합투자증권 인정기준

① 은퇴예상시기 등 투자목표시점이 다가올수록 위험자산의 비중을 점차 줄여 나가는 생애주기형 자산배준 전략을 통하여 투자위험을 낮추는 운용방법 및 운용지침 등을 갖출 것

② 투자목표시점을 집합투자기구 설정일로부터 5년 이후로 하고, 집합투자증권의 명칭에 기재할 것

③ 주식의 투자한도를 집합투자기구 자산총액의 100분의 80 이내로 하고, 투자목표시점 이후에는 집합투자기구 자산총액의 100분의 40 이내로 할 것

④ 투자적격등급 이외의 채무증권의 투자한도를 집합투자기구 자산총액의 100분의 20 이내로 하고, 채무증권 투자액의 100분의 50 이내로 할 것

ⓒ 국내 TDF(Target Date Fund) 종류

① 삼성자산 한국형TDF

한국형TDF는 삼성자산운용이 글로벌 초우량 자산운용사인 미국 Capital Group社(現 자산 규모 $1.5조)에 위탁운용을 하고 있는 TDF이다. Capital Group社는 1931년 설립 이후 80여년 간의 펀드 운용 Know-how를 보유하고 있는 회사로 Capital Group社와 협업을 통해 한국인에 맞는 자산배분 전략을 수립하고 있다. 한국인의 다양한 Profile을 기초로 한 한국형 Glide-Path를 재설정 하고, 장기적으로 우수한 성과를 달성하고 있는 Capital Group TDF 모델을 기반으로 하고 있다.

Capital Group社가 운용하고 있으며, 룩셈부르크에 등록된 13개의 역외펀드에 분산투자하여 글로벌 포트폴리오를 구축하고 있다. 미국 및 유럽, 아시아, 이머징 등 글로벌 주식 및 채권을 망라한 13개 역외펀드는 9개의 해외주식형 펀드와 3개의 해외 채권형펀드, 1개의 자산배분 펀드로 세부 종류는 신흥국 중기채 펀드, 신흥국 국채 및 하이일드 펀드, 글로벌 국채펀드, 글로벌 자산배분, 글로벌 배당주식, 미국 성장/배당주식, 유럽 성장/배당주식, 글로벌 성장/배당주식, 이머징 주식, 이머징 성장주 중심의 글로벌 펀드, 미국 성장주 펀드, 글로벌 주식, 글로벌 성장주이다.

[표 3-14] 글로벌 역외펀드 13개 현황

구분		펀드명	특징
주식	일반 주식형	New Perspective	글로벌 트렌드 중심의 주식 펀드
		Global Equity	선진국 주식 펀드
		New World Fund	이머징 성장주 중심의 글로벌 펀드
		AMCAP	미국 성장주 펀드
		Emerging Total Opportunities	이머징 주식 펀드 (혼합형)
	성장/ 배당주	Global Growth and Income	글로벌 성장/배당주 펀드
		European growth and Income	유럽 성장/배당주 펀드
		Investment Company of America	미국 주식 펀드
		World Dividend growers	글로벌 고배당주 펀드

구분	펀드명	특징
자산배분	Global allocation	글로벌 자산배분 펀드
채권	Global bond fund	글로벌 국채 펀드
	Global Intermediate bond fund	글로벌 중기채 펀드
	Global High Income Opportunities	신흥국 국새 및 하이일드 펀드

※ 자료) Capital Group

한국형 생애주기별 맞춤형 자산배분 프로그램으로 알아서 리밸런싱을 한다. 청년기에는 자산 성장을 추구하여 성장주, 고수익 채권 비중이 높았다면, 은퇴시기에 가까워질수록 그에 맞게 성장주는 배당주로, 이머징채권과 하이일드는 국채 및 우량 회사채로 포트폴리오를 변경해서 안전성을 높인다.

펀드	은퇴 잔여 기간 (2016년 기준)	대상 고객 (55~60세 은퇴기준)	기간별 주식 비중 (%)						
			−30년 80%	−25 79	−20 76	−15 66	−10 55	−5 42	은퇴+30 33→22
2045	30년	20~30대							
2040	25년	30대							
2035	20년	30~40대							
2030	15년	40대							
2025	10년	40~50대							
2020	5년	50대 이상							
2015	−	은퇴 이후							

※ 자료) Capital Group

[그림 3-11] 은퇴시점에 따른 펀드선택 방법

삼성한국형TDF의 경우 현재 2015부터 2045까지 5년 단위로 7개의 펀드로 구성되어 있다. 다음에서 보는 바와 같이 자신의 출생년도에서 은퇴예상 나이를 더한 년도에 해당하는 펀드를 추천한다. 예를 들어 1970년생의 경우 60세에 은퇴가 예상된다면, '1970 + 60 = 2030'이 되므로 삼성한국형TDF2030증권투자H(주식혼합-재간접)을 가입하면 되는 것이다. 펀드이름에서도 알 수 있듯이 2015는 은퇴까지 얼마 남아있지 않기 때문에 채권비중이 많다. 따라서 TDF2015, TDF2020은 채권혼합형(채권자산이 40% 이상)으로 분류되고, 은퇴시기까지 조금 여유 있는 나머지 펀드들을 주식혼합형(주식자산이 60% 이상)으로 분류된다.

삼성한국형TDF의 장점은 첫째, 생애주기에 맞게 주식-채권의 비중을 자동으로 조절해 주고, 둘째, 글로벌 자산에 분산투자를 알아서 해주며, 셋째, 주기적인 리밸런싱을 펀드가 알아서 해 준다는 것이다. 따라서 한번 가입하면 별다른 신경을 쓰지 않아도 된다. 넷째, 미국 401K 디폴트상품으로 검증받은 TDF이다.

하지만, 이러한 장점이 다시 단점이 되기도 하는 펀드이다. 가입 근로자 입장에서는 주식형 펀드나 혼합형펀드를 가입한 효과가 있지만, 시간 경과에 따라 자산 비중만 조정할 뿐 증권시장 상황을 감안하지 않는 단점이 있다. 따라서 증권시장이 나빠질 경우에는 원본손실이 발생할 수 있으므로 가입 후에도 수시로 증권시장 전망에 따른 리밸런싱이 필요하다. 그리고 해외펀드 이므로 환매를 할 경우에도 오후 5시 이전에 환매청구를 할 경우에는 환매청구일로부터 제5영업일에 공고되는 기준가격으로 환매청구일로부터 제10영업일에 지급되며, 오후 5시 이후에 환매청구를 할 경우에는 환매청구일로부터 제6영업일에 공고되는 기준가격으로 환매청구일로부터 제11일 영업일에 지급되므로 자금이 필요할 경우에는 환매기간을 감안하여 환매신청을 할 필요가 있다. 또한, 수익자에게 지급되는 수익 중 과세대상 수익은 신탁기간 종료일, 이익분배금 지급일, 환매일에 원천징수를 하며, 개인 및 일반법인에게는 소득의 15.4%(지방세 포함)를 원천징수한다.

② 한국투자 TDF 알아서펀드

한국투자 TDF 알아서펀드는 미국 T.Rowe Price社의 기본설계에다 한국투자에서 한국투자자들의 자국 투자 선호현상을 반영하여 한국 자산을 편입함으로써 하나의 펀드로 국내/국외 투자가 가능 하도록 설계된 펀드이다. 미국 T.Rowe Price社는 1937년 설립하였으며, 80여년의 경력과 약 1,070조원을 관리한다. 운용자산 비중은 미국 주식이 대부분이다. TDF 운용규모에 강점을 갖고 있으며, TDF 미국내 비중은 Top3에 속한다.

연금관련 학계 권위자와 협업을 통해 우리나라 소득, 물가, 금리, 생명주기 등을 반영한 한국형 Glide Path를 완성했다. 타 국가 대비 빠른 노령화와 장기 생존 위험(Longevity Risk)에 대비하여 높은 주식 편입비률을 유지하는 것이 특징이다.

한국투자 TDF 알아서펀드는 채권혼합형 1종과 2020, 2025, 2030, 2035, 2040, 2045 등 주식혼합형 6종 등 총 7가지 펀드로 구성돼 있다. 이 펀드는 자동 투자, 자동 조정, 자동 위험관리가 하나의 펀드 안에서 해결되는 것을 추구한다. 한번의 투자로 20여개의 펀드에 분산투자하고 하나의 상품에 가입함으로써 펀드 내 투자비중이 알아서 조절된다. 은퇴시점이 가까워지면 주식 등 위험자산 비중을 낮추고 채권과 같은 안전자산을 늘려 위험 관리에도 효과적이다.

한국투자 TDF 알아서펀드의 특징은 4가지로 구분해 볼 수 있다. 첫째, 국내의 물가와 금리변화, 한국인의 생애 주기 등을 반영해 최적화된 자산배분을 수행하는 한국형 자산배분경로(Glide Path)를 완성해서 7가지 종류의 맞춤형 펀드 가운데 선택해 투자가 가능하다. 둘째, 전세계 자산 대상 20개 내외 펀드로 분산투자한 진정한 All-In-One 펀드로 해외 투자뿐만 아니라 국내주식을 편입하고 상대적으로 높은 주식비중을 유지하고 있는 점은 타사의 TDF와 구별되는 특징이다. 국내 주식 투자비중을 최대 20% 수준까지 설정해 우리나라 투자자들의 자국 선호 현상을 반영하고 환 위험에도 대응 가능하도록 설계했다. 또한 은퇴자산을 쌓기 위한 상품인 만큼 높은 기대 수익률을 추구할 수 있도록 주식비중을 일정수준 유지하는 전략으로 운용된다. 셋째, 운용

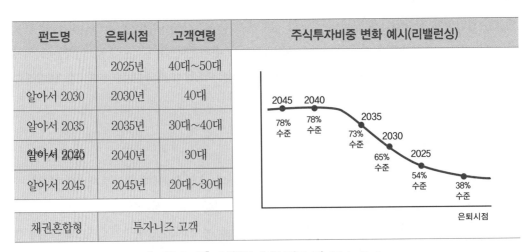

펀드명	은퇴시점	고객연령	주식투자비중 변화 예시(리밸런싱)
	2025년	40대~50대	
알아서 2030	2030년	40대	
알아서 2035	2035년	30대~40대	
알아서 2040	2040년	30대	
알아서 2045	2045년	20대~30대	
채권혼합형	투자니즈 고객		

[그림 3-12] 연령별 추천 펀드 및 Glide Path

성과로 검증된 최고수준의 연금전문 운용사 T.Rowe Price와 협업 및 TDF편입 개별 펀드 마다 벤치마크 대비 초과수익을 추구하는 액티브운용을 추구한다. 넷째, 주기적으로 전술적 자산배분위원회의 의견을 반영하여 시장 상황에 맞는 세부 펀드 투자비중을 결정한다.

③ 신한BNPP 마음편한 TDF

신한BNPP 마음편한 TDF는 프랑스 BNP 파리바그룹 산하 자산배분 전문계열사인 MAQS가 전략적 자산배분을 자문하고, 전술적 자산배분부터 최종 유니버스 구성과 펀드 선정 및 투자 실행은 국내에서 담당한다. 즉, 글로벌 운용사로부터 자문을 받되 운용은 신한BNPP가 직접 수행하는 구조다. 해외 주식시황과 연계해 유연한 환헤지 전략을 활용하는 점도 특징이다. MAQS(Multi Asset, Quantitative & Solution)는 BNPP 산하 자산배분 전문 계열사로서 네덜란드 연기금을 포함한 90조원의 자산 배분 관련 자금을 운용중이다.

신한BNPP 마음편한 TDF의 특징은 3가지가 있다. 첫째, 펀드 운용 구조에서 합작 모그룹인 프랑스 BNPP MAQS로부터 자문을 받아서 국내에서 직접 운용하는 글로벌 운용의 한국화(Global to Local) 구조를 가지고 있다. 이를 위해 프랑스 BNPP MAQS에서 TDF를 운용하던 운용역이 신한BNP파리바자산운용에 파견되어 TDF의 설계에 참여하였고 펀드 운용에 대한 자문을 실시하고 있다. 둘째, 해외 주식 투자와 연계하여 유연한 환헷지 전략을 활용하는 점도 특징이다. 장기적으로 선진국 주식과 선진국 통화 대비 원화가 음의 상관관계를 가지는 특징을 활용하여 해외 주식에 대해서는 기본적으로 환을 오픈 하는 전략을 사용하지만, 단기적으로는 선진국 주식과 선진국 통화 대비 원화가 양의 상관관계를 가질 수 있는 부분을 고려하여 단기 전망에 따라 환헤지를 부분적으로 실시하는 전략을 사용하고 있다. 셋째, 투자 대상을 다양화하여 수익 추구 방법을 다변화하고 있다. 자문 운용사인 BNPP의 펀드 위주가 아닌 세계적으로 검증된 펀드(ETF 포함)에 다양하게 투자하여 수익 추구 방법을 다변화시키는 특징을 보여주고 있다.

신한BNPP 마음편한 TDF는 연령별 총 5개의 펀드로 구성되어 있으며, 주식투자비중은 2035~2045가 80% 수준이고, 2030이 60% 수준, 2025가 40% 수준으로 타사 TDF보다는 다소 가파른 Glide Path를 나타내고 있다.

펀드명	은퇴시점	고객연령	주식투자비중 변화 예시(리밸런싱)
마음편한 2025	2025년	40대~50대	
마음편한 2030	2030년	40대	
마음편한 2035	2035년	30대~40대	
마음편한 2040	2040년	30대	
마음편한 2045	2045년	20대~30대	

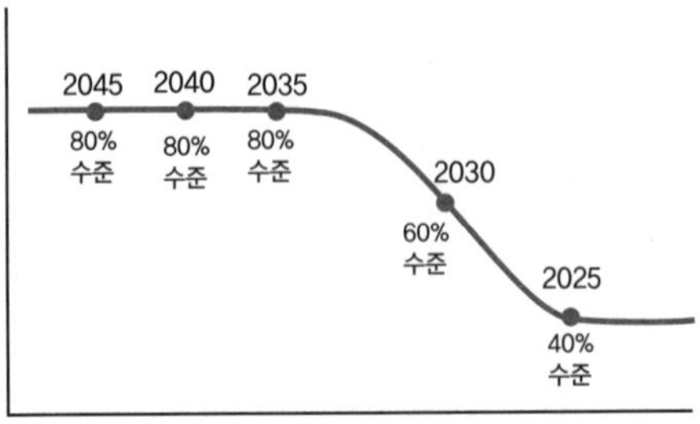

[그림 3-13] **연령별 추천 펀드 및 Glide Path**

펀드 유니버스 구성은 국내 자산은 패시브(ETF 포함) 및 액티브 위주로 해외자산은 패시브 (ETF 포함) 위조로 구성하여 재간접 펀드(Fund of Funds)로 운용하고 있다.

[표 3-15] **펀드 유니버스**

유형		하위 자산군
주식	선진국	US/Canada/Japan/Europe/Asia-Pacific
	이머징	EM Asia/EMEA(이머징 유럽, 중동, 아프리카)/ Latin America/Korea
	REITs(부동산)	US/Europe/Asia
채권	선진국 국공채	US/Europe/Intermational
	선진국 투자등급	US/EMU(유럽통화연맹)/UK
	이머징 국공채	달러 표시, 이머징 로컬 통화 표시, Korea
FX	USD/JPY/EUR/KRW	

주간, 월간, 분기, 반기 단위로 장단기 투자비중, 하위펀드 성과 및 위험 등에 대한 정기적인 모니터링을 실시하고, 시장 전망 변화, 하위펀드의 성과부진이나 운용전략 변경 등 이벤트 발생 시 정기 및 수시 리밸런싱을 통해 리스크에 체계적으로 대응하는 시스템이다.

④ **미래에셋 TDF**

투자자의 은퇴시점(Target Date)에 맞추어 위험자산과 안전자산의 투자비중을 자산배분곡선 (Glide Path)에 따라 자동으로 조정하는 자산배분 펀드이다. 미래에셋 TDF는 한국 원화로 투자하는 한국 투자자의 관점에서 글로벌로 분산투자를 한다. 노후를 대비하는 연금자산은 무엇보다 손실을 보지 않는 것이 중요한데, 미래에셋 TDF의 자산배분곡선(Glide Path)은 연령별 합리적인 위험자산 노출 수준뿐만 아니라 예기치 못한 상황에 대비한 위험관리까지 고려한다. 또한 최초설정일 이후 5년 단위로 신탁보수가 줄어드는 보수구조로 고객의 장기 투자성과에 기여하는 구조이다.

미래에셋 자산배분 TDF는 미래에셋의 독자적인 자산배분곡선에 따라서 주식, 채권, 원자재, 부동산 등 국내외 ETF에 안정적으로 투자한다. 따라서 투자성과뿐만 아니라 원금이 손실되는 위기 시나리오까지 고려한다.

미래에셋 자산배분 TDF는 ETF를 활용한 저비용 투자구조를 추구한다. 포트폴리오 구성을 위한 ETF의 종류는 다음과 같다.

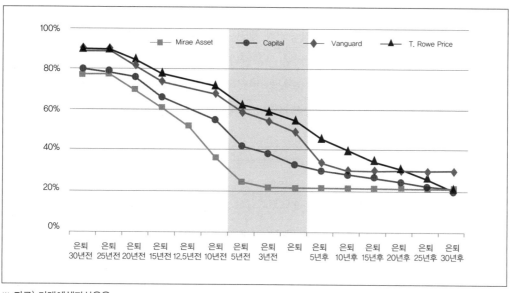

※ 자료) 미래에셋자산운용

[그림 3-14] 주요 TDF 운용사 자산배분 곡선(주식자산 비중 비교)

[표 3-16] 미래에셋 자산배분 TDF 포트폴리오(예시)

자산군	ETF명	통화
주식	Vanguard US Growth	미국달러
채권	iShares 1-3 Year UST	미국달러
원자재	SPDR Gold	미국달러
부동산	미래에셋 TIGER US REITs	미국달러

※ 자료) 미래에셋자산운용

미래에셋 전략배분 TDF는 투자자산을 수익원천에 따라 4가지 전략으로 구분하고, 검증된 미래에셋 대표펀드에 분산투자하여 다양한 수익전략을 추구한다. 첫째, 기본수익 전략은 '정기예금+α'의 기본적인 수익을 확보하는 전략으로 채권형펀드를 활용한다. 둘째, 시장중립 전략으로 시장 변동에도 '중립적인 성과'를 내는 전략으로 채권혼합형과 주식혼합형펀드를 활용한다. 셋째, 멀티인컴 전략으로 '다양한 인컴수익'을 꾸준히 쌓는 전략이다. 넷째, 자본수익 전략으로 투자자산의 가격 상승으로 '자본수익'을 얻는 전략이다. 주식형펀드를 활용한다.

미래에셋 TDF는 주식관련 집합투자증권과 채권관련 집합투자증권 등을 활용하여 국내외 자산별 투자비중을 조절하는 자산배분전략을 구사한다. 그러나 자산배분전략이 적절하게 수행되지 못하거나 자산배분전략과는 다른 시장상황 변화에 의해 손실이 발생할 가능성이 있으며, 특정자산의 변동성 및 손실 확대로 인해 투자신탁 전체의 변동성 및 손실이 확대될 수 있는 리스크가 있다.

[표 3-17] 자산운용사별 TDF 비교

구분	삼성자산운용	한국투자신탁	신한BNPP자산	미래에셋자산
펀드명	한국형TDF	알아서 TDF	마음편한 TDF	자산배분 TDF
펀드설정일	2016.4	2017.3	2017.6	2017.3
해외 제휴사	Capital Grooup	T.Rowe Price	MAQS	자체운용
기관별 역할	제휴사가 자산배분 /포트폴리오 확정	제휴사: 해외자산 한투: 국내자산	제휴사: 해외자산 한투: 국내자산	자체 모델

구분	삼성자산운용	한국투자신탁	신한BNPP자산	미래에셋자산
Glide Path	운용초기: 80% 은퇴시점: 33%	운용초기: 78% 은퇴시점: 38%	운용초기: 80% 은퇴시점: 2%	운용초기: 80% 은퇴시점: 2%
하위펀드	역외펀드 13개	해외펀드 + 한투펀드 19개	역내(Active & Passive)+역외 (ETF)	국내외 ETF
환헷지 여부	환헷지	환헷지	해외 주식 일부 환 오픈, 단기 헷지	환헷지
운용전략	Active	Active	Passive	Passive
Target	글로벌 주식, 채권 분산투자	국내 주식투자 비중 높음	장기투자 관점 환차익	ETF를 통한 안정적수익 추구

※ 자료) 미래에셋자산운용

3-6. 구조화상품

ⓒ 자산담보부기업어음(ABCP)

① 유동화전문회사(SPC)

유동화전문회사(SPC: Special Purpose Company)란 금융기관에서 발생한 부실채권을 매각하기 위해 일시적으로 설립되는 특수목적(Special Purpose)회사이다. 채권 매각과 원리금 상환이 끝나면 자동으로 없어지는 일종의 페이퍼 컴퍼니(Paper Company)이다. SPC는 금융기관 거래 기업이 부실하게 돼 대출금 등 여신을 회수할 수 없게 되면 이 부실채권을 인수해 국내외의 적당한 투자자들을 물색해 팔아 넘기는 중개기관 역할을 하게 된다. 이를 위해 외부평가기관을 동원, 부실채권을 현재가치로 환산하고 이에 해당하는 자산담보부채권(ABS)을 발행하는 등 다양한 방법을 동원한다. SPC가 발행한 ABS는 주간사와 인수사를 거쳐 기관과 일반 투자자들에게 판매된다. 투자자들은 만기 때까지 채권에 표시된 금리만큼의 이자를 받고 만기에 원금을 돌려받는다. 자산 관리와 자산 매각 등을 통해 투자원리금을 상환하기 위한 자금을 마련하는 작업이 끝나면 SPC는 자동 해산된다.

② 자산담보부기업어음(ABCP)

자산담보부기업어음(ABCP: Asset Backed Commercial Paper)이란 유동화전문회사(SPC)가 매출채권, 리스채권, 회사채, 대출, PF 등 자산을 담보로 발행하는 기업어음(CP)을 말한다. 일반적으로 SPC는 유동화자산을 기초로 기업어음 형태의 ABCP를 발행하는 것이다. ABCP는 SPC가 보유하고 있는 유동화자산보다 만기가 짧게(3개월, 6개월, 1년) 발행한 뒤 해당 유동화자산의 만기 때까지 기발행 된 ABCP를 상환하는 조건(매입약정)으로 반복적으로 ABCP를 차환 발행한다.

ABCP는 유동화자산의 만기보다 단기로 발행되므로 SPC는 장기채권인 유동화자산에서 높은 이자를 받아 단기인 ABCP의 상대적으로 낮은 이자를 갚게 되므로 SPC가 금리 차만큼 수익을 얻어 향후 재원으로 활용할 수 있다.

ABCP를 발행하기 위해서는 일단 SPC가 금융위원회에 ABCP 발행계획을 등록해야 하고 자산 보유자가 SPC에 자산을 양도하면 신용평가회사가 SPC가 발행하는 ABCP에 대해 평가등급을 부여하게 된다.

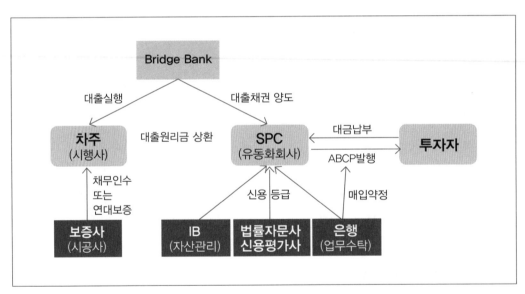

[그림 3-15] **자산담보부기업어음(ABCP) 발행 구조도**

퇴직연금 투자상품으로는 3개월 ABCP가 주로 발행되고 있으며, 동일 기간의 예금금리보다 금리가 높고, 만기에 업무수탁은행에서 다시 매입하는 조건(매입약정) 이므로 안정성이 높아 단기자금을 운용하는 투자자들에게 인기가 많다.

만기매칭형펀드

만기매칭형펀드란 펀드에 편입된 채권의 만기를 펀드 투자기간과 맞춰서 편입 채권의만기 보유전략 구사로 금리인상기의 채권가격 하락에 대한 시장리스크를 줄인 펀드이다. 따라서 목표수익률과 투자기간을 정해 투자하는 펀드이다.

만기매칭형펀드의 기간은 1년, 2년, 3년 등 편입채권의 만기에 따라 다양하게 설정할 수 있으며, 한번 가입하면 만기까지 보유하는 것이 원칙이기 때문에 중도에 해지할 경우에는 환매수수료가 높기 때문에 자금의 사용기간에 따라 중도해지가 되지 않도록 적절한 만기를 선택해서 운용해야 한다.

만기매칭형펀드의 주요 투자대상은 우량한 자산인 국채, 통안채, 특수채, 은행채, 회사채 등과 리스크가 있는 PF, REITs, 대출채권 등 투자자의 니즈에 맞게 다양한 자산으로 구성할 수 있다. 높은 수익률을 요구하는 투자자에게는 리스크가 높은 자산을 편입한 펀드를 제공하고, 안정적인 투자자에게는 수익률은 낮지만 안전한 국채, 통안채 등을 편입한 펀드를 제공하면 된다.

대부분 사모사채 채권 매칭을 통해 '시중금리(동일만기 채권 대비) + α'를 추구하고, 투자기간과 동일만기의 채권을 매칭함으로써 Carry 수익을 확보하는 것이 목적이며, 필요 시 모회사 또는 판매기관의 신용공여를 통해 안정성을 높인다.

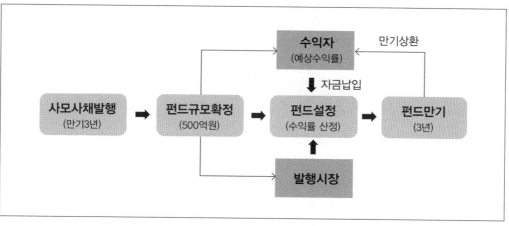

[그림 3-16] 만기매칭형펀드 발행 구조도

퇴직연금 운용자산으로 발행하는 만기매칭형펀드는 대부분 투자적격등급채권(BBB등급)인 우량채권에 투자하고 있어 안정성이 높은 편이나, 실제 만기매칭형펀드를 투자할 경우에는 편입채권의 신용등급과 만기 예상 수익률을 면밀히 따져볼 필요가 있다.

만기매칭형펀드는 만기까지 보유하지 않고 중도에 환매하는 경우에는 시장상황에 따라 손실 또는 이득이 발생할 수 있다. 또한 펀드에서 보유하고 있는 채권 및 어음 등의 신용평가등급이 하락한 경우, 신탁계약 및 신고서에서 정한 신용평가등급에 미달하는 경우 또는 신용사건이 발생한 경우에는 당해 채권의 어음 등을 지체 없이 처분하는 등 이에 따라 신탁재산의 가치가 급격하게 변동될 수 있다.

⊙ 전문투자형사모투자신탁

전문투자형사모투자신탁이란 아래 예시와 같이 ○○물산㈜와 SPC가 대출계약을 체결하고, ABCP를 발행하여 자금을 조달한 후 대출금을 ○○물산㈜에 지급하는 구조이다. 그리고 SPC는 해당 대출채권을 기초로 자산담보부기업어음(ABCP)를 발행하고 이를 전문투자형사모투자신탁에서 매입을 한다. SPC는 향후 ○○물산㈜이 납부하는 대출원리금으로 ABCP원리금을 상환하며, 해당 ABCP에 대하여는 은행이 매입약정을 제공하므로 ABCP의 신용등급은 은행신용등급 수준으로 높아지게 되어 매우 안정성이 높은 사모신탁이다.

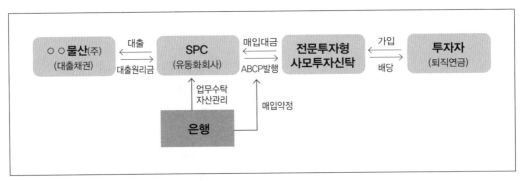

[그림 3-17] 전문투자형사모투자신탁 발행 구조도

이러한 구조의 사모투자신탁은 어느 회사의 대출채권을 기준으로 발행하느냐에 따라 유동화자산의 신용위험은 있으나, 은행에서 매입약정을 하기 때문에 유동화자산의 신용위험은 은행에서 모두 부담하게 되므로 투자자는 은행의 신용위험만 감안하고 안전하게 투자할 수 있다.

사모투자신탁은 다른 구조화상품과 동일하게 중도에 환매청구가 불가하게 발행되는 경우가 대부분이므로 자금운용기간과 일치시키는 것이 중요하다.

3-7. 재간접 펀드 (Fund of Funds)

재간접 펀드는 자산운용사가 직접 주식이나 채권에 투자하는 것이 아니라 주식이나 채권 등에 투자하는 펀드에 재투자하는 펀드로, 펀드가 가입하는 펀드(fund of funds)로 '모자펀드'라고도 한다.

재간접 펀드는 여러 펀드에 분산투자를 통해 위험을 최소화하면서 수익을 추구한다. 분산투자를 하기 때문에 투자 위험을 줄일 수 있는 것이 재간접 펀드의 가장 큰 장점이다.

또한, 해외 주식이나 채권 직접 투자가 어려울 경우 재간접 펀드를 이용하면 투자를 쉽게 할 수 있다. 예를 들어 중국 기업 주식이나 채권에 직접 투자하려면 중국 정부의 외국인 투자 규제로 적지 않은 제약이 따른다. 하지만 중국 자본시장에 자유롭게 투자할 수 있는 해외 자산운용사의 펀드에 투자를 하면 중국 기업에 직접 투자한 것과 동일한 효과를 얻을 수 있다. 해외 헤지펀드 등 일반 개인 투자자들이 접근하기 어려운 펀드에도 투자가 가능하다.

더구나 시장에서 검증된 펀드만 골라 가입할 수 있어 펀드 운용의 안정성이 상대적으로 높다. 운용 실적이 좋은 펀드만 선택해서 분산투자 하면 투자 위험을 최소화하면서 안정적인 운용 성과를 기대할 수 있다. 하지만 재간접 펀드는 가입한 펀드가 또 다른 펀드에 투자하는 이중구조의 상품이므로 수수료가 다소 비싸다는 단점이 있다.

3-8. 수익증권의 특성

⊙ 수익증권의 기준가격

수익증권의 가격은 기준가격으로 표시한다. 주가는 거래일 중에 하루 종일 변하지만 수익증권의 기준가는 전일까지 운용결과를 반영한 가격이 매일 발표된다. 최초 설정 시 기준가격은 펀드의 수량단위인 1좌당 1원으로 계산하며 1,000좌를 기준으로 1,000원으로 시작한다. 1년에 한 번 있는 펀드 결산 결과 투자이익이 발생한 때에는 기준가격을 1,000원으로 다시 조정하면서 대신 투자이익금만큼 좌수를 증가시키게 된다. 보통 수익증권(국내투자) 가입 시 적용되는 기준가가 대부분 1,000원보다 높거나 낮은 경우가 많다. 이것은 이미 과거에 발행되어 운용되고 있는 수익증권에 추가로 가입하였기 때문이다.

일반 고객들이 수익증권에 가입 시 적용되는 기준가는 수익증권에 가입하거나 추 가로 납입한 날의 다음날 기준가격이 적용된다. 그리고 주식에 50% 이상 투자할 수 있는 수익증권은 15시 이후에, 기타 수익증권은 17시 이후에 가입하면 기준가격 적용 일자가 그 이전 시간에 가입했을 때보다 하루 늦어지게 되므로 유의해야 한다.

퇴직연금제도에서 수익증권을 매입할 때는 보통 영업점 창구에서 가입할 때 보다 하루가 더 소요된다. 입금을 접수하면 익일에 매수지시가 들어가게 되어 결국 접수일로부터 이틀 뒤의 기준가격을 적용 받는다.

수익증권 환매 시 적용되는 기준가격과 출금가능일자는 다음과 같이 유형에 따라 모두 다르다. 퇴직연금제도 하에서 수익증권을 환매할 경우 운용관리기관과 자산관리기관이 분리되어 있고, 퇴직연금 전산시스템을 통해야 하기 때문에 일반적인 펀드투자보다 1일이 더 소요된다.

☞ 퇴직연금용 수익증권의 절세효과

수익증권 투자에서 세금이 빠져나가는 경우는 크게 두 가지이다. 투자자가 수익증권을 환매할 때와 결산일에 재투자가 이루어질 때이다. 퇴직연금용 수익증권에 투자할 경우에는 운용되는 중간의 결산일에 세금을 내지 않는다. 따라서 투자기간이 길어 질수록 복리효과를 발휘하기 때문에 매년 부과되는 세금만큼 재투자가 이루어지게 되고 추후 퇴직하여 개인형IRP로 이전 시 퇴직소득세만 내면 되므로 과세이연에 따른 소득증대 효과를 누릴 수 있다.

☞ 수익증권 투자 비용

수익증권 투자와 관련된 비용은 크게 보수와 수수료로 나눌 수 있다. 수수료 중 환매수수료는 환매 제한기간에 환매할 경우 이익의 일정 부분을 수수료로 수취하는 것이다. 특히 적립식으로 투자할 경우 입금 건별로 발생한 수익에서 환매수수료는 발생할 수 있다. 초기 적립금에서 발생한 수익이 있다면, 즉, 입금 건별로 환매제한기간에 맞춰서 환매수수료가 부과된다.

보수는 운용보수, 판매보수, 수탁보수의 세 가지가 있다. 연단위로 표시되는 보수는 매일의 평가금액을 기준으로 계산되며, 수익증권의 기준가격은 이미 보수가 차감된 후 계산된 값이다. 퇴직연금 전용 수익증권의 경우 수익증권에 부과되는 보수는 고객이 일반 창구에서 가입하는 수익증권에 비해 현저히 낮다. 이는 펀드의 판매사 역할을 하고 있는 퇴직연금사업자들이 판매보수를 낮췄기 때문이다. 주식형수익증권의 경우 일반적으로 연간 총 보수가 수익증권 순자산의 2.1% 내외이나 퇴직연금 전용 수익증권의 경우에는 1% 내외로서 일반 수익증권의 절반 수준에 불과하며, 채권혼합형수익증권의 경우 일반 수익증권과 퇴직연금 수익증권의 총 보수가 각각 1.6%, 0.8% 수준이다. 인덱스 채권혼합형은 타 채권혼합형보다 0.1% 정도 낮은 보수율을 보이고 있다.

일반적으로 수익증권은 증권회사, 은행, 보험회사를 통해 판매된다. 이중 보험사는 신탁계약을 통해 사용자에게 여러 자산운용회사에서 제공하는 수익증권을 매각할 수 있다.

3-9. 실적배당형 보험

퇴직연금 도입 기업은 신탁계약 혹은 보험계약을 퇴직연금사업자(자산관리기관)와 체결한다. 보험계약을 통해 계약된 실적배당형 보험은 근로자나 사용자가 납입한 부담금이 보험회사의 특별계정을 통해 운용되며, 보험회사가 직접 운용하기보다는 외부에 위탁운용으로 맡기는 형식을 취하고 있다. 수익증권처럼 투자대상과 그 비중에 따라 채권형, 혼합채권형, 혼합주식형, 주식형 등으로 구분한다. 또한 주보험 외에 퇴직 시 발생하는 퇴직일시금을 연금으로 받고자 하는 경우 연금을 수령할 수 있도록 하는 특약도 첨부되어 있다.

보통의 실적배당형 보험상품인 변액보험은 중도해지 할 경우 초기에는 사업비 차감으로 인해 원금에서 손실이 발생할 확률이 크다. 하지만 퇴직연금제도하에서의 보험계약에 의한 실적배당형 보험은 이와는 달리 초기에 큰 폭의 사업비를 차감하지 않는다. 수수료는 자산관리 수수료와 상품관리 수수료가 매일 계산되어 적립금에서 매월 차감되며, 실적배당형 운용보수와 수탁보수도 수익증권처럼 적립금에서 매일 차감된다.

3-10. 퇴직연금 실적배당상품 투자 시 유의 사항

자본시장법이 시행되면서 투자자는 단기투자보다 본인의 투자성향에 맞는 투자를 하도록 유도하고 있다. 기존에는 개인의 투자성향과 상관없이 투자자가 원할 경우 어떤 상품이든 제한 없이 가입이 가능했으나, 이제는 자신에게 적합한 투자위험 수준보다 위험도가 높은 금융 상품을 거래하고자 할 경우 이와 관련해 발생할 수 있는 투자위험은 본인의 책임하에 있음을 다시 한 번 확인하고 서명하는 절차를 갖추는 등 투자자 보호가 강화된 것이다.

퇴직연금제도에서의 간접투자도 마찬가지이다.

　　퇴직연금 전용 수익증권을 선택할 때 최우선 고려사항은 장기적으로 좋은 성과를 낼 수 있는 수익증권을 고르는 것이다. 수익증권의 과거수익률 데이터를 Track Record라고 하는데, 선진국의 퇴직연금시장을 보면 장기 Track Record가 상당히 안정적이면서 꾸준하게 좋은 수익증권들이 각광을 받고 있다. 반면 수익률은 높아도 변동성이 큰 수익증권은 퇴직연금 전용 수익증권으로서 적절하지 않다. 이를 판단하기 위해서는 해당 수익증권이 추구하는 벤치마크 수익률을 참고할 필요가 있다. 벤치마크란 수익증권이 기준으로 삼는 주식시장이나 특정 업종 등의 평균수익률로, 투자성과 측정을 위해 미리 정한 지수이다. 국내 주식형수익증권의 경우 KOSPI나 KOSPI200을 벤치마크로, 채권형은 국공채 지수나 CD금리 등을 활용하고 있다. 장기적으로 해당 수익증권의 수익률이 벤치마크와 대비해서 초과 수익률을 꾸준히 달 성 하는지를 살펴봐야 한다.

　　또한 매매회전율이 높은 액티브 수익증권에 집중 투자하는 것은 올바른 선택이 아니다. 오히려 인덱스형 수익증권이 수익증권 간 수익 격차도 크지 않아 수익증권 선택에 따른 위험도 적고, 액티브 수익증권 대비 보수도 낮아 장기 투자자에게 유리할 수 있다. 이 외에도 펀드매니저가 자주 변경될수록 장기적인 운용 철학을 실현하기 힘들기 때문에 펀드매니저의 잦은 변경 여부도 확인해야 한다.

　　이러한 투자정보는 수익증권 설정일 기준으로 분기에 한 번씩 발간되는 자산운용 보고서를 보면 파악할 수 있다. 일반적인 수익증권의 자산운용보고서는 투자자가 수익증권 가입 시 요청한 대로 전달(우편, 이메일 등)되나, 퇴직연금 전용 수익증권의 경우는 퇴직연금사업자의 홈페이지나 투자자협회 홈페이지의 전자공시 사이트를 통해 확인이 가능하다. 자산운용보고서에는 벤치마크 지수 대비 운용성과, 자산보유 및 운용현황, 운용전문인력 현황, 매매금액 및 회전율 등의 정보가 명시되어 있다.

퇴직연금 적립금 운용

제2절

1. 적립금 운용과정 개요

사용자와 근로자가 상호 합의하에 퇴직연금규약을 작성하고, 근로자대표의 동의를 받아 고용노동부에 신고하여 신고수리를 받게 되면, 사용자는 퇴직연금사업자와 운용관리계약 및 자산관리계약을 체결하고, 퇴직연금 계좌를 개설하여 부담금을 납부한다.

확정급여형(DB) 제도에 가입한 사용자와 확정기여형(DC) 및 IRP에 가입한 근로자는 운용관리기관이 제시하는 운용방법 중 가장 적합한 상품을 선택하여 자산운용 지시를 하며, 자산운용 지시를 받을 운용관리기관은 자산관리기관에 운용지시를 전달한다.

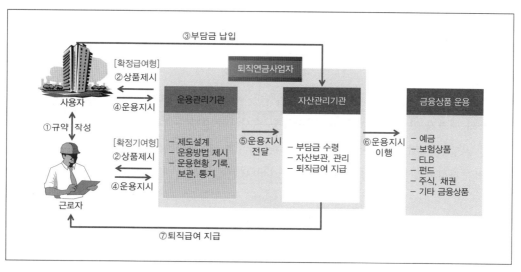

[그림 3-18] **퇴직연금 적립금 운용과정**

그리고 자산운용 지시를 전달받은 자산관리기관은 운용지시를 이행함으로써 일련의 적립금 운용과정이 마무리되게 된다.

2. 적립금 운용방법의 제시 및 정보제공

2-1. 적립금 운용방법의 제시

ⓒ 운용방법 Pool 선정 및 안내

운용관리사업자는 퇴직연금계약서에서 정한 적립금 운용방법 내에서 확정급여형(DB) 제도에서는 사용자가 선호하는 운용방법 Pool 또는 확정기여형(DC) 제도에서는 사용자가 근로자대표의 의견을 고려한 운용방법 Pool을 선정 또는 변경할 수 있음을 안내한다. 개인형IRP의 경우에는 가입자가 운용방법 Pool을 선정 또는 변경할 수 있음을 안내한다.

운용관리사업자는 퇴직연금계약서에서 정한 적립금 운용방법 Pool을 서면(우편발송 포함) 또는 정보통신망(인터넷 홈페이지, 전자우편, 모사전송, SMS 등)을 통해 사용자 또는 가입 근로자에게 제시하여야 한다.

최초 가입 시(최초 운용지시 시)에는 서면을 원칙으로 하되 운용관리사업자가 운용지시자와 합의한 경우에는 정보통신망을 통해 운용방법을 제시할 수 있다.

ⓒ 운용방법의 제시

운용관리사업자는 운용지시자에게 운용방법을 제시할 때, 최소한 한가지 이상의 원리금 보장상품과 세가지 이상의 원리금 비보장상품을 제시하여야 한다. 다만, 기존에 선정된 운용방법 Pool에 포함된 적립금 운용방법의 개수가 최소한으로 제시해야 하는 개수보다 적을 경우에는 원리금 보장상품과 원리금 비보장상품을 합하여 세가지 이상의 적립금 운용방법을 제시하여야 한다.

운용관리사업자는 운용지시자가 제시된 운용방법 중에서 운용방법을 선정할 수 있도록 안내하여야 한다. 이때 운용관리사업자는 운용방법을 홈페이지에 게시하고 추가로 서면 등을 이용하여 반기별 1회 이상 안내하여야 한다. 다만, 운용지시자의 주소, 이메일 등을 알 수 없어 연락이 불가능한 경우에는 홈페이지에 게시하는 것으로 운용방법을 안내할 수 있다.

☞ 운용지시자 요청에 의한 운용방법의 추가

운용관리사업자는 관련 법령 또는 규정이 허용하는 범위 내에서 운용지시자가 운용관리사업자에게 적립금 운용방법을 추가해 줄 것을 요청할 수 있다는 사실과 그 절차를 서면 또는 정보통신망 등을 이용하여 안내한다.

운용관리사업자는 운용지시자로부터 운용방법 추가에 대한 의견을 접수한 날로부터 1개월 이내에 서면 또는 정보통신망 등을 이용하여 접수 내용의 처리 결과를 해당 운용지시자에게 통지하고, 운용방법이 추가된 경우 즉시 해당 정보를 운용지시자에게 제공하여야 한다.

☞ 기존 운용방법의 제외

운용관리사업자는 운용지시자가 선정한 운용방법을 제외하고자 하는 경우 퇴직연금규약 또는 퇴직연금계약서에서 정한 절차에 따른다.

만약, 퇴직연금규약 또는 퇴직연금계약서에 별도로 정한 바가 없을 시 확정급여형(DB) 제도인 경우는 사용자, 확정기여형(DC) 제도인 경우는 근로자대표 또는 해당 운용방법에 적립금을 운용하고 있는 가입자 전원, 개인형IRP는 가입자의 동의를 얻어야 한다. 다만, 해당 운용방법의 계약 당사자가 없어지거나 제시가 불가능해진 경우에는 그러하지 아니하다. 여기서 제시가 불가능해진 경우라 함은 해당 운용방법 발행 기관의 파산, 관련 법령 등에 따라 해당 운용방법이 청산되거나 발행이 불가능해진 경우 등을 말한다.

2-2. 적립금 운용방법에 대한 정보제공

☞ 운용관리사업자의 설명의무

① 설명의무 이행 방법

운용관리사업자는 운용지시자에게 제시하는 운용방법에 대해 관련 법령 또는 규정, 퇴직연금규약, 퇴직연금계약서에서 규정한 내용을 포함하여 해당 운용방법의 위험과 수익구조, 투자에 따르는 위험, 원리금보장 여부, 예금자보호 대상 여부, 투자한도, 중도해지 적용이율, 보수·수수료, 운용방법 변경 시 발생하는 비용 등 당해 상품의 중요내용을 운용지시 전에 운용지시자가 이해할 수 있도록 설명하고, 설명한 내용을 운용지시자가 이해하였음을 서명 등의 방법으로 확인받아야 한다. 다만, 국공채, 통안채 등 원리금보장상품에 준하는 상품인 경우 확인절차를 생략할 수 있다.

이때 운용관리사업자는 운용지시자가 수수료 등을 감안한 실질수익률을 충분하게 인지할 수 있도록 운용방법별 제시수익률(원리금보장형) 또는 과거 운용수익률(원리금비보장형)을 안내하면서 보수·수수료 등 운용지시자가 부담해야 하는 비용을 함께 명시하고 설명해야 한다.

운용관리사업자는 설명의무를 이행하는 경우 운용지시자의 투자경험과 금융상품에 대한 지식수준 등 투자자의 이해수준을 고려하여 설명의 정도를 달리 할 수 있다. 다만, 충분히 설명하였음에도 불구하고 운용지시자가 주요 손익구조 및 손실위험을 이해하지 못하는 경우에는 당해 상품에 대한 권유를 계속하여서는 안 된다.

또한, 운용관리사업자는 설명을 함에 있어서 운용지시자의 합리적인 투자 판단 또는 해당 금융상품의 가치에 중대한 영향을 미칠 수 있는 중요사항을 거짓 또는 왜곡하여 설명하거나 누락하여서는 안 된다.

② 해외자산에 투자하는 집합투자기구의 집합투자증권에 대한 설명의무 특칙

운용관리사업자는 운용지시자에게 해외자산에 투자하는 집합투자기구의 집합투자증권을 투자권유 하는 경우에는 다음 사항을 포함하여야 한다.

① 투자대상 국가 또는 지역 및 투자대상 자산별 투자비율
② 투자대상 국가 또는 지역의 경제, 시장상황 등의 특징
③ 집합투자기구 투자에 따른 일반적 위험 외에 환율변동 위험, 해당 집합투자기구의 환위험 헤지 여부 및 목표 환위험 헤지 비율
④ 환위험 헤지가 모든 환율 변동 위험을 제거하지는 못하며, 운용지시자가 직접 환위험 헤지를 하는 경우 시장 상황에 따라 헤지 비율 미조정시 손실이 발생할 수 있다는 사실
⑤ 모자형 집합투자기구의 경우 운용지시자의 요청에 따라 환위험 헤지를 하는 자펀드와 환위험 헤지를 하지 않는 자펀드간의 판매비율 조절을 통하여 환위험 헤지 비율을 달리 하여 판매할 수 있다는 사실

⊙ 자동 재예치 안내

운용관리사업자는 원리금보장 운용방법에 대해 만기 시 별도의 운용지시가 없는 경우 만기

전과 동일한 원리금보장 운용방법으로 자동 재예치(동일한 원리금보장 운용방법이 없으면, 대기성자금 등으로 전환)된다는 사실 및 이와 관련된 제반사항(만기, 운용지시 필요여부 등)을 만기 도래 15일 전까지 서면 등으로 운용지시자에게 안내하여야 한다. 다만, 운용지시자가 운용기간을 지정할 수 있는 만기지정식 원리금보장 운용방법의 경우에는 발행회사나 상품구조 등이 동일하다면 운용기간이 만기전과 다르더라도 동일한 원리금보장 운용방법으로 볼 수 있다.

☞ 정보제공에 따른 확인 서명

운용관리사업자는 운용지시자의 별도의 요구가 없더라도 중요내용에 대한 설명 및 자동 재예치 안내 등에 대한 정보를 제공하여야 하며, 운용지시 된 운용방법에 대해 운용지시자가 해당 정보를 제공받았음을 서명(「전자서명법」에 의한 전자서명 포함), 기명날인, 녹취 중 하나 이상의 방법으로 확인을 받아야 한다. 다만, 온라인으로 운용지시가 이루어진 경우에는 해당 정보(예: 집합투자기구의 경우 투자설명서 또는 핵심설명서 등)가 제공되었음을 온라인상에서 확인받을 수 있다.

운용관리사업자는 운용지시자가 다음의 어느 하나에 해당하는 경우를 제외하고는 설명의무를 이행하기 위해서 운용지시자에게 설명서를 제공하여야 한다. 다만, 집합투자기구에 투자하는 경우 간이투자설명서로 이를 대신할 수 있다.

① 투자자가 서명 등의 방법으로 설명서의 수령을 거부하는 경우
② 증권신고의 효력이 발생한 증권의 경우 「자본시장법」에 따른 투자설명서를 판매전에 교부하는 경우

☞ 운용지시자에 대한 정보제공

운용관리사업자는 중요내용에 대한 설명 및 자동 재예치 안내 등에 대한 정보를 퇴직연금규약 또는 퇴직연금계약서에서 정한 방법에 따라 운용지시자에게 제공하여야 한다. 다만, 퇴직연금규약 또는 퇴직연금계약서에 별도로 정한 방법이 없는 경우 서면 또는 정보통신망에 의한 방법으로 사용자 또는 가입자에게 해당 정보를 제공할 수 있다.

운용방법의 약관, 상품설명서, 투자설명서, 운용보고서 등을 운용지시자가 상시 조회할 수 있도록 자사 인터넷 홈페이지 등에 게시하여야 한다. 다만, 타사상품에 대해서는 하이퍼링크 등

을 통해 해당 퇴직연금사업자의 홈페이지에 있는 정보를 연결하여 안내할 수 있다.

운용관리사업자는 운용방법이 추가되는 경우 즉시 해당 정보를 운용지시자에게 제공하여야 한다.

2-3. 적립금 운용방법에 관한 사항 변경 시 처리방법

운용관리사업자는 적립금 운용방법에 관한 사항이 변경(운용방법 자체의 내용 변경, 운용방법의 추가 또는 기존 운용방법의 제외 등)되는 경우, 변경 내용을 자사 인터넷 홈페이지 등에 게시하여야 한다. 다만, 변경되는 내용이 운용지시자의 운용지시에 영향을 미칠 것이 명백하다고 판단되는 경우 지체 없이 해당 사실을 해당 운용방법을 보유하고 있는 또는 보유하게 될 운용지시자에게 서면 등의 방법으로 통보하고, 운용지시를 변경할 수 있도록 안내하는 등 적절한 조치를 취하여야 한다.

여기서 운용지시자의 운용지시에 영향을 미칠 것이 명백하다고 판단되는 경우란 기존 운용방법의 제외로 인해 해당 운용방법을 보유하고 있는 운용지시자(사용자 또는 가입자)가 불가피하게 운용지시를 변경해야 하는 경우 등을 말한다.

2-4. 적립금 운용방법에 대한 상담

운용관리사업자는 운용지시자가 원할 경우 운용방법에 관한 정보에 대해 추가적인 상담을 받을 수 있도록 상담 가능한 전화번호, 전자우편 주소, 인터넷 홈페이지를 통한 Q&A 등을 제공하여야 한다.

3. 적립금 운용지시 전달 및 이행

3-1. 운용지시의 전달 및 이행

⒞ 운용지시 방법

최초 운용지시는 서면작성을 원칙으로 한다. 운용지시자인 확정급여형(DB) 제도의 사용자 또는 확정기여형(DC) 및 IRP(기업형, 개인형)의 가입자가 자필로 운용상품을 선정하고 확인을 해야 한다.

별도의 운용지시가 없는 경우, 노사간 규약 등에서 정한 자동운용상품으로 운용된다. 운용지시자는 자동운용상품으로 운용되는지 여부를 정기적으로 확인하고, 운용지시자의 선택에 따라 운용방법을 정하는 것을 권장한다.

자동운용상품의 만기가 도래하였을 때, 운용지시자는 자동운용상품으로 운용을 계속할지 또는 새로운 운용방법을 선정할지 주의 깊게 고려하여야 한다.

확정기여형(DC) 및 IRP(기업형, 개인형)의 가입자는 적립금 운용방법 및 상품의 추가 선정에 대한 의견을 퇴직연금사업자에게 제시할 수 있다. 퇴직연금사업자는 우편 또는 정보통신망을 이용하여 제공 가능한 상품, 추가선정 및 변경이 가능하다는 사실을 공지하여야 한다.

퇴직연금 가입자가 펀드 등 금융투자상품에 운용지시하는 경우 자본시장과 금융투자업에 관한 법률에 따른 '고객 투자성향 분석 및 설명의무'를 이행하기 위한 펀드 운용지시절차를 수행해야 한다. 운용관리업무를 수행하는 사업자가 퇴직연금 운용상품을 제시하는 역할을 수행하므로 운용관리기관이 퇴직연금 운용지시절차를 수행하여야 한다.

운용지시의 전달

운용관리업무를 수행하는 사업자는 운용지시자로부터 운용지시를 받아 자산관리업무를 수행하는 사업자에게 해당 내용을 전달하여야 한다.

자산관리사업자는 전달받은 운용지시를 이행한 후 운용관리사업자에게 그 결과를 통보하여야 한다.

운용관리사업자는 운용지시자가 운용지시 이행 결과를 요구할 경우 서면 또는 정보통신망 등의 방법을 통해 그 이행 내역을 통보하여야 한다.

운용관리사업자는 특정 운용방법의 제시 중단, 투자한도 초과 등의 사유로 운용지시 이행이 불가능한 경우 지체 없이 해당 사실을 운용지시자에게 서면 등의 방법으로 통지하고 운용지시를 변경할 수 있도록 안내하여야 한다.

운용지시의 이행 여부 확인

적립금 운용지시 후에는 지시 내역의 정확한 이행 여부를 확인해야 한다.

퇴직연금사업자가 제공하는 인터넷 등 온라인 서비스를 통해 수시로 조회 및 확인이 가능하고, 사용자 또는 퇴직연금사업자가 실시하는 가입자 교육 시 적립금 운용수익, 운용현황 등 관련 정보를 폭넓게 제공받을 수 있다.

또한, 전화, 서면 등을 통해 해당 퇴직연금사업자에게 직접 조회 및 확인할 수도 있다.

3-2. 운용지시 이행 과정에서 발생한 오류 처리

운용관리사업자는 운용지시를 이행(접수/전달/이행 행위를 포함)하는 과정에서 오류가 발생한 경우 지체 없이 운용지시자에게 해당 내용을 통보하고 운용지시자의 지시에 따라 처리한다.

4. 운용상품의 변경

4-1. 운용상품의 변경

운용상품의 변경횟수

'확정기여형(DC) 퇴직연금제도의 가입자는 적립금의 운용방법을 스스로 선정할 수 있고, 반기마다 1회 이상 적립금의 운용방법을 변경할 수 있다.

[法 제21조] 적립금 운용방법 및 정보제공

① 확정기여형(DC) 제도의 가입자는 적립금의 운용방법을 스스로 선정할 수 있고, 반기마다 1회 이상 적립금의 운용방법을 변경할 수 있다.
② 퇴직연금사업자는 반기마다 1회 이상 위험과 수익구조가 서로 다른 세 가지 이상의 적립금 운용방법을 제시하여야 한다.
③ 퇴직연금사업자는 운용방법별 이익 및 손실의 가능성에 관한 정보 등 가입자가 적립금의 운용방법을 선정하는 데 필요한 정보를 제공하여야 한다.

하지만, 실무적으로는 인터넷뱅킹이나 영업점 방문을 통해 원할 경우 언제든지 운용상품 변경이 가능하다. 다만, 운용상품의 종류에 따라 변경을 하는데 다소 시간적인 차이와 운용상품의 중도해지에 따른 패널티가 발생하기 때문에 주의하여야 한다.

🅖 운용상품 중도해지에 따른 패널티

퇴직연금 운용상품을 변경할 경우에는 중도해지에 따른 패널티가 부과되지 않는지 잘 살펴 봐야 한다. 확정금리상품의 경우에는 운용상품의 만기 전 중도해지에 따른 중도해지이율을 적용으로 가입 근로자가 손해를 보는 상황이 발생할 수 있고, 펀드의 경우에는 가입한 펀드별로 정해진 환매기간(90일 등) 내에 조기환매 할 경우에는 수익의 대부분이 환매수수료로 징구 되는 경우도 있다.

따라서 퇴직연금 운용상품 변경 시에는 기존 운용상품의 중도해지 또는 중도환매로 인한 패널티가 없는지를 잘 확인해 보고 유의해서 변경해야 한다. 특히, 특정 상품의 경우에는 만기 전 해지가 불가능한 경우도 있으니 운용상품을 변경할 때에는 사전에 세심히 계산해 볼 필요가 있다.

[표 3-18] 중도해지시 패널티 적용 내용

구분	상품 유형	패널티 내용
원리금 보장상품	정기예금	기간별 중도해지이율 적용 (1년 이내 해지 시 보통 0.1~1% 적용)
	원리금보장 ELB	통상 약정이율 – 1%
	이율보증형 보험	기간별 해지일까지 중도해지이율 적용 (1년 미만의 경우 보통 0.1~1% 적용)
	금리연동형 보험	기간별 중도해지이율 적용 (최저보증 1%)
실적배당 상품	국내 펀드	조기 환매수수료 90일 미만 이익금의 30%
	해외 펀드	조기 환매수수료 90일 미만 이익금의 30%

원리금보장상품의 경우 대부분 약정기간 전에 해지할 경우에는 패널티를 적용 받게 되므로 중도해지로 인한 패널티 적용 내용을 사전에 운용지시자에게 충분히 설명하여야 한다. 실적배당상품의 경우에는 상품의 종류별로 차이가 있지만 대부분 90일만 지나면 조기 환매수수료가 발생하지 않으므로 동 기간을 경과한 후 변경을 하는 것이 유리하다.

4-2. 운용상품의 투자비율 변경

운용상품의 투자비율 변경방법은 크게 2가지로 나누어 볼 수 있다. 첫번째는 매월, 매분기,

매반기, 매년 단위로 불입하는 사용자부담금 및 가입자부담금의 투자비율을 변경하는 '부담금 투자비율 변경'이 있고, 두번째는 사용자부담금 및 가입자부담금이 '부담금 투자비율'에 따라 불입되어 이미 운용되고 있는 누적운용자산의 투자비율을 변경하는 '운용자산 변경'이 있다.

◉ 부담금 투자비율 변경

부담금 투자비율은 향후 입금될 사용자부담금 및 가입자부담금에 대한 투자비율을 미리 설정해 놓는 것이다. 예를 들면 부담금 투자비율이 '정기예금 1년 60% + 주식형펀드 40%'로 설정되어 있다면, 이후 부담금 1억원이 입금될 경우에는 자동적으로 '정기예금 6천만원 + 주식형펀드 4천만원'으로 운용된다.

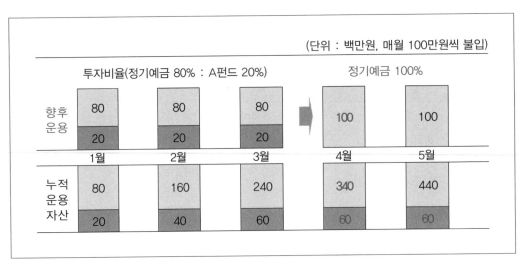

[그림 3-19] **부담금 투자비율 변경**

만약 주가하락이 예상되어 향후 입금되는 사용자부담금과 가입자부담금은 주식형펀드로 운용되지 않고 전액 정기예금으로만 운용되도록 하고 싶다면, '부담금 투자비율'을 '정기예금 100%'로 변경하면 된다. 그러면 다음 회차부터 불입되는 부담금은 정기예금 100%로 운용된다.

'부담금 투자비율'은 향후 불입될 부담금에 대한 투자비율을 변경하는 것으로 한 번만 설정해 놓으면 다음 번 변경할 때까지 계속해서 적용된다.

◉ 운용자산 변경

사용자부담금과 가입자부담금은 정기적으로 불입되며, 사전에 설정해 놓은 '부담금 투자비율'에 따라 자동적으로 운용된다. 따라서 퇴직연금 운용자산은 '부담금 투자비율'을 변경할 때 까지는 동일 비율로 계속 누적되게 되며, 이러한 누적 운용자산을 매수 및 매도를 통하여 변경하는 것을 운용자산 변경이라 한다.

'부담금 투자비율 변경'에서와 같이 5월중 누적 운용자산은 정기예금 440만원과 A펀드 60만원이 되며, 향후 다시 주가상승이 기대되어 6월부터 기존 운용중인 정기예금 중 100만원을 펀드로 변경하고 싶다면, 누적운용자산에서 정기예금 100만원을 해지하고, 펀드 100만원을 가입하면 된다.

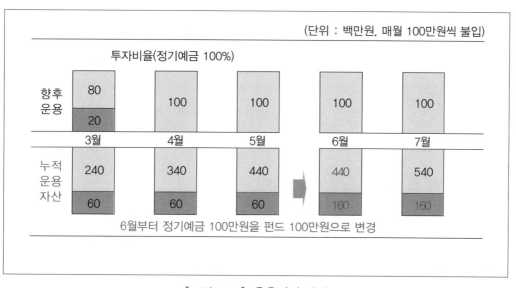

[그림3-20] **운용자산 변경**

'부담금 투자비율'은 정기적으로 불입되는 부담금을 운용하는 비율로 금액이 크지 않으나, 누적 운용자산은 쌓이면 큰 금액이 되므로 많은 금액이 위험자산으로 운용되고 있는지 살펴보고 주기적으로 안전자산으로 전환하여 과도하게 위험에 노출되지 않도록 조정하는 것이 중요하다.

4-3. 운용자산별 환매기간

'부담금 투자비율'을 변경할 경우에는 향후 입금되는 부담금부터 적용되므로 자산의 환매 문제가 발생하지 않으나, 기존에 이미 운용하고 있는 운용자산을 변경할 경우에는 기존 자산을 중도해지 또는 중도환매 하고 새로운 자산으로 교체 매입해야 하는 부담이 있다. 중도해지 또는 중도환매에 따른 비용도 소요되지만, 상품을 해지하고 다시 매입하는데 상품의 특성에 따라서는 장시간이 소요될 수도 있고, 해외 펀드의 경우에는 환율변동리스크에 노출 때문에 주의하여야 한다.

운용지시자의 경우에는 원하는 시간에 즉시 환매해서 원하는 상품으로 즉시 변경할 수 있다고 생각할 수 있기 때문에 이럴 경우 원하는 매수 타이밍을 놓칠 수 있으므로 사전에 철저한 안내가 필요하다.

예를 들어 해외투자펀드를 환매하고, 다른 해외투자펀드로 갈아탈 경우에는 환매 해서 자금이 입금되는데 약 10일이 소요되고, 다시 그 자금으로 매입하는데 2일이 소요되므로 전체 운용자산 변경기간은 12일 이상이 소요된다. 따라서 그 사이에 주가가 급등하거나, 환율이 급등할 경우에는 주가 상승 수혜도 볼 수 없을 뿐만 아니라 환율상승에 따른 손실도 감수하여야 하기 때문이다.

4-4. 만기도래 원리금보장상품의 통지절차

가입자에게 운용중인 원리금보장상품의 만기가 도래하기 전까지 가입자가 운용지시하도록 통지하여야 한다. 다만, 가입자가 만기예정일(만기예정일을 포함하지 않음)의 전영업일 전까지 별도 의사표시가 없는 경우 다음 운용지시가 있을 때까지 동일한 운용방법으로 자동 재예치되거나, 자동 재 예치가 불가능한 경우에는 자산관리계약의 종류에 따라 다음 각 호에서 정한 운용방법, 즉 중도해지수수료가 없고 수시 현금화가 가능하지만 금리가 낮은 운용방법으로 운용지시한다.

① 신탁계약은 대기자금 운용을 위해 자산관리기관이 제공하는 운용방법

② 보험계약은 원리금보장 운용방법 중 금리연동형

다만, 가입자가 '원리금보장 운용방법의 만기도래에 대한 통지'를 받지 아니하겠다는 의사표시를 명시적으로 한 경우에는 통지 내용을 적립금 운용현황 통지시 포함하여 통지한다.

5. 퇴직연금 제도유형별 투자전략

5-1. 확정급여형(DB) 투자전략

확정급여형(DB) 퇴직연금제도의 적립금 운용 목표는 임금인상률을 상회하는 운용수익률을 달성하는 것이다. 왜냐하면 확정급여형(DB)의 경우에는 기업에서 퇴직금 지급자금을 직접 운용하다가 근로자 퇴직 시 퇴직시점의 평균임금을 기준으로 퇴직일시금을 지급해야 하기 때문에 임금인상률보다 낮게 운용할 경우 기업은 차액부분을 회사 자금으로 보전해 주어야 하기 때문이다.

따라서 확정급여형(DB) 퇴직연금제도를 도입한 기업의 실무담당직원은 최소한 임금인상률 정도의 운용수익률을 달성하여야 회사가 손실을 입지 않는다. 즉, 자산운용 목표는 '운용수익률 ≥ 임금인상률'이 되어야 하는데, 여기서 임금인상률은 근로자가 시간이 지나면서 발생하는 호봉 상승분과 승진에 따른 임금인상분이 모두 감안된 임금인상률로 산정하여야 한다.

자산운용 목표인 임금인상률 이상의 운용수익률을 달성하기 위하여는 부채의 특성에 맞는 자산운용, 즉, 자산부채종합관리(ALM, Asset Liavility Management)의 필요성이 매우 중요시된다. 자산부채종합관리(ALM) 접근에 따른 자산배분의 목표는 적립비율을 100% 내외에서 유지하면서 적립비율의 변동성 위험(과소 적립가능성)을 최소화하는 것이다. 적립비율의 변동성 위험을 줄이기 위해서는 결국 자산과 부채의 듀레이션을 최대한 일치시키는 것이 필요하다.

우리나라는 아직 이러한 자산배분기법이 발달하지 않았기 때문에 퇴직급여충당부채를 안전한 금융기관에 예치하고, 부채의 특성과 상관없이 확정금리상품으로 운용하는 가장 단순한 자산배분을 하고 있다.

물론 이렇게 하는 데는 몇 가지 사유가 있다.

첫째 기존 퇴직금제도하에서 퇴직신탁·퇴직보험에만 사외적립 하고 금융기관이 대신운용해 주던 관행으로 인해 기업들이 원리금보장을 당연시하고 있기 때문이다. 둘째 우리나라 퇴직연금제도에는 아직 기금형제도가 활성화되지 않은 상태에서 기업 단위의 계약형제도만 운영하고 있기 때문에 자산운용 체계가 미흡한 상황이다. 기본적인 자산군 특성에 대한 이해부터 투자전략에 이르기까지 자산운용 전문지식이 낮은 상태에서 기업 및 근로자들이 스스로 운용해야 하는 부담이 크기 때문이다. 셋째 퇴직연금 지급방식이 일시금에 치우쳐 있기 때문에 부채의 듀레이션이 짧다. 하지만, 점차 연금수령 수요가 증가하고 있어 ALM의 중요성이 점차 증가할 전망이다.

최근에는 저금리기조 지속으로 자산운용 목표 달성이 어렵고 기업의 인식과 문화가 위험자산에 좀 더 관대해지고 있고 기업 및 근로자가 전문적인 자산운용 역량을 갖춘다면 퇴직연금 자산운용 부문에서 투자형태의 본격적인 패러다임 변화가 이루어 질 것으로 보인다.

확정급여형(DB)에서의 투자전략은 일반적으로 '투자위원회'를 구성하여 투자가이드라인 및 운용기준을 수립하고, 자산배분을 위한 의사결정을 하게 되며 필요시 운용관리기관 또는 컨설팅기관의 자문을 받기도 한다.

일반적인 프로세스는 운영기준을 수립하고 펀드를 선정하고 성과분석을 하는 단계로 구분된다.

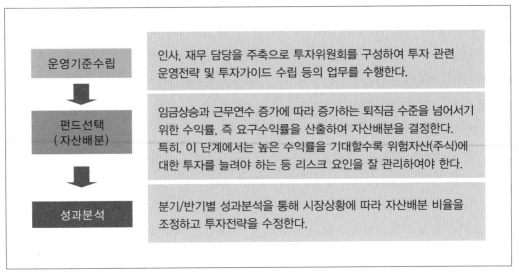

[그림 3-21] **확정급여형(DB) 투자전략 프로세스**

5-2. 확정기여형(DC) 투자전략

확정기여형(DC)은 근로자 본인의 투자성향과 투자기간(연령 및 정년)을 고려한 투자가 바람직하다.

보수적 투자의 경우, 원리금보장형 및 채권 중심 상품 운용으로 위험자산의 투자비중을 최소화한 경우로 상대적으로 안정적인 반면 수익률이 낮을 수 있다.

공격적 투자의 경우, 위험자산(주식형수익증권) 비중을 높여서 운용하게 되므로 보수적 운용 스타일 보다 수익률은 높을 수 있으나, 주식시장에 따라 변동성이 확대되어, 운용위험(Risk)이 커질 수 있는 단점이 있다.

[표 3-19] **투자성향에 따른 펀드선택 (예시)**

구 분	특징	선택
보수적 투자성향	위험에 대한 인내력이 낮거나 원금손실을 허용하지 않는 스타일	원리금보장형 상품선택
중립적 투자성향	어느 정도 수익을 위하여 약간의 투자위험을 감수할 의사가 있는 스타일	혼합형 수익증권 선택
공격적 투자성향	고수익을 위해 위험도 적극적으로 감수하려는 스타일	주식형 수익증권 선택

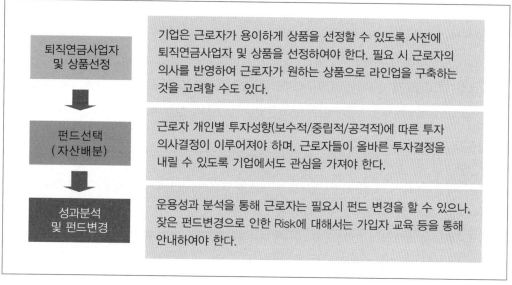

[그림 3-22] **확정기여형(DC) 투자전략 프로세스**

따라서 본인의 투자성향을 잘 파악하여 운용하되 퇴직연금 본래 성격인 장기안정적인 운용 성과를 염두에 두어야 할 것이다. 특히, 퇴직연금은 근로자 노후생활을 위한 자금으로 근로자들 이 올바른 투자결정을 할 수 있도록 기업에서도 관심을 가져야 할 것이다. 확정기여형(DC)의 경 우 근로자들의 올바른 투자결정을 위한 교육이 지원되고 있으며, 1년에 1회 이상 의무적으로 실시하도록 법으로도 규정하고 있다.

일반적인 프로세스는 퇴직연금사업자 및 상품선택, 성과분석 및 펀드변경의 순으로 이루어진다.

6. 위험자산별 투자한도

6-1. 투자한도 설정 개요

퇴직연금은 근로자의 안정적인 노후생활을 위한 퇴직급여 지급재원이므로 안정적인 자산운용이 가능하도록 퇴직연금 감독규정에서는 총 위험자산 투자한도만 70%로 제한을 하고, 개별자산에 대한 투자한도는 제한을 없앴으며, 위험도가 큰 일부 개별 운용자산에 대해서는 예외적으로 투자를 금지·제한하는 negative 규제로 전환하였다.

확정급여형(DB)과 확정기여형(DC), IRP의 총 위험자산 투자한도를 동일하게 70%로 제한하고 있으며, 파생상품은 투자금지를 하고, 실물자산은 펀드로만 운용하도록 제한하였다.

확정급여형(DB) 제도에서는 상장주식과 상장리츠(REITs)도 투자를 허용하였으나, 확정기여형(DC)과 IRP 제도에서는 상장주식은 펀드로만 가능 하고, 상장리츠(REITs)는 투자를 제한하였다.

확정급여형(DB) 제도의 경우에는 사용자(기업)의 퇴직연금 재원을 운용하는 형태로 은퇴예상시점을 특정할 수 없어 TDF의 투자한도를 적립금의 70%로 제한했으나, 확정기여형(DC)와 개인형IRP에서는 퇴직연금감독규정 시행세칙에서 감독원장이 정한 기준을 충족한 적격TDF에 대해서는 투자한도를 적립금의 100%까지 허용했다. 적격TDF란 주식 투자한도 최대 80% 이내, 은퇴시점 이후 40% 이내를 충족하는 TDF를 말한다.

6-2. 확정급여형(DB) 위험자산 종류 및 투자한도

확정급여형(DB)은 사용자의 책임과 권한 아래 적립금을 운용하게 되므로 다양한 투자가 허용되고 있다. 그러나 근로자의 노후재원인 점을 감안하여 파생상품, 실물자산 등 지나치게 공격적인 투자를 제한하여 확정급여형(DB)의 재정건전성을 확보하고자 하고 있다.

확정급여형(DB)에서는 위험자산에 대한 개별 투자한도 규정에도 불구하고 총 위험자산 투자한도를 70%로 제한하였으므로 적립금의 최고 70%까지 직·간접적으로 주식에 투자할 수 있다. 예를 들면 확정급여형(DB)의 경우 상장주식에 30%를 투자하고, 주식형(주식 60% 이상) 간접투자증권 40%를 투자하면 나머지 금액은 확정금리상품에 투자해야 한다. 주식형 간접투자증권은 주식에 100%까지 투자가 가능하기 때문에 40% 이상을 투자하였을 경우에는 위험자산 투자한도를 초과할 우려가 있기 때문이다. 따라서 확정급여형(DB) 퇴직연금에서는 적립금의 운용에 있어 확정금리 상품을 30%까지는 투자하도록 규정하여 안정적인 자산운용을 유도하고 있다.

[표 3-20] 확정급여형(DB) 위험자산의 종류 투자한도

구분	위험자산의 종류	투자한도
1	• 파생상품 • 실물자산(펀드로만 가능) • 자사 원리금보장상품	투자금지
2	• TDF(Target Date Fund)	70%
3	• 상장주식 • 상장리츠(REITs) • 주식형 수익증권(주식 60% 이상) • 혼합형 수익증권(주식 40% 초과 60% 미만) • 혼합채권형 수익증권(주식 40% 이하) • 채권형 수익증권(채권 60% 이상)	투자제한 없음
4	• 동일회사 발행주식 10% • 동일계열 신용공여 15% • 동일법인/지분법적용 시 신용공여 5%	집중투자 한도
총 위험자산(2~4)에 대한 투자한도		**70%**

※ 사용자별 적립금 기준으로 투자한도 적용

6-3. 확정기여형(DC)의 위험자산 투자한도

확정기여형(DC)은 적립금이 근로자의 책임과 권한 아래 운용된다는 점에서 상장주식 직접투자를 금지하고, 상장주식은 펀드로만 운용할 수 있도록 제한하였다.

확정기여형(DC)은 근로자가 이미 사용자로부터 퇴직금을 수령 받아 근로자 계정에 예치하고 직접 운용하는 것과 같은 형태로 근로자는 사용자에게 받은 퇴직금에 운용이익이 발생할 경우에는 예상했던 것보다 더 많은 퇴직연금을 수령할 수 있겠지만, 운용손실이 발생할 경우에는 기업에서 수령한 퇴직금 원금보다도 적은 퇴직연금을 수령할 수밖에 없어 노후생활 자금 마련이라는 취지에 부합되지 않는다. 이럴 경우 향후 퇴직 시에 받아가는 퇴직연금이 퇴직금 보다 작아지면 기업 입장에서도 부담이 되므로, 기업에서 근로자들이 안정적인 자산만 운용할 수 있도록 운용자산을 제한할 수 있게 하였다.

확정기여형(DC)에서도 개별자산의 투자한도에는 제한이 없으나, 위험이 큰 파생상품과 실물자산, 상장주식은 투자를 금지하도록 하였다. 그리고 총 위험자산 한도를 70%로 규제하고 있으므로 주식형(주식 60% 이상) 수익증권에 70%까지 투자할 수 있으며, 나머지 30%는 확정금리상품으로 운용하여야 한다. 향후 근로자들의 자산운용에 대한 노하우가 높아지고 리스크를 통제하는 시스템이 갖춰질 경우에는 위험자산에 대한 투자한도를 더 완화할 것으로 기대된다.

[표 3-21] 확정기여형(DC) 위험자산의 종류 및 투자한도

구분	위험자산의 종류	투자한도
1	• 파생상품 • 실물자산(펀드로만 가능) • 상장주식(펀드로만 가능) • 상장리츠(REITs) • 자사 원리금보장상품	투자금지
2	• TDF(Target Date Fund) • 주식형 수익증권(주식 60% 이상) • 혼합형 수익증권(주식 40% 초과 60% 미만) • 혼합채권형 수익증권(주식 40% 이하) • 채권형 수익증권(채권 60% 이상)	투자제한 없음
3	• 동일회사 발행주식 30% • 동일계열 신용공여 40% • 동일법인/지분법적용 시 신용공여 10%	집중투자 한도
총 위험자산(2~3)에 대한 투자한도		70%

※ 가입자별 적립금 기준으로 투자한도 적용

6-4. 원리금비보장자산 종류별 투자금지 대상

현행 퇴직연금제도는 투자 가능한 금융상품을 운용방법에 따라 원리금보장자산과 원리금비
보장자산으로 구분하고, 투자금지 대상으로 열거하지 않은 모든 원리금비보장자산에 대해 투자
를 허용하고 있다.

[표 3-22] 원리금비보장자산 종류별 투자금지 대상

구분		투자금지 대상
증권	지분증권	비상장 주식, 해외 비적격시장 주식, 파생형 펀드, 일부 특수목적 펀드
	채무증권	투자 부적격등급 채권
	수익증권	파생형 펀드, 투자 부적격등급 수익증권
	파생결합증권	사모 발행, 최대손실률 △40% 초과
	증권예탁증권	국내 상장되지 않은 증권예탁증권
	투자계약증권	전체 투자 금지
파생상품		위험회피 목적 이외의 파생상품 계약

※ 자료 : 금융감독원 적립금 운용안내

6-5. 총투자한도 관리

ⓒ 총투자한도 초과 여부 심사

퇴직연금사업자는 매 영업일 및 운용지시를 전달받는 시점에 운용지시자별로 총투자한도 초
과 여부를 심사하여야 한다.

감독규정을 위반하는 운용지시에 대한 판단은 운용지시자별 전체적립금으로 한다. 다만, 전
체적립금의 투자한도가 이미 초과된 상태에서 일부 적립금을 교체 매매하거나 계속 부담금을
납입하는 등의 경우에는 운용지시 대상금액(부담금액, 교체매매금액 등)을 기준으로 투자한도 위반
여부를 판단할 수 있다. 이 경우 전체적립금의 투자한도 초과율은 전과 동일하게 유지되거나 감
소되어야 한다.

총투자한도 초과 운용지시 처리 방법

사용자 및 가입자가 총투자한도를 위반하는 운용지시를 하는 경우 운용관리기관은 해당 운용지시를 거절하여야 한다.

퇴직연금사업자는 총투자한도를 위반한 사용자 및 가입자의 운용지시를 거절하는 경우 운용지시자가 해당 운용지시를 변경할 수 있도록 서면 등의 방법으로 즉시 통보하여야 한다. 다만, 사전에 운용지시자로부터 받아 놓은 운용지시는 운용지시자가 그 내용을 변경하기 전까지 유효하며 별도의 운용지시가 없는 경우 직전 운용지시에 따라 운용한다. 이 경우 전체적립금의 투자한도 초과율은 전과 동일하게 유지되거나 감소되어야 한다.

총투자한도 초과 시 조치 방법

퇴직연금사업자는 정상적으로 운용지시가 이루어진 후 운용지시자가 적립금 운용방법으로 선정한 증권이 다음의 사유로 인하여 연속하여 7영업일 동안 투자한도를 초과하게 된 경우에는 당일 또는 익일에 '한도초과 사실 및 그 시정에 필요한 조치'에 관한 안내문을 운용지시자에게 서면 등의 방법으로 통보하고 이후에도 주기적으로 투자한도 초과여부를 심사하여야 한다.

[퇴직연금감독규정 제9조제3항 등] 투자한도 초과 사유

① 집합투자증권으로서 금융투자업규정에 의해 산정된 위험평가액이 집합투자기구 자산총액의 100분의 40을 초과하는 것
② 수익증권으로서 신용평가기관으로부터 투자적격 신용평가등급을 받지 않은 것
③ 운용지시자가 적립금 운용방법으로 선정한 증권이 발행자의 지분변동 등에 의해 집중투자한도를 초과하여 이해관계인에 해당하게 된 경우
④ 운용지시자가 운용방법을 선정한 이후 '투자한도 적용에 대한 특례' 사유에 해당되어 투자한도를 초과하게 된 경우

퇴직연금사업자는 감독규정에서 정한 사유별 유예기간종료일 인근 특정날짜를 기준으로 운용지시자가 투자한도를 위반한 경우에는 '해당위반사실 및 그 시정에 필요한 조치'에 관한 안내문을 운용지시자에게 서면 등의 방법으로 재차 통보하여 만기일 이전에 투자한도를 재조정할 수 있도록 하는 등 선량한 관리자의 의무를 다하여야 한다.

시장가치 변동에 따른 투자한도 초과

퇴직연금사업자는 정상적으로 운용지시가 이루어진 후 적립금에 편입되어 있는 각 운용방법에 대한 시장가치(공정가치)의 변동에 따라 연속하여 7영업일 동안 투자한도를 초과하게 된 경우에는 당일 또는 익일 한도초과 사실을 운용지시자에게 서면 등의 방법으로 통보하고 이후에도 주기적으로 투자한도 초과여부를 심사하여 통보한다. 그럼에도 불구하고 확정기여형(DC) 가입자에게 해당내용을 통보할 수 없는 경우에는 사용자에게 해당 가입자의 연락처 정보를 요청, 취득하여 익월말까지 안내하여야 한다. 다만, 사용자에게 요청 했음에도 불구하고 연락처를 취득할 수 없는 경우는 사용자에게 통보하는 것으로 감독규정에 따른 의무를 갈음할 수 있다.

6-6. 투자한도 적용에 대한 특례

집중투자한도 규정에도 불구하고 원리금보장 운용방법의 경우 적립금의 100분의 100 이내의 별도 집중투자한도를 적용하며, 동일 지방자치단체가 발생한 지방채증권 및 동일 법인(한국은행 제외)이 발행한 특수채증권의 투자한도는 각각 적립금의 100분의 30 이내로 별도 집중투자한도를 적용한다.

확정급여형(DB) 및 확정기여형(DC) 퇴직연금의 집중투자한도 규정에도 불구하고 운용지시자가 운용방법을 선정한 이후 다음 ①~⑦과 같은 사유에 의해 투자한도를 초과하게 될 경우 차기 운용방법 변경시기(운용지시자가 적용되는 퇴직연금규약에 명시된 것을 기준으로 한다. 다만, 변경을 수시로 할 수 있을 경우 6월 이내)까지는 동 한도 제한을 위반한 것으로 보지 아니한다.

하지만, 운용관리기관은 해당 운용지시자에게 해당 위반사실 및 그 시정에 필요한 조치를 즉시 통보하여야 한다.

 [퇴직연금감독규정 제13조제2항] 투자한도 적용에 대한 특례

① 예상하지 못한 경비발생 등에 의한 적립금 총액의 감소
② 계열사 및 지분법 적용대상 기업에 대한 범위의 변동
③ 증권을 발행한 기업 및 기관의 인수·합병 및 통합
④ 주식의 소각
⑤ 퇴직급여 지급을 위한 자산의 매각
⑥ 법령 및 감독규정 개정
⑦ 기타 ①호 내지 ⑥호에 준하는 사유로서 감독원장이 정하는 사항

6-7. 운용지시자 보호조치

ⓒ 총투자한도 대비 90% 초과 시 안내

퇴직연금사업자는 매월 1회 이상 특정날짜를 기준으로 심사하여 운용지시자의 원리금비보장 운용방법에 의한 투자비중이 총투자한도 대비 일정수준을 초과하는 경우에는 그 내용을 서면 등의 방법으로 운용지시자에게 안내하여야 한다. 이때 총투자한도 대비 일정수준은 퇴직연금사업자가 자율적으로 결정하되, 모든 운용지시자에게 동일하게 적용해야 하며, 90% 보다 높게 정할 수 없다.

그럼에도 불구하고 운용지시자가 운용지시를 할 때부터 원리금비보장 운용방법에 의한 투자비중이 총 투자한도 대비 90%를 초과하는 경우에는 그 내용을 즉시 안내하여야 한다.

ⓒ 손실률이 일정수준 초과 시 안내

퇴직연금사업자는 매월 1회 이상 특정날짜를 기준으로 심사하여 부담금을 운용한 결과 발생한 손실률이 납입원금 대비 일정수준을 초과하는 경우에는 그 내용을 서면 등의 방법으로 가입자에게 안내하여야 한다. 이때 원금 대비 일정수준은 퇴직연금사업자가 자율적으로 결정하되, 모든 운용지시자에게 동일하게 적용해야 하며, 적립금 평가액이 △10%에서 0% 사이의 값으로 정해야 한다.

손실률 계산시 부담금의 원금은 납입된 전체 부담금을 합한 금액으로 한다. 다만, 운용지시자가 부담금의 일부를 중도인출 한 경우에는 중도인출 한 날부터 다시 부담금을 누적한 금액을 원금으로 하며, 중도인출 된 금액을 제외한 나머지 잔액은 원금에 합산한다.

퇴직연금사업자는 운용지시자가 퇴직연금사업자의 안내를 거부하는 의사표시를 하거나 운용지시자의 주소, 이메일 등 연락처를 확보하지 못하는 경우 안내하지 않을 수 있다.

제4장

퇴직연금
사후관리 실무

가입자 교육

1. 가입자 교육의 개요

1-1. 가입자 교육의 개요

가입자 교육의 정의

가입자 교육이란 퇴직연금제도(개인형IRP 제외)를 설정한 사용자 및 개인형IRP를 운영하는 퇴직연금사업자가 매년 1회 이상 가입자에게 해당 사업의 퇴직연금제도 운용 상황 등에 관한 교육을 의무적으로 실시하여야 하는 것을 말한다. 그리고 사용자는 퇴직연금사업자에게 그 교육의 실시를 위탁할 수 있는데, 퇴직연금사업자에게 가입자에 대한 교육의 실시를 위탁한 경우 집합교육을 실시할 수 있도록 하는 등 협조하여야 한다.

가입자 교육의 필요성

퇴직연금제도는 어떻게 운영하느냐에 따라서 노후생활의 안정성 및 기업의 부담이 크게 달라질 수 있다. 왜냐하면 퇴직연금에 가입한 사용자나 근로자는 퇴직연금에 불입한 자금을 스스로 운용하여야 하며, 퇴직연금 자산운용에서 발생한 손익은 사용자나 근로자가 직접 책임져야 하기 때문이다.

특히, 확정급여형(DB)에 가입한 근로자의 경우 본인이 받아 가야 할 퇴직금을 사용자가 운용하고 있으니, 혹 잘못 운용해서 기업이 감당할 수 없을 정도로 큰 손실이 발생할 경우에는 근로자 본인이 받아야 할 퇴직금을 받지 못하는 사태가 발생할 수도 있다. 따라서 근로자는 본인이 받을 퇴직금 지급재원을 사용자가 안정적인 자산을 선택해서 잘 운용하고 있는지, 또는 너무 리스크가 높은 자산에 집중 투자해서 위험하게 운용하고 있는지를 항상 확인할 필요가 있다.

이러한 취지를 반영하여 *法*에서는 퇴직연금제도를 도입한 사용자에게 매년 1회 이상 근로자들에게 제도 운영 전반에 관한 교육을 실시하도록 의무를 부여하고 있다. 사용자는 이 교육의 의무를 직접 수행할 수도 있고, 퇴직연금사업자에게 위탁하여 대신 수행하도록 할 수도 있다.

대부분의 사용자들은 교육의 의무를 퇴직연금사업자에 위탁하여 운영하고 있는데, 가입자교육이 형식적으로 이루어지고 있는 경우가 많아 가입자들이 제대로된 교육혜택을 누리지 못하고 있다. 하지만, 퇴직연금 적립금 규모가 계속 증가하고 있는 가운데 가입자들이 자산운용에 대한 전문지식과 시간적 여유가 없기 때문에 향후 가입자교육은 더욱 중요해지고 있다. 따라서 감독당국에서도 가입자교육에 대한 퇴직연금사업자들의 의무를 강화하고 있으며, 향후에는 가입자교육 능력이 퇴직연금사업자의 주요 경쟁력으로 대두될 전망이다.

1-2. 가입자 교육의 범위

ⓒ 가입자 교육의 의무

① 사용자의 의무

퇴직연금제도를 설정한 사용자는 매년 1회 이상 확정급여형(DB) 또는 확정기여형(DC), 기업형IRP 가입자에게 교육을 실시하여야 할 의무가 있다. 그러나 구체적인 실시는 퇴직연금사업자에게 위탁하여 실시할 수 있다. 교육을 실시할 때는 *法* 시행령에서 정하고 있는 내용이 가입자에게 충분히 전달되도록 이루어져야 하며, 교육방법은 규약에서 정한대로 실시하면 된다.

즉, 확정급여형(DB) 및 확정기여형(DC), 기업형IRP 가입자 교육의 1차적인 의무를 사용자에게 부여하고, 2차적으로 퇴직연금사업자에게 위임할 수 있도록 하여 공동 책임을 부여하고 있다. 즉, 퇴직연금사업자가 교육을 실시하지 않을 경우에는 퇴직연금사업자뿐만 아니라 사용자까지 책임을 지게 되는 것이다.

② 퇴직연금사업자의 의무

개인형IRP를 운영하는 퇴직연금사업자는 해당 사업의 퇴직연금제도 운영 상황 등에 대하여 매년 1회 이상 가입자에게 교육을 실시하여야 한다.

개인형IRP에 가입한 근로자와 퇴직자들은 퇴직연금 자산운용에 대한 전문지식이 부족하고, 체계적으로 적립금을 운용할 시간적 여유도 없지만, 노후 소득금액은 적립금의 운용결과에 따라 크게 달라질 수 있다. 따라서 자산운용 등에 대한 퇴직연금전문가의 도움이 필요하기 때문에 투자 기본지식은 물론 운용방법별 위험과 수익에 관한 사항 및 노후설계 등에 대해 퇴직연금사업자가 직접 교육에 대한 책임을 지도록 하였다.

③ 가입자교육 위반에 대한 과태료

퇴직연금제도를 도입한 사용자 또는 퇴직연금사업자가 매년 1회 이상 가입자교육을 실시하지 않은 경우에는 연간 10백만원 이하의 과태료 처분을 받게 된다.

[法 제48조제1항] 과태료

제48조(과태료) ① 다음 각 호의 어느 하나에 해당하는 자에게는 1천만 원 이하의 과태료를 부과한다.
1. 매년 1회 이상 교육을 하지 아니한 사용자
2. 매년 1회 이상 교육을 하지 아니한 퇴직연금사업자

◉ 가입자에 대한 교육사항

① 확정급여형(DB)과 확정기여형(DC), 기업형IRP

확정급여형(DB)과 확정기여형(DC), 기업형IRP에 가입한 근로자에 대한 가입자교육의 범위는 다음과 같다.

그리고 '분산투자 등 적립금의 안정적 운용을 위하여 행하는 투자원칙에 관한 사항'과 '퇴직연금사업자가 제시하는 집합투자증권 등 적립금 운용방법별 수익구조, 매도기준가, 투자 위험 및 수수료 등에 관한 사항'을 교육하는 경우 사용자가 퇴직연금사업자와 협조하여 실시하도록 하였다.

[法 시행령 제32조제1항제1호] 제도 일반에 관한 내용

① 급여 종류에 관한 사항, 수급요건, 급여액 등 제도별 특징 및 차이점

② 담보대출, 중도인출, 지연이자 등 해당 사업의 퇴직연금제도 운영에 관한 사항

③ 급여 또는 부담금 산정의 기준이 되는 임금 등에 관한 사항

④ 퇴직 시 급여 지급절차 및 개인형IRP로의 적립금 이전에 관한 사항

⑤ 연금소득세, 퇴직소득세 등 과세 체계에 관한 사항

⑥ 해당 사업의 퇴직연금제도를 중단하거나 폐지하는 경우 그 처리방법

⑦ 가입자의 소득, 자산, 부채, 나이 및 근속연수 등을 고려한 자산·부채관리의 일반적 원칙과 노후 설계의 중요성에 관한 사항

 [法 시행령 제32조제1항제2호] 확정급여형(DB) 제도를 설정한 경우

① 최근 3년간의 부담금 납입 현황

② 급여종류별 표준적인 급여액 수준

③ 직전 사업연도 말 기준 최소적립금 대비 적립금 현황

④ 재정안정화계획서를 작성하는 경우 그 계획서 및 이행 상황

⑤ 그 밖에 적립금 운용현황, 운용목표 등에 관한 사항

 [法 시행령 제32조제1항제3호] 확정기여형(DC), 기업형IRP 제도를 설정한 경우

① 사용자의 부담금 수준, 납입시기 및 납입 현황

② 둘 이상의 사용자가 참여하는 확정기여형퇴직연금제도의 경우 표준규약 및 표준계약서에 관한 사항

③ 분산투자 등 적립금의 안정적 운용을 위하여 행하는 투자원칙에 관한 사항

④ 퇴직연금사업자가 제시하는 집합투자증권 등 적립금 운용방법별 수익구조, 매도기준가, 투자 위험 및 수수료 등에 관한 사항

② 개인형IRP 제도를 설정한 경우

개인형IRP에 가입한 가입자에 대한 교육사항은 다음과 같다.

 [法 시행령 제36조제1항제1호] 개인형IRP 가입자에 대한 교육사항

① 개인형IRP의 부담금 납입한도
② 개인형IRP의 급여 종류별 수급요건 및 중도인출
③ 연금소득세, 퇴직소득세 등 과세 체계에 관한 사항
④ 가입자의 소득, 자산, 부채, 나이 및 근속연수 등을 고려한 자산·부채관리의 일반적 원칙과 노후 설계의 중요성에 관한 사항
⑤ 분산투자 등 적립금의 안정적 운용을 위하여 행하는 투자원칙에 관한 사항
⑥ 퇴직연금사업자가 제시하는 집합투자증권 등 적립금 운용방법별 수익구조, 매도기준가, 투자 위험 및 수수료 등에 관한 사항

1-3. 사업자간 협력 의무

사용자가 복수의 퇴직연금사업자와 운용관리계약을 체결한 경우 퇴직연금사업자들은 사용자와 가입자교육 업무위탁계약을 체결한 퇴직연금사업자(간사기관)가 원활한 법정교육을 수행할 수 있도록 협조하여야 한다.

사용자가 퇴직연금사업자를 단일사업자로 선정한 경우에는 해당 사업자가 퇴직연금 가입자교육을 실시하면 되나, 복수사업자를 선정하였을 경우에는 누가 가입자교육을 담당할 지에 대한 문제가 생긴다.

가입자교육은 사용자와 퇴직연금사업자의 의무이기 때문에 이행하지 않을 경우에는 과태료 부담이라는 벌칙을 받게 된다. 그러나 벌칙을 받는 것 보다 더 중요한 것은 퇴직연금사업자의 신뢰도와 관련된 문제이기 때문에 가입자교육을 담당할 퇴직연금사업자를 명확히 지정하는 것이 중요하다.

복수의 퇴직연금사업자와 운용관리업무에 관한 계약을 체결한 사용자는 그 퇴직연금사업자 중 하나를 대표 퇴직연금사업자, 즉, 간사기관으로 선정하여 퇴직연금 운용관리업무와 관련된 제반 업무를 수행하도록 할 수 있다.

그리고 사용자는 가입자교육을 퇴직연금사업자에게 위탁할 수 있으며, 운용관리업무를 담당하는 퇴직연금사업자는 사용자가 위탁한 가입자교육을 실시하여야 한다. 따라서 사용자는 퇴직연금사업자 중 자산운용능력 및 가입자교육 능력 등 퇴직연금제도 전반적인 운영능력을 종합적으로 검토한 후 가장 적합하다고 판단되는 퇴직연금사업자를 간사기관으로 지정하고, 동 간사기관에 퇴직연금 가입자교육을 위탁하게 된다. 그리고 간사기관이 아닌 퇴직연금사업자는 간사기관이 가입자교육을 하는데 필요한 제반 자료를 제공하는데 협조를 하여야 한다.

2. 가입자 교육의 내용

2-1. 제도 일반에 관한 내용

ⓒ 급여종류별 수급요건

급여 종류 및 수급요건, 급여액, 적립금 운용 주체, 추가납입 및 중도인출 여부 등 제도별 특징 및 차이점을 안내한다.

퇴직연금제도에서 가입자가 퇴직할 경우 받게 되는 퇴직급여의 수령방법에는 연금과 일시금이 있다. 퇴직급여를 연금으로 받기 위해서는 연금수급요건에 해당되어야 하는데, 연금수급요건을 충족하지 못하거나 일시금 수급을 원할 경우에는 일시금으로 수령하면 된다.

소득세법 상 연금수급요건은 최소가입기간 5년 이상(단, 이연퇴직소득이 입금된 계좌는 면제), 만 55세 이상, 연금수령한도 내에서 인출할 경우 낮은 세율의 연금소득세를 적용 받게 된다.

연금수령연차 10년차부터는 연금수령한도 적용을 받지 않으나, 2013.3.1 이전에 가입한 연금계좌(DB, DC, IRP)의 경우에는 특례에 따라 최초부터 연금수령연차 6년차를 적용받기 때문에 5년차만 경과하면 연금수령한도를 적용 받지 않는다. 연금수령한도 적용 예외 구간에서 인출하는 금액은 모두 연금소득으로 인정받아 낮은 세율을 적용 받게 된다.

퇴직급여는 가입자가 설정한 개인형IRP로 의무이전 하게 되어 있으므로 연금수급요건이 되어 연금으로 수령할 경우에는 퇴직연금사업자에게 연금수급 신청을 하면되고, 일시금으로 수령하고자 할 경우에는 개인형IRP 설정 시 운용자산을 선정하지 말고 현금성자산 상태로 두고 수령 받은 후 해지하면 된다.

[표 4-1] 급여종류별 수급요건

급여종류	제도 종류	수급 요건

연금	확정급여형(DB)
	확정기여형(DC)
	기업형IRP
		• 만 55세 이상
		• '연금수령한도' 내에서 인출
		  ☞ 퇴직 시 개인형IRP로 의무이전 되므로 실제 연금수급 요건은
		    개인형IRP 수급요건을 따름

	개인형IRP	• 만 55세 이상 • 최소납입기간 5년 이상 경과 후 인출 (단, 퇴직소득 재원은 제외) • '연금수령한도' 내에서 인출[주]
일시금	모든 제도	• 연금수급요건 미충족시 • 일시금 수급을 원할 경우

※ 주) 연금수령한도 = [연금계좌의 평가액÷(11-연금수령연차)]×120%

   * 연금수령한도 초과 인출시 소득원천별 과세: 퇴직소득세, 기타소득세 과세

☞ 담보제공 및 중도인출

담보대출, 중도인출, 지연이자 등 해당 사업장의 퇴직연금제도 운영에 관한 사항을 안내한다. 이때, 담보대출에 관한 사항은 퇴직연금사업자의 담보대출 가능 여부를 포함하여 안내할 수 있다.

퇴직연금의 급여를 받을 권리는 양도하거나 담보로 제공할 수 없다. 그럼에도 불구하고 가입자는 주택구입 등 법정 사유와 요건을 갖춘 경우에는 가입자별 적립금의 100분의 50 한도 내에서 담보제공이 가능하다. 이 경우 퇴직연금사업자는 제공된 급여를 담보로 한 대출이 이루어지도록 협조하여야 한다.

또한 법정 사유와 요건을 갖춘 경우에는 가입자별 적립금의 100분의 100 한도 내에서 중도인출이 가능하다.

[표 4-2] 담보제공과 중도인출 비교

항목	확정급여형(DB)	확정기여형(DC) & 기업형IRP	개인형IRP
중도인출	불가	가능(법정사유 충족시)	
담보제공	가능(법정사유 충족시)		
한도	• 담보제공 : 적립금의 50% 까지 • 중도인출 : 적립금의 100% 까지(DB 제외) (단, 고용노동부장관의 고시사유 및 요건일 경우 고시하는 한도까지 가능)		

참고자료 중도인출 업무처리절차 (예시)

① 사업자는 가입자의 중도인출 신청 시 해당 법정사유를 확인하고 각 사유별 필요한 제출 서류 등의 절차를 안내한다.

② 사업자는 중도인출 및 향후 퇴직시의 소득세 세금계산 등을 설명한다.

③ 적립금을 중도인출 할 경우 기 운용중인 상품의 매도처리 등의 내용을 교육한다.

ⓒ 퇴직급여 지급 및 개인형IRP로의 이전절차

퇴직시 급여 지급절차 및 개인형IRP로의 적립금 이전 등 사항에 대하여 안내한다.

퇴직 시 급여지급 절차에 대한 교육 내용은 다음과 같다.

① 퇴직시 급여의 수급요건

② 퇴직 시 사용자 또는 가입자가 사업자에게 통지해야 할 내용 및 통지 방법

③ 사용자 및 사업자의 업무처리 절차

④ 사업자의 콜센터 또는 업무처리 담당자 안내

개인형IRP로의 적립금 이전 등에 관한 교육 내용은 다음과 같다.

① 개인형IRP로의 의무이전에 관한 내용

② 의무이전 예외사유

③ 개인형IRP로의 이전 시 효과

④ 개인형IRP로의 이전 방법 및 절차

⑤ 개인형IRP 선택 시 적립금 운용방법 및 상품

확정급여형(DB) 제도에 가입한 가입자가 퇴직 시 급여의 지급은 가입자가 지정한 개인형IRP 계정으로 이전하는 방법으로 한다. 다만, 가입자가 55세 이후에 퇴직하여 급여를 받는 경우 등 개인형IRP 이전 예외 사유가 있는 경우에는 그러하지 아니하다.

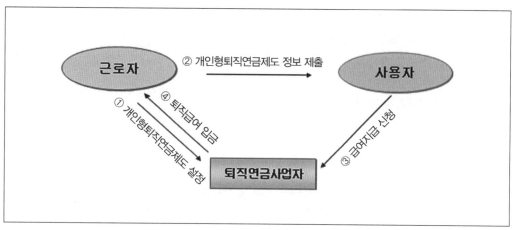

[그림 4-1] 개인형IRP로의 퇴직급여 이전절차

① 급여의 지급사유가 발생하면 퇴직연금사업자는 가입자가 개인형IRP의 계정을 신규로 개설할 수 있도록 사용자에게 안내하고, 사용자는 가입 근로자에게 안내한다.

② 사용자가 가입자로부터 개인형IRP 정보와 급여지급 청구를 받아 확인한 후 운용관리기관에 전달하고 급여의 지급을 지시한다.

③ 운용관리기관이 자산관리기관에게 급여의 지급지시를 전달한다.

④ 자산관리기관은 적립금 운용자산을 매각한 후 가입자의 개인형IRP 계정으로 자금을 이전한다. 단, 확정기여형(DC) 가입자가 운용자산의 매각 없이 현재 운용중인 자산의 이전을 원할 경우 신청을 받아 처리할 수 있다.

[法 시행령 제9조] 개인형IRP로의 이전 예외 사유

① 가입자가 55세 이후에 퇴직하여 급여를 받는 경우

② 가입자가 급여를 담보로 대출받은 금액 등을 상환하기 위한 경우
   (단, 담보대출 채무상환 금액 한도 내)

③ 퇴직급여액이 300만원 이하인 경우

ⓒ 연금소득세 및 퇴직소득세 과세체계

연금소득세 및 퇴직소득세 등 과세체계와 관련하여 다음에 정한 사항을 안내한다.

① 일시금 수급 시 퇴직소득 등에 대한 과세체계
② 연금소득에 대한 과세체계
③ 과세이연에 관한 사항
④ 가입자 추가납입 관련 세제

퇴직연금제도에 가입한 근로자에 대한 퇴직급여 지급 시, 개인형IRP 이전을 의무화하고 있다. 이전된 퇴직급여는 해지하여 일시금으로 수령하거나, 만 55세 이후 연금으로 수령할 수 있다.

일시금으로 수령할 경우에는 소득원천에 따라 이연퇴직소득은 퇴직소득세를 납부하면 되고, 세액공제 받은 가입자부담금과 운용수익은 기타소득세로 과세하고 분리과세로 종결된다. 반면, 연금수령 시에는 이연퇴직소득은 연금수령기간 10년 이내는 퇴직소득세에 대한 연금수령액 비율의 70%만 과세되고, 10년 초과기간에는 퇴직소득세의 60%만 과세하므로 일시금 수령시보다 최대 40% 감면된다. 개인형IRP에서 발생한 운용수익과 세액공제 받은 가입자부담금은 연령별 차등 적용되어 5%~3% 과세된다. 이연퇴직소득의 경우 연금수령 시 원천징수로 종결되며, 운용수익과 세액공제 받은 불입금을 연금수령 시에는 타 사적연금 수령액과 합산하여 연간 연금수령액이 1,200만원을 초과하는 경우에는 종합소득 합산신고를 하여야 한다.

[표 4-3] 수령방법에 따른 과세

소득원천	일시금 수령	연금 수령	추가 신고절차
이연퇴직소득	퇴직소득세	연금소득세 [이연퇴직소득세×(60%~70%)] (분리과세)	원천징수로 종결
가입자부담금 중 세액공제 받은 금액 운용수익	기타소득세 (15% 분리과세)	연금소득세 (5% ~ 3%)	타 사적연금 수령액과 합산하여 연 1,200만원 초과시 종합소득신고

ⓒ 퇴직연금제도의 폐지 · 중단 시 처리

해당 사업장이 퇴직연금제도를 중단 또는 폐지하는 경우에 대한 처리 방법을 안내한다. 퇴직연금제도가 폐지되거나 운영이 중단된 경우에는 폐지된 이후 또는 중단된 기간에 대하여는 퇴직금제도를 적용한다.

① 퇴직연금제도가 폐지되는 경우

퇴직연금제도가 폐지되는 경우란 노사합의로 폐지하는 경우 등을 말하며, 이 경우 적립금은 가입자의 개인형IRP 제도로 이전하며, 사용자는 퇴직연금제도가 폐지된 경우 지체 없이 적립금으로 급여를 지급하는 데에 필요한 조치로 미납 부담금의 납입 등 조치를 하여야 한다.

퇴직연금제도를 폐지한 날부터 1개월 이내에 고용노동부장관에게 다음 각 목의 사항을 포함한 폐지신고서를 제출하여야 한다.

[法 시행령 제38조제1항] 고용노동부장관에게 신고 사항

① 퇴직연금제도 폐지에 대한 근로자대표의 동의

② 퇴직연금제도 폐지 사유 및 폐지일

③ 퇴직연금제도 폐지일을 기준으로 산정된 해당 사업의 적립금 및 미납 부담금 (확정급여형퇴직연금제도의 경우 법 제16조제1항제2호에 따른 금액을 기준으로한 적립부족액을 말하고, 확정기여형퇴직연금제도의 경우 부담금 납입 지연에 따른 지연이자를 포함한 금액을 말한다)

④ 미납 부담금의 납입 예정일 등 해소방안(확정기여형퇴직연금제도로 한정)

그리고 가입자에게 다음 각 목의 사항을 통지하여야 한다.

[法 시행령 제38조제2항] 가입자 통지 사항

① 퇴직연금제도 폐지일을 기준으로 산정된 해당 사업의 적립금 및 미납 부담금

② 급여 명세 및 지급절차

③ 퇴직연금제도 폐지에 따른 중간정산 대상기간

④ 미납 부담금의 납입 예정일 등 해소 방안(확정기여형퇴직연금제도로 한정)

가입자가 퇴직급여를 지급받은 경우에는 중간정산 되어 받은 것으로 본다. 퇴직연금제도 폐지에 따라 급여가 중간정산 되어 지급되는 것으로 보는 경우의 중간정산금(확정급여형(DB) 퇴직연금제도만 해당) 및 중간정산 대상기간은 다음의 각 호의 구분에 따른다.

[法 시행령 제40조] 퇴직연금제도 폐지에 따른 중간정산의 대상기간

① 확정급여형(DB) 퇴직연금제도의 경우

중간정산금은 사업별로 적립된 금액을 가입자별 근속기간·평균임금과 법 제13조제4호에 따른 급여수준을 고려하여 안분(按分)·산정하고, 중간정산 대상기간은 중간정산금을 기준으로 환산

② 확정기여형(DC) 퇴직연금제도와 기업형IRP의 경우

중간정산 대상기간은 가입자별로 퇴직연금에 가입한 날부터 사용자가 납입한 부담금에 대응하는 기간의 마지막 날까지로 환산

② 사용자가 法 및 규약 위반으로 퇴직연금제도 운영이 중단되는 경우

퇴직연금제도가 중단되는 경우 가입자의 개인부담금 납입, 급여 지급, 적립금 운용, 적립금 운용현황 통지 및 가입자 교육 등은 계속 수행하여야 한다.

[法 시행령 제39조제1호] 퇴직연금제도 중단 시 사용자의 기본업무

① 가입 근로자에게 제도중단 사유 및 중단일, 재개시(再開始) 일정, 미납 부담금이 있는 경우 그 납입 계획 등 제도 중단기간의 처리방안 등의 공지 개시

② 위탁 받은 가입자 교육의 실시

③ 퇴직연금제도 중단 시에도 급여지급의 요청, 적립금의 운용 등과 관련하여 법령 등에 규정된 업무의 이행을 위해 필요한 조치

④ 그 밖에 퇴직연금제도의 연속성 유지 및 가입자 보호를 위하여 고용노동부장관이 정하는 업무

③ 퇴직연금사업자가 *法* 위반으로 이전 명령을 받은 경우

퇴직연금사업자가 고용노동부장관의 시정명령에 따르지 아니하여 *法*에 따라 수행하는 업무를 다른 퇴직연금사업자에게 이전할 것을 명령받아 퇴직연금제도가 중단된 경우 퇴직연금사업자는 적립금 운용에 필요한 업무 등 다음과 같은 기본적인 업무를 유지하여야 한다.

[法 시행령 제39조제2호] 퇴직연금제도 중단 시 퇴직연금사업자의 기본업무

① 가입자 퇴직 등에 따른 급여의 지급

② 위탁 받은 가입자 교육의 실시

③ 급여의 지급, 적립금의 운용, 운용현황의 통지 등과 관련하여 법령 및 운용관리 업무와 자산관리 업무의 계약에서 정해진 업무

④ 그 밖의 퇴직연금제도의 연속성 유지 및 가입자 보호를 위하여 고용노동부장관이 정하는 업무

2-2. 확정급여형(DB) 제도의 교육사항

ⓒ 급여종류별 표준적인 급여액 수준

소속 사업장의 퇴직급여수준에 대한 가입자의 올바른 이해를 위해서 교육시행일 현재 산출 가능한 일자를 기준으로 표준적인 급여액에 대한 정보를 제공한다. 표준적인 급여액은 사업장의 평균 근속기간과 평균임금을 산출한 후 계산하여 그 내용을 안내한다.

참고자료 **표준급여액 (예시)**

평균근속기간	평균임금	표준급여액

평균근속기간	산출가능일자 기준 사업장 전체 가입자의 평균 근속기간의 합 ÷ 전체 가입자수
평균임금	산출가능일자 기준 사업장 전체 가입자의 평균임금의 총합 ÷ 전체 가입자수
가입자의 평균임금	퇴직 등 사유가 발생한 날 기준 직전 3개월간 근로자에게 지급된 임금총액 ÷ 그 기간의 총일수
표준급여액	평균근속기간 및 평균임금에 해당하는 퇴직급여액으로 퇴직연금규약에서 정한 퇴직급여 지급기준을 반영하여 산출

퇴직연금사업자는 사용자 또는 가입자의 대표가 사업장별 표준급여액의 산출 및 공개를 희망하지 아니하는 경우 해당 산업별 표준급여액을 산출하여 안내한다. 퇴직급여를 연금으로 수령하는 경우 예상금액은 퇴직일시금을 5천만원과 1억원을 가정하여 예상 연금수령액을 산출하여 안내한다.

☞ 최근 3년간 부담금 납입현황

가입자에게 일정기간 동안의 부담금 납입상황에 대한 세부정보를 교육함으로써 소속 회사의 퇴직연금 운용현황을 이해하도록 안내한다.

부담금 납입상황은 최근 3년간 납입한 부담금 납입내역을 안내하여야 하는데, 이때, 간사기관이 아닌 퇴직연금사업자가 가입자교육을 위탁 받은 경우나 간사기관인 퇴직연금사업자가 간사기관이 아닌 퇴직연금사업자로부터 부담금 납입현황과 관련된 정보를 받지 못한 경우에는 해당 퇴직연금사업자에게 납입된 부담금을 기준으로 안내한다.

확정급여형(DB) 퇴직연금제도는 회사가 부담금을 납부하고, 이를 운용하여 쌓인 적립금으로 퇴직자에게 퇴직급여를 지급하므로 부담금 납입에 관한 사항을 안내할 필요가 있다. 특히, 사용자가 납부하는 부담금을 기초로 운영되는 제도이므로 가입자는 사용자의 부담금 납부기간, 납

 **부담금 납입상황 (예시)**

납입연차	납입기간	부담금 납입액

※ 주 1) 납입연차 : 부담금 납입상황을 연단위로 표시(1년차, 2년차, 3년차)
  2) 납입기간 : 산출기준일 현재 직전 3년 중에서, 당해 납입연차(1년차, 2년차, 3년차)에 해당하는 기간(도입기간 3년 미달인 경우에는 해당기간)을 표시
  3) 부담금납입액 : 장래 근로자 퇴직 시 퇴직급여 지급을 위한 재원 마련을 위해 부담하는 금액으로 납입된 총액

부일, 납부금액에 대하여 알고 있어야 한다.

사용자 입장에서는 부담금을 성실하게 납부하고 있음을 근로자에게 알려주고, 근로자는 이를 확인함으로써 상호 신뢰관계가 형성된다.

◉ 직전 사업연도 말 기준 최소적립금 대비 적립금 현황

간사기관인 퇴직연금사업자는 직전 사업연도말 기준 최소적립금 대비 적립금 현황을 안내한다.

건전한 연금재정 운용을 도모하기 위해 소속 사업장의 퇴직연금 적립 현황에 대한 정보를 가입자에게 제공하여야 한다. 적립금액에 대해서는 기준일자를 기준으로 기준책임준비금 및 적립금액을 산출한 후 그 내용을 안내한다.

 **적립금액 현황 (예시)**

기준일자	기준책임준비금		최소적립금	적립금액	적립비율
	계속	비계속			

※ 주 1) 기준일자 : 사업연도 종료일
  2) 기준책임준비금 : 사용자가 급여지급능력을 확보하기 위하여 매 사업연도 말 고용노동부령으로 정하는 방법에 따라 산정한 금액 Max(계속기준금액, 비계속기준 금액)
  3) 최소적립금: 2019년~2020년말 90%, 2021년 이후 100%
  4) 적립금액(연금자산) : 퇴직급여 지급을 위해 사용자가 납입한 부담금으로 적립된 금액이며 기준일자에 해당하는 금액
  5) 적립비율 : Max(계속기준금액, 비계속기준금액)에 대한 적립금액의 비율

재정안정화계획서를 작성하는 경우 그 계획서 및 이행 상황

퇴직연금사업자는 매 사업연도 종료 후 6개월 이내에 재정검증 결과 산정된 적립금과 최소적립금을 비교하여 적립금의 부족 여부, 적립금 및 부담금 납입 현황, 재정안정화계획서 작성 여부 등을 사용자에게 서면으로 알려야 한다. 다만, 적립금이 최소적립금의 100분의 95보다 적은 경우에는 근로자의 과반수가 가입한 노동조합이 있는 경우에는 그 노동조합에 서면으로 알리고, 근로자의 과반수가 가입한 노동조합이 없는 경우에는 전체 근로자에게 서면, 사내 게시 또는 정보통신망에 의한 방법으로 알려야 한다.

사용자는 적립금 부족을 3년 이내에 균등하게 해소할 수 있도록 부족 금액에 대한 자금 조달방안, 납입계획 등의 내용을 포함한 재정안정화계획서를 구체적으로 작성하고 3년간 보존하여야 한다.

그리고 사용자는 퇴직연금사업자로부터 재정검증 결과를 통보받은 날부터 60일 이내에 근로자의 과반수가 가입한 노동조합이 있는 경우에는 그 노동조합, 근로자의 과반수가 가입한 노동조합이 없는 경우에는 전체 근로자와 퇴직연금사업자에게 재정안정화계획서를 통보하고, 적립금 부족분을 충당하기 위한 부담금을 납입하는 등 재정안정화계획서를 성실하게 이행하여야 한다.

[法 시행령제7조제2항] 재정안정화계획서 작성 및 통보, 보존

① 사용자는 적립금 부족을 3년 이내에 균등하게 해소할 수 있도록 부족 금액에 대한 자금 조달방안, 납입계획 등의 내용을 포함한 재정안정화계획서를 구체적으로 작성하고 3년간 보존할 것
② 사용자는 퇴직연금사업자로부터 재정검증 결과를 통보받은 날부터 60일 이내에 근로자의 과반수가 가입한 노동조합이 있는 경우에는 그 노동조합, 근로자의 과반수가 가입한 노동조합이 없는 경우에는 전체 근로자와 퇴직연금사업자에게 재정안정화계획서를 통보할 것
③ 사용자는 적립금 부족분을 충당하기 위한 부담금을 납입하는 등 재정안정화계획서를 성실하게 이행할 것

적립금 운용 현황, 운용 목표 등에 관한 사항

사용자는 원리금보장형상품과 원리금비보장형상품의 적립금을 안내하여야 한다. 그리고 적립금 운용목표 수립에 관한 사항을 안내하여야 한다.

적립금이 기준책임준비금을 초과한 경우 처리기준에 관한 안내

적립금이 기준책임준비금을 초과한 경우 그 초과분을 향후 납입할 부담금에서 상계가 가능하며, 적립금이 기준책임준비금의 100분의 150을 초과하고 사용자가 반환을 요구하는 경우 그 초과분을 사용자에게 반환이 가능하다.

2-3. 확정기여형(DC) 및 기업형IRP의 교육사항

사용자의 부담금 수준, 납입시기 및 납입 현황

가입자가 자신의 수령금액을 점검하고 부담금에 대한 관심을 가질 수 있도록 부담금과 관련한 사항을 교육하여야 하며, 부담금 납입현황은 당해 퇴직연금 제도기간 중 사용자의 납입금액을 대상으로 한다.

가입자별 사용자의 부담금액 또는 그 금액을 확인할 수 있는 방법을 안내하고, 사용자가 가입자의 연간 임금총액의 12분의 1 이상에 해당하는 부담금을 현금으로 가입자의 확정기여형(DC) 계정에 납입하는데, 동 부담금 산정방법에 대하여 안내한다.

그리고 부담금 납입시기 및 납입기간, 부담금 납입기한이 경과한 경우 미납금액에 대한 처리방법, 부담금 납입에 따른 처리절차를 교육한다. 부담금 미납과 관련하여 지연이자 이율, 지연이자의 적용제외 사유 등에 관하여도 교육한다.

사용자가 정하여진 기일(확정기여형퇴직연금규약에서 납입 기일을 연장할 수 있도록 한 경우에는 그 연장된 기일)까지 부담금을 납입하지 아니한 경우 그 다음 날부터 부담금을 납입한 날까지 지연일수에 대하여 연 100분의 40 이내의 범위에서 지연이자를 납입하여야 한다.

[法 시행령 제11조] 미납 부담금에 대한 지연이자 이율

① 부담금을 납입하기로 정해진 날짜의 다음 날을 기산일로 하여 가입자의 퇴직 등 급여를 지급할 사유가 발생한 날부터 14일(당사자 간의 합의에 따라 납입 날짜를 연장한 경우 그 연장된 날짜)까지의 기간 : 연 100분의 10
② 제1호에 따른 기간의 다음 날부터 부담금을 납입하는 날까지의 기간 : 연 100분의 20

사용자가 천재지변, 그 밖에 대통령령으로 정하는 사유에 따라 부담금 납입을 지연하는 경우 그 사유가 존속하는 기간에 대하여는 미납 부담금에 대한 지연이자 이율을 적용하지 아니한다.

[근로기준법 시행령 제18조] 지연이자의 적용 예외 사유

① 「채무자 회생 및 파산에 관한 법률」에 따른 회생절차개시의 결정 및 파산선고의 결정, 고용노동부장관이 대통령령으로 정한 요건과 절차에 따라 미지급 임금 등을 지급할 능력이 없다고 인정하는 경우

② 「채무자 회생 및 파산에 관한 법률」, 「국가재정법」, 「지방자치법」 등 법령상의 제약에 따라 임금 및 퇴직금을 지급할 자금을 확보하기 어려운 경우

③ 지급이 지연되고 있는 임금 및 퇴직금의 전부 또는 일부의 존부(存否)를 법원이나 노동위원회에서 다투는 것이 적절하다고 인정되는 경우

④ 그 밖에 제1호부터 제3호까지의 규정에 준하는 사유가 있는 경우

확정기여형(DC)에서 사용자부담금은 가입자의 노후자금 마련을 위한 자산운용 기초가 되는 자금이므로 사용자부담금 수준을 확인하고, 이 부담금이 언제 납부되며, 현재의 납부상황은 어떠한지를 확인한다. 회사가 퇴직연금 부담금을 정상적으로 납부하는지, 즉 규약 또는 법령상에 명시된 수준의 부담금을 정기적으로 납부하고 있는지 확인해 봐야 한다.

ⓒ 분산투자 등 안정적 투자원칙에 관한 사항

가입자가 자신의 자산을 적정하게 운용할 수 있도록 적립금의 안정적 투자원칙에 대해 교육을 하여야 한다. 적립금의 안정적 투자원칙과 관련한 교육사항으로는 자산구성 비율의 의의, 투자성향과 자산구성과의 관계, 장기투자 및 분산투자의 개념과 필요성을 포함하여야 한다.

분산투자 원칙은 여러 상품에 나누어서 투자하는 것이 유리하다는 원칙인데, 퇴직연금 적립금은 특성이 다른 여러 상품에 적절하게 분산하여 투자함으로써 투자위험(변동성)을 줄일 수 있고, 지속적으로 최고의 수익률을 달성할 수 있는 투자상품은 없으므로 퇴직연금상품 중 자신의 투자성향과 투자목표에 맞는 상품들을 적절하게 조합하여 포트폴리오를 구성하여 운용하는 것이 유리하다는 것이다.

ⓒ 적립금 운용방법별 위험과 수익에 관한 사항

퇴직연금사업자가 제시하는 적립금 운용방법별 위험과 수익 등에 관한 사항을 안내한다. 가

입자가 금융상품의 위험성과 수익성에 대해 적정한 이해를 한 후 신중하게 적립금을 운용할 수 있도록 운용방법별 위험과 수익구조에 대해 교육을 한다.

가입자가 퇴직연금 운용방법의 위험과 수익에 대해 이해를 함으로써 안정성과 수익성을 적절하게 고려하여 적립금을 운용할 수 있도록 안내한다.

위험이란 투자성과가 예상치를 벗어나게 될 불확실성의 정도를 의미하며, 수익이란 운용상품이 미래에 제공할 것으로 예상되는 투자성과, 즉 기대수익을 의미한다. 일반적으로 수익이 높으면 위험도 높고, 수익이 낮으면 위험도 낮다.

가입자가 퇴직연금 운용상품을 선택할 때 위험과 수익의 관계를 고려하여 의사결정을 하게 되는데, 모든 투자상품은 투자위험을 가지고 있으며, 투자하는 자산의 종류와 편입비율 또는 구체적인 운용전략에 따라 그 정도가 다르므로 퇴직연금사업자가 제공하는 상품의 내용을 정확하게 알 필요가 있다.

ⓒ 적립금 운용방법별 수익구조, 매도기준가 및 수수료 등에 관한 사항

퇴직연금사업자게 제시하는 운용자산은 원금과 이자가 확정된'원리금보장상품'과 운용성과에 따라 수익이 결정되는'실적배당상품'으로 구분할 수 있다.

실적배당상품은 원리금보장상품 보다 높은 이익을 기대할 수 있으나 원금이 보장되지 않는다는 점에서 투자위험이 상대적으로 높다고 할 수 있다.

대표적인 실적배당상품으로는 주식에 60%이상을 투자하는 주식형펀드가 있는데, 주식형펀드는 주식시장의 변동과 방향성이 거의 일치하도록 구성되어 있어서 주식시장이 상승할 경우에는 수익을 달성할 수 있으나, 주식시장이 하락할 경우에는 손실을 보기 때문에 투자위험이 가장 높은 상품이다.

그리고 주식비중이 40% 이하인 채권혼합형펀드는 주식시장과 채권시장의 영향을 동시에 받고 있어 상대적으로 주식형펀드보다는 위험이 작은 대신 수익 변동성도 작다. 채권에 60% 이상을 투자하는 채권형펀드는 주식시장의 변동에는 영향을 적게 받지만 채권수익률 변동에 많은 영향을 받는다. 채권수익률이 상승하면 손실이 발생하고, 채권수익률이 하락하면 이익이 발생한다.

가입자가 퇴직연금 운용방법에서 부담해야 하는 수수료는 크게 자산에서 매일 차감하는 보수와 일회성으로 부과되는 수수료로 구분된다.

[표 4-4] 운용방법별 수수료 체계

구분	원리금보장상품	실적배당상품
보수	없음	운용보수, 판매보수, 수탁보수, 사무관리보수, 기타보수
수수료	없음	환매수수료

일반적으로 국내 채권혼합형이나 채권형 수익증권의 경우 매도접수시, 매도주문일로부터 3영업일(D+2)의 기준가가 적용된다. 다만, 펀드별로 실제 기준가 적용일이 상이할 수 있으므로 반드시 퇴직연금사업자의 홈페이지에 있는 투자설명서를 자세히 살펴볼 필요가 있다.

ⓒ 둘 이상의 사용자가 참여하는 확정기여형(DC)의 표준규약 및 표준계약서

퇴직연금사업자는 둘 이상의 사용자를 대상으로 하나의 확정기여형(DC) 퇴직연금제도 설정을 제안하려는 경우에는 확정기여형(DC) 퇴직연금제도의 표준규약과 운용관리업무 및 자산관리업무에 관한 표준계약서를 작성하여 고용노동부장관의 승인을 받아야 한다.

확정기여형(DC) 퇴직연금표준규약에는 부담금의 부담에 관한 사항 등 기본적인 내용 이외에 표준규약으로 설정되는 확정기여형(DC) 퇴직연금제도의 특성과 이를 반영한 명칭 및 가입 대상 사업의 범위 또는 특성에 관한 사항 등 개별적인 사항들을 규정하고 있다.

[法 시행령 제15조] 표준규약에 규정될 사항

① 표준규약으로 설정되는 확정기여형퇴직연금제도의 특성과 이를 반영한 명칭
② 가입 대상 사업의 범위 또는 특성에 관한 사항
③ 적립금 운용방법 및 그 선정기준. 이 경우 가입자가 운용지시를 하지 않는 경우의 운용방법 및 그 선정기준을 포함한다.
④ 탈퇴할 수 있는 사유 및 절차 등에 관한 사항
⑤ 수수료에 관한 사항
⑥ 그 밖에 둘 이상의 사용자가 참여하는 확정기여형퇴직연금제도의 합리적 운영에 필요한 사항으로서 고용노동부장관이 정하는 사항

확정기여형(DC) 퇴직연금표준계약서에는 대통령령으로 정하는 사항이 포함된 운용관리업무

및 자산관리업무에 관한 사항이 규정되어야 하는데, 둘 이상의 사용자가 참여하기 때문에 제도 운영과 관련한 비용 산출 및 부담 등에 관한 사항들을 담고 있다.

[法 시행령 제16조] 표준계약서에 규정될 사항

① 표준규약의 이행에 관한 사항
② 둘 이상의 사용자가 참여하는 확정기여형퇴직연금제도의 운영과 관련한 비용 산출 및 부담에 관한 사항
③ 운용관리업무와 자산관리업무의 계약 해지·변경의 사유 및 절차 등에 관한 사항
④ 그 밖에 가입자의 수급권 보장에 필요한 사항으로서 고용노동부장관이 정하여 고시하는 사항

2-4. 개인형IRP의 교육사항

➤ 개인형IRP의 부담금 납입한도

가입자가 자기부담으로 납입하는 금액으로 연간 1,800만원(개인형IRP 계정이 여러 개인 경우에는 부담금의 합계액) 한도 내에서 추가불입이 가능하며, ISA에 가입하고 있는 가입자는 ISA 만기 해지금액 한도 내에서 추가불입이 가능하다.

➤ 가입자 노후 설계의 중요성에 관한 사항

노후설계의 중요성과 생애설계 시 고려사항에 대해 안내하며 직접 노후자금 설계를 해본다.

노후설계(생애설계, Life Planing)의 3단계는 가족 형성기(20~30대), 성장·성숙기(40~50대), 은퇴기(60대~)로 나누어 볼 수 있는데, 각 단계별로 필요자금을 산출해 보고 사전에 계획을 세울 필요가 있다. 가족 형성기(20~30대)에는 결혼자금과 주택마련 자금, 투자를 위한 종자돈 마련 및 본격적인 자산관리를 시작하게 된다. 성장·성숙기(40~50대)에는 굵직굵직한 자금들이 많이 필요 시 된다. 자녀 학자금 마련, 종자돈을 활용한 자산의 증대, 노후생활 준비 등을 하게 된다. 그리고 은퇴기(60 대~)에는 은퇴 후 노후생활을 하게 되는데, 경제적 독립을 위해서는 인생을 살아가는데 필요한 자금수요와 그에 따른 자금조달 설계가 계획적이어야 한다. 이를 위해서는 인생의 각 단계별 상황에 따라 발생하게 되는 재무사건들을 미리 예상하고 계획하여 조절하는 재무설계가 필요하다.

3. 가입자 교육 방법 및 절차

3-1. 가입자 교육 위탁계약

확정급여형(DB) 또는 확정기여형(DC) 퇴직연금계약을 체결한 퇴직연금사업자는 사용자와 가입자교육의 전부 또는 일부 위탁에 관한 계약을 체결할 수 있다.

가입자교육의 위탁계약을 체결한 퇴직연금사업자는 신의성실의 원칙에 입각하여 가입자교육을 성실히 이행하여야 하며, 필요시 교육의 제반사항과 관련하여 사용자 또는 가입자와 협의할 수 있다.

3-2. 퇴직연금 교육 방법

사용자로부터 가입자교육을 위탁 받은 퇴직연금사업자 또는 개인형IRP 계약을 체결한 퇴직연금사업자는 가입자에게 적합한 교육방법을 선택하여 교육을 실시하여야 한다.

퇴직연금사업자는 시행규칙에서 정하는 바에 따라 다음 각 호의 어느 하나 이상에 해당하는 방법으로 가입자 교육을 실시할 수 있다.

교육 방법	교육 내용
대면교육	가입자의 지식과 경험을 고려한 내용으로 가입자들이 접근하기 용이한 장소 및 시기를 선정하여 실시하는 집합교육을 말한다.
온라인교육	가입자들이 퇴직연금제도에 대한 내용을 이해할 수 있도록 화면을 구성하여 실시하며, 교육 수강에 있어 가입자가 편리하게 접근할 수 있도록 교육 서비스를 제공한다.
서면교육	교부, 우편 등의 방법으로 가입자가 이해하기 쉬운 내용으로 작성하여 실시한다.
전자우편교육	가입자가 제공한 이메일 주소로 가입자가 이해하기 쉬운 내용의 자료를 송부하여 교육을 실시한다.
상시게시	가입자가 열람할 수 있도록 사내 통신망 또는 사업장에 게시하는 방법으로 교육을 실시한다.

3-3. 제도별 가입자 교육 방법

☞ 제도 일반에 관한 교육의 방법

제도 일반에 관한 내용은 가입자가 수시로 열람할 수 있도록 사내 정보통신망 또는 해당 사업장 등에 상시 게시하여야 한다. 다만, 퇴직연금제도 도입 후 최초 교육은 교육자료를 우편으로 발송하거나 직원연수·조회·회의·강의 등 대면하여 전달하는 방식으로 실시하여야 한다.

사용자가 운용관리업무를 수행하는 퇴직연금사업자에게 가입자 교육의 실시를 위탁한 경우 사용자는 퇴직연금사업자와 교육시기, 구체적 교육방법 등을 포함한 계약을 체결하고, 퇴직연금사업자는 교육사항에 대하여 위탁계약의 내용에 따라 교육을 실시하여야 한다.

☞ 확정급여형(DB) 퇴직연금제도의 교육방법

확정급여형(DB) 제도의 추가 교육사항은 다음 각 항목 중 하나 이상의 방법으로 실시하여야 한다.

[法 시행규칙 제4조제2항] 확정급여형(DB) 제도의 교육방법

① 서면 또는 전자우편 등을 통한 정기적인 교육자료의 발송
② 직원연수 · 조회 · 회의 · 강의 등의 대면 교육의 실시
③ 정보통신망을 통한 온라인 교육의 실시
④ 해당 사업장 등에 상시 게시

☞ 확정기여형(DC) 제도의 교육방법

확정기여형(DC) 퇴직연금제도의 교육사항은 다음 각 항목의 방법 중 하나 이상의 방법으로 실시하여야 한다.

[法 시행규칙 제4조제3항] 확정기여형(DC) 제도의 교육방법

① 서면 또는 전자우편 등을 통한 정기적인 교육자료의 발송
② 직원연수 · 조회 · 회의 · 강의 등의 대면 교육의 실시
③ 정보통신망을 통한 온라인 교육의 실시

3-4. 가입자 교육 절차 및 시기

⊙• 확정급여형(DB) 및 확정기여형(DC)

확정급여형(DB) 및 확정기여형(DC) 퇴직연금제도를 도입한 사용자로부터 교육의 실시를 위탁 받은 퇴직연금사업자는 다음의 절차에 따라 가입자교육을 실시한 후, 그 교육 결과를 사용자에게 제출하여 사용자로 하여금 기록·관리토록 함으로써 고용노동부장관의 보고 및 조사에 대비할 수 있도록 안내하여야 한다.

① 가입자교육 위탁 및 가입자 정보 제공

가입자교육의 책임은 사용자에게 있으며, 사용자는 가입자교육을 위탁할 수 있다는 내용과 가입자교육 위탁 시 교육의 원활한 진행을 위해 사용자가 퇴직연금사업자에게 가입자의 주소, 이메일 주소 등의 정보를 제공하여야 한다는 내용을 확정급여형(DB) 및 확정기여형(DC) 운용계약서에 명시한다.

② 교육 위탁계약 체결 및 접수

사용자가 운용관리업무를 수행하는 사업자에게 가입자 교육의 실시를 위탁한 경우 교육시기, 구체적 교육방법 등을 포함한 계약을 체결한다.

③ 교육계획 수립

교육위탁계약서를 바탕으로 사업자가 상세 교육계획을 수립한다.

④ 교육시행

가입자교육을 위탁 받은 사업자는 法 시행령 제32조에 따른 교육사항에 대하여 교육을 실시한다.

⑤ 교육이수 확인

가입자교육을 실시 후 교육이수 여부를 확인하고, 그 자료를 보관한다.

⑥ 피드백

사업자는 교육결과의 평가, 사용자 통지 및 공유 등을 통하여 추후 시행할 교육에 대한 제반 사항을 수정하고 필요 시 재교육 등을 실시한다.

ⓒ 개인형퇴직연금제도

개인형퇴직연금제도를 운영하는 사업자는 다음의 절차에 따라 가입자 교육을 실시한 후, 그 교육결과를 기록·관리함으로써 고용노동부장관의 보고 및 조사에 대비하여야 한다. 다만, 기업형IRP의 경우 사용자와 협의하여 실시할 수 있다.

① 교육계획 수립

사업자는 자체적으로 가입자에 대한 교육목표 설정 및 교육방법, 일정, 시기, 이수 확인방법 등 상세 교육계획을 수립한 후 이를 가입자에게 통지한다.

② 교육시행

교육계획에 의해 교육을 실시한다.

③ 교육이수 확인

가입자 교육 실시 후 교육이수 여부를 확인하고, 그 자료를 보관한다.

④ 피드백

사업자는 가입자로부터 교육결과의 평가 등을 통해 추후 시행할 교육에 대한 제반 사항을 수정하고 재교육 등을 실시한다.

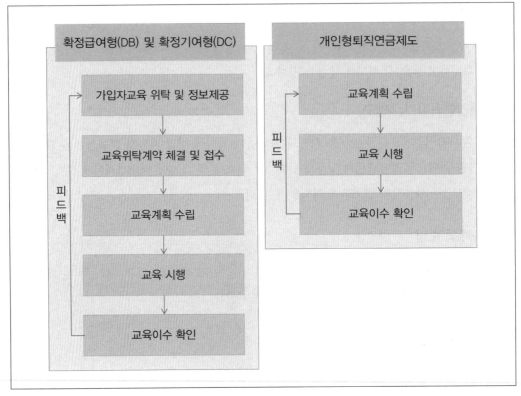

[그림 4-2] **가입자 교육 프로세스**

ⓒ 교육이수 확인 방법

사용자로부터 가입자교육을 위탁 받은 퇴직연금사업자 또는 개인형IRP 계약을 체결한 퇴직연금사업자는 다음의 방법으로 교육이수 여부를 확인하고, 확인의 근거자료는 교육 실시일로부터 3년간 보관한다.

대면교육	• 가입자교육 후 해당 사업장의 '사용자' 및 '근로자대표(또는 퇴직연금담당자)'의 교육 확인서를 징구
온라인교육	• 가입자가 모범규준에서 정한 가입자교육을 이수하였음을 전산상의 방법을 통하여 확인
서면교육	• 교부의 경우 해당 사업장의 '사용자' 및 '근로자대표(또는 퇴직연금담당자)'의 교육자료 수령교부 확인서를 징구 • 우편의 경우 우편발송 증빙서류(발송대장, 시스템 확인, 영수증 증빙 등)로 확인

전자우편	• 전산상의 방법을 통하여 확인
기타 교육	• 대면교육 및 서면교육 방법을 준용하여 확인

다음과 같은 사유에 해당하는 경우에는 퇴직연금사업자는 그 근거자료를 보관한 후 서면교육을 통해 가입자교육을 갈음할 수 있다.

① 가입자교육시 개별적인 사항에 대해 추가적인 교육이 필요한 경우
② 가입자교육 이후 자료보관이 필요한 경우
③ 사용자 또는 가입자가 가입자교육을 회피하는 경우

퇴직연금사업자는 퇴직연금 운용관리계약의 체결일(가입일)로부터 매년 1회 이상 가입자교육을 실시하여야 한다.

계약 이전

제2절

1. 계약이전의 개념

1-1. 계약이전 개념

계약이전이란 기존 퇴직연금사업자와의 퇴직연금 운용관리계약 또는 자산관리계약을 해지하고, 다른 퇴직연금사업자에게 가입자와 적립금을 이전하는 업무를 말한다. 퇴직연금의 영속성을 유지한다는 점에서 계약해지와는 다르다. 계약해지는 퇴직연금제도의 폐지 등 제도의 영속성이 유지되지 않으나, 계약이전은 퇴직연금제도를 유지하되 퇴직연금을 관리하는 퇴직연금사업자를 변경하는 것이다.

계약이전방법에는 전부이전 하는 방법과 일부이전 하는 방법이 있다.

전부이전은 기존 계약의 전부를 이전하는 것을 말하며, 일부이전은 기존 계약에서 가입자의 일부 또는 적립금의 일부를 이전하는 것과 운용관리계약이나 자산관리계약을 각각 이전하는 것을 말한다.

1-2. 계약이전 형태

⊙ 퇴직연금사업자 변경

퇴직연금사업자를 변경하여 기존 퇴직연금사업자에서 타 퇴직연금사업자에게 기존 계약의 전부 또는 일부를 이전하는 것을 말한다. 별도의 증빙 없이 변경전 규약과 변경후 규약에 의해 확인이 가능하다.

⊙ 퇴직연금제도 전환

퇴직연금제도를 전환하여 기존 제도에서 전환된 퇴직연금제도로 가입자와 적립금 모두를 이전하는 것을 말한다. 예를 들어 기존 확정급여형(DB) 퇴직연금제도를 운영하던 사용자가 근로자들의 편의를 위해 확정기여형(DC) 퇴직연금제도로 전환을 할 경우 기존 확정기여형(DB) 퇴직연금제도에서 불입한 적립금을 제도전환 시점에 중간정산을 하는 형태로 확정기여형(DC) 퇴직연금제도의 가입자 계정으로 전부 이전하는 것을 말한다.

퇴직급여 지급률을 누진제에서 단수제로 전환하고 퇴직금제도를 확정기여형(DC) 퇴직연금제도로 변경하면서 장래 근속분에 대한 퇴직급여 저하에 대한 일시보상금을 지급하는 경우 일시보상금은 임시적, 은혜적인 성격으로 지급하는 것으로 임금에 해당하지 않으며, 일시보상금을 확정기여형(DC) 퇴직연금제도의 부담금으로 납입하려는 경우에는 부담금의 산정방법, 납입시기, 부담방법 등을 퇴직연금규약에 명시하여 사용자부담금으로 납입하고 퇴직급여로 지급받을 수 있다.

⊙ 기업합병

기업합병이란 2개 이상의 기업이 상법 규정에 따라 신설합병 또는 흡수합병의 방법으로 하나의 기업이 되는 것을 말하며, 법인이 합병하면 당사 회사의 일부 또는 전부가 해산하고, 법인의 자산과 부채가 청산절차 없이 포괄적으로 신설법인 또는 존속법인에게 이전된다.

합병 시 퇴직연금에 관한 부분도 포괄승계 하기로 합의했다면 해당 근로자대표의 의견을 들어 규약변경신고를 함으로써 승계가 가능하며, '합병계약서'를 징구하여 합병 시 퇴직연금에 관한 부분도 포함되어 있는지 확인해 볼 필요가 있다.

⊙ 사업의 양수도

사업의 양도라 함은 '사업이 일정한 영업목적에 의하여 조직화된 총체, 즉, 인적·물적 조직을 그 동일성을 유지하면서 일체로서 이전되는 것'을 말하며, 영업양도가 이루어진 경우에는 원칙적으로 해당 근로자들의 근로관계가 양수기업에 포괄적으로 승계된다고 보아야 한다.

근로관계가 양수기업에 포괄적으로 승계되므로 퇴직금에 대한 지급의무도 과거근로기간 포함하여 양수기업이 승계한다.

양수인은 양도·양수 당시 존재하고 있는 근로관계에서 발생하는 양도인의 권리·의무를 인수하므로 이미 발생한 미지급임금채무와 아직 청구권이 발생하지 않은 기왕의 근로부분에 대한 퇴직금의 지급의무도 당연히 승계한다고 보아야 한다.

양도·양수인 간에 특약으로 근로자에 대한 근로관계의 승계를 배제하더라도 영업양도 그 자체만을 사유로 근로자를 해고하는 것은 정당한 이유가 될 수 없기 때문에, 근로기준법에 따른 해고의 정당성을 갖추지 못한 경우로 근로관계의 승계를 배제하는 특약은 효력이 없다. 따라서 이러한 특약이 있었더라도 무효이기 때문에 양수인이 근로기준법상의 사용자로서 책임을 지게 되고, 퇴직금에 대한 지급의무도 승계하며 이 때 사업양도 전후의 근로기간을 통산하여 계속근로기간으로 보아야 한다.

그러므로 근로자의 근로 관계는 원칙적으로 영업을 양수하는 기업에 포괄적으로 승계된다고 볼 수 있으며, 기업의 양수도 시 양도인과 양수인의 근로자 동의를 얻어 퇴직연금도 이전이 가능하며, '포괄양수도계약서'를 징구하여 영업양수도 시 퇴직연금에 관한 부분도 포함되어 있는지 살펴볼 필요가 있다.

동일한 퇴직연금제도를 도입한 두 기업의 합병, 영업양수도 등으로 인하여 근로자들의 고용이 승계되고 계속근로 관계가 유지되어 그 기간이 합산되는 경우라면, 퇴직급여 지급과 관련된 자산 및 부채도 포괄적으로 승계된다. 이 경우 기존에 운용하고 있던 퇴직연금 자산상품에 대하여 환매 없이 기술적 이전이 가능하다면, 합병된 기업에서는 자산을 현물로 이전하여 통합 운영할 수 있다.

☞ 개인사업자의 법인전환

개인사업자가 법인으로 전환하였다는 것이 유기적 일체로서의 인적·물적 조직이 동일성을 유지하면서 이전하는 '영업양도'가 이루어진 경우를 의미하며, 특별한 사정이 없는 한 근로자의 근로관계가 양수하는 법인에게 포괄적으로 승계되어야 할 것이므로 퇴직연금에 관한 권리의무도 승계된다.

그러므로 사용자가 근로자대표의 의견을 들어 지방고용노동청에 퇴직연금규약 변경신고를 함으로써 퇴직연금에 관한 권리의무가 승계되어 설정되었음을 인정받을 수 있다.

ⓒ 기업분할

기업분할로 인하여 일부 직원이 분할회사(신설법인)으로 고용승계 되는 경우, 일부이전 방법으로 기존 회사에 계약이전 신청하여 신설법인에서 신규 처리하는 방법으로 이전하도록 한다.

ⓒ 관계사(계열사) 이전

근로자의 계열사 간 전출입에 따라 계약을 이전하는 것은 퇴직연금 가입자의 퇴직으로 급여를 지급하는 경우가 아니라 해당 가입자의 적립금을 이전(이체)하는 것이므로 근퇴법에 따른 퇴직급여의 전액지급 사유에 해당되지 않는다.

다만, 전입기업이 종전 계속근로기간을 승계하지 않는 전출입계약 등 특약을 정하여 기업이동에 따른 계속근로기간을 단절시키고, 전출기업의 사용자가 해당 근로자에게 퇴직급여를 지급하는 경우에는 사용자의 지급의무가 있는 금액에 적립비율을 곱한 금액 또는 전액을 지급하여야 한다.

따라서 관계사 이전 및 계열사 이전 시 새로운 회사에서 근속년수를 인정하는지 여부를 확인한 후 근속년수를 인정할 경우에는 '계약이전'처리를 하면 되고, 근속년수를 인정하지 않는 경우에는 '퇴직으로 보아 개인형IRP로 급여이전'처리를 하여야 한다.

2. 계약이전 절차

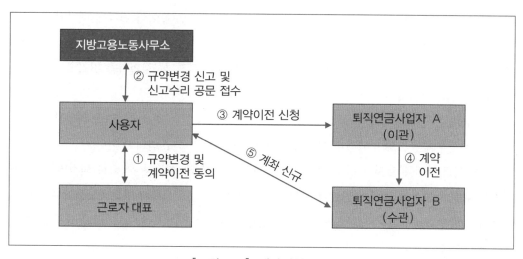

[그림 4-3] **계약이전 절차**

2-1. 퇴직연금규약 변경 및 계약이전 동의

사용자가 퇴직연금사업자를 변경하는 방법은 운용관리계약이나 자산관리계약 중 하나만 변경하는 방법과 운용관리계약과 자산관리계약 전부를 변경하는 두 가지 방법 중 하나를 선택해야 한다.

그리고 확정기여형(DC) 제도에서 근로자 전부를 이전하는 전부이전 방법과 원하는 근로자만 새로운 퇴직연금사업자로 이전하는 일부이전 방법 등이 있다.

사용자는 근로자대표가 포함된 계약이전 추진팀을 구성하고, 근로자설명회 등을 통하여 동 방법에 대하여 근로자들과 공감대를 형성한 이후 계약이전 방법(복수사업자, 전부이전 or 일부이전, 퇴직연금사업자 선정 등)을 결정하여 동 내용을 반영하여 변경된 퇴직연금규약을 작성하고, 근로자대표에게 퇴직연금규약 변경 내용 및 계약이전 내용에 대한 의견청취 또는 동의를 받아야 한다.

설정된 퇴직급여제도의 내용을 변경할 경우에는 근로자대표의 '의견청취'를 듣도록 되어 있는데, '의견청취'는 근로자대표의 의견을 듣는 것이지 찬성·반대 의견에 구속받는 것은 아니다. 하지만 근로자에게 불이익하게 변경하는 경우에는 근로자대표의 동의를 얻어야 하며, 불이익 변경과 그렇지 않은 것이 혼재할 경우에는 종합적으로 판단해서 결정해야 한다. 여기서 불이익 변경여부의 판단은 취업규칙의 불이익 변경여부와 같은 기준을 적용한다.

동일 퇴직연금제도 안에서 퇴직연금사업자만을 변경할 때, 운용상품의 중도해지에 따른 중도해지이율 적용 및 펀드의 경우에는 중도환매수수료 등으로 손실이 발생할 수 있는데, 확정급여형(DB)의 경우에는 사용자가 부담하므로 근로자에게는 불이익 변경에 해당되지 않으나, 확정기여형(DC)의 경우에는 동 손실을 근로자가 부담하여야 하므로 불이익 변경에 해당된다. 따라서 엄밀히 말하면 확정급여형(DB)의 경우에는 '의견청취'을 받으면 되나, 확정기여형(DC)의 경우에는 근로자대표의 동의를 받아야 하는데, 실무상으로는 퇴직연금사업자를 변경할 때 근로자대표의 동의를 받아서 처리한다.

동의 방법은 근로자 과반수 이상으로 구성된 노동조합이 있는 경우에는 노조위원장, 노동조합이 없는 경우에는 근로자 과반수 이상이 찬성한 동의명부를 징구 받아야 한다.

노조위원장이나 근로자 과반수 이상의 동의명부를 징구 해야만 정상적으로 퇴직연금사업자 변경을 위한 계약이전 준비가 완료된 것이며, 사용자는 다음 단계로 지방고용노동사무소에 '의견청취'를 증명할 수 있는 자료 또는 근로자 과반수의 동의명부를 첨부한 퇴직연금규약 변경 신고를 하여야 한다.

2-2. 퇴직연금규약 변경 신고

사용자는 퇴직연금사업자 변경을 위하여 퇴직연금규약 변경 신고 시 퇴직연금규약의 변경 내용을 주지하고 근로자 과반수가 그 내용에 동의를 하였다는 것을 증빙하는 자료를 제출해야 한다. 근로자가 동의한 변경된 퇴직연금규약은 다음 서류를 첨부하여 규약변경신고서와 함께 지방노동관서에 퇴직연금규약 변경 신고를 한다.

① 퇴직연금규약 변경 신고서 (원본)
② 퇴직연금규약변경대비표 (원본)
③ 변경 후 퇴직연금규약 (사본)
④ 근로자동의서 (사본)
⑤ 동의명부 (사본) or 의견청취 증명 서류 (사본)

퇴직연금규약 변경 신고서는 원본을, 변경 후 퇴직연금규약 및 동의명부는 사본을 첨부하며, 원본은 사용자가 보관한다.

퇴직연금규약변경대비표는 변경 전 내용과 변경 후 내용을 표시하여 퇴직연금규약 변경 신고서에 첨부한다.

[표 4-5] **퇴직연금규약변경대비표 (예시)**

변경 전	변경 후
제6조 (운용관리기관의 선정) 상호 : ㈜○○보험 주소 : 서울시 중구 홍제동 1가 대표 : ○○○ 제7조 (자산관리기관의 선정) 상호 : ㈜○○보험 주소 : 서울시 중구 홍제동 1가 대표 : ○○○	제6조 (운용관리기관의 선정) 상호 : ㈜○○은행 주소 : 서울시 중구 저동 1가 대표 : ○○○ 제7조 (자산관리기관의 선정) 상호 : ㈜○○은행 주소 : 서울시 중구 저동 1가 대표 : ○○○

지방노동사무소에서는 신고된 퇴직연금규약을 퇴직연금규약접수 심사대장에 기재하고 심사 현황 및 심사결과 등을 기록 관리한다. 접수일로부터 14일 이내 심사결과를 과장에게 보고하고,

사용자에게 퇴직연금규약 변경 신고수리 결과를 공문으로 통보하게 되며, 법령위반이 있을 경우 심사종료 후 3일 이내 변경명령을 한다.

신고수리 공문을 접수한 사용자는 기존 퇴직연금사업자에게 변경된 퇴직연금사업자에게로 계약이전 해 줄 것을 신청을 한다.

2-3 계약이전 신청

ⓒ 계약이전 서류 접수

사용자는 퇴직연금규약 변경 신고수리 공문을 접수한 이후 기존 퇴직연금사업자의 계약이전신청서와 계약이전동의서 양식을 받아 작성한 후 변경된 퇴직연금사업자 앞으로 계약이전 해 줄 것을 아래 서류를 첨부하여 신청한다.

> ① 계약이전신청서 (기존 퇴직연금사업자 양식)
> ② 계약이전동의서 (기존 퇴직연금사업자 양식)
> ③ 퇴직연금규약 변경 신고수리 공문 (지방고용노동사무소 공문 사본)
> ④ 계약이전대상자 명부 (성명, 생년월일 포함)
> ⑤ 계약이전요청 공문 (변경 퇴직연금사업자 양식)
> ⑥ 수관기관 입금계좌 통장 사본 (수관 영업점 법인통장 사본)
> ⑦ 수관 영업점 사업자등록증 (사본)

실무상 계약이전 신청은 변경된 퇴직연금사업자가 대행해 주고 있으며, 기존 퇴직연금사업자의 해당 영업점을 직접 방문하여 계약이전 신청 관련 제반 서류를 접수하고 접수직원명과 접수일자가 표시된 접수증을 수령하면 된다.

계약이전 요청을 받은 기존 퇴직연금사업자는 신청한 서류가 요건에 맞게 작성되었는지, 서류 목록 중 누락된 것은 없는지를 검토한 후 잘못된 부분이 있는 경우에는 즉시 통보하여 보완 받아야 하며, 그렇지 않은 경우에는 접수증을 교부한다.

기존 퇴직연금사업자는 사용자에게 퇴직연금 적립금이 예금상품 등으로 운용되고 있을 경우 '중도해지시 약정금리의 일부만 지급된다는 사실'등 계약이전에 따른 불이익을 상세히 안내하여야 하며, 계약이전을 위한 상품해지 또는 환매에 따라 현금화되는 기간(해외펀드로 운용되는 경우에는 약 8~10일 등)을 설명하고, 동 기간이 경과한 후에 계약이전이 가능함을 안내한다.

정기예금 등 원리금보장상품의 경우에는 중도해지로 인한 중도해지이율을 적용 받게 되는데, 최근에는 은행권 퇴직연금사업자의 경우 타행 정기예금을 편입하기 때문에 환매기간이 자행 정기예금의 경우보다 1영업일 정도 더 소요된다. 펀드로 운용하고 있는 경우에는 환매수수료가 발생하지 않는지 확인해 보아야 하며, 펀드 환매로 현금화되는 기간을 고려하여 계약이전을 신속히 처리함으로써 처리기간을 지연하지 않도록 유의하여야 한다.

ⓒ 통산정보의 이전(DC형 및 기업형 IRP)

계약이전 대상 퇴직연금이 확정기여형(DC) 및 기업형 IRP인 경우 기존 퇴직연금사업자는 계약이전 정보(통산정보)를 작성하여 수관 받는 퇴직연금사업자에게 송부한다. 통산정보를 수관 받는 퇴직연금사업자에게 제공하는 이유는 이전하는 가입자별 부담금액, 해당 부담금의 구성내역(사용자부담금, 가입자부담금) 등을 알려 주어야 하기 때문이다.

예를 들어 DC형에 가입한 A회사가 B은행에서 C은행으로 퇴직연금 계약을 이전함에 있어 적립금 100억 원을 C은행으로 이체하면서 가입자별로 배분할 금액, 해당 배분금액별 사용자부담금과 가입자부담금 구분 등의 자료가 제공되지 않으면 수관 하는 퇴직연금사업자인 C은행은 계약이전 되는 100억 원의 구성내역을 알 수 없으므로 가입자의 적립금 현황 관리를 할 수 없게 된다.

수관 받는 퇴직연금사업자는 이관하는 퇴직연금사업자로부터 전달받은 통산정보를 퇴직연금 적립금을 이체 받기 전에 등록해 두어야 한다.

ⓒ 적립금 이체

퇴직연금 적립금 운용자산의 해지 및 환매로 모든 자금이 현금화될 경우 이관하는 퇴직연금사업자는 수관 받는 퇴직연연금사업자가 계약이전 신청시 제출한 법인계좌로 퇴직연금 적립금을 이체한다.

ⓒ 현물이전

현물이전은 퇴직연금 운용상품의 중도해지가 일어나지 않고, 기존에 운용하고 있는 상품을 그대로 새로운 퇴직연금계좌로 이전하는 것을 말한다. 현물이전은 기존 운용상품의 중도해지가 일어나지 않기 때문에 이자수익이나 중도해지수수료 등 측면에서 고객에게 유리하다.

하지만 시스템적 측면에서 지원이 가능해야 하기 때문에 같은 퇴직연금사업자 내에서 이루어지는 계약이전이나, 계좌이동 등 개인형IRP로의 퇴직급여 이전 등에 주로 활용된다.

현물이전을 할 경우에는 확정기여형(DC)에서 확정기여형(DC)으로 이전하는 경우에는 전부이전과 일부이전 하는 방법이 대부분 가능하나, 확정급여형(DB)에서 확정급여형(DB)로 이전하는 방법은 아직 전부이전만 가능한 경우가 많으므로 유의하여야 한다. 현물이전은 상품의 중도해지가 발생하지 않기 때문에 퇴직연금 가입자 입장에서는 유리하다.

2-4. 계좌 신규

사용자는 기존 퇴직연금사업자에게 계약이전 신청을 한 후 계약이전 절차가 진행되는 동안 변경된 퇴직연금사업자와 자산관리계약 및 운용관리계약을 체결하여야 하며, 퇴직연금계좌 신규를 위한 제반 준비절차를 완료하여야 한다.

퇴직연금계좌 신규를 위한 서류는 다음과 같다.

① 퇴직연금규약 변경 신고수리 공문
② 퇴직연금규약
③ 퇴직연금운용관리계약서 (2부)
④ 퇴직연금자산관리계약서 (3부)
⑤ 운용관리계약신청서
⑥ 퇴직연금가입자명부
⑦ 사용인감신고서

기존 퇴직연금사업자로부터 적립금이 법인계좌로 이체된 경우 수관 받은 퇴직연금사업자는 기존 퇴직연금사업자로부터 통산정보와 함께'계약이전해지 이익계산서'를 징구 하여야 하며, 확정기여형(DC) 및 기업형IRP 가입자부담금이 있을 경우에는 세액공제 혜택을 받았는지 확인하여야 한다.

그리고 계약이전 등록을 할 경우에는'계약이전해지 이익계산서'를 참조하여 입금될 금액에 대한 원금과 이자를 나누어 등록하여야 하며, 기존 퇴직연금사업자로부터 이체 받은 자금을 법인계좌에서 인출하여 계약이전 신규를 완료한다.

① 통산정보
② 계약이전해지 이익계산서
③ 연금보험료 등 소득·세액공제확인서

2-5. 계약이전 시 유의사항

구속성 대상 여부 사전 확인

타 퇴직연금사업자로부터 계약이전 되는 경우 금액에 관계없이 구속성에 해당되기 때문에 계약이전 신청 전에 구속성행위 해당여부를 먼저 점검하여야 한다. 다만, 같은 퇴직연금사업자 內에서 기존 퇴직연금 금액 범위 이내에서 계약이전을 하는 경우에는 계약이전 금액이 입금된 당일에 퇴직연금 신규를 할 경우 구속성에서 제외된다.

 **퇴직연금 구속행위 기준**

① 여신 실행일(신규일 또는 만기일 기준) 전후 1개월 이내에 퇴직연금 신규 불가
② 퇴직연금 신규가 먼저 실행된 경우는 퇴직연금 신규일 후 1개월 이내에,
  금액에 관계없이 여신의 신규 또는 여신 연기 실행이 불가함.

구속행위 기준은 예외취급이 없기 때문에 반드시 사전에 구속행위 해당 여부를 확인하여 구속행위 해당으로 인하여, 퇴직연금 신규 또는 여신의 실행(신규, 연기 등)의 진행이 불가능한 상황이 발생하지 않도록 유의하여야 한다.

타 퇴직연금사업자에게 퇴직연금 계약이전을 신청할 경우 해당 계약이전 대상 회사가 기존 여신을 보유하고 있는지 여부를 확인하고, 계약이전 예상완료일이 기존 여신의 만기일 전 1개월에 해당하는지 여부를 반드시 확인하여야 한다.

확정기여형(DC) 계약이전의 경우, 가입자 보유상품 중 펀드 등 매도소요일수가 많이 걸리는 상품이 존재할 수 있으므로 계약이전을 하는 퇴직연금사업자에게 계약이전 자금의 최종 입금예정일을 반드시 확인하여야 한다.

계약이전을 하는 퇴직연금사업자의 지체로 인하여, 계약이전이 지연되지 않도록 해당 금융

기관에 계약이전 진행상태를 수시로 확인하여야 한다. 특히, 기존 여신만기일(신규 실행예정일)보다 1개월 이전에 계약이전이 완료될 수 있도록 기일관리를 철저히 하여야 한다.

계약이전을 하는 퇴직연금사업자에게 계약이전 신청서는 제출했으나 미비사항 보완 등으로 인하여 계약이전이 지연되어 구속성에 해당될 것으로 예상되는 경우, 해당 금융기관에 연락해서 계약이전의 진행을 중단 또는 취소한 후 여신 연기실행일 1개월 경과 후에 계약이전을 재진행 하여야 한다.

ⓒ 지연보상금 발생에 유의

① 운용지시기일 준수

사용자로부터 계약이전 요청을 받은 퇴직연금사업자는'계약이전 신청을 받은 날을 포함하여 3영업일까지(운용지시기일)'자산관리기관에 운용지시를 전달해야 한다. 다만, 신청서 등 보완이 필요한 경우 보완이 완료된 날을 포함하여 3영업일까지 운용지시를 전달해야 한다.

실무상으로는 영업점에서 시스템 등록 후 익영업일에 운용지시가 생성되기 때문에 사용자로부터 서류 접수한 당일 혹은 익영업일까지 계약이전 신청을 해야 한다.

운용지시기일 준수를 위해서는 해당 내용을 확인하기 위해 반드시 계약이전 신청서의 '서류접수 이력관리'를 철저히 하는 것이 중요하다.

서류접수 이력관리는 사용자로부터 최초 서류를 접수한 날부터 최종 서류의 이상 없음을 확인한 날까지 일련의 서류 접수 이력을 기록하는 것이다. 서류접수 이력관리 항목에는 미비/보

[표 4-6] 서류접수 이력관리 (예시)

순번	일자	서류점검 이상유무	서류접수 이력관리
1	2017. 1. 2	□이상없음 ■미비/보완/반송	최초서류접수/계약이전기관정보 누락 보완요청
2	2017. 1. 3	□이상없음 ■미비/보완/반송	보완 후 재접수/인수기관 계약이전 공문요청
3	2017. 1. 4	□이상없음 ■미비/보완/반송	요청공문 수령/인수기관 통장사본 보완 요청
4	2017. 1. 9	■이상없음 □미비/보완/반송	최종 서류 확인 후 계약이전 등록 완료 (최종 접수일 업체담당자 홍길동 안내)

완/반송 등의 사유를 기재하며, 단순 접수 누락이 아닌 정상적인 보완요청에 의해 계약이전 접수가 지연되었음을 기재해야 한다.

② 지연보상금 지급

퇴직연금사업자가 책임 있는 사유로 운용지시기일 내에 계약이전을 위한 보유자산 매도지시를 자산관리기관에 전달하지 않은 경우에는 운용지시기일 다음 날부터 실제 자산관리기관에 전달한 날까지의 기간에 대하여 지연보상금을 금전으로 지급하여야 한다. 다만, 자산관리기관의 책임 있는 사유 등으로 인해 전달이 지연되는 경우에는 지연보상금을 지급하지 않는다.

지연보상금은 운용지시기일 시점에 자산관리기관에 통지하여 정상 처리시 지급금액에 운용지시기일 다음날부터 실제 자산관리기관에 계약이전 신청을 전달한 날까지의 기간에 대하여 14일 이내는 10%, 14일 이후는 20%의 이율을 적용하여 연단위 복리로 계산한 금액을 지급한다. 단, 실적배당상품으로 운용되었을 경우 '정상 처리시 지급액'이 '실제 지급액'보다 많은 때에는 그 차액을 더하여 보상해야 한다.

지연보상금은 운용관리기관이 가입자에게 금전으로 지급하는데, 고객의 청구에 의한 지급이 아닌, 당연지급이다. 따라서 지연보상금이 발생하게 될 경우 퇴직연금사업자는 '퇴직연금위약보상금(예시)' 항목으로 영업점 손익에서 지급하여 고객에게 금전으로 지급해야 하는데, 모두 금전으로 고객에게 직접 전달되어야 하기 때문에 가입자 근로자 개별 본인명의 계좌로 직접 입금처리 해야 한다. 예를 들어, 확정기여형(DC) 가입자 10,000명인 업체의 전부이전이 하루 지연될 경우, 만명 모두의 유동성계좌를 일일이 확인해서 하루치 지연보상금을 각각 입금해야 한다.

ⓒ 계약이전 시 중도해지이율 적용

계약이전 대상 가입자가 정기예금에 가입한 경우 계약이전을 사유로 정기예금을 해지할 경우에는 만기이율이 아닌 중도해지이율을 적용 받게 됨으로 이러한 사실을 사전에 사용자 또는 가입자에게 알리고 손실이 발생하지 않도록 유의하여야 한다.

ⓒ 퇴직연금수수료 납부하여야 계약이전 가능

계약이전을 하기 위해서는 계약이전 시점까지 발생한 퇴직연금수수료를 전부 납부하여야 계약이전이 가능함을 사용자 또는 가입자에게 사전에 안내하여야 한다. 미납한 수수료금액이 거액을 경우에는 사용자에게 부담이 될 수 있으므로 미리 사용자와 협의할 필요가 있다. 또한, 계약이전 취소 또는 서류 반송 등으로 계약이전 기간이 지연될 경우에는 추가로 수수료가 발생할 수 있으므로 계약이전 당일 현재 수수료 기준으로 안내하여야 한다.

3. 특수한 형태의 계약이전

퇴직연금사업자에 따라 특수한 형태의 계약이전은 계약이전으로 처리하지 않는 경우가 있다. 대표적인 사례가 사용자가 하나의 운용관리계약과 복수의 자산관리계약을 체결하여 운영하는 경우이다. 앞서 설명한 바 있는 1:N 방식의 퇴직연금사업자 선정·운영방법이다.

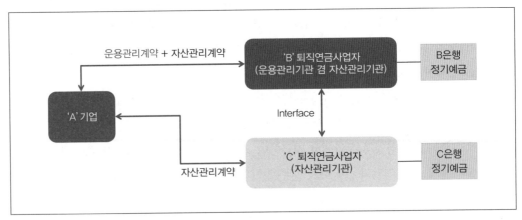

[그림 4-4] **특수한 형태의 계약이전**

1:N 방식에서는 운용관리기관 하나와 여러 개의 자산관리기관이 해당 기업의 퇴직연금을 운영하고 있어 불가피하게 자산관리기관 간에 자금이동이 발생하는 경우 가 있다.

A기업가 확정급여형(DB)을 도입하면서 B은행이 운용관리기관, B은행과 C은행을 자산관리기관으로 선정하고 적립금 운용방법으로 B은행 정기예금과 C은행 정기예금을 선택하여 운용 중이라고 가정하자.

이 상태에서 A기업이 B은행 정기예금을 해지하여 전액 C은행 정기예금으로 변경하고자 하면 B은행의 자산관리계좌(신탁계좌)에서 운용 중인 B은행 정기예금을 전액 해지하여 현금화한 다음 C은행으로 전액 자금을 이체하여 C은행의 자산관리계좌(신탁계좌)를 통하여 C은행 정기예금에 가입하여야 한다. 이때 B은행 입장에서는 A기업이 퇴직연금제도의 영속성을 유지한 상태에서 B은행의 자산관리계약을 해지하여 C은행으로 이전시킨 셈이 된다.

이러한 거래를 과연 계약이전으로 보아야 할 것인가에 대해서는 논란이 있을 수 있다. 거래형식은 한 퇴직연금사업자의 자산관리계약에서 다른 퇴직연금사업자의 자산관리계약으로 적립금을 이체함으로써 계약이전에 해당하지만 이러한 거래는 1회에 그치는 것이 아니라 A기업이 현행과 같은 방법으로 퇴직연금제도를 운영하는 한 계속적 반복적으로 일어날 가능성이 높고, 계약이 해지된 B은행의 자산관리계약은 언제든지 같은 방식으로 C은행의 자산관리계약으로부터 계약이전 받을 수 있기 때문에 일부 퇴직연금사업자는 이러한 거래를 계약이전과 구별하여 사용하고 있다.

제**3**절 퇴직연금제도 폐지·중단

1. 퇴직연금제도 폐지·중단 개요

퇴직연금제도가 폐지되거나 운영이 중단된 경우에는 폐지된 이후 또는 중단된 기간에 대하여는 퇴직금제도를 적용한다. 사용자는 퇴직연금제도가 폐지된 경우 지체 없이 적립금으로 급여를 지급하는 데에 필요한 조치로서 미납 부담금의 납입 등 조치를 취하여야 한다. 그리고 사용자가 고용노동부장관의 시정명령에 따르지 않아 퇴직연금제도 운영의 중단 명령을 받은 경우 사용자와 퇴직연금사업자는 적립금 운용에 필요한 업무 등 기본적인 업무를 유지하여야 한다.

사용자와 퇴직연금사업자는 퇴직연금제도가 폐지되어 가입자에게 급여를 지급하는 경우에 가입자가 지정한 개인형IRP 계정으로 이전하는 방법으로 지급하여야 한다. 다만, 가입자가 개인형IRP 계정을 지정하지 아니한 경우에는 해당 퇴직연금사업자가 운영하는 계정으로 이전한다. 이 경우 가입자가 해당 퇴직연금사업자에게 개인형IRP를 가입한 것으로 본다.

가입자가 급여를 받은 경우에는 중간정산 되어 받은 것으로 본다. 이 경우 중간정산 대상기간의 산정 등에 필요한 사항은 대통령령으로 정한다.

2. 퇴직연금제도가 폐지되는 경우

2-1. 퇴직연금제도 폐지 개요

개별 사업장에서 폐업, 도산 등의 사유로 더 이상 퇴직연금제도 운영을 하지 못하는 경우 퇴직연금제도를 폐지할 수 있다. 이 경우 사용자는 근로자대표의 동의를 받아 지방고용노동관서에 퇴직연금제도 폐지 신고를 하여야 한다. 여기서 근로자대표란 근로자의 과반수가 가입한 노동조합이 있는 경우에는 그 노동조합, 근로자의 과반수가 가입한 노동조합이 없는 경우에는 근로자 과반수를 말한다.

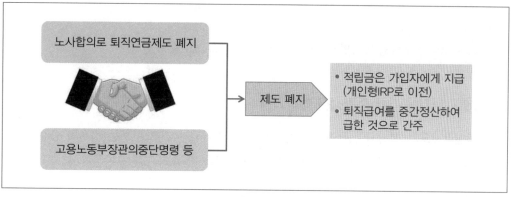

[그림 4-5] **퇴직연금제도 폐지**

2-2. 사용자 조치사항

사용자는 퇴직연금제도를 폐지한 날부터 1개월 이내에 고용노동부장관에게 다음 각 목의 사항을 포함한 폐지신고서를 제출하여야 한다.

 [法 시행령 제38조] 제도 폐지에 따른 사용자 조치사항

① 퇴직연금제도 폐지에 대한 근로자대표의 동의
② 퇴직연금제도 폐지 사유 및 폐지일
③ 퇴직연금제도 폐지일을 기준으로 산정된 해당 사업의 적립금 및 미납부담금
  • 확정급여형(DB)의 적립부족액
  • 확정기여형(DC)의 부담금 납입 지연에 따른 지연이자 포함
④ 미납 부담금의 납입 예정일 등 해소방안(확정기여형(DC) 제도 한정)

그리고 가입자 보호를 위해 가입 근로자에게 다음 사항을 통지하여야 한다.

① 퇴직연금제도 폐지일을 기준으로 산정된 해당 사업의 적립금 및 미납부담금
  • 확정급여형(DB)의 적립부족액
  • 확정기여형(DC)의 부담금 납입 지연에 따른 지연이자 포함
② 급여 명세 및 지급절차
③ 중간정산 대상기간
④ 미납 부담금의 납입 예정일 등 해소방안(확정기여형(DC) 제도 한정)

2-3. 제도 폐지에 따른 중간정산 대상기간

퇴직연금제도가 폐지되어 급여가 중간정산 되어 지급되는 것으로 보는 경우의 중간정산금 (확정급여형(DB) 제도만 해당) 및 중간정산 대상기간은 다음 각 호의 구분에 따른다.

[法 시행령 제40조] 중간정산금 및 중간정산 대상기간

확정급여형(DB)	중간정산금은 사업자별로 적립된 금액을 가입자별 근속기간, 평균임금, 급여 수준을 고려하여 안분·산정하고, 중간정산 대상기간은 중간정산금을 기준으로 환산
확정기여형(DC) 및 기업형IRP	중간정산 대상기간은 가입자별로 퇴직연금에 가입한 날부터 사용자가 납입한 부담금에 대응하는 기간의 마지막 날까지로 환산

또한, 퇴직연금제도 폐지일로부터 14일 이내에 미납 부담금을 납입하고, 퇴직연금사업자로 하여금 가입자가 지정한 개인형IRP 계정으로 급여를 지급하도록 하여야 한다. 가입자가 지급받은 급여는 퇴직금 중간정산으로 본다.

2-4. 퇴직연금제도 폐지에 따른 퇴직급여제도의 적용

퇴직연금제도가 폐지되는 경우 근로자에 대한 보호를 위해 퇴직연금제도 폐지 이후 기간에 대해서는 퇴직금제도를 적용한다.

퇴직연금제도가 폐지되는 경우 제도와 관련된 규약의 효력이 상실되므로 퇴직연금사업자와의 계약도 해지된다. 퇴직연금규약에 계약의 해지사유로서 퇴직연금제도 폐지를 명시적으로 규정해야 한다.

3. 퇴직연금제도 운영이 중단되는 경우

3-1. 퇴직연금제도 운영 중단 개요

퇴직연금제도 운영의 중단이란 일정 기간 동안 잠정적으로 제도가 중단되는 것으로 제도 운영에 핵심적인 사용자의 부담금 납부 및 재정건전성 확보 등이 이루어지지 않는다는 것을 의미한다.

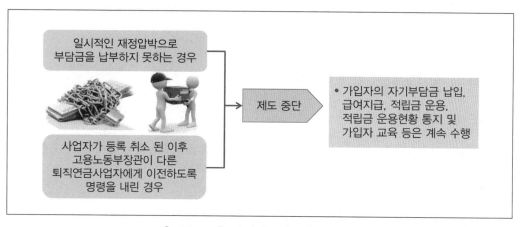

[그림 4-6] 퇴직연금제도 운영 중단

퇴직연금제도 운영이 중단된다고 해서 운용관리 및 자산관리 계약이 자동적으로 해지되는 것은 아니며 적립금 운용 및 급여의 지급 등의 업무는 계속 수행하게 된다. 즉, 폐지의 경우와는 다르게 사외 금융기관에 적립된 적립금이 가입자에게 중간정산 형식으로 지급되지 않는다.

제도 운영이 중단되면 중단된 기간 도안은 제도가 존재하지 않는 것과 같은 효과가 있으므로 중단된 기간 동안은 퇴직금제도를 적용하게 된다.

3-2. 퇴직연금제도 운영 중단 사유

고용노동부장관은 사용자가 퇴직연금제도의 설정 또는 그 운영 등에 관하여 근로자퇴직급여보장법 또는 퇴직연금규약에 위반되는 행위를 한 경우에는 일정기간을 정하여 그 위반의 시정명령을 할 수 있으며, 사용자가 해당 기간 이내에 시정명령을 이행하지 않을 경우에는 퇴직연금제도 운영의 중단을 명할 수 있다.

그 외의 퇴직연금제도 중단사유는 법령에 별다른 규정이 없으며, 개별 사업장에서 퇴직연금 규약에서 정할 수 있으나, 제도 운영의 안정성 및 근로자의 수급권 보호를 위해 합리적인 사유에 한하여 구체적으로 명시하여야 한다. 따라서 퇴직연금제도의 운영 중단의 사유는 근로자대표의 동의를 받아 개별 사업장의 퇴직연금규약에 정해지므로 사용자의 일방적인 의사에 의한 중단은 운영중단의 사유로 볼 수 없다.

또한, 퇴직연금규약에서 정한 사유 없이 사용자의 일방적 의사에 의해 퇴직연금제도의 운영을 중단하여 사업주가 부담금을 납부하지 않은 경우에는 확정기여형(DC) 운영 사업장에서는 미납 부담금과 함께 지연이자를 납부하여야 한다.

3-3. 퇴직연금제도 중단 시 조치사항

⊙ 사용자 조치사항

사용자와 퇴직연금사업자는 퇴직연금제도가 중단된 경우에 적립금 운용에 필요한 업무 등 다음 각 목의 기본적인 업무를 유지하여야 한다.

[法 시행령 제39조 제1항] 사용자의 기본적인 업무

① 가입 근로자에게 제도 중단 사유 및 중단일, 재개시(再開始) 일정, 미납 부담금이 있는 경우 그 납입 계획 등 제도 중단기간의 처리방안 등의 공지 개시
② 가입자 교육의 실시
③ 퇴직연금제도 중단 시에도 급여지급의 요청, 적립금의 운용 등과 관련하여 법령 등에 규정된 업무의 이행을 위해 필요한 조치
④ 그 밖에 퇴직연금제도의 연속성 유지 및 가입자 보호를 위하여 고용노동부장관이 정하는 업무

⊙ 퇴직연금사업자 조치사항

퇴직연금사업자는 다음 각 목의 기본적인 업무를 수행해야 한다.

[法 시행령 제39조 제2항] 퇴직연금사업자의 기본적인 업무

① 가입자 퇴직 등에 따른 급여의 지급

② 사용자로부터 위탁 받은 가입자 교육의 실시

③ 급여의 지급, 적립금의 운용, 운용현황의 통지 등과 관련하여 법령 및 운용관리업무와 자산관리 업무의 계약에서 정해진 업무

④ 그 밖에 퇴직연금제도의 연속성 유지 및 가입자 보호를 위하여 고용노동부장관이 정하는 업무

3-4. 중단 기간에 대한 퇴직급여제도의 적용

퇴직연금제도 운영이 중단되는 경우에 대비하여 근로자 보호차원에서 최소한 퇴직금제도가 적용될 수 있도록 한다.

퇴직연금제도 운영이 중단된 경우 중단 기간에 대해서는 퇴직금제도를, 퇴직연금제도가 다시 운영되는 경우에는 퇴직연금제도를 적용한다. 이 때 퇴직급여를 계산하기 위한 계속근로기간은 각각의 제도를 적용 받는 기간을 합하면 되고 평균임금은 퇴직시점의 평균임금을 적용한다. 다만, 퇴직연금제도 중단기간에 대한 적립금을 소급 납입할 수 있도록 규약에 정한 경우에는 중단된 기간에도 퇴직연금제도가 소급 적용된다.

4. 계약 해지

4-1. 계약 해지 방법

퇴직연금제도 폐지로 인한 계약해지 시에는 사용자는 근로자대표의 동의를 받아 지방노동사무소에 퇴직연금제도규약 폐지 신고 후 해당 신고서 수리절차가 완료된 이후에 가능하다. 사용자의 파산, 폐업 등 사유로 퇴직연금규약 폐지신고가 어려운 경우 해당 사유를 입증할 수 있는 서류(예: 폐업사실확인서 등)를 징구 후 계약해지 처리한다.

퇴직연금제도의 폐지 사유가 발생할 경우 사용자는 퇴직연금사업자와 체결한 운용관리계약과 자산관리계약을 중도 해지한 경우, 퇴직연금사업자는 운용관리기관의 통지에 따라 신탁재산을 이전하거나 신탁재산을 매각하여 가입자의 개인형IRP 계정으로 지급한다.

가입자가 퇴직연금제도 폐지에 따라 급여를 받는 경우에는 중간정산 되어 받은 것으로 본다.

4-2. 계약해지의 종류

⊙ 일반중도해지

특별중도해지 사유 이외의 사유로 퇴직연금을 해지하는 경우를 일반중도해지라고 한다. 퇴직연금사업자는 사용자의 계약관련 서류 기재 내용상 중요부문에 허위사실이 있는 경우 등 사유 발생 시 일반중도해지를 할 수 있다. 일반중도해지를 하고자 할 경우에는 사용자에게 1개월 이전에 서면통지를 하여야 한다.

계약이 중도해지 되었을 경우, 퇴직연금사업자는 운용관리기관의 통지에 따라 신탁재산을 이전하거나 신탁재산을 매각하여 가입자의 개인형IRP 계정으로 지급한다. 다만, 관련 법령에서 달리 정하고 있는 경우에는 그에 따른다.

참고자료 일반중도해지 사유

① 사용자가 수익자의 동의를 얻어 퇴직연금제도를 폐지·중단하는 경우
② 사용자의 계약 관련 서류 기재내용상 중요부분에 허위사실이 있는 경우
③ 관련 법령 등에 의하여 해지가 불가피한 경우

⊙ 특별중도해지

특별중도해지 사유는 각 퇴직연금사업자별 퇴직연금 계약서에 정한 바에 따르나 일반적으로는 다음 각 호의 하나의 사유로 인하여 중도해지 할 경우에는 특별중도해지로 처리한다.

 **특별중도해지 사유**

① 사용자가 영위하는 사업장의 합병, 영업양도로 인하여 사용자가 근로자대표의 동의를 얻어 해지를 요청한 경우

② 사용자가 파산 또는 폐업된 경우

③ 관련 법령 등에 의하여 해지가 불가피한 경우

④ 수탁자(은행)의 사임

중도해지에 따른 신탁금 지급

중도해지에 따른 신탁금의 지급은 운용관리기관에서 급여의 지급통지를 받은 날을 포함하여 3영업일 이내에 급여를 지급해야 하며, 지급기일내에 급여를 지급하지 아니하였을 때에는 지급기일까지 계산된 적립금에 지급기일 다음날부터 지급일까지의 기간에 대하여 지연이자 이율을 적용하여 연단위 복리로 계산한 금액을 추가로 지급한다. 다만, 실적배당형 상품으로 운용되었을 경우 지급기일 시점에 정상 지급되었어야 할 금액이 '실제 지급액'보다 많은 때에는 그 차액을 더하여 보상한다.

유가증권시장 등의 폐쇄, 휴장 또는 거래정지, 신탁재산의 매각 지연 등 은행이 통제할 수 없는 시장상황 및 천재지변 등으로 인하여 신탁금 지급을 위한 금전을 확보할 수 없는 경우에 퇴직연금사업자는 사용자, 운용관리기관, 신탁관리인, 신탁금 지급을 요청한 가입자에게 즉시 통지하고 금전이 확보될 때까지 신탁금 지급을 연기할 수 있다.

제4절 퇴직연금 중도인출 업무

1. 적립금 중도인출 사유

확정기여형(DC) 및 개인형IRP에 가입한 근로자는 주택구입 등 法으로 정해진 사유에 해당하는 경우 적립금을 중도인출할 수 있다. 중도인출 기산일자는 중간정산 또는 중도인출을 받지 않은 가입자는 '최초 입사일'이고, 중간정산 또는 중도인출을 받은 가입자는 최종 중간정산(중도인출)일 익일을 말한다.

가입자부담금 소득공제를 받은 경우에는 '연금보험료 등 소득·세액공제확인서'를 징구하여야 하며, 당해 연도에 퇴직금을 지급한 경우에는 '퇴직소득원천징수영수증'을 징구하여야 한다. 무주택자 주택구입과 전세보증금 사유로 중도인출 할 경우에는 '무주택 서약서'를 기명 또는 서명하여야 한다.

 [法 시행령 제14조] 확정기여형(DC) 퇴직연금제도의 중도인출 사유

① 무주택자인 근로자가 본인 명의로 주택을 구입하는 경우

② 무주택자인 근로자가 주거목적으로 전세금 또는 보증금을 부담하는 경우
   (근로자가 하나의 사업에 근로하는 동안 1회로 한정)

③ 6개월 이상 요양을 필요로 하는 다음 각 목의 어느 하나에 해당하는 사람의
   질병이나 부상에 대한 요양 비용을 근로자가 부담하는 경우로서 가입자가 본인
   연간 임금총액의 1000분의 125를 초과하여 의료비를 부담하는 경우
   가. 근로자 본인
   나. 근로자의 배우자
   다. 근로자 또는 그 배우자의 부양가족

④ 신청시점 5년 이내에 가입자가 『채무자회생 및 파산에 관한 법률』에 따라 파산선고를 받은 경우

⑤ 신청시점 5년 이내에 가입자가 『채무자회생 및 파산에 관한 법률』에 따라 개인회생절차 개시 결정을 받은 경우

⑥ 그 밖에 천재지변 등으로 피해를 입은 등 고용노동부장관이 정하여 고시하는 사유와 요건에 해당하는 경우

2. 무주택자 본인명의 주택구입

2-1. 무주택자 본인명의 주택구입 사유

배우자 명의로 등기된 경우에는 중도인출 신청이 불가하고, 공동명의인 경우 본인이 공동명의인에 포함된 경우에는 신청할 수 있다. 본인이 소유한 주택을 매도하고 당일자에 본인 명의의 새 주택을 매수하는 경우에는 중도인출이 불하다. 왜냐하면 신청접수일 당일 무주택이 확인된 경우에 한하여 신청이 가능하기 때문이다. 만약, 주택을 구입한 이후에 중도인출을 신청하는 경우에는 소유권이전등기 후 1개월 이내에 신청하여야 한다. 1개월이 경과할 경우에는 신청이 불가하다.

헌집을 헐고 새집을 지으려고 하는 경우에는 멸실등기를 통하여 무주택자임을 증명할 수 있는 경우라면, 무주택자임을 확인할 수 있는 시점에서 퇴직연금가입자 명의의 주택을 구입한다는 근거서류를 첨부하여 중도인출을 신청할 수 있다.

2-2. 무주택자 여부 확인을 위한 서류

중도인출 신청일 현재 퇴직연금 가입자 본인이 무주택자인지 여부를 확인하기 위한 공통 징구서류로는 ① 현거주지 주민등록등본, ② 현거주지 건물등기사항 전부증명서 또는 건축물관리대장 중 하나 징구, ③ 지방세 세목별 未과세증명서에서 지방세 中 '재산세(주택)' 항목에 대해 '전국자치구(전국구)'로 발급해야 하며, 인터넷(민원24) 발급은 불가하다. 기 재산세(주택) 납부 내역이 존재하더라도, 처분 사실이 확인된 경우 처리가 가능한데, 등기사항전부명령서(말소사항 포함)로 확인할 수 있다. 주택 신규 구입의 경우에는 매수지 건물등기사항 전부증명서상 등기일

로부터 1개월내까지만 신청 가능하다. '납세증명서(지방)'는 납세에 대한 단순 영수증에 불과하기 때문에 징구하면 안된다.

[표 4-7] 무주택자 확인 서류

징구서류	세부내용
① 주민등록등본 (현거주지)	• 1개월 이내 발급분 • 외국인근로자의 경우 '국내거소신고 사실증명서' 또는 '외국인등록사실증명서'로 주민등록등본 대체 가능
② 건물등기사항 전부증명서 (현거주지)	• 신청일 당일 발급분 • 건축물관리대장 징구도 가능 • 무허가 건물/미등기 건물 거주 등으로 징구가 불가한 경우 　– 해당지번으로 조회한 대법원 등기싸이트 화면 캡쳐 • 현소유자가 가입자 인지 여부 확인 • '등기사항 전부증명서'에는 '층'만 기재되어 있고, '주민등록등본'에는 '층과 호수'가 기재된 경우 　– 건축물관리대장 등 추가징구하여 매매거래내용 확인
③ 지방세세목별 未과세증명서	• 1개월 이내 발급분 • 과세항목 중 '재산세(주택)/주택세' 존재 여부만 확인함 • 발급월이 1~6월인 경우 '과세년도'를 '전년도분'만으로 징구 가능 • 발급월이 7월인 경우 '과세년도'를 '전년도분' 및 '당해 연도분'을 함께 징구 필요 • 발급월이 8~12월인 경우 '과세년도'를 '당해 연도분' 만으로 징구 가능 * 재산세(주택세) 부과는 매년 7월과 9월에 각각 1/2T기 부과됨

2-3. 주택구입 형태별 확인

ⓒ 주택 매입

주택을 매입한 경우에는 ① 부동산매매계약서, ② 매수예정지 건물등기사항 전부증명서를 징구하여야 한다.

[표 4-8] 주택 매입 확인 서류

징구서류	세부내용
① 부동산매매 계약서	• 부동산 주소지가 등기사항 전부증명서 표시와 일치 여부 • 매매계약서에 구조/용도 항목 누락한 경우 '건축물대장 또는 '등기사항증명서'를 징구하여 확인 • 부동산 표시가 '주택'인 경우만 가능, 오피스텔은 '주택'이 아니기 때문에 중도인출 대상 아님 • 잔금일자가 미래일자인지 여부를 확인하고, 만일 과거일자 경우, 등기사항 전부증명서상 소유권이전 등기일로부터 1개월 이내에만 신청 가능 • 매매계약서에는 '잔금일/명도일'이 명기되어야 함 • 담보신탁의 경우 '신탁원부' 징구하여 수탁자, 위탁자, 수익자, 신탁의 목적을 확인 필요 • 중개인 없는 계약은 계약금 영수증(입금증), 잔금영수증 (입금증)을 징구하여 계약의 유효성 여부를 판단해야 함 • 분양계약서는 부동산매매계약서에 준하여 서류 점검
② 매수예정지 건물 등기사항 전부증명서	• 신청일 당일 발급분 • 건축물관리대장 징구도 가능 • '갑구' 현소유자가 매매계약서상의 매도인과 동일인 여부 • '표제부'의 부동산 표시가 매매계약서상과 동일 여부 • '표제부'의 건물 내역이 '주택' 여부 확인

⊙ 신규 분양

주택을 신규로 분양받은 경우에는 ① 분양공급계약서, ② 매수예정지 건물등기사항 전부증명서를 징구하여야 한다.

[표 4-9] **신규 분양 확인 서류**

징구서류	세부내용
① 분양공급 계약서	• 동/호수 기재 여부, 단, 매수주택이 1개동으로만 이루어진 단독건물일 경우 '건축 계약서/설계서'등 추가서류 징구하여 단독건물 확인한 경우 '동' 미기재 시도 진행 가능 • 지역주택조합 분양계약의 경우, 사업계획 승인 완료 이후 단계에서 중도인출 신 청 가능, 단, 신청일 현재 무주택자 　– 조합설립 또는 조합설립인가 단계에서는 중도인출 불가 • 입주예정일이 미래일자인지 여부를 확인하고, 만일 과거 일자경우, 등기사항 전 부증명서상 소유권이전 등기일로부터 1개월 이내에만 신청 가능 　– 매매계약서에는 '잔금일/명도일'이 명기되어야 함
② 매수예정지 건물 등기사항 전부증명서	• 등기 완료된 경우 부동산 등기사항 전부증명서 필수 징구 다만, 등기 미완료 상태 인 경우 징구할 필요 없음 • 건축물관리대장 징구도 가능

◉ 주택 신축

　주택을 신축하는 경우에는 ① 건축설계서 및 공사도급계약서, ② 본인 신축의 경우 건축허가 증빙서류, ③ 신축예정지 토지 등기사항 전부명령서를 징구하여야 한다.

[표 4-10] **주택 신축 확인 서류**

징구서류	세부내용
① 건축설계서 및 공사도급 계약서	• 공사명 '주택'여부 확인(주택인 경우만 가능) • 공사완료일이 미래일자 인지 여부 확인, 만약 과거일자일 경우, 등기사항 전부증명 서상 소유권보전(이전) 등기일로 부터 1개월 이내에만 신청 가능 • 계약자가 가입자인 경우만 가능(공동명의 가능)
② 건축허가 증빙서류	• 건축/대수선/용도변경 허가서의 주용도 항목이 '주택' 여부 확인 • 건축주가 가입자인지 여부 확인(공동명의 가능)
③ 신축예정지 토지등기사항 전부증명서	• 발급일이 신청일 당일인 경우 • '갑구'의 현소유자가 가입자인지 여부 확인 • '표제부'의 부동산 표시 내역이 건축위치와 일치 여부

징구서류	세부내용
④ 건물등기사항 전부증명서	• 발급일이 신청일 당일인 경우 • '갑구'의 현소유자가 가입자인지 여부 확인 • 등기사항 전부증명서상 소유권보전(이전) 등기일로부터 1개월 이내에만 신청 가능 • '표제부'의 건물 내역이 '주택'여부 확인(주택만 가능)

임대 후 분양 전환

주택을 임대 후 분양 전환한 경우에는 ① 분양전환계약서, ② 전환예정지 건물등기사항 전부증명서를 징구하여야 한다.

[표 4-11] 임대 후 분양 전환 확인 서류

징구서류	세부내용
① 분양전환 계약서	• 동/호수 기재 여부 확인, 미기재 시 주택매수 계약 아님 • 부동산 표시가 '주택'여부 확인(주택만 가능) • 잔금일(입주예정일)이 미래일자 인지 여부 확인, 만약 과거 일자일 경우, 등기사항 전부증명서상 소유권보전(이전) 등기일로부터 1개월 이내에만 신청 가능 • 공급받는자가 가입자인지 여부 확인(공동명의 가능) • 분양권 양수 경우의 추가 확인 서류(택일) 　– 권리의무승계내역서(분양공급계약서 內)에 양수인이 '가입자'여부 확인 　**– 분양권매매계약서 징구하여, 매수인이 가입자 여부 확인**
② 전환예정지 건물 등기사항 전부증명서	• 신청일 당일 발급분 • 건축물관리대장 징구도 가능 • '갑구' 현소유자가 분양전환계약서상의 양수인과 동일인 여부 • '표제부'의 부동산 표시가 전환계약서상과 동일 여부 • '표제부'의 건물 내역이 '주택' 여부 확인

경매 취득

주택을 경매로 취득한 경우에는 ① 매각허가결정문 및 부동산의 표시 별지, ② 매수예정지 건물등기사항 전부증명서를 징구하여야 한다.

[표 4-12] 경매 취득 확인 서류

징구서류	세부내용
① 매각허가 결정문 및 부동산의 표시 별지	• 서류 명칭이 매각허가결정문 및 부동산의 표시 인지 확인 • '최고가 매수인'항목이 가입자(공동명의)인 경우만 가능 • 부동산의 표시가 '주택'인지 여부 확인(주택만 가능)
② 매수예정지 건물 등기사항 전부증명서	• 신청일 당일 발급분 • '갑구', '경매진행' 확인 • '표제부'의 부동산 지번/건물 표시가 '매각허가 결정문'의 부동산 표시와 동일 여부 • '표제부'의 건물 내역이 '주택' 여부 확인

보유주택 매도 후 신규주택 매입

보유주택을 매도한 후 신규주택을 매입한 경우에는 ① 부동산매매계약서, ② 기존 보유주택 등기사항 전부증명서, ③ 재산세(주택) 과세 물건지 부동산등기사항 전부증명서를 징구하여야 한다.

[표 4-13] 보유주택 매도 후 신규주택 매입 확인 서류

징구서류	세부내용
① 부동산매매 계약서	• 부동산 주소가 등기사항 전부증명서 표시와 일치 여부 확인 • 부동산 표시가 '주택'여부 확인(주택인 경우만 가능) • 잔금일자가 미래일자 인지 여부 확인, 만약 과거일자일 경우, 등기사항 전부증명서 상 소유권이전 등기일로부터 1개월 이내에만 신청 가능 • 매도인이 매수예정지 등기사항 전부증명서의 소유자와 일치 • 매수인이 가입자(공동명의)인지 여부 확인
② 기존보유주택 등기사항 전부증명서	• 부동산 소유권이전(매도) 등기일이 매입 주택의 부동산 등기사항 전부증명서상 소유권이전(매수) 등기일과의 차이가 최소 1일 이상 여부 • 반드시 무주택기간이 최소 1일 이상 이어야 함(부동산 등기사항 전부증명서상 소유권이전 등기일자로 무주택기간 확인해야 함)

징구서류	세부내용
③ 재산세과세 물건지 등기사항 전부증명서 (소유권이전 등기 후)	• 발급일이 신청일 당일인 경우 • '갑구'의 현소유자가 가입자인지 여부 확인 • '표제부'의 부동산 지번/건물 표시가 '매각허가 결정문'의 부동산 표시와 동일 여부 • '표제부'의 건물 내역이 '주택' 여부 확인

3. 무주택자 주거목적 전세(보증)금

3-1. 무주택자 여부 확인을 위한 서류

중도인출 신청일 현재 퇴직연금 가입자 본인이 무주택자인지 여부를 확인하기 위한 공통 징구서류로는 ① 현거주지 주민등록등본, ② 현거주지 건물등기사항 전부증명서 또는 건축물관리대장 중 하나 징구, ③ 지방세 세목별 未과세증명서에서 지방세 中 '재산세(주택)' 항목에 대해 '전국자치구(전국구)'로 발급해야 하며, 인터넷(민원24) 발급은 불가하다. 기 재산세(주택) 납부 내역이 존재하더라도, 처분 사실이 확인된 경우 처리가 가능한데, 등기사항전부명령서(말소사항 포함)로 확인할 수 있다. '납세증명서(지방)는 납세에 대한 단순 영수증에 불과하기 때문에 징구하면 안된다.

[표 4-14] 무주택자 확인 서류

징구서류	세부내용
① 주민등록등본 (현거주지)	• 1개월 이내 발급분 • 외국인근로자의 경우 '국내거소신고 사실증명서' 또는 '외국인등록사실증명서'로 주민등록등본 대체 가능
② 건물등기사항 전부증명서 (현거주지)	• 신청일 당일 발급분 • 건축물관리대장 징구도 가능 • 무허가 건물/미등기 건물 거주 등으로 징구가 불가한 경우 – 해당지번으로 조회한 대법원 등기싸이트 화면 캡쳐

	• 현소유자가 가입자 인지 여부 확인 • '등기사항 전부증명서'에는 '층'만 기재되어 있고, '주민등록등본'에는 '층과 호수'가 기재된 경우 – 건축물관리대장 등 추가징구하여 매매거래내용 확인
③ 지방세세목별 未과세증명서	• 1개월 이내 발급분 • 과세항목 중 '재산세(주택)/주택세' 존재 여부만 확인함 • 발급월이 1~6월인 경우 '과세년도'를 '전년도분'만으로 징구 가능 • 발급월이 7월인 경우 '과세년도'를 '전년도분' 및 '당해 연도분'을 함께 징구 필요 • 발급월이 8~12월인 경우 '과세년도'를 '당해 연도분'만으로 징구 가능 * 재산세(주택세) 부과는 매년 7월과 9월에 각각 1/2T기 부과됨

3-2. 전세금(보증금) 부담

전세금(보증금)을 부담한 경우에는 ① 전세(임대차)계약서 사본, ② 임차(예정)지 건물 등기사항 전부증명서, ③ 입금증(잔금지급 후 신청 경우)를 징구하여야 한다.

[표 4-15] 전세금(보증금) 부담 확인 서류

징구서류	세부내용
① 전세계약서	• 전세금(임차보증금) 용도가 동일 사업장에 근로하는 동안 1회에 한하여 신청가능 – 퇴직연금 가입 전 퇴직금제도하에서 전세자금용도 중간정산도 횟수에 포함됨 – 개인형IRP 경우도 퇴직급여 1회에 중도인출 1회만 가능 • 신규 전세계약 및 연장계약도 가능(단, 동액 연장의 경우는 중도인출 불가) – 계약연장 시 증액 연장의 경우만 가능, 구계약서 및 신계약서 동시 징구 필요 – 연장계약의 경우도 잔금지급일 이후 1개월 이내 신청 가능함. • 부동산 주소가 등기사항 전부증명서 표시와 일치 여부 • 전세계약서에 구조/용도 항목 누락의 경우 '건축물대장 또는 등기사항증명서' 징구하여 확인 • 부동산 표시에 '주택' 여부 확인함. 단, 오피스텔, 근린생활시설의 경우, 건축물관리대장(등기부)상 주택이 아니더라도 '주거목적' 임대차계약인 경우 가능 • 전세보증금 또는 월세보증금 존재 확인 • 잔금일자가 임대차 계약일로부터 잔금지급일 이후 1개월 이내만 신청 가능 – 전세계약서에 '잔금일/명도일'이 명기되어야 함

	• 임대인이 임차(예정)지 등기사항 전부증명서의 소유자와 일치 여부
	• 담보신탁의 경우 '신탁원부' 징구하여 수탁자, 위탁자, 수익자, 신탁의 목적을 확인 필요
	• 임차인이 가입자인지 여부 확인(임차인을 동거인 명의로 계약한 경우 원칙적 불가)
	• 단, 배우자, 직계존비속, 형제자매 등 동거인인 세대원 명의로 계약한 경우로서 '향후 전입신고 등을 통해 해당 주택에 거주함을 증명할 것임'을 서약 시 중도인출 가능 (중도인출 신청서 상의 '서약' 항목에 서명 필요)
	• 동거인 여부 및 가족 관계 확인: 주민등록등본, 가족관계증명서(필요시)
	• 중개인이 없는 계약은 계약금 영수증(입금증), 잔금영수증(입금증)을 징구하여, 계약의 유효성 및 전세계약의 성립 여부를 판단해야 함
② 등기사항 전부증명서	• 신청일 당일 발급분 • 건축물관리대장 징구도 가능 • '갑구' 현소유자가 전세계약서상의 임대인과 동일인 여부 • '표제부'의 부동산 표시가 전세계약서상과 동일 여부 • '표제부'의 건물 내역이 '주택'이 아니더라도, '주거목적' 임대차계약인 경우 가능 • 신축 건물(소유권보전 등기전) 대한 전세계약시 신축 관련 서류(건축허가서/건축설계서 및 공사도급계약서/토지등기 사항 전부증명서)를 징구하여, 임대인이 정당한 권리자임을 확인해야 함

4. 가입자/부양가족 6개월 이상 요양 의료비 부담

4-1. 의료비 중도인출 요건

가입자가 본인 또는 부양가족의 6개월 이상 요양을 필요로 하는 질병 및 부상에 대한 의료비로 '가입자가 직전 1년간 지출한 의료비가 연간 임금총액의 125/1,000 (1/8)를 초과한 경우만' 중도인출 가능하다. 신청기한은 요양(치료)기간 종료일로부터 1개월 이내이며, 의료비 산정시 '실손의료보험금으로 지급받은 금액'은 제외한다.

$$\frac{\text{신청 직전 1년간 지출의료비}}{\text{직전년도 임금 총액}} \gg 12.5\%(=1/8)$$

'6개월 이상의 요양'에는 입원치료 뿐만 아니라 통원, 약물 치료 등도 포함된다. 따라서 진단서, 소견서 등으로 질병 또는 부상에 따른 요양에 6개월 이상의 기간이 소요됨이 객관적으로 증명되면, 의료행위의 종류와 무관하게 요양기간에 포함된다. 예를들어 2019.3월부터 2019.6월까지 4개월간 입원치료 후 2019.7월부터 2019.8월까지 2개월간 통원치료를 한 경우, 요양은 질병 또는 부상 등으로 인하여 일정 치료를 필요로 하는 경우를 말하므로 입원치료 뿐만 아니라 전체 통원치료, 약물치료 기간도 요양 기간으로 합산하므로 6개월 이상의 요양에 해당된다.

'6개월 이상의 요양'에 의한 의료비 부담을 사유로 하는 퇴직급여의 중도인출은 별도의 횟수 제한이 없으므로 중도인출 이후 다시 중도인출을 하는 것도 가능하다. 다만, 최초의 중도인출 이후 직전 1년간 지출한 의료비가 연간 임금총액의 125/1,000를 초과해야만 가능하며, 요양기간이 종료된 경우에는 그 종료일로부터 1개월 이내에 신청하여야 한다.

개인형IRP의 가입자도 연간 임금총액의 125/1,000를 초과하여 의료비를 지출하는경우 중도인출이 가능하다. 다만, 개인형IRP 가입자로서 중도인출 신청 시점에서 근로소득이 없음을 '건강보험자격득실확인서', '소득금액증명원'을 통해 증명하는 경우에는 중도인출의 허용 여부를 판단할 연간 임금총액이 없으므로, 6개월 이상의 요양을 필요로 하는 질병이나 부상에 대한 의료비 지출을 입증하면 중도인출이 가능하다.

한편, 10인 미만 기업에 대한 특례에 따라 기업형IRP에 가입한 근로자는 확정기여형(DC)와 동일하게 임금총액을 산정하여 중도인출 가능 여부를 판단한다.

Ｃ· 연간 임금총액 기준

연간 임금총액은 직전년도 임금의 총액으로 산정하며, 원천징수영수증, 산재보험 고용보험 보수총액 신고서, 급여명세서 등에 기입된 임금액으로 확인한다.

퇴직연금의 경우, 퇴직연금사업자가 보유하고 있는 가입자의 임금 관련 자료인 사용자의 임금 통보자료, 사용자의 부담금 납입액으로 역산한 임금총액으로 확인한다. 다만, 중도인출 신청일로부터 직전 1년간의 임금총액 수준이 직전년도 임금 수준보다 낮음을 증빙하는 경우는 '신청일로부터 직전 1년간 지급받은 임금액'을 연간 임금총액으로 산정할 수 있다.

퇴직연금제도를 설정한 사업장에서 퇴직연금규약 등에 '계속근로기간 1년 미만인 근로자'도 퇴직급여를 지급하도록 정한 경우, 해당 근로자도 중도인출 허용 사유를 입증하면 중도인출을 할 수 있다. 이 때, 해당 근로자의 연간 임금총액은 근로자가 재직기간 동안 지급받은 임금의 월

평균액(월 급여 평균액×12)을 1년간 지급받은 것으로 간주하여 산정한다. 실무적으로는 1년 미만 근무 근로자의 경우 원칙적으로 퇴직금 지급의무가 없기 때문에 수급권이 '입사즉시'로 표시되어 있는 경우만 중도인출이 가능하다.

연간 임금총액 산정 기간 중 휴직기간이 포함되어 있는 경우, 가입자의 연간 임금총액은 직전년도 1년간 지급된 임금의 총액을 의미하므로, 직전년도 1년의 기간 중 휴직기간이 아닌 기간에 지급받은 임금과 휴직기간에 단체협약, 취업규칙 등에 따라 근로의 대가로서 계속, 정기적으로 지급된 임금을 합산하여 연간 임금총액을 산정한다.

ⓒ· 의료비 산정 기준

의료비 산정 기준은 중도인출 신청시점의 '직전 1년 동안 지출된 의료비'와 중도인출 신청시점에서 '지출이 확정된 의료비'를 합산하여 산정한다. '지출이 확정된 의료비'란 중도인출 시점에서 아직 의료비를 지출하지 않았지만, '의료기관 등에 지급해야 할 것이 확정된 예정 의료비'를 말한다. 지출이 확정된 의료비 증빙자료는 중도인출 시점으로부터 최대 1개월 이내에 발급된 자료만 인정한다.

의료비 산정대상 지출 의료비는 청구서, 납입내역서 등으로 확인이 가능한 의료비 중에서 '건강보험공단 부담금을 제외한 환자부담총액(전액 본인부담금 + 일부 본인부담금)을 대상으로 의료비를 산정한다.

의료비 산정시 제외되는 의료비는 ① 미용/성형수술을 위한 비용, ② 건강증진을위한 의약품 구입비용, ③ 실손의료부험금을 지급받은 금액 등이다.

의료비 지출증빙 서류는 병원 등 의료기관에서 발급한 '영수증, 진료비 납입확인서, 진료비 세부산정 내역서' 등으로 '치료(요양) 대상자'에 대한 의료비 지출증빙에 한한다. 의료기간 등에서 발급한 영수증, 확인서 등 없이 카드전표, 현금영수증 등 지출자료만 제출하는 경우에는 증빙서류로 인정이 불가하다.

진단서 등 '의료행위 증빙서류'와 '의료비 지출 증빙서류'는 '환자의 인적사항'과 '질병번호'가 동일하여야 함이 원칙이다. 다만, 약제비 계산서와 같이 '서식 상 질병번호가 기재되지 않는 경우'에는 '진단서 등 의료행위 증빙서류를 반드시 첨부'하도록 하여 관련 의료행위가 진행됨을 확인하여야 한다. 진단서와 진료비 계산서, 영수증에 기재된 '질병코드가 다른 경우(상이한 기호체계 사용)'에는 진단서의 '진단일시'와 계산서, 영수증의 '진료기간을 비교'하는 등 추가확인을 거쳐 의료행위와 진료비 연근성을 파악하여야 한다.

[표 4-16] 발급기관별 증빙 서류

발급기관	증빙 서류	서식
의료기관(병원)	진료비 계산서, 영수증	'국민건강보험 요양급여의 기준에 관한 규칙' 별지 서식
	간이 외래진료비 계산서	
	진료비(약제비) 납입확인서	
	진료비 세부산정내역	
의료기관(약국)	약제비 계산서, 영수증	
장기요양기관	장기요양급여비용명세서	'노인장기요양보험법 시행규칙' 별지 서식
	장기요양급여비 납부확인서	

'지출이 확정된 의료비'의 증빙 서류는 병원 등 요양기관에서 발행한 '청구서, 의료기기 견적서 등'으로 증빙시 해당 청구금액을 포함하여 산정한다. '지출이 확정된 의료비'의 증빙자료(청구서 등)는 중도인출 시점으로부터 '최대 1개월 이내 발급된 자료'만 인정된다.

'의료기기의 구입/임차에 대한 견적서'의 경우, 병원 등에서 발행한 장애인보장구 사용이 필요하다는 내용의 진단서, 건강보험공단에 제출하는 보장구급여 지급청구서, 보장구 처방전, 보장구 검수 확인서 등으로 의료기기의 구입/임차 필요성을 추가로 입증할 필요가 있다.

'향후의료비추정서'는 치료 종료시까지 또는 환자의 잔여생존기간 동안 발생이 예상되는 모든 의료비를 합산하여 작성되므로, '향후의료비추정서'에 기재된 의료비를 기준으로 중도인출 가능 여부를 판단하기는 곤란하다.

실손보험료를 조회하기 위해서는 우선 보험 가입내역을 다음과 같이 확인한 후 실손보험사별로 발급한 해당 의료비 지출 기간이 포함된 '보험금 지급 내역서'를 징구한 후 보험금 지급 대상자 및 지급사유 확인 표시를 반드시 해야 된다.

① 네이버 검색: '내보험 찾아줌'으로 검색
② '내보험찾아줌싸이트(cont.insure.or.kr)'로 연결됨
③ 메인 화면에서 '숨은 보험금 조회하기' 클릭

④ '조회신청' 화면에서 '이름/휴대폰번호/주민등록번호/이메일주소' 입력 후 인증방법(공인인증서, IPIN인증, 휴대폰 인증) 선택

⑤ 본인인증 〉 정보동의 〉 결과확인

⑥ 결과확인 화면에서 보험가입내역 출력

 [소득세法 시행령 제118조의5 제1항 및 제2항] 중도인출 대상 의료비

① 진찰/치료/질병예방을 위하여 '의료법' 제3조에 따른 의료기관에 지급한 비용

② 치료/요양을 위하여, '약사법' 제2조에 따른 의약품(한약을 포함)을 구입하고, 지급하는 비용

③ 장애인보장금 및 의사/치과의사/한의사 등의 처방에 따라 의료기기를 직접 구입하거나 임차하기 위하여 지출한 비용

④ 시력보정용 안경 또는 콘택트렌즈, 보청기를 구입하기 위하여 지출한 비용

　• 본인, 배우자, 부양가족 1인당 연 50만원 한도

⑤ '노인장기요양보험법' 제40조 제1항 및 같은 조 제2항 제3호에 따른 장기요양급여에 대한 비용으로서 실제 지출한 본인 일부부담금

⑥ 해당 과세기간의 총급여액이 7천만원 이하인 근로자가 '모자보건법' 제2조 제10호에 따른 산후조리원에 산후관리 및 요양의 대가로 지급하는 비용으로서 출산 1회당 200만원 이내의 금액

⑦ 미용/성형수술을 위한 비용 및 건강증진을 위한 의약품 구입비용, '실손의료보험금으로 지급받은 금액'은 미포함

ⓒ 진단 관련 서류

진단 관련 서류로는 '진단서 또는 의사소견서, 장기요양인정서'가 가능하다. 또한, '진료확인서'도 가능한데, 명칭이 중요하지 않고, 6개월 이상의 요양 여부, 질병번호(질병코드), 의사면허번호, 의료기관 날인 등 실제 진단여부 기준 판단이 중요하다. 장애인의 경우, '장애인증명서'로 진단서를 대체할 수 없고, 6개월 이상 요양 등 문구가 포함된 별도의 진단서'를 징구하여야 한다.

'진단서 또는 의사소견서'의 경우에는 다음 사항을 확인하여야 한다.

① '6개월 이상 요양/치료'의 기간 명시 여부(반드시 필요)
  • '장기요양', '지속적 요양등 문구로는 중도인출 신청 불가
② 치료내용/소견: 입원, 통원, 약물치료, 추적관찰, 경과관찰, 안정가료
③ 병명: 질병번호(질병코드) 필수, 미용/성형 목적 여부(신청 불가)
④ 요양 종료된 경우: 종료일로부터 1개월 이내 신청분에 한함
  • 치료/요양 종료일(완치일)로부터 1개월 경과 후에는 중도인출 신청 불가
⑤ 발급일자: 중도인출 신청일로부터 6개월 이내 발급분
⑥ 국민건강보험공단이 발행한 '장기요양인정서'에서는 중도인출기간이 유효기간 범위 내인지 여부 확인

ⓒ 부양가족 범위 확인

가족관계증명서를 통하여 부양가족 범위를 확인하여야 한다. 부양가족 범위 판단 시 부양가족의 소득수준은 관계없다. 그리고 부양가족이 장애인인 경우에는 나이 제한 없다. 부양가족의 범위는 다음과 같다.

① 근로자 또는 배우자의 60세 이상 직계존속
② 근로자 또는 배우자의 20세 이하의 직계비속 또는 동거 입양자(장애인인 경우 그 배우자를 포함)
③ 근로자 또는 배우자의 20세 이하 또는 60세 이상인 형제자매
④ 「국민기초생활 보장법」에 따른 기초생활수급자
⑤ 「아동복지법」에 따른 가정위탁을 받아 양육하는 아동

생계를 같이하는 부양가족이란, 주민등록표의 동거가족으로서 해당 거주자의 주소 또는 거소에서 현실적으로 생계를 같이하는 사람을 의미한다. 다만, 근로자와 그 배우자의 직계비속은 동거하지 않아도 부양가족에 포함된다. '동거부양'은 주민등록등본에 등재(1개월 이내 발급분)되어 있어야 하고, 부양가족 전입 당일 중도인출 신청도 가능하다.

직계존속의 경우 주거형편에 따라 별거하더라도 근로자의 소득으로 생활하는 사람은 부양가족에 포함된다. 그 외의 부양가족 중 취학, 질병의 요양, 근무상 또는 사업상의 형편 등을 재학

증명서(취학), 질병의 요양(요양증명서, 진단서), 재직증명서(근무) 등으로 증명하면 일시적으로 동거하지 않는 경우에도 포함한다. '非동거부양'의 경우에는 가족관계증명서(3개월 이내 발급분)와 근로소득원천징수영수증(인적공제대상자 포함 여부 확인)으로 확인하며, 부양가족이 직계존속, 직계비속, 배우자인 경우에는 '가족관계증명'만으로도 가능하며, 동거부양 여부는 확인할 필요가 없다. '근로소득원천징수영수증'에 회사인감 누락 시 징구가 불가하다.

[표 4-17] 부양가족별 징구서류

구분	동거부양	非동거부양
배우자/직계존속/직계비속	주민등록등본	가족관계증명서
형제/자매	주민등록등본 가족관계증명서	가족관계증명서 근로소득원천징수영수증

4-2. 의료비 중도인출

ⓒ 징구서류

① 의사 진단서
② 연간소득 증빙서류(근로소득원천징수영수증, 급여명세서 등)
③ 의료비 지출 증빙서류(진료비 계산서/영수증, 진료비 납입확인서 등
  • 의료비 지출 증빙에 '질병번호(질병코드)' 필수 기재
④ 실손의료보험 가입 내역서
⑤ 보험금 지급 내역서(실손의료보험사 발행)
⑥ 의료비 부담 증빙서류(신용카드 매출전표, 현금영수증 매출전표, 입금증 등)
  • 단, 요양 대상자가 '본인', '배우자'또는 '직계비속' 경우는 징구 불요
⑦ 주민등록등본(1개월 이내 발급분): 부양가족에 대한 요양비 신청시
⑧ 가족관계증명서(3개월 이내 발급분): 부양가족에 대한 요양비 신청시

ⓒ 의료비 인출 한도

의료비를 중도인출 하는 경우 의료비, 간병인 비용, 보건복지부장관이 고시하는 최저생계비 등을 고려하여 기획재정부령으로 정하는 다음 각목의 금액의 합계액 한도 내에서 인출할 수 있다.

 [소득세法 시행규칙 제11조의2] 요양에 따른 연금계좌 인출 한도

① 의료비와 간병인 비용
② 연금계좌 가입자 본인의 휴직 또는 휴업 월수(1개월 미만은 1개월) × 150만원
③ 200만원

중도인출 신청시에는 의료비영수증과 간병인의 이름, 생년월일 등 인적사항이 기재된 간병료 영수증을 징구하여야 하며, 휴직 또는 휴업 사실을 증명하는 서류를 징구하여야 한다.

ⓒ 연금계좌 가입자 본인의 의료비 인출

연금수급 요건(만 55세, 연금계좌 가입일로부터 5년 경과, 이연퇴직소득 입금)을 갖춘 연금계좌 가입자가 본인이 사용한 의료비를 연금계좌에서 인출하기 위하여 해당 의료비를 지급한 날부터 6개월 이내에 증빙서류를 연금계좌취급자에게 제출하고 중도인출을 신청하는 경우에는 인출 한도를 적용받지 않는다.

이 경우 연금계좌취급자의 동의를 받아 1명당 하나의 연금계좌만 의료비 연금계좌로 지정하여 인출할 수 있다. 연금계좌 가입자가 의료비연금계좌로 지정하려는 경우 해당 연금계좌취급자는 해당 연금계좌를 의료비연금계좌로 지정하는 것에 동의하기 전에 그 연금계좌 외에 해당 연금계좌 가입자의 의료비연금계좌로 지정된 연금계좌가 없는지를 확인하여야 한다.

연금계좌 가입자 연금계좌를 의료비연금계좌로 지정한 날 전에 지급한 의료비를 의료비연금계좌에서 인출하려는 경우 연금계좌취급자는 해당 인출 전에 그 연금계좌 가입자가 의료비연금계좌 지정일 전에 해당 의료비연금계좌 외의 의료비연금계좌에서 그 의료비를 인출하지 아니하였는지를 확인하여야 한다.

제출받은 증빙서류를 해당 인출에 대한 원천징수세액 납부기한의 다음 날부터 5년간 보관하여야 한다(法 시행령 20조의2).

4-3. 저소득 근로자 생활안정자금 융자제도

중도인출(중간정산) 요건 강화로 저소득 근로자가 의료비 부담으로 곤란을 겪지 않도록 '근로자 생활안정자금 융자 제도'를 적극 활용하도록 안내할 계획이다. 융자대상 근로자는 월평균소득이 중위소득(3인가구)의 2/3이하(2019년 기준 251만원)인 근로자를 말하며, 비정규직의 경우에는 소득요건을 적용하지 않는다.

근로자 생활안정자금 융자(의료비)

- 융자대상: 월평균소득이 중위소득(3인가구)의 2/3이하(2019년 251만원)
  - 비정규직의 경우 소득요건 비적용
- 융자금액: 1,000만원
- 융자조건: 연 1.5%(2019.11월 ~), 1년 거치 3년 원금균등분할상환
※ 근로복지공단 콜센터 ☎ 1588-0075

5. 파산선고 및 개인회생

개인파산선고의 경우에는 법원의 파산선고문을 제출하고 중도인출 신청을 하면된다. 파산선고문에서 서류명칭을 확인하여야 하는데, 신청서, 통보서, 워크아웃, 신용회복은 중도인출 신청대상이 아니다. 그리고 파산선고일로부터 5년 이내 신청 인지 여부를 확인하여야 한다.

개인회생개시절차 개시의 경우에는 개인회생개시결정문 혹은 변제계획안 인가에 따라 변제계획 수행 중임을 증명할 수 있는 서류를 제출하여야 한다. 인터넷 www.scourt.go.kr 싸이트 '나의사건 검색'에서 사건번호로 조회 후 화면 캡쳐한 후 출력해서 제출해도 된다. 개인회생개시결정문과 변제인가결정문(확정증명원), 법원통지서에서 서류명칭을 확인하여야 한다. 왜냐하면, 개인회생신청서와 워크아웃, 신용회복은 중도인출 사유에 해당되지 않기 때문이다. 또한, 개인회생 절차 '폐지결정' 및 '면책결정'이 있는 경우에는 사유가 해소되었거나 효력이 진행중이라 볼 수 없으므로 중도인출 신청사유에 해당되지 않는다. 그리고 채무자가 가입자인지 확인하고, 판사 도장 날인 여부를 확인하여야 하는데, 판사 날인이 없고 '법원 주사보 날인된 정본'은 가능하다. 결정일로부터 5년 이내 신청 여부를 확인하여야 하며, '변제인가결정문' 없이 변제계획 수행

중임을 입증하는 서류로 '입금내역서'를 제출한 경우 중도인출이 불가하다. '개인회생' 사유(판결문 상 사건번호가 '개회'로 시작)만 중도인출이 가능하고, '개인회생' 이외의 '일반회생'은 중도인출이 불가능하다. '절차/폐지결정일' 항목이 공란인지 여부를 확인하고, 항목에 '일자' 기재시에는 중도인출이 불가하다.

[표 4-18] 파산선고 및 개인회생 징구서류

구분	제출서류	비고
파산선고	• 파산선고문(법원)	
개인회생	• 개인회생절차개시결정문 • 변제인가 결정문 • 변제인가 확정증명원 • 법원통지서	'나의사건 검색' 화면 캡쳐 (www.scourt.go.kr)

제5장

퇴직연금
세무 및 회계

퇴직연금 세무

1. 소득세 과세체계

현행「소득세법」은 소득원천설에 따라 일정한 원천에서 경상적·계속적으로 발생하는 것만을 과세소득으로 파악하고 불규칙적·우발적으로 발생하는 것은 과세소득 범위에서 제외한다. 따라서 과세소득을 이자소득·배당소득·사업소득·근로소득·연금소득·기타소득·퇴직소득·양도소득의 8가지로 구분하여 열거한 소득에 대해서만 소득세를 부과한다. 다만, 예외적으로 이자소득·배당소득의 경우 법령에 열거되지 않은 것이라도 유사한 소득에 대하여는 과세대상으로 규정하고 있다.

그리고「소득세법」은 원칙적으로 종합과세를 채택하고 있으며, '종합과세'란 퇴직소득·양도소득을 제외한 6가지 소득을 그 종류에 관계없이 일정한 기간을 단위로 합산하여 과세하는 방식을 말한다. 즉, 이자소득·배당소득·사업소득·근로소득·연금소득·기타소득은 인별(人別)로 종합하여 과세한다.

「소득세법」상 개인소득은 크게 종합소득, 퇴직소득, 양도소득 3가지로 구분하여 각각 별도로 과세하는'분류과세'방식을 사용하고 있으며, 종합소득 중 법에서 규정한 특정소득에 대하여 다른 소득과 합산하지 않고 소득의 지급자가 원천징수하여 과세를 종결하는 방법이'분리과세'이다.

기본적인 소득세 체계는 종합과세이지만, 종합소득세, 퇴직소득세, 양도소득세는 종합과세가 아닌 분류과세 되며, 종합소득세의 6가기 소득은 분리과세 되지 않는 한 모두 합산하여 과세된다.

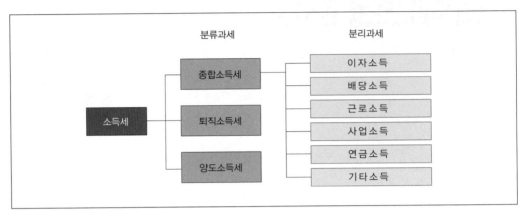

분류과세   분리과세

종합소득세 → 이자소득 / 배당소득 / 근로소득 / 사업소득 / 연금소득 / 기타소득

소득세 — 퇴직소득세

양도소득세

[그림 5-1] 소득세 과세체계

2. 퇴직연금 과세체계

일반적으로 퇴직연금에 대한 과세는 부담금 납입, 적립금 운용, 퇴직급여 수령의 3단계로 구분하여 살펴볼 수 있다. 각 단계에서의 과세 여부(Taxed 또는 Exempt)에 따라 다양한 연금과세체계가 가능하며, 구체적으로는 납입단계(Exempt)와 운용수익 발생단계(Exempt)에서 과세를 이연하고, 퇴직급여 수령단계(Taxed)에서 과세하는 E-E-T 과세체계를 가지고 있다.

이러한'E-E-T'과세체계는 소득이 상대적으로 높은 부담금 납입단계와 적립금을 운용단계에서 과세를 이연하고, 소득이 상대적으로 낮은 퇴직급여 수령단계에서 과세하므로 납세자는 과세이연에 따른 시간가치만큼의 절세효과를 누림은 물론 자신에게 적용되는 실질세율이 낮아지는 효과도 얻게 된다.

우리나라의 퇴직연금제도는 가입자에 대한 합리적인 세제지원이 가능하도록 상대적으로 소득이 낮은 퇴직급여 수령 시에만 과세하는'E-E-T'체계를 취하고 있다.

퇴직연금 세제는 사용자에게 적용되는 세제와 가입자에게 적용되는 세제가 있다.

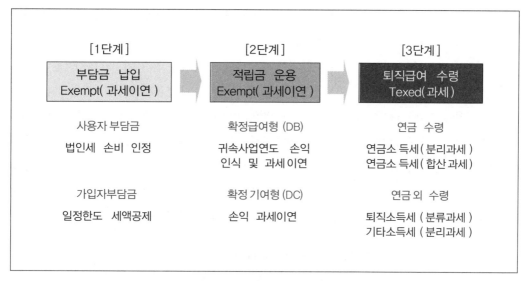

[그림 5-2] **퇴직연금 과세체계**

2-1. 부담금 납입단계 적용세제

부담금 납입단계는 사용자 또는 근로자가 납입하는 부담금에 대해 과세이연, 또는 세액공제
등을 적용하여 세부담을 이연 시키며, 현금 등의 부담금이 퇴직연금에 투입되므로'입구세제'라
고도 한다.

◉ 사용자부담금 손금산입

퇴직연금제도를 설정한 사용자는 매년 1회 이상 퇴직연금사업자에게 설정한 퇴직연금 계좌
에 사용자부담금을 납부하여야 한다. 「근로자퇴직급여보장법」에 따라 납부하는 사용자부담금은
법인세법상 전액 손금에 산입하며, 소득세법상 필요경비로 인정받는다. 손금산입 한도는 확정
급여형(DB) 제도는 퇴직금추계액 기준이나, 확정기여형(DC) 제도에서는 불입액 기준이다.

◉ 가입자부담금

퇴직연금에 가입한 근로자 또는 자영업자, 급여소득자 등 급여소득이 있는 근로자는 연금계
좌(DC, 기업형IRP, 개인형IRP, 연금저축)에 사용자부담금과 별도로 가입자가 자기자금으로 연간 연

금저축 합산 1,800만원 한도로 추가불입이 가능하다. 또한, ISA에 가입하고 있는 근로자는 ISA 만기도래 해지금액 범위 내에서 개인형IRP에 추가불입이 가능하다.

가입자가 추가로 불입한 가입자 부담금은 불입금액 기준으로 연간 최고 1,200만원 한도로 세액공제를 받을 수 있다. 연간 최고 1,200만원 기준은 기존 세액공제한도 700만원에다 만 50세이상 개인에 대한 특례제도로 2020.1.1부터 2022.12.31일까지 한시적으로 납입하는 가입자부담금에 대하여는 연간 200만원을 추가로 세액공제를 받을 수 있도록 세액공제 대상 납입한도를 확대했다. 다만, 종합소득 1억원(총급여 1억2천만원) 초과하는 고소득자 및 금융소득종합과세 대상자는 제외한다. 그리고 ISA 만리도래 해지금액 범위 내에서 개인형IRP에 추가불입금액에 대해서는 불입금액 기준 10%, 최고 300만원까지 세액공제 혜택을 부여한다.

[표 5-1] 개인형IRP 900만원 불입시 세액공제 효과(예시)

구분	총 급여액 기준		
	55백만원 이하	55백만원 초과	1억2천만원 초과
세액공제 세율	15%	12%	
세액공제 금액 (1,200만원 기준)	180만원	144만원	
연금저축 한도	600만원		300만원
퇴직연금 한도 (연금계좌 합산)	900만원		700만원
ISA만기도래자금	300만원		–

추가불입금 기준으로 연간 1,200만원 한도(연금저축 합산)로 연간 총급여가 55백만원 이하인 근로자는 15%(180만원)로, 55백만원 초과인 근로자는 12%(144만원)로 세액공제 혜택을 받을 수 있으며, 세액공제 한도를 초과할 경우에는 다음연도로 이월해서 세액공제를 받을 수 있다.

여기서 유의할 사항은 세액공제율이 12%에 해당되는 가입자가 가입자부담금을 연말 세액공제를 받고, 퇴직 후 일시금으로 수령할 경우 납부하여야 할 기타소득세율은 15%로 세액공제율보다 3% 높기 때문에 불이익을 볼 수 있으므로 연금으로 수령할 계획이 없는 가입자에게는 이러한 불이익이 있다는 사실을 충분히 설명하여야 한다.

연금계좌 가입자가 이전 과세기간에 연금계좌에 납입한 가입자부담금 중 연금계좌 세액공제를 받지 아니한 금액이 있는 경우 그 금액의 전부 또는 일부를 해당 과세기간에 연금계좌에 납입한 가입자부담금으로 전환하여 줄 것을 연금계좌취급자에게 신청한 경우에는 그 전환을 신청한 금액을 연금계좌에서 가장 먼저 인출하여 그 신청을 한 날에 다시 해당 연금계좌에 납입한 가입자부담금으로 본다. (法 시행령 제118조의3)

따라서 전년도에 세액공제 한도를 초과하여 납부하였거나, 미처 세액공제를 받지 못한 가입자부담금이 있는 연금계좌 가입자는 세무서에서 발행하는'연금보험료 등 소득·세액 공제확인서'를 발급받아 연금계좌를 개설한 금융기관에'세액공제한도 초과 납입분에 대한 당해 납입금 전환신청서'를 제출하고 당해 연도에 세액공제를 받으면 된다.

2-2. 적립금 운용단계 적용세제

ⓒ 사용자 과세이연 (확정급여형(DB))

확정급여형(DB)에서 퇴직연금 적립금 운용에 따라 발생하는 운용수익을 원금화 하는 경우에는 사용자의 순재산을 증가시키므로 해당 운용수익은 법인세 계산시 익금에 산입한다.

한편 익금에 산입된 운용수익은 결국 근로자들에게 지급할 퇴직급여재원을 증가시키는 것이므로 부담금으로 간주되어 손금에도 산입되므로 결론적으로 과세대상이 없어지는 결과가 발생한다. 또한 적립금 운용과정에서 투자하게 되는 금융상품에서 발생한 이익에 대해서도 해당 금융상품을 상환 받거나 현금화할 때 원천징수 없이 처리된다. 예를 들어 확정급여형(DB)에서 퇴직연금 적립금 5천만원을 전액 정기예금 1년물(금리 5%)로 운용하였을 경우 해당 정기예금 만기에 250만 원의 이자를 수령하게 되는데, 이때 250만 원 이자에 대한 이자소득세를 납부하지 않는다. 소득세법에 의하면 신탁재산에 귀속되는 소득은 신탁의 수익자에게 귀속되므로 신탁의 수익자에게 지급할 때 과세하면 되는 것이다. 앞서 살펴본 바와 같이 퇴직연금 적립금 운용구조에서 적립금운용방법은 신탁을 통하여 운용되기 때문에 위의 예에서 정기예금은 신탁재산이고 해당 신탁재산에 귀속되는 정기예금 이자는 수익자(근로자)에게 귀속되므로 과세는 수익자에게 소득이 지급되는 시점(퇴직시점)에 이루어진다. 신탁에 대하여 이러한 과세체계를 적용하지 않고 과세를 하게 되면 수익자에게 지급하는 신탁이익은 2,087,500원(2,500,000 - 412,500)이 될 것이고, 이 신탁이익에 대하여 다시 소득세를 과세하므로 수익자 입장에서는 신탁에 가입한 5천만원에 대하여 두 번 과세를 당하는 셈이 된다.

[法 제2조의 2] 납세의무의 범위

①～⑤ (생략)

⑥ 신탁재산에 귀속되는 소득은 그 신탁의 수익자(수익자 가 특별히 정해지지 아니하거나 존재하지 아니하는 경우에는 신탁의 위탁자 또는 그 상속인)에게 귀속되는

것으로 본다.

● 가입자 과세이연 (확정기여형(DC), IRP)

확정기여형(DC)과 IRP의 경우에는 적립금 운용과정에서 발생하는 운용수익이 근로자에게 귀속된다.

확정기여형(DC)과 기업형IRP의 적립금 운용과정에서 투자한 금융상품으로부터 수령한 이자소득이나 배당소득에 대해서는 원천징수 없이 운용수익에 합산되어 근로자 퇴직연금 수령액을 증가시키게 되며, 퇴직소득으로 근로자 퇴직 시 퇴직소득세를 납부하면 된다. 개인형IRP는 퇴직연금을 운용하는 기간 동안 발생한 운용수익은 원천징수를 하지 않고 과세이연을 하다가 수령하는 시점에 일시금으로 수령하면 기타소득세를 납부하고, 연금으로 수령하면 연금소득세를 납부하면 된다. 따라서 가입자는 과세이연에 따라 세금까지 복리로 운용할 수 있는 복리운용 효과를 누릴 수 있게 된다.

● 퇴직연금사업자의 원천징수 의무 해소

적립금 운용단계에서 퇴직연금 적립금에서 발생한 이익을 사용자나 가입자에게 지급하게 되면 퇴직연금사업자는 원천징수대상 소득에 대하여 이익을 지급하는 자로서 원천징수의무를 부담하게 된다.

그런데 퇴직연금 적립금을 관리하는 계약은 자산관리계약이고, 자산관리계약은 신탁계약 이므로 신탁에 적용되는 세제가 적용된다. 신탁계약에서는 고객이 신탁을 해지하지 않은 상태에서 신탁이익을 지급하는 것을 '신탁의 원가'라고 하고, 현재 실무적으로 확정급여형(DB) 퇴직연금신탁에 대해서는 원가하고 있고, 확정기여형(DC)에서는 원가 하지 않고 있다.

확정급여형(DB) 퇴직연금신탁에서 원가 하는 이유는 발생 수익이 사용자에게 귀속되기 때문

이고, 확정기여형(DC) 퇴직연금신탁에서 원가 하지 않는 이유는 발생수익이 가입자에게 귀속되기 때문이다. 확정급여형(DB) 퇴직연금신탁에서 발생수익에 대해서 원가 할 경우 원천징수 문제가 발생하게 되는데, 아래와 같은 사유로 원천징수 하지 않고 있다.

소득세법에서는 퇴직연금신탁의 신탁이익을 사용자 사업소득의 총수입금액에 산입하는 것으로 규정하고 있고 퇴직연금신탁에 납부하는 부담금을 필요경비로 손금 산입한 사용자가 적립금을 반환 받을 경우에도 당해 적립금을 사업소득의 총 수입금액에 산입하도록 규정하고 있다.

따라서 퇴직연금신탁의 이익은 사업소득이면서 원천징수대상 소득이 아니다. 사업소득 중 부가가치세법에 의한 용역을 공급받고 지급하는 사업소득만 원천징수대상이다. 또한 확정기여형(DC) 퇴직연금신탁에서도 퇴직연금 제도설계 시 1년 미만 근속 근로자에게 가입자격은 부여하되 수급자격은 부여하지 않은 경우 1년 미만 근무하고 퇴직하는 근로자에게는 퇴직급여를 지급하지 않는다. 따라서 해당 근로자에 대한 사용자부담금은 사용자가 반환 받아야 하는바, 사용자에게 반환 시 원천징수 하지 않는다.

2-3. 퇴직급여 수령단계 적용세제

퇴직급여 수령단계에서는 그 동안 과세이연 해 온 소득에 대하여 최종 과세를 하게 되며, 수령하는 소득도 퇴직소득 이므로 원천징수가 발생한다.

퇴직급여를 수령하는 방법은 연금수령과 연금외수령이 있다.

퇴직연금제도에서 부담금 납입단계와 적립금 운용단계에서 세제혜택을 부여하는 것은 결국 퇴직급여를 연금으로 수령하도록 유도하는 과정이므로 연금으로 수령할 경우에는 더 많은 세제혜택을 주나, 연금외수령 할 경우에는 기존에 받은 세제혜택을 다시 되돌려줘야 하는 불이익이 발생한다.

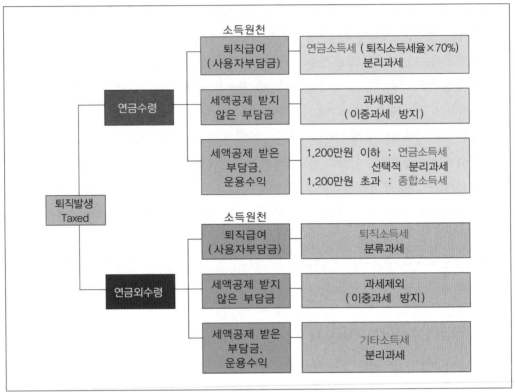

[그림 5-3] **퇴직급여 수령단계 적용세제**

ⓒ• 연금수령 시 절세혜택

　연금으로 수령할 경우에는 퇴직급여에 대해서는 10년까지 연금수령금액에 대해서는 퇴직소득세의 70%만 납입하면 되고, 10년 초과하여 연금수령하는 금액에 대해서는 퇴직소득세의 60%만 납입하면 되기 때문에 최고 40%의 절세효과가 있고, 세액공제 받은 가입자부담금과 운용수익에 대하여는 낮은 연금소득세(3~5%)를 납부하면 된다.

　또한, 연금으로 수령할 경우에는 매월 분할하여 수령하는 소액의 연금금액에 대해서만 분할하여 과세를 하게 되므로 수령하는 동안 분할 납부로 인한 과세이연 효과와 복리운용 효과를 극대화할 수 있다.

이연퇴직소득 1억원, 이연 퇴직소득세 7백만원, 월 연금수령금액 1백만원

매월 납부할 연금소득세 = 1백만원/1억원 × 7백만원 × 70% = 49,000원

☞ 연금소득세 매월 49,000원씩 분납하며, 매월 30%인 21,000원을 절세

연금외수령 시 불이익

연금외수령 할 경우에는 위의 예시에서 제시한 퇴직급여에 대하여는 과세이연 한 퇴직소득세 7백만원를 모두 납부하고 차액인 93백만원만 수령하게 되며, 세액공제 받은 가입자부담금과 운용수익에 대하여는 높은 기타소득세(15%) 납부하게 된다. 특히, 가입자부담금에서 12%로 세액공제를 받았다면, 15%의 기타소득세를 납부함으로 인하여 3%의 세제상 손실이 발생한다.

부득이한 사유에 의한 인출 시 절세혜택

퇴직연금을 소득세법 시행령에서 정한 부득이한 인출 요건에 해당하는 사유로 인출할 경우에는 연금소득세를 적용 받아 절세혜택을 누릴 수 있다.

연금으로 수령할 경우와 같이 퇴직급여에 대하여는 퇴직소득세 30%의 절세효과가 있고, 세액공제 받은 가입자부담금과 운용수익에 대하여는 낮은 연금소득세(3~5%)를 납부하면 되는데, 여기서 연금수령 시와는 달리 1,200만원을 초과할 경우에도 종합소득합산과세를 하지 않고 분리과세로 원천징수하고 과세종료 한다.

따라서 해외이주 및 의료비 인출 등을 통한 절세혜택을 고려해 볼 수 있으나, 해외이주의 경우에는 퇴직소득이 개인형IRP에 입금된 날로부터 3년이 경과해야 가능하고, 의료비의 경우에

[法 시행령 제20조의2] 부득이한 사유

① 천재·지변

② 가입자의 사망 또는 해외이주

③ 가입자 또는 그 부양가족의 질병·부상에 따라 3개월 이상 요양이 필요한 경우

④ 가입자가 「채무자회생 및 파산에 관한 법률」에 따른 파산의 선고 또는 개인회생 절차 개시의 결정을 받은 경우

⑤ 연금계좌취급자의 영업정지, 영업 인·허가 취소, 해산결의 또는 파산선고

는 가입자가 연간 임금총액의 125/1000를 초과하여 의료비를 부담한 경우만 중도인출이 가능한 제한사항이 있다.

ⓒ 종합소득 합산과세

연금외 인출의 경우에는 퇴직소득세와 기타소득세를 납부하면 종료하나, 연금수령의 경우에는 연금소득세를 납부하고, 사적연금(연금저축 + 퇴직연금) 수령총액이 1,200만원 이하인 경우는 분리과세하고 종료하며, 1,200만원을 초과하는 경우에는 종합소득합산 과세한다.

하지만, 연금수령 시 종합소득합산과세 대상이 소득이 세액공제 받은 가입자부담금과 운용수익에 해당하므로 연금수령 금액에서 동 소득이 차지하는 비중이 워낙 작고, 동 소득은 가장 마지막에 연금으로 인출되도록 규정되어 있으므로 연금소득세율이 가장 낮게 적용되는(3%) 구간에서 수령할 가능성이 높으며, 그 당시에는 연령이 높아 다른 소득이 줄어드는 시기이기 때문에 종합소득으로 합산과세 할 가능성은 매우 낮은 수준이므로 우려할 필요는 없다.

3. 소득세 과세체계

3-1. 과세소득의 범위

현행 「소득세법」은 소득원천설에 따라 일정한 원천에서 경상적·계속적으로 발생하는 것만을 과세소득으로 파악하고 불규칙적·우발적으로 발생하는 것은 과세소득 범위에서 제외한다. 따라서 과세소득을 이자소득·배당소득·사업소득·근로소득·연금소득·기타소득·퇴직소득·양도소득의 8가지로 구분하여 열거한 소득에 대해서만 소득세를 부과한다. 다만, 예외적으로 이자소득·배당소득의 경우 법령에 열거되지 않은 것이라도 유사한 소득에 대하여는 과세대상으로 규정하고 있다.

3-2. 과세원칙

우리나라 「소득세법」은 원칙적으로 소득을 획득하는 개인별로 종합과세를 원칙으로 하고 있다.

종합과세란 동일세목에 속하더라도 과세대상이 될 객체가 여러 종류로 되어 있을 때 이들에 대하여 개별적으로 과세하지 장기간에 걸쳐 발생되는 퇴직소득·양도소득을 제외한 6가지 소득을 그 종류에 관계없이 일정한 기간을 단위로 모두 합산하여 과세하는 방식이다. 즉, 이자소득·배당소득·사업소득·근로소득·연금소득·기타소득에 대해서는 한 사람에 대해(人別) 종합하여 과세한다.

3-3. 분류과세와 분리과세

분류과세란 「소득세법」상 개인소득을 크게 종합소득, 퇴직소득, 양도소득 3가지로 구분하여 각각 별도로 과세하는 방식이다.

분리과세란 종합소득 중 법에서 규정한 특정소득에 대하여는 종합소득에서 분리하여 소득의 지급자가 원천징수하고 과세를 종결하는 방식이다.

금융기관에서 받은 예금이자, 주권상장법인 또는 코스닥상장법인의 소액주주가 받는 배당, 일용근로자의 급여, 기타소득 및 연금소득의 일정액 이하에 대하여는 분리과세 하도록 하고 있다.

3-4. 소득세 과세체계 및 종류

소득세 부과의 기본원칙은 소득을 합산하여 과세하는 종합과세이다. 그러나 장기간에 걸쳐 발생한 소득으로 퇴직소득세와 양도소득세는 분류과세 한다.

또한, 소득세는 종합과세를 원칙으로 하고 있지만, 과세되는 소득 중 특정소득을 종합과세에서 분리하여 소득지급 시마다 특정세율(원천징수세율)을 적용하여 별도로 과세하는 것을 분리과세라 한다. 즉 납세의무자인 소득자에게 귀속될 모든 과세소득 중 특정한 소득에 대하여는 다른 소득과 합산하지 않고 동 소득만을 지급 시마다 독립적인 과세표준으로 하여 원천징수함으로써 납세의무를 종결시키는 것이다.

소득세법의 세율이 누진세율인 점을 감안하면 분리과세로 인하여 조세부담은 가벼워진다고 할 수 있다. 현재 소득세법에서 분리과세대상으로 규정하고 있는 것은 종합과세대상을 제외한 이자소득(원천징수세율 14%), 종합과세대상을 제외한 배당소득(원천징수세율 14%), 기타소득 중 일부와 일용근로자의 근로소득 등이다.

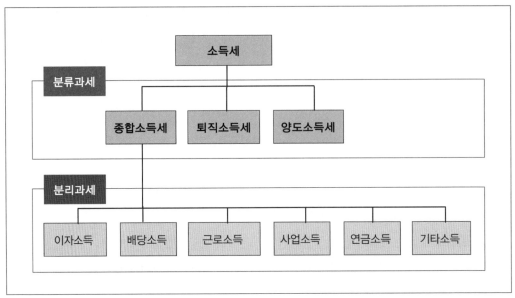

※ 자료 : 2017년 퇴직연금 세무안내서(고용노동부, 근로복지공단)

[그림 5-4] **소득세 과세체계**

3-5. 종합소득세 계산방식

종합소득세 계산방식은 다음과 같다.

종합소득	① 사업소득 ② 근로소득 ③ 기타소득 ④ 연금소득 ⑤ 금융소득(이자소득+배당소득) : 2천만원 초과시 종합과세 ※ 주) 2천만원 이하의 이자 · 배당소득의 합계액은 원천징수세율에 의해 산출세액을 계산함으로 실질적으로 분리과세
	종합소득 : ①~⑤ 총 합계금액
(−) 소득공제	특별공제, 인적공제
과세표준	① 금융소득 기준금액(2,000만원) ② 2,000만원 초과 금융소득 + 금융소득 이외의 종합소득 − 금융공제

(×)세율	① 원천징수세율 14% 적용 ② 종합과세세율 적용

① 원천징수세율 14% 적용

② 종합과세세율 적용

종합소득과세표준	세율	비고
1,200만원 이하	6%	
1,200만원 ~ 4,600만원 이하	15%	
4,600만원 ~ 8,800만원 이하	24%	
8,800만원 ~ 1.5억원 이하	35%	
1.5억원 ~ 3억원 이하	38%	
3억원 ~ 5억원 이하	40%	
5억원 ~ 10억 이하	42%	
10억원 초과	45%	

※ 2021년도 예정세율

산출세액	

4. 법인세 과세체계

4-1. 법인세 세무조정

세무조정이란 기업이 일반적으로 공정·타당하다고 인정되는 기업회계기준에 의하여 작성한 재무제표상의 당기순손익을 기초로 하여 세법의 규정에 따라 익금과 손금을 조정함으로써 정확한 과세소득을 계산하기 위한 일련의 절차를 말한다.

법인세법상 과세이익은 회계이익과 본질적으로 다르기 때문에 각 사업연도 소득간의 차이를 조정하는 절차가 필요하다.

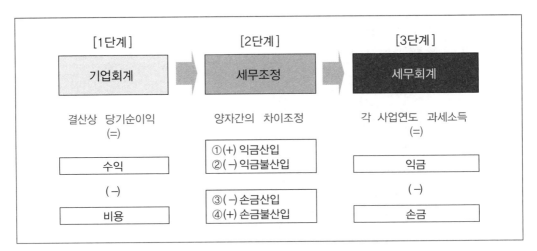

[그림 5-5] 세무조정 절차

① 익금산입 : 기업회계상 수익이 아니나 세무회계상 익금으로 인정하는 것

② 익금불산입 : 기업회계상 수익이나 세무회계상 익금으로 보지 않는 것

③ 손금산입 : 기업회계상 비용이 아니나 세무회계상 손금으로 인정 하는 것

④ 손금불산입 : 기업회계상 비용이나 세무회계상 손금으로 보지 않는 것

익금 (益金, benefit)	당해 법인 순자산을 증가시키는 거래로 인해 발생한 수익의 금액. 단, 자본, 출자의 납입과 익금불산입 항목은 제외
손금 (損金, loss)	당해 법인 순자산을 감소시키는 거래로 인해 발생한 손비의 금액. 단, 자본, 출자의 환급, 잉여금 처분 및 손금불산입 항목은 제외

세무조정 후 법인세는 다음과 같은 절차를 거쳐 세액을 산출한다.

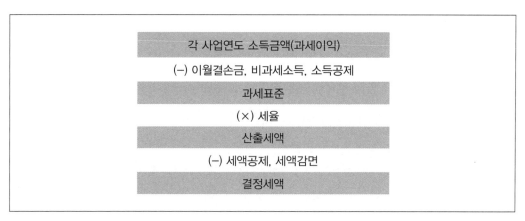

| 각 사업연도 소득금액(과세이익) |
| (−) 이월결손금, 비과세소득, 소득공제 |
| 과세표준 |
| (×) 세율 |
| 산출세액 |
| (−) 세액공제, 세액감면 |
| 결정세액 |

[그림 5–6] **법인세 계산절차**

4–2. 확정급여형(DB) 퇴직연금 세무조정

ⓒ 퇴직급여충당금 손금산입 중지

과거 내국법인이 각 사업연도 말에 임원이나 사용인의 퇴직급여에 충당하기 위하여 퇴직급여충당금을 설정한 경우에는 일정한 금액의 범위 내에서 해당 사업연도의 소득금액을 계산할 때 이를 손금에 산입할 수 있었다.

하지만 2016년도 이후부터는 퇴직급여충당금의 사내유보에 대한 세제지원을 줄이고 퇴직연금으로 전환을 장려하기 위하여 추계기준 퇴직급여충당금의 손금 산입을 전혀 인정해 주지 않는다(法 시행령 제60조제2항). 따라서 손비인정을 받기 위해서는 퇴직연금제도를 도입하고 사외예치를 하여야만 한다.

ⓒ 퇴직연금부담금 세무조정

퇴직연금부담금이란, 내국법인이 임원 또는 사용인의 퇴직을 퇴직금의 지급사유로 하고 임원 또는 사용인을 수급자로 하는 '퇴직연금 등'의 부담금으로 지출하는 금액을 말한다.

확정급여형(DB) 퇴직연금을 통해 사외 적립한 부담금은 퇴직급여추계액의 100%까지 손금인정을 하며, 손금산입은 신고조정사항이다. 따라서 퇴직연금 부담금을 납부한 법인이 그 부담금을 결산서에 비용으로 계상한 경우에는 이를 세법에 따른 손금산입범위액을 한도로 하여 인정하게 되며, 법인이 이를 결산서에 비용으로 계상하지 않은 경우에도 세법에 따른 손금범위액은 신고조정으로 손금산입이 가능하다.

 **퇴직연금 부담금 세무조정**

■ **퇴직연금 부담금 손금산입 범위액 : MIN(A, B)**

A : 손금산입 한도액 (법인세법 시행령 44의2 ④)

= 퇴직연금부담금 등 손금산입누적 한도액* − 기손금산입한 부담금[주1] 등

* 사업연도 종료일 현재 퇴직급여추계액과 보험수리기준추계액 중 큰 금액

− 사업연도 종료일 현재 퇴직급여충당금[주2]

단, 1년 미만 근속자에 대해서는 퇴직급여규정이 있는 경우 설정대상 포함

B : 손금산입대상 부담금 등

= 사업연도 종료일 현재 퇴직연금예치금 등 합계액 − 기손금산입한 부담금 등

※ 주 1) 기 손금산입한 부담금 : 기말 퇴직연금부담금 잔액 중 당기 세무조정 전까지 손금으로 인정받은 금액
   2) 사업연도 종료일 현재 퇴직급여충당금 : 기 세무조정을 통해 당기까지 손금으로 인정받은 퇴직급여충당금액

⊙ 퇴직연금 부담금의 법인세 절세 효과

절세효과 = 손금산입액 × 법인세율	
과세표준	법인세율
2억원 이하	10%
2억원 ~ 200억원 이하	20%
200억원 ~ 3,000억원 이하	22%
3,000억원 초과	25%

 제주회사는 2019년 중에 확정급여형(DB) 퇴직연금에 가입하여 당해 사업연도 퇴직연금 부담금 1억원을 납입하였고, 2019년 당기순이익은 3억원이 예상된다. 퇴직연금 가입 시 절세효과는 얼마인가?

구 분		퇴직연금 가입	퇴직연금 미가입
①당기순이익		3억	3억
②세무조정	(+)손금불산입[주1)]	1억	1억
	(-)손금산입[주2)]	1억	
과세표준(①+②)		3억	4억
산출세액		0.4억[주3)]	0.6억[주2)]
절세효과(지방소득세 제외)			0.2억

※ 주 1) 2016년도부터 퇴직급여충당금 손비율은 '0%'임
　　　2) 퇴직연금 가입시 사외 적립한 퇴직연금 부담금 1억원에 한해서 손금인정
　　　3) 산출세액 0.4억원 = 2억원 × 10% + 1억원 × 20%
　　　4) 산출세액 0.6억원 = 2억원 × 10% + 2억원 × 20%

4-3. 확정기여형(DC) 퇴직연금 세무조정

☞ 사용자부담금 전액 손금산입 원칙

　법인세법에 따라 확정기여형(DC)이나 기업형 IRP에서는 법인이 각 사업연도에 납부하는 사용자부담금은 전액 손금에 산입되므로 별도의 세무조정이 필요 없다. 확정기여형(DC) 퇴직연금이 설정된 임원 또는 사용인은 퇴직급여충당금 설정 대상자에서 제외한다. (法 시행령 제60조 ①)

　사용자가 근로자를 위하여 납부한 부담금 및 수수료는 회계상 비용으로 인정되어 전액 손금인정한다. 하지만 과거 근속기간을 소급하여 가입기간에 포함하여 부담금을 납입할 경우, 기존에 퇴직급여충당금 설정 또는 퇴직신탁·퇴직보험 가입에 따라 손금 인정받은 금액이 있는 경우에는 납입한 부담금에서 기존 손금인정금액을 차감한 금액에 대해서만 손금 인정된다.

사례　　제주회사는 2019년 중에 확정기여형(DC) 퇴직연금에 가입하여 당해 사업연도 퇴직연금 부담금 1억원을 납입하였고, 2019년 당기순이익은 3억원이 예상된다. 퇴직연금 가입 시 절세효과는 얼마인가?

구 분	퇴직연금 가입	퇴직연금 미가입
①당기순이익	3억	3억
②퇴직급여^{주1)}	1억	
과세표준(①-②)	2억	3억
산출세액	0.2억^{주2)}	0.4억^{주3)}
절세효과(지방소득세 제외)		0.2억

※ 주 1) 확정기여형(DC) 부담금은 전액 손비인정함
  2) 산출세액 0.2억원 = 2억원 × 10%
  3) 산출세액 0.4억원 = 2억원 × 10% + 1억원 × 20%

☞ 임원에 대한 사용자부담금 손금산입 한도

임원 퇴직소득 한도 계산은 3개 기간으로 각각 계산한 후 합산하도록 되어 있다. 첫째, 2011.12.31 이전 근무기간에 대한 임원 퇴직소득 한도를 산정한다. 기존에 퇴직소득 한도를 미적용 하던 퇴직소득금액(2011.12.31에 퇴직하였다고 가정할 때 지급받을 퇴직소득금액)에 대해서도 2011.12.31 이전 근무기간을 전체 근무기간으로 나눈 비율을 곱한 금액을 임원 퇴직소득 한도로 규정을 명확화 하였다(소득세법 시행령 제42조의2). 다만, 2011.12.31 당시 임원 퇴직급여지급 규정이 있는 경우에는 해당 규정에 따라 지급받을 퇴직소득금액으로 할 수 있도록 하여, 기존 방식이 유리하면 기존 방식을 적용할 수 있도록 허용하였다. 둘째, 2012.1.1부터 2019.12.31까지 근무기간에 대한 임원 퇴직소득 한도를 산정한다. 동 근무기간에 대한 임원 퇴직소득 한도는 3배수를 적용하되, 한도 계산의 기초가 되는 '소급 3년간의 총급여 연평균환산액' 역시 2019년말부터 소급 3년을 적용하여 산정한다. 셋째, 2020.1.1부터 퇴직일까지 근무기간에 대한 임원 퇴직소득 한도를 산정한다. 2020.1.1 이후 기간에 대해서는 2배수를 적용하며, 임원 퇴직소득 한도 산정 시 '퇴직일부터 소급 3년간의 총급여 연평균환산액'을 적용하며, 2020.1.1부터 퇴직일까지의 근무기간이 3년 미만이면 해당 근무기간에 대한 한도를 산정한다.

소득세법의 개정에도 불구하고 법인의 손금인정 한도에는 영향 없으므로 임원퇴직급여지급 규정을 무조건 변경해야 하는 것은 아니다. 퇴직 시 한도초과로 인한 근로소득 발생을 원하지 않거나, 소득세법상 한도와 법인 비용처리 금액을 일치시키려는 경우에만 변경하면 된다.

[소득세법 제22조제3항] 임원의 퇴직소득 한도

퇴직소득금액×
(2011.12.31 이전 근무기간÷
전체 근속연수)

$+$

2019.12.31부터 소급 3년간 총급여 연평균환산액
(3년 미만인 경우 환산)×10%×
2012.1.1~2019.12.31 근무기간(월)/12×3
*1월 미만은 1월로 계산

$+$

퇴직일부터 소급 3년간 총급여 연평균환산액
(2020.1.1부터 3년 미만 환산)×10%×
2020.1.1 이후 근무기간(월)/12×2
*1월 미만은 1월로 계산

임원의 퇴직소득 한도까지 손금산입 하기 위하여는'정관'에 구체적으로 지급배율이 적시되어 있거나, 정관의 위임에 의거하여 주주총회 결의에 의해 설정된'임원퇴직급여지급규정'에 구체적인 지급 내용이 적시되어 있어야 한다.

'정관'에서 정한 또는 정관에서 위임한 '임원퇴직급여지급규정'이 없는 경우에는 그 임원이 퇴직하는 날부터 소급하여 1년 동안 해당 임원에게 지급한 총급여액의 10분의 1에 상당하는 금액까지 손금산입이 가능하므로 그 한도에서 사용자부담금을 납부하면 된다.

따라서 해당 임원 재직 중에는 법인이 퇴직 시까지 납부한 사용자부담금의 전체에 대하여 손금산입하고 실제 해당 임원 퇴직 시에 해당 임원에 대한 손금산입 한도를 산정하여 퇴직일이 속하는 사업연도의 부담금 중 한도초과금액 상당액을 손금에 산입하지 않고, 손금산입 한도초과금액이 퇴직일이 속하는 사업연도의 부담금을 초과하는 경우에는 그 초과액은 퇴직일이 속하는 사업연도의 익금에 산입한다. (法 시행령제44의2 ③ 단서)

4-4. 개인사업자 사용자부담금 손비인정

ⓒ 사업소득 손비인정 한도

확정급여형(DB)은 퇴직급여추계액 한도로 부담금 범위내에서, 확정기여형(DC)은 당해 과세기간 부담금 전액이 소득세법상 필요경비로 인정된다.

[소득세법 시행령 제55조] 사업소득의 필요경비 계산

① 사업소득의 각 과세기간의 총수입금액에 대응하는 필요경비는 법 및 이 령에서 달리 정하는 것 외에는 다음 각 호에 규정한 것으로 한다.

10의2. 「근로자퇴직급여 보장법」에 따라 사용자가 부담하는 부담금

③ 제1항제10호의2에 따라 필요경비에 산입할 부담금 중 사용자가 퇴직연금계좌에 납부한 부담금 은 전액 필요경비에 산입하고, 확정급여형퇴직연금제도에 납부한 부담금은 제57조제2항에 따른 추계액에서 다음 각 호의 금액을 순서에 따라 공제한 금액을 한도로 하며, 둘 이상의 부담금이 있는 경우에는 먼저 계약이 체결된 퇴직연금의 부담금부터 필요경비에 산입한다.

1. 해당 과세기간 종료일 현재의 퇴직급여충당금

2. 직전 과세기간 종료일까지 지급한 부담금

소득세법은 소득을 원천별로 구분하여 제한적으로 열거하고 있는 바, 확정급여형(DB) 운용 수익은 사업소득의 총수입금액에 산입된다.

[소득세법 시행령 제51조] 확정급여형(DB) 운용수익의 수입금액 산입

③ 사업소득에 대한 총수입금액의 계산은 다음 각 호에 따라 계산한다.

4의2. 다음 각 목의 어느 하나에 해당되는 이익, 분배금 또는 보험차익은 그 소득의 성격에도 불 구하고 총수입금액에 산입한다.

다. 확정급여형퇴직연금제도의 보험차익과 신탁계약의 이익 또는 분배금

ⓒ 소득세 절감효과

당해년도 소득세 절감액 = 세무상 손비인정액 × 소득세율

[표 5-2] 소득세율

종합소득과세표준	세율	비고
1,200만원 이하	6%	
1,200만원 ~ 4,600만원 이하	15%	

종합소득과세표준	세율	비고
4,600만원 ~ 8,800만원 이하	24%	
8,800만원 ~ 1.5억원 이하	35%	
1.5억원 ~ 3억원 이하	38%	
3억원 ~ 5억원 이하	40%	
5억원 ~ 10억원 이하	42%	
10억원 초과	45%	

※ 2021년도 예정세율

사업소득 필요경비 인정효과

확정급여형(DB)의 경우 퇴직급여추계액 한도 내에서 연간 부담금 납입액에 대하여 필요경비 인정을 받으며, 확정기여형(DC)의 경우에는 연간 부담금 납입액 전액을 필요경비로 인정을 받는다.

[표 5-3] 소득세 효과

구분	필요경비 인정 한도	소득세 효과
확정급여형(DB)	연간 부담금 납입액 (퇴직급여추계액 한도내)	부담금 납부액×소득세율
확정기여형(DC)	연간 부담금 납입액 전액	

5. 연금수령 과세체계

5-1. 연금소득 과세체계

연금소득의 범위	• 공적연금 : 국민연금, 공무원연금(군인연금, 사립학교 교직원 연금, 별정우체국법에 의한 연금), 각종 공무원 및 사립학교 교직원에 지급되는 명예퇴직수당 • 사적연금 : 퇴직연금, 연금저축

연금소득세 특징	• 원천징수 : 연금소득 지급자는 연금소득세를 원천징수 함 • 선택적 분리과세 : 사적연금소득이 연 1,200만원 이하인 경우 연금소득을 종합소 　　　　　　　　　　득 과세에 포함하지 않고 분리과세 하도록 선택이 가능함 • 종합소득 합산과세 : 연금소득은 원칙적으로 종합소득에 합산하여 과세하는 소득 　　　　　　　　　　에 해당 (퇴직소득에 해당하는 금액을 연금으로 수령하는 경 　　　　　　　　　　우 분류과세)
연금계좌 납입한도	• 연금저축 및 퇴직연금(DC형 및 IRP) 연금계좌의 총 납입한도는 연간 1,800만원

※ 자료 : 2017년 퇴직연금 세무안내서(고용노동부, 근로복지공단)

5-2. 일반적인 연금수령 요건

　　일반적인 연금수령 요건은 근로자가 퇴직 후 퇴직금을 개인형IRP로 이전하여 운용하다가 연금수령 요건을 갖추어 연금으로 수령하는 것을 말한다. 연금을 수령할 경우에는 연금수령 개시를 신청한 날 이후에는 가입자부담금을 납입할 수 없다.

　　연금수령 요건은 가입자가 만 55세 이후 연금개시 요청, 가입기간 5년이상(단, 이연퇴직소득이 입금된 계좌는 면제), 연금수령한도 이내에서 인출할 것의 세가지이다.

　　여기서 연금수령한도 이내에서 인출할 것을 요건으로 하고, 한도를 초과하여 인출하는 금액은 연금외 수령하는 것으로 보아 연금소득으로 인정하지 않는 패널티를 부여하고 있다. 즉, 만 55세에 수령할 경우 연금수령연차가 11년차 이상이면 연금수령한도를 적용하지 않기 때문에 연금수령 가능일로부터 10년(2013.3.1 전 가입계좌는 5년) 이상 경과하면 한도를 미적용 하고 전액 연금소득으로 과세하여 10년 이상 연금수령을 유도하고 있는 것이다.

 [法 시행령 제40조의2제3항] 연금수령 요건

① 가입자가 55세 이후 연금수령 개시를 신청한 후 인출할 것

② 연금계좌의 가입일부터 5년이 경과된 후에 인출할 것.
　　다만, 이연퇴직소득이 연금계좌에 있는 경우에는 그러하지 아니함

③ 과세기간개시일(연금수령개시일) 현재 연금수령한도 이내에서 인출할 것

연금수령한도 = [연금계좌의 평가액 ÷ (11－연금수령연차)] × 120%

※ 연금수령연차란 최초로 연금수령 할 수 있는 날이 속하는 과세기간을 1년차(기산연차)로 하여 그 다음 과세기간을 누적 합산한 연차로 11년 이상이면 한도를 적용 하지 않음.

단, 다음 각 호의 어느 하나에 해당하는 경우의 기산연차는 다음 각 호를 따른다.

① 2013.3.1. 전 가입한 연금계좌의 경우 '6년차' 적용

② 연금계좌를 승계한 경우 '사망일 당시 피상속인의 연금수령연차' 적용

연금수령개시연령	연금수령연차	연금수령한도 적용기간
55세	1	11 － 1 = 10년
60세	6	11 － 6 = 5년
65세	11	11 － 11 = 0, 한도 미적용

물론 연금수령 가능일로부터 연금수령 기간을 10년 이내로 할 수도 있지만, 이럴 경우에는 연금수령한도 이내의 금액은 연금소득세를 납부하고, 한도 초과 금액은 더 높은 세율을 적용 받는 퇴직소득세나 기타소득세를 납부해야 한다.

연금수령 개시 신청 시 연금수령기간을 11년으로 하였다가 그 이후 여건이 변경되어 가입자가 신청할 경우에는 연금수령기간을 더 길게 또는 더 짧게 변경할 수 있다. 예를 들어 종합소득합산과세 대상이 아닌 세액공제 받지 않은 가입자부담금 원금과 이연퇴직소득을 원천으로 한 연금수령이 끝나고, 종합소득합산과세 대상인 세액공제 받은 가입자부담금 및 운용수익을 원천으로 한 연금수령 시 종합소득합산과세의 우려가 있을 경우에는 연금수령기간을 늘려 연금소득을 1,200만원 이내로 조정할 수 있다.

연금계좌 가입자가 연금수령 개시 또는 연금계좌의 해지를 신청하는 경우 연금계좌취급자는 연금수령 개시 및 해지명세서를 다음달 10일까지 관할 세무서장에게 제출하여야 한다.

연금개시 신청일 현재 만 60세인 홍길동은 확정급여형(DB) 가입 근로자로서 2019.12.31 퇴직하여 퇴직금을 개인형IRP 계좌로 의무이전 하였다.

연금수령 기산연차와 연금수령한도는?

- 개인형IRP 가입일자 : 2020.1.7.
- 개인형IRP에 퇴직금 입금일자 : 2020.1.12.
- 연금개시 신청일 : 2020.7.1.
- 연금개시 신청일 현재 적립금 : 200백만원

 풀이

1. 연금수령 기산일 : 2017.1.12일
   – 퇴직금이 개인형IRP에 이체된 날과 만 55세가 된 날 중 늦은 날

2. 연금수령연차 : 1년차

3. 연금수령한도 = [200백만원 ÷ (11-1)] × 120% = 2,400만원

5-3. 부득이한 사유에 의한 인출

가입자가 의료목적 등 부득이한 사유로 연금계좌에서 인출할 경우에는 연금소득으로 인정받아 낮은 연금소득세를 납부한다. 퇴직소득에 대해서는 퇴직소득세의 70%만 납부하고, 세액공제 받은 가입자부담금과 운용손익에 대해서는 연금소득세를 납부하고 분리과세로 과세종료 하는 혜택이 있다. 따라서 소득세법 시행령에서는 부득이한 사유가 발생하였을 경우에는 일정한 요건을 갖추어 인출하도록 하고 있다.

©° 천재지변이나 그 밖의 부득이한 사유 등으로 인출하는 연금소득

가입자가 다음 중 어느 하나의 사유에 해당되어 연금계좌에서 인출하려고 하는 경우 해당 사유가 확인된 날부터 6개월 이내에 그 사유를 확인할 수 있는 서류를 갖추어 연금계좌취급자에게 제출해야만 연금소득으로 인정한다. 다만, 연금가입자의 해외이주의 경우에는 해당 연금계좌에 이연퇴직소득이 입금된 경우에는 연금계좌 입금일로부터 3년 이후 해외이주 하는 경우에 한한다.

[法 시행령 제20조의2] 부득이한 사유

① 천재 · 지변

② 가입자의 사망 또는 해외이주

③ 가입자 또는 그 부양가족의 질병 · 부상에 따라 3개월 이상 요양이 필요한 경우

④ 가입자가 「채무자회생 및 파산에 관한 법률」에 따른 파산의 선고 또는 개인회생 절차 개시의 결정을 받은 경우

⑤ 연금계좌취급자의 영업정지, 영업 인 · 허가 취소, 해산결의 또는 파산선고

ⓒ 의료 목적으로 인한 인출

의료목적 인출요건을 갖춘 연금계좌 가입자가 ①진찰·진료·질병예방을 위하여 「의료법」에 따른 의료기관에 지급한 비용과 ②치료·요양을 위하여 「약사법」에 따른 의약품(한약 포함)을 구입하고 지급하는 의료비(본인에 한정)를 지급한 날부터 6개월 이내에 의료비 인출 신청서와 의료비 영수증을 연금계좌취급자에게 제출하는 경우 부득이한 사유로 인정된다. 의료비 중도인출은 가입자가 연간 임금총액의 125/1000를 초과하여 의료비를 부담한 경우에만 가능하다.

 [法 시행령 제20조의2] 의료목적 인출 요건

일반조건	① 진찰, 진료, 질병예방을 위하여 의료기관에 지급한 비용 ② 연간 임금총액의 125/1000를 초과하여 의료비를 부담한 경우 ③ 지급한 날부터 6개월 이내에 의료비인출신청서와 의료비 영수증을 제출하는 경우 ④ 의료목적 인출 한도액 적용
개인형IRP	① 가입자가 55세 이후 연금계좌취급자에게 연금수령 개시를 신청한 후 인출할 것 ② 연금계좌의 가입일부터 5년이 경과된 후에 인출할 것. 　단, 이연퇴직소득이 연금계좌에 있는 경우에는 그러지 아니한다. ③ 1명당 하나의 연금계좌만 의료비 연금계좌로 지정할 것

연금수령 요건을 갖춘 연금계좌 가입자가 본인을 위한 의료비를 연금계좌에서 인출하기 위하여 해당 의료비를 지급한 날부터 6개월 이내에 증명서류를 연금계좌 취급자에게 제출하는 경우 1명당 하나의 연금계좌만 의료비연금계좌로 지정하여 인출할 수 있다. 연금계좌취급자는 가입자의 의료비연금계좌로 지정된 연금계좌가 없는지를 확인하여야하며, 해당 의료비연금계좌 외의 의료비연금계좌에서 그 의료비를 인출하지 아니하였는지를 확인하여야 한다.

의료 목적으로 인출하는 금액은 의료비, 간병인 비용, 보건복지부장관이 고시하는 최저생계비 등을 고려하여 기획재정부령으로 정하는 금액 이내의 금액으로 한정하며, 의료비를 인출하는 경우에는 해당 연금계좌취급자가 지정에 동의하는 경우에 한정하여 1명당 하나의 연금계좌만 의료비 연금계좌로 지정하여 인출할 수 있다.

연금계좌 가입자가 요양에 따른 연금계좌의 인출을 신청할 경우에는 ①진단서 등요양기간이 3개월 이상임을 증명하는 서류, ②의료비영수증과 간병인의 이름, 생년월일 등 인적사항이 기재된 간병료 영수증, ③휴직 또는 휴업 사실을 증명하는 서류 제출하여야 하며, 제출 받은 증명서류를 해당 인출에 대한 원천징수세액 납부기한의 다음 날부터 5년간 보관하여야 한다.

 [法 시행령 제11조의2] 요양에 따른 연금계좌의 인출금액

인출한도액 = ① + ②

① 200만원

② 의료비 + 간병인 비용 + 가입자 본인의 휴직 또는 휴업월수 × 150만원

5-4. 배우자의 연금승계 시 납세의무 승계

연금계좌의 가입자가 사망하였으나 그 배우자가 연금외수령 없이 연금계좌를 상속으로 승계하는 경우에는 해당 연금계좌에 있는 피상속인의 소득금액을 상속인의 소득금액으로 보아 소득세를 계산한다. 자녀는 연금계좌를 승계할 수 없다.

ⓒ 승계 신청을 한 경우

상속인이 연금계좌를 승계하는 경우 해당 연금계좌의 소득금액을 승계하는 날 그 연금계좌에 가입한 것으로 본다. 단, 연금계좌 가입일은 피상속인 가입일로 적용한다.

연금계좌를 승계하려면 상속인은 피상속인이 사망한 날이 속하는 달의 말일부터 6개월 이내에 연금계좌사업자에게 승계신청 해야 한다. 이 경우 상속인은 피상속인이 사망한 날부터 연금계좌를 승계한 것으로 본다.

승계신청을 받은 연금계좌취급자는 사망일부터 승계신청일까지 인출된 금액에 대하여 이를 피상속인이 인출한 소득으로 보아 이미 원천징수 된 세액과 상속인이 인출한 금액에 대한 세액과의 차액이 있으면 세액을 정산하여야 한다. 사망일로부터 승계일까지는 상속인을 기준으로 세금을 계산한다.

배우자가 승계하여 계속 과세이연 효과를 유지하며 소득세를 이연 한다면 상속세 납부 시 상속재산 평가는 상속인이 계좌를 해지하여 일시금으로 수령한 경우를 가정하여 소득세를 차감한 세후 금액을 상속재산으로 평가한다.

◉ 승계 신청을 하지 않은 경우

연금계좌 가입자가 사망하였으나 승계신청 하지 아니한 경우 연금계좌취급자의 사망확인일(승계신청 기한의 말일과 상속인이 연금외수령한 날 중 빠른 날) 현재 다음의 합계액을 연금외수령 하였다 보고 계산한 세액에서 사망일부터 사망확인일까지 원천징수된 세액을 제외한 금액을 피상속인 소득세로 한다.

> ① 사망일부터 사망확인일까지 인출한 소득
> ② 사망확인일 현재 연금계좌에 있는 소득

◉ 배우자 상속 시 과세특례 신설

배우자 사망 시 안정적 노후소득 보장을 위해 연금수령 시 연금소득세 납세의무를 이행한다. 단, 배우자가 55세 이후부터 연금수령이 가능하다.

◉ 연금개시 전 상속인이 계좌를 해지할 경우

연금계좌 가입자가 사망하여 상속인이 계좌 승계를 하지 않고, 연금개시 전에 계좌를 해지할 경우 '사망'이라는 부득이한 사유로 해지하므로 연금소득세를 납부하고 무조건 분리과세로 과세 종료한다. 다만, 연금계좌의 해지 신청은 사망한 달의 말일로부터 6개월 이내에 신청해야 한다.

5-5. 연금계좌의 인출순서

💿 인출순서

연금계좌에 입금된 소득은 원천별로 세율이 상이하며, 인출할 경우에도 소득원천별로 적용받는 세율이 서로 다르다. 따라서 연금계좌에서 일부 금액을 인출하는 경우에는 인출 순서에 따라 세부담이 달라지기 때문에 인출 순서를 확정하는 것이 중요하다.

연금계좌에서 일부 금액을 인출하는 경우에는 과세제외금액과 이연퇴직소득, 세액공제 받은 개인부담금 및 운용수익 순서에 따라 인출되는 것으로 본다. 이러한 인출순서는 연금소득세율이 연령이 높아질수록 낮아지기 때문에 연금으로 인출할 경우에는 세금을 가장 적게 내는 소득원천부터 인출하는 것으로 정함으로써 가입자의 세부담을 최소화해 주기 위한 배려이다.

[法 시행령 제40조의3] 연금계좌의 인출순서

순서	인출 금액	과세여부
1	① 인출된 날이 속하는 과세기간에 해당 연금계좌에 납입한 가입자부담금	과세제외 금액
	② 연금계좌 세액공제 한도액을 초과하는 가입자부담금	
	③ 연금계좌 세액공제를 받지 아니한 가입자부담금[주1]	
2	이연퇴직소득	과세대상 금액
3	① 세액공제를 받은 연금계좌 납입액[주2]	
	② 운용수익	

※ 주 1) 「연금보험료 등 소득·세액공제확인서」에 의해 확인되는 금액만 해당하며, 확인되는 날부터 과세제외금액으로 본다.
　　 2) 연금계좌에 납입한 연금보험료 중 연금계좌 세액공제 한도액 이내의 연금보험료는 납입일이 속하는 과세기간의 다음 과세기간 개시일(납입일이 속하는 과세기관에 연금 수령 개시를 신청한 날이 속하는 경우에는 연금수령 개시를 신청한 날)부터 연금계좌 세액공제를 받은 것으로 본다.

연금수령으로 인출된 금액이 연금수령한도를 초과하는 경우에는 연금수령분이 먼저 인출되고 그 다음으로 연금외수령분이 인출된 것으로 본다.

만약, 연금계좌의 자금운용에 따른 운용손실 발생으로 연금계좌에 있는 적립금액이 원금에 미달하는 경우에는 연금계좌에 있는 적립금액은 원금이 연금계좌 인출순서와 반대의 순서로 차감된 후의 금액으로 본다. 즉, 원금손실이 있는 경우에는 손실의 반영은 세율이 높은 금액(3 ⇒ 2 ⇒ 1)의 순서로 하여 가입자에게 유리하도록 하였다.

과세제외금액 확인을 위한 소득ㆍ세액공제확인서 발급

연금계좌에서 인출하려는 다음 각 호의 하나에 해당하는 연금소득자 등이 과세제외금액이 있어 이를 확인받으려는 경우에는 「연금보험료 등 소득ㆍ세액 공제확인서」를 관할 세무서장에게 신청하여 발급받은 후 그 확인서를 원천징수의무자에게 제출하여야 한다.

[法 시행령 제201조의10제1항] 과세제외금액 확인 대상

① 공적연금 관련법에 따른 각종 연금 및 일시금을 수령하려는 사람

② 연금계좌에서 인출하려는 사람

③ 法 제21조제1항제18호에 따른 기타소득을 지급받으려는 사람

공제확인서를 제출 받은 원천징수의무자는 연금보험료 등 확인대상납입액(이미 과세제외금액으로 확인된 금액은 제외)이 소득공제 및 세액공제를 받은 금액을 초과하는 경우 그 초과하는 금액을 과세제외금액으로 확인하여야 한다.

연금소득자 등이 다른 금융기관의 연금계좌(연금수령이 개시되거나 해지된 연금계좌는 제외)에 납입내역이 있는 경우에는 연금계좌 인출금융기관이 세금우대저축 자료집중기관(은행연합회)를 통해 납입내역을 확인한 후 원천징수의무자는 다음 각 호의 금액 중 적은 금액을 해당 연금계좌의 과세제외금액으로 확인하여야 한다.

[法 시행령 제201조의10제3항] 과세제외금액 확인

① 해당 연금계좌의 확인대상납입액과 다른 연금계좌의 확인대상납입액의 합계액이 세액공제 받은 금액을 초과하는 경우 그 초과하는 금액

② 해당 연금계좌의 확인대상납입액

가입자부담금의 세액공제 의제

연금계좌에 납입한 개인부담금 중 연금계좌세액공제 한도액 이내의 부담금은 납입일이 속하는 과세기간의 다음 과세기간 개시일부터 세액공제를 받은 금액으로 본다.

실무적으로는 개인형IRP 계좌를 해지할 경우, 가입자부담금이 있는 경우에는「연금보험료 등 소득·세액공제확인서」를 징구하여 세액공제 여부를 확인 한 후 해지를 하여야 하나, 연초 연말 정산이 끝나기 전에는 동 확인서를 징구 할 수 없어 세액공제 받은 금액을 확인할 수 없기 때문에 우선 가입자가 세액공제를 받은 것으로 가정하여 기타소득세를 원천징수하고, 이후에 매년 5월 종합소득세 확정신고 완료 후 6월말 ~ 7월 초순 경에 국세청에서 발급하는「연금보험료 등 소득·세액공제확인서」를 가입자가 발급받아 제출하면 다시 환급해 주는 절차를 거쳐야 하는 불편함이 있다.

가입자 입장에서는 세액공제를 받지 않았는데도 불구하고 기타소득세를 원천징수하고 다시 환급 받아야 하는 번거로운 절차를 거쳐야 하기 때문에 사전에 이러한 절차에 대한 자세한 설명이 필요하다.

5-6. 연금소득 과세방법

ⓒ 연금소득 과세방법

연금소득(공적연금소득과 사적연금소득)은 원칙적으로 종합소득과세표준에 합산하여 과세한다. 단, 공적연금소득만 있는 자는 연말정산에 의하여 사실상 과세가 종결되므로 다른 소득이 없는 경우 과세표준확정신고를 하지 않아도 된다.

사적연금소득에 대해서는 예외적으로 분리과세를 하고 있다. 분리과세는 무조건 분리과세와 선택적 분리과세로 구분해 볼 수 있다.

연금소득에 대한 원천징수는 예납적 원천징수로 과세표준확정 신고 시에 정산된다.

이연퇴직소득을 원천으로 연금수령 시에는 금액에 관계없이 분리과세 되며, 사적연금(연금저축 + 퇴직연금)의 연금소득액(자기부담금 중 세액공제 받은 금액 및 운용수익 원천)이 연 1,200만원 이하인 경우 분리과세를 선택할 수 있고, 1,200만원을 초과할 경우에는 종합소득합산과세하고 익년도 종합소득 확정신고(5.1 ~ 5.31)를 해야 한다.

연금소득은 종합소득 과세표준 확정신고 대상이나 다음의 경우에는 종합소득과세표준의 계산에 있어서 합산하지 않고 분리과세 할 수 있다.

> ① 공적연금만 있는 자(단, 2 이상의 공적연금기관으로부터 연금수령자는 제외)
> ② 분리과세 연금소득만 있는 자

☞ 무조건 분리과세

무조건 분리과세 대상은 다음과 같다.

> ① 이연퇴직소득을 연금수령 하는 연금소득
> ② 세액공제 받은 연금계좌납입액과 운용실적에 따라 증가된 금액을 의료목적, 천재지변이나 그 밖에 부득이한 사유 등 인출요건을 갖추어 인출하는 연금소득

근로자가 퇴직 후 퇴직금을 개인형IRP로 이전하여 운용하다가 연금으로 수령 시에 이연퇴직소득은 퇴직금 이전 당시 과세이연 받았던 퇴직소득세의 70%를 납부하고 무조건 분리과세로 종료하므로 일반 해지 시 보다 30%의 절세효과가 있다.

☞ 선택적 분리과세

근로자가 퇴직 후 퇴직금을 개인형IRP로 이전하여 운용하다가 연금수령시에는 장기 연금수령을 유도하기 위하여 장기 연금 수령 시 이연퇴직소득의 원천징수세율을 인하해 준다. 최초 연금수령한 연도부터 실제 연금수령한 연도를 카운트하여 10년(연금수령하지 않은 연도는 제외) 이하 연금수령한 금액에 대하여는 연금소득세(퇴직소득세율×70%)를 납부하나, 10년을 초과하여 연금수령한 금액에 대하여는 연금소득세(퇴직소득세율×60%)를 납부하고 분리과세로 종료한다. 따라서 10년을 초과하여 연금수령하는 금액에 대하여는 퇴직소득세율 10%를 더 절감할 수 있다.

또한, 세액공제 받은 가입자부담금과 과세이연 해 온 운용수익은 낮은 세율의 연금소득세를 납부하나, 연간 사적연금(퇴직연금+연금저축) 분리과세한도인 1,200만원을 초과하면 종합소득합산과세 한다. 따라서 종합소득합산과세 적용 여부를 면밀히 따져 보고 높은 종합소득세율을 적용 받지 않도록 절세방안을 마련할 필요가 있다.

그리고 연금계좌에서 연금수령한도를 초과하여 인출한 금액은 연금외수령 하는 것으로 보며, 일시금 수령 시와 같이 이연퇴직소득은 퇴직소득세를 납부하고, 세액공제 받은 가입자부담금과 운용수익은 기타소득세를 납부한다.

다만, 부득이한 사유에 의해 인출하는 세액공제 받은 가입자부담금과 운용수익은 종합소득합산과세 하지 않고 분리과세로 종료한다.

[표 5-4] 연금 수령 시 과세방법

소득원천	원천징수세율		과세방법
	10년 이하	10년 초과	
이연퇴직소득	연금소득세 (퇴직소득세율× 70%)	연금소득세 (퇴직소득세율× 60%)	무조건 분리과세
세액공제 받은 가입자부담금 및 운용수익	연금소득세[주1] (3 ~ 5%) 종신계약에 따라 받는 연금소득: 4%		선택적 분리과세 종합소득[주2]합산과세
[부득이한 인출] 이연퇴직소득 세액공제받은 가입자부담금 및 운용수익	연금소득세(퇴직소득세율×70%) 연금소득세(3~5%)		무조건 분리과세

※ 주) 80세 이상 : 3%, 70세~79세 : 4%, 69세 이하 : 5%
  주2) 연간 사적연금(연금저축+퇴직연금) 1,200만원 초과하면 종합소득합산과세

사례1

은퇴 후 연금소득만 있는 홍길동의 연간 과세소득이 다음과 같은 경우 종합소득 합산 신고를 해야 하는가?

- 국민연금 6백만원, 연금저축 12백만원, 퇴직연금 30백만원(퇴직소득을 원천으로 연금수령), 개인연금저축 13백만원, 즉시연금 10백만원, 주택연금 6백만원

풀이

종합소득 합산과세 대상이 아님

- 사적연금인 퇴직연금 30백만원은 퇴직소득을 원천으로 수령하였기 때문에 무조건 분리과세
- 사적연금인 연금저축 12백만원은 분리과세한도인 1,200만원 이하이므로 선택적 분리과세
- 공적연금인 국민연금은 무조건 종합과세 하므로 연말정산으로 종합소득 신고
- 개인연금저축, 즉시연금, 주택연금은 연금소득세와 관련 없음.

◉ 연금수령 중 해지 시 과세방법

개인형IRP 가입자가 연금수령 중 해지를 할 경우에는 연금수령한도를 계산한다.

연금수령한도 이내인 경우에는 이연퇴직소득은 무조건 분리과세를 하고, 세액공제 받은 가입자부담금과 운용수익은 선택적 분리과세를 한다.

연금수령한도를 초과하는 금액은 이연퇴직소득은 퇴직소득세를 납부하고 분류과세로 종료하나, 세액공제 받은 가입자부담금과 운용수익은 기타소득세를 납부하고 분리과세로 종료한다.

63세인 홍길동은 2016.6.30일 퇴직하여 2016.7.14일에 퇴직금 100백만원을 개인형 IRP로 이체 받아 운용하다. 2017.1.1일부터 연금개시를 신청하여 2017년에는 연금 1,200만원을 수령하고, 2018.2.5일에 계좌를 해지하여 잔액 90백만원을 수령하였다. 2018.1.1 개인형IRP 계좌의 평가잔액은 90백만 원이다. 2017년도와 2018년도에 납부할 세금은?

- 개인형IRP 가입일자 : 2016.6.25.
- 개인형IRP에 퇴직금 입금일자 : 2016.7.14.
- 이연퇴직소득세 4백만원

1. 2017년도 연금소득세 = 4백만원 × 12백만원 / 100백만원 × 70% = 336,000원
   - 연금수령금액의 원천은 퇴직소득 이므로 이연퇴직소득세율의 70%를 납부하고 무조건 분리과세

2. 2018년도 납부할 세금 = 378,000 + 2,980,000 + 300,000 = 3,658,000원
   - **연금소득세** = 4백만원 × 1,350만원 / 100백만원 × 70% = 378,000원
     - 연금수령연차 : 최초로 연금수령 할 수 있는 날이 속하는 2016년도가 1년차
     - 연금수령한도 = [90백만원 ÷ (11-3)] × 120% = 1,350만원
   - **퇴직소득세** = 4백만원 × 7,450만원 / 100백만원 = 2,980,000원
     ⇒ 분류과세
     - 100백만원 − 1,200만원 − 1,350만원 = 7,450만원
   - **기타소득세** = 200만원 × 15% = 300,000원(지방소득세 별도) ⇒ 분리과세
     - 9,000만원 − 7,450만원 − 1,350만원 = 200만원

63세인 홍길동은 2011.11.21일 가입한 확정기여형(DC) 가입자로서 2013.12.31일 퇴직하여 퇴직금 100백만원을 개인형IRP로 이체 받아 운용하다, 2017.1.1일부터 연금개시를 신청하여 2017년에는 연금 3,000만원을 수령하고, 2018.2.5일에 계좌를 해지하여 잔액 90백만원을 수령하였다. 2017년도와 2018년도에 납부할 세금은?

- 개인형IRP에 퇴직금 입금일자 : 2013.12.31.
- 이연퇴직소득세 4백만원

1. 2017년도 연금소득세 = 4백만원 × 30백만원 / 100백만원 × 70% = 840,000원
   - 연금수령금액의 원천은 퇴직소득 이므로 이연퇴직소득세율의 70%를 납부하고 무조건 분리과세

2. 2018년도 납부할 세금 = 1,960,000 + 1,000,000 = 2,960,000원
   - 연금소득세 = 4백만원 × 70백만원 / 100백만원 × 70% = 1,960,000원
     - 연금수령연차 : 최초로 연금수령 할 수 있는 날이 속하는 2013년도가 6년차
     - 연금수령한도 : 2018년도가 11년차 이므로 연금수령한도 적용 안됨
   - 연금소득세 = 20백만원 × 5% = 1,000,000원 ⇒ 종합소득 합산과세
     - 운용수익 2,000만원으로 사적연금 분리과세 한도인 1,200만원을 초과하므로 종합소득 합산하다 5월에 종합소득 확정신고 해야 함.

5-7. 주택담보노후연금 이자비용공제

⊙ 주택담보노후연금 요건

연금소득이 있는 거주자가 주택담보노후연금을 받은 경우에는 그 받은 연금에 대해서 해당 과세기간 발생한 이자비용 상당액을 해당 과세기간 연금소득금액에서 공제한다.

[소득세법 제51조의4] 주택담보노후연금 요건

① 「한국주택금융공사법」에 따른 주택담보노후연금보증을 받아 지급받거나, 금융기관의 주택담보노후연금일 것
② 주택담보노후연금 가입 당시 담보권의 설정대상이 되는 주택(연금소득이 있는 거주자의 배우자 명의의 주택을 포함한다)의 기준시가가 9억원 이하일 것

◉ 공제금액 한도

공제한도는 공제할 이자 상당액이 200만원을 초과하는 경우에는 200만원을 공제하고, 연금소득금액을 초과하는 경우 그 초과금액은 없는 것으로 한다. 이 경우 주택담보노후연금 이자비용공제는 해당 거주자가 신청한 경우에 적용한다.

◉ 증명서 발급 및 제출

주택담보노후연금을 지급받은 경우 그 지급받은 연금에 대하여 발생한 이자상당액은 해당 주택담보노후연금을 지급한 금융회사 등 또는 「한국주택금융공사법」에 따른 한국주택금융공사가 발급한 주택담보노후연금 이자비용증명서에 적힌 금액으로 한다. 주택담보노후연금 이자비용공제를 받으려는 자는 과세표준확정신고서에 주택담보노후연금 이자비용증명서를 첨부하여 납세지 관할 세무서장에게 제출하여야 한다.

5-8. 연금소득세 계산방식

총 연금액	공적연금, 사적연금(퇴직소득 재원 연금수령액 및 연 1,200만원 이하의 연금소득 제외)의 연금 수령액	
(-) 비과세소득		
연금소득		
(-) 연금소득공제	총연금액	연금소득공제액(연간 900만원 한도)
	350만원이하	총 연금액
	700만원이하	350만원+(350만원 초과분의 40%)
	1,400만원이하	490만원+(700만원 초과분의 20%)
	1,400만원초과	MIN [900만원, 630만원+(1,400만원 초과분의 10%)]
연금소득금액		
(+)기타 종합소득금액	이자소득 + 배당소득 + 사업소득 + 근로소득 + 기타소득	
종합소득금액		
(-) 종합소득공제액		
종합소득 과세표준		

과세표준	세율	비고
1,200만원이하	6%	
1,200만원 ~ 4,600만원 이하	15%	
4,600만원 ~ 8,800만원 이하	24%	
8,800만원 ~ 1.5억원 이하	35%	
1.5억원 ~ 3억원 이하	38%	
3억원 ~ 5억원 이하	40%	
5억원 ~ 10억원 이하	42%	
10억원 초과	45%	

(×) 종합소득세율

※ 2021년도 예정세율

종합소득 산출세액	종합소득 과세표준 × 종합소득세율 – 세액공제

※ 자료 : 2017년 퇴직연금 세무안내서(고용노동부, 근로복지공단)

 **연금수령시 연금소득세 계산(예시)**

2020년부터 연금을 받기로 신청한 홍길동씨의 2020년 연금수령액이 다음과 같다.

연금수령액의 종합소득산출세액은 얼마인가?

단, 다른 소득이 없고, 기 납부된 세금1백만원이 있다.

① 연금저축수령액: 2,000만원(전액 과세대상)

② 퇴직연금수령액: 2,000만원(전액 과세대상)

총 연금액	2,000만원 + 2,000만원 = 4,000만원
(−) 비과세소득	0원
연금소득	4,000만원
(−) 연금소득공제	MIN [900만원, 630만원 + (1,400만원 초과분의 10%)] ① 900만원 ② 630만원 + 260만원 = 890만원 공제대상 : 890만원
연금소득금액	4,000만원 − 890만원 = 3,110만원
(+) 기타 종합소득금액	0원

종합소득금액	3,110만원
(-) 종합소득공제액	인적공제 : 150만원×1명
종합소득 과세표준	2,960만원
(×) 종합소득세율	1,200만원초과 ~ 4,400만원 이하 = 72만원 + (2,960만원 - 1,200만원) ×15% = 336만원
종합소득 산출세액	336만원 - 원천징수세액 100만원 = 236만원

※ 자료 : 2017년 퇴직연금 세무안내서(고용노동부, 근로복지공단)

6. 연금외수령 과세체계

6-1. 연금외수령

연금계좌인 개인형IRP에서 연금수령요건을 갖추어 연금으로 수령하면 '연금수령'이며, 연금수령요건을 갖추지 못하였거나, 일시금으로 수령을 원하는 경우를 모두 '연금외수령'이라 한다.

다음은 연금계좌에서 운영하고 있는 원천별 소득의 종류이다.

① 이연퇴직소득
② 연금계좌에 납입한 가입자부담금 중 세액공제를 받은 금액
③ 연금계좌의 운용수익
④ 그 밖에 연금계좌에 이체 또는 입금되어 해당 금액에 대한 소득세가 이연된 소득으로서 대통령령으로 정하는 소득

6-2. 연금외수령 과세체계

퇴직급여의 일시금은 연금수급 요건을 갖추지 못하거나 일시금 수급을 원하는 가입자에게 지급할 수 있다. 퇴직급여의 일시금은 가입근로자의 의사표시에 의해 개인형IRP를 전액해지 하는 방법에 의하여 수령할 수 있으며, 이 경우 퇴직금을 개인형IRP로 이전 받을 당시 과세이연 받았던 퇴직소득세를 다시 납부하면 되고, 그동안 발생한 운용수익과 개인부담금 중 세액공제

받은 금액에 대하여는 기타소득세를 납부하게 된다.

퇴직소득세는 분류과세하고, 기타소득세는 분리과세로 종료한다.

[표 5-5] 연금외수령 시 과세방법

소득원천	원천징수세율	과세방법
세액공제 받지 않은 가입자부담금	과세 없음	
이연퇴직소득	퇴직소득세	분류과세
세액공제 받은 가입자부담금 및 운용수익	기타소득세 (15%)	분리과세

6-3. 소득원천별 과세체계

퇴직급여의 연금외수령은 소득원천별 과세대상으로 이연퇴직소득은 퇴직소득세 과세가 적용되며, 가입자부담금 중 세액공제 받은 금액과 운용수익은 기타소득으로 기타소득세가 과세가 된다.

○ 확정급여형(DB) 가입자

확정급여형(DB)에서 운용주체는 사용자이며, 사용자부담금과 운용수익 모두 사용자에 귀속된다. 따라서 가입자가 받는 퇴직소득의 원천은 전액 사용자부담금 이므로 확정급여형(DB)에서 운용되는 사용자부담금과 운용수익은 모두 퇴직소득으로 적용된다.

○ 확정기여형(DC) 가입자

확정급여형(DC) 가입자가 가입자부담금을 추가로 납입하여 운용을 하고 있고, 세액공제를 받은 경우 과거와 세제 적용 방법이 가입자에게 불리하게 변경되었다.

연금수령을 할 경우 유리하게 세제를 변경하여 가입자에게 연금수령을 유도하기 위한 취지이다. 연금외수령을 할 경우 가입자는 세액공제 받은 금액과 운용수익에 대하여 과거에는 퇴직소득으로 인정받았으나, 변경 세제에서는 기타소득으로 구분하여 퇴직소득세 보다 불리한 기타소득세를 납부하도록 하고 있다.

소득원천		연금외수령	
		2012년 이전	2013년 이후
사용자부담금		퇴직소득	퇴직소득
사용자부담금의 운용수익			
가입자부담금	세액공제 받지 않은 금액	과세제외	과세제외
	세액공제 받은 금액	퇴직소득	기타소득
	운용수익	퇴직소득	기타소득

ⓒ 개인형IRP 가입자

가입자가 퇴직 후 개인형IRP로 퇴직급여를 수령해서 운용할 경우 퇴직소득에서 발생한 운용 수익에 대하여는 기타소득세를 납부한다.

소득원천		연금외수령	
		2012년 이전	2013년 이후
사용자부담금		퇴직소득	퇴직소득
사용자부담금의 운용수익		퇴직소득[주]	기타소득
가입자부담금	세액공제 받지 않은 금액	과세제외	과세제외
	세액공제 받은 금액	기타소득	기타소득
	운용수익	기타소득	기타소득

※ 2012년도 이전에 받은 퇴직금을 개인형IRP에 입금하고 운용한 경우 세법개정으로 2014.12.31 기준으로 인출하여 다시 입금한 것으로 가정하여 2014년말 기준으로 퇴직소득세액을 확정하여 퇴직금에서 발생한 운용수익도 퇴직소득

6-4. 이연퇴직소득의 과세방법

근로자 퇴직 시 퇴직일시금을 노후에 연금으로 수령하도록 유도하기 위하여, 퇴직한 근로자 가 퇴직소득을 연금계좌로 입금하는 경우에는 퇴직소득세를 산정한 후 세액이연하고, 해당 연 금계좌에서 그 이연퇴직소득을 인출하는 시점에 세액이연 된 퇴직소득세를 원천징수의 방법으 로 과세한다.

퇴직금제도에서 퇴직자가 퇴직급여를 수령한 후 60일 이내에 개인형IRP에 입금하고 '과세이 연계좌신고서'를 작성하여 원천징수의무자에게 제출하면 퇴직소득세를 원천징수 하지 않고 과

세이연 하던가, 이미 납부하였다 하더라도 연금계좌에 입금한 금액만큼 퇴직소득세를 환급해 준다.

과세이연 요건은 다음 두 가지 중 하나를 충족시켜야 한다.

> ① 퇴직일 현재 연금계좌에 있거나 연금계좌로 지급되는 경우
> ② 지급받은 날부터 60일 이내에 연금계좌에 입금되는 경우

근로자가 퇴직으로 일시금을 원천징수를 완료하고 개인 통장으로 수령한 후 다시 연금계좌로 입금하고자 하는 경우, 지급받은 날부터 60일 이내에 연금계좌에 입금할 경우에 다음의 계산식에 의해 산출된 이연퇴직소득세를 환급해 준다.

> 이연퇴직소득세 = 퇴직소득산출세액 × 이연퇴직소득 / 퇴직소득금액

가입자가 이연퇴직소득을 연금외수령 하는 경우 원천징수의무자는 다음의 계산식에 따라 계산한 이연퇴직소득세를 원천징수 하여야 한다.

> 원천징수 할 이연퇴직소득세
> = 연금외수령 당시 이연퇴직소득세
>   × [연금외수령한 이연퇴직소득 / 연금외수령 당시이연퇴직소득]
>
> 연금외수령 당시 이연퇴직소득세
> = 해당 연금외수령 전까지의 [이연퇴직소득세누계액
>   ×(1-인출한 이연퇴직소득누계액/이연퇴직소득누계액)]

7. 퇴직소득세 과세체계

7-1. 퇴직소득의 범위

퇴직소득은 근로자가 상당 기간 근속하고 퇴직을 하는 경우 근로관계의 종료를 사유로 하여

사용자로부터 지급받는 일시금을 말한다.

퇴직소득이란 해당 과세기간에 발생한 다음의 소득을 의미한다.

 [소득세법 제22조제1항] 퇴직소득

① 공적연금 관련법에 따라 받는 일시금

② 사용자부담금을 기초로 하여 현실적인 퇴직을 원인으로 지급받는 소득

③ 위 ①의 소득을 지급하는 자가 퇴직소득의 일부 또는 전부를 지연하여 지급하면서 지연지급에 대한 이자를 함께 지급하는 경우 해당 이자

④ 「과학기술인공제회법」제16조① 3호에 따라 지급받는 과학기술발전장려금

⑤ 「건설근로자의 고용개선 등에 관한 법률」 제14조에 따라 지급받는 퇴직공제금

퇴직급여의 퇴직소득 범위는 사용자부담금을 기초로 하여 지급받은 소득을 원천으로 하고, 현실적인 퇴직을 원인으로 지급받는 소득을 말한다.

7-2. 현실적인 퇴직의 예외

현실적인 퇴직이란 근로자가 퇴직을 하고, 퇴직한 날을 기준으로 퇴직소득을 수령하며, 퇴직급여를 실제로 지급받는 것과 상관없이 퇴직 처리하는 것을 말한다.

단, 다음과 같은 사유로 퇴직을 하는 경우에는 퇴직급여를 실제로 지급받지 아니한 경우에는 '현실적인 퇴직'으로 보지 않는다. 하지만, 다음과 같은 사유가 발생하고 근로자가 퇴직급여를 지급받는 경우에는 당연히 '현실적인 퇴직'이 됨을 유의하여야 한다.

① 종업원이 임원이 된 경우

② 합병·분할 등 조직변경, 사업양도, 직·간접으로 출자관계에 있는 법인으로의 전출 또는 동일한 사업자가 경영하는 다른 사업장으로의 전출이 이루어진 경우

③ 법인의 상근임원이 비상근임원이 된 경우

7-3. 현실적인 퇴직

근로자가 실제로는 퇴사하지 않았더라도, 아래와 같은 사유로 퇴직급여를 미리 지급받은 경

우에는 현실적인 퇴직으로 보고 퇴직급여를 지급받은 날을 퇴직한 날로 보며, 중간정산을 할 수 있다.

 현실적인 퇴직

① 「근로자퇴직급여보장법 시행령」 제3조1항 퇴직금의 중간정산 사유
② 「근로자퇴직급여보장법」 제38조에 따라 퇴직연금제도가 폐지되는 경우

주택구입 등 대통령령에서 정하는 사유에 해당하는 경우, 확정기여형(DC) 또는 IRP는 중도인출, 퇴직금제도의 경우 중간정산이 가능하다. 이때 중도인출·중간정산 한 때를 '현실적 퇴직'으로 보아 지급받은 금액에 대해서 퇴직소득세가 부과된다.

[표 5-6] 퇴직금 중간정산 사유

퇴직금의 중간정산 사유	중도인출 사유
① 무주택자인 근로자가 본인 명의로 주택들 구입하는 경우	○
② 무주택자인 근로자가 주거를 목적으로 전세금 또는 보증금을 부담하는 경우, 이 경우 근로자가 하나의 사업 또는 사업장에 근로하는 동안 1회 한정	○
③ 6개월 이상 요양을 필요로 하는 다음 각 목의 어느 하나에 해당하는 사람의 질병이나 부상에 대한 요양 비용을 근로자가 부담하는 경우 가입자 본인, 가입자의 배우자, 가입자 또는 그 배우자의 부양가족 단, 가입자가 연간 임금총액의 125/1000을 초과하여 의료비를 부담하는 경우	○
④ 퇴직금 중간정산을 신청하는 날부터 역산하여 5년 이내에 근로자가 「채무자회생 및 파산에 관한 법률」에 따른 파산선고를 받은 경우	중도인출을 신청한 날부터
⑤ 퇴직금 중간정산을 신청하는 날부터 역산하여 5년 이내에 근로자가 「채무자회생 및 파산에 관한 법률」에 따른 개인회생절차 결정을 받은 경우	중도인출을 신청한 날부터
⑥ 사용자가 기존 정년을 연장하거나 보장하는 조건으로 단체협약 및 취업규칙 등을 통하여 일정나이, 근속시점 또는 임금액을 기준으로 임금을 줄이는 제도를 시행하는 경우	×

⑦ 사용자가 근로자와의 합의에 따라 소정근로시간을 1일 1시간 또는 1주 5시간 이상 변경하여 그 변경된 소정근로시간에 따라 근로자가 3개월 이상 계속 근로하기로 한 경우	×
⑧ 근로시간의 단축으로 근로자의 퇴직금이 감소되는 경우	×
⑨ 그 밖의 천재지변 등으로 피해를 입는 등 고용노동부장관이 정하여 고시하는 사유와 요건에 해당하는 경우	○

7-4. 퇴직소득 원천징수의무자

퇴직금제도와 확정급여형(DB): 사용자

퇴직소득을 지급하는 자는 그 거주자나 비거주자에 대한 소득세를 원천징수 하여야 한다.

퇴직금제도에서는 사외적립 의무가 없기 때문에 사용자가 퇴직소득을 지급하며, 확정급여형 (DB)에서는 사외적립의무가 있고 퇴직소득을 퇴직연금사업자가 지급하나 법정최소적립비율만큼만 적립을 하고 나머지는 여전히 사용자가 보유하고 있고, 근로자에게 지급할 퇴직급여금액을 사용자가 결정하기 때문에 사용자가 원천징수를 한다. 즉, 퇴직급여금액 결정과 관련된 근속연수와 30일분 평균임금산정 등 퇴직급여 지급과 관련된 모든 정보를 사용자가 가지고 있기 때문에 사용자가 원천징수를 한다.

확정기여형(DC), 기업형IRP, 개인형IRP: 퇴직연금사업자

확정기여형(DC), 기업형IRP, 개인형IRP는 가입기간에 대한 퇴직급여 적립비율이 100% 이므로 사용자는 퇴직하는 근로자가 받을 퇴직급여 금액을 알지 못하므로 모든 가입자정보를 보유하고 있는 퇴직연금사업자가 퇴직소득을 지급하고 원천징수를 한다.

퇴직소득을 지급할 때 연금계좌취급자(퇴직연금사업자)와 사용자 간에는 원천징수의무의 대리 또는 위임의 관계가 있는 것으로 보아 연금계좌취급자(퇴직연금사업자)가 퇴직소득세를 원천징수 한다.

❸ 운용관리기관과 자산관리기관이 다를 경우

확정급여형(DB)의 경우에는 사용자가 원천징수를 하므로 문제가 없고, 개인형IRP의 경우에도 운용관리기관과 자산관리기관을 달리 정하는 경우가 없기 때문에 문제가 되지 않는다.

그러나 확정기여형(DC)과 기업형IRP의 경우에는 운용관리기관과 자산관리기관을 서로 달리 정하는 경우가 있다. 이럴 경우 운용관리기관이 근로자의 퇴직급여를 계산할 수 있는 가입자정보를 모두 보유하고 있어 이론상으로는 운용관리기관이 원천징수를 하여야 하나, 원천징수 할 자금은 자산관리기관에서 보유하고 있으므로 운용관리기관이 원천징수 할 금액을 결정하여 자산관리기관에 통보하면 자산관리기관이 원천징수를 한다.

❸ 퇴직연금사업자와 사용자가 각각 퇴직소득을 지급하는 경우

퇴직연금사업자와 사용자가 각각 퇴직소득을 지급하는 경우 퇴직소득세액의 정산은 퇴직자가 퇴직소득을 지급받을 때 이미 지급받은 퇴직소득에 대한 원천징수영수증을 원천징수의무자에게 제출하는 경우 원천징수의무자는 퇴직자에게 이미 지급된 퇴직소득과 자기가 지급할 퇴직소득을 합계한 금액에 대하여 정산한 소득세를 원천징수 하여야 한다.

이때 정산하는 퇴직소득세는 이미 지급된 퇴직소득과 자기가 지급할 퇴직소득을 합계한 금액에 대하여 퇴직소득세액을 계산한 후 이미 지급된 퇴직소득에 대한 세액을 뺀 금액으로 한다. 근속연수는 이미 지급된 퇴직소득에 대한 근속연수와 지급할 퇴직소득의 근속연수를 합산한 월수에서 중복되는 기간의 월수를 뺀 월수에 따라 계산한다.

7-5. 퇴직소득세 원천징수방법

최근 소득세법 개정으로 퇴직소득세 계산방법은 개정내용에 따라서 2016년부터 2019년까지 3가지의 방법으로 차등적으로 적용하도록 하였다.

구 분	2012.12.31까지	2015.12.31까지	2016.1.1 이후
정률공제	40%	40%	폐지
연분연승법	1년 단위	5년 단위	12년 단위

[그림 5-7] 2016년도 이후 퇴직소득세 원천징수방법

따라서 개정 소득세법의에 따르면 개정 이전과 개정 이후로 구분하여 계산한 후 매년 단계적 비율로 환산하여 합산하도록 한다. 2015년 이전 분은 2가지 방법으로 계산한 후 근속기간에 따라 안분계산하고, 2016년 이후 분은 개정세법에 따라 계산한다.

7-6. 퇴직소득세 계산방식 (2015년도까지)

☞ 퇴직소득세 계산항목

근속연수는 가입자가 근로를 제공하고 지급받는 퇴직급여의 퇴직소득세 계산 시 적용되는 기간으로 퇴직으로 인해 근속연수를 산정하는 경우에는 입사일자부터 퇴직일자까지 기간으로 하며 근속기간 중에 중간정산(중도인출)이 있었던 경우에는 중간정산(중도인출) 익일부터 퇴직일 자까지의 기간이다. 근속기간은 근속월수로 계산하며 1월 미만은 1월로 계산한다. 근속기간 동안 퇴직급여 지급제외기간이 있는 경우 해당 기간의 월수를 계산하여 1월 미만은 1월로 계산하며, 이때 제외월수는 기업의 퇴직연금제도를 근거로 지급제외기간을 산정하면 된다. 따라서 근속월수는 제외월수를 차감하여 계산한다.

퇴직소득세는 과거 근속기간에 대한 소득을 일시에 지급하는 것으로 전체 소득을 과세표준으로 할 경우에는 과다한 퇴직소득세가 계산되고, 수익비용 대응의 원칙과 맞지 않으므로 기간 배분을 하여 합리적인 과세표준을 산정하는 연분연승법을 사용한다. 연분연승법이란 퇴직소득 과세표준을 근속연수로 나눈 금액을 기준으로 저율의 소득세율로 연평균 퇴직소득세를 일단 산출한 다음 다시 근속연수를 곱하여 최종 퇴직소득세액을 산출하는 것을 말한다.

퇴직급여액	퇴직일시금 수령액		
(-) 퇴직소득공제	퇴직급여액 × 정률공제 40% 근속년수 공제		
	근속연수	공제액	
	5년 이하	30만원×근속연수	
	5~10년	150만원+50만원×(근속연수−5년)	
	10~20년	400만원+80만원×(근속연수−10년)	
	20년 초과	1,200만원+120만원×(근속연수−20년)	
과세표준	퇴직급여액 − 퇴직소득공제		
연평균과세표준(환산)	과세표준 ÷ 근속연수 (×5)[주]		
연평균산출금액	2012년 이전 근무분 : 연평균과세표준×기본세율 2013년 이후 근무분 : 환산과세표준×기본세율(÷5)		
	종합소득과세표준	세율	비고
	1,200만원 이하	6%	
	1,200만원 ~ 4,600만원 이하	15%	
	4,600만원 ~ 8,800만원 이하	24%	
	8,800만원 ~ 1.5억원 이하	35%	
	1.5억원 ~3억원 이하	38%	
	3억원 ~ 5억원 이하	40%	
	5억원 ~ 10억원 이하	42%	
	10억원 초과	45%	
	※ 2021년도 예정세율		
퇴직소득세산출세액	연평균산출세액 × 근속연수 (÷5)[주]		

※ 주) 2013년 이후 근속분에 한함

ⓒ 퇴직소득세 계산구조

2012년 이전 근무분에 대하여는 연평균과세표분 환산시 1년분 연분연승 방법을 사용하고, 2013년에서 2015년까지는 5년분 연분연승법을 사용하여 계산한 후 각 구간별 근속연수로 안분하여 계산한 후 2012년 이전분과 2013년 이후분을 합산하여 퇴직소득세를 계산한다.

구 분	2012년 이전 귀속분	2013년 이후 귀속분
① 퇴직급여액	퇴직급여액(퇴직일시금)	
② 퇴직소득공제	정률공제 : 40%	
	근속년수 공제	
③ 과세표준(①-②)	(①-②) × 2012년 이전분	(①-②) × 2013년 이후분
④ 연평균 과세표준	③ ÷ 근속연수	③ ÷ 근속연수
⑤ 환산과세표준	-	④ × 5
⑥ 환산산출세액	-	⑤ × 기본세율
⑦ 연평균산출세액	④ × 기본세율	⑥ ÷ 5
⑧ 퇴직소득세산출액	⑦ × 근속연수	⑦ × 근속연수
⑨ 지방소득세	⑧ × 10%	⑧ × 10%
⑩ 세금합계	2012년 이전분 + 2013년 이후분	

☞ 퇴직소득세 계산(예시)

퇴직급여가 1억원이고, 근속연수가 10년인 근로자가 2015.12.31일 퇴직했을 경우 퇴직소득세 금액을 산출해 보면 다음과 같다.

구 분	2012년 이전 귀속분(7년)	2013년 이후 귀속분(3년)
① 퇴직급여액	70,000,000	30,000,000
② 퇴직소득공제	△28,000,000	△12,000,000
	△2,800,000	△1,200,000
③ 과세표준(①-②)	39,200,000	16,800,000
④ 연평균 과세표준	5,600,000	5,600,000
⑤ 환산과세표준	-	28,000,000
⑥ 환산산출세액	-	3,120,000
⑦ 연평균산출세액	336,000	624,000

구 분	2012년 이전 귀속분(7년)	2013년 이후 귀속분(3년)
⑧ 퇴직소득세산출액	2,352,000	1,872,000
⑨ 지방소득세	235,200	187,200
⑩ 세금합계	4,646,400	
⑪ 세율	4.6%	

7-7. 퇴직소득세 계산방식 (2016년도 이후)

ⒸⒸ 퇴직소득세 계산항목

2016년도부터는 퇴직소득 정률공제(40%)를 없애고, 환산급여에 따라 다르게 공제하는 차등 공제 방법을 적용한다. 연분연승 기간도 2015년도까지 5년에서 12년으로 연장하여 퇴직소득세 부담이 늘어나게 되었다.

구 분	산 식		
① 퇴직급여액	퇴직일시금 수령액		
② 근속연수공제	근속연수	공제액	
	5년 이하	30만원×근속연수	
	5~10년	150만원+50만원×(근속연수-5년)	
	10~20년	400만원+80만원×(근속연수-10년)	
	20년 초과	1,200만원+120만원×(근속연수-20년)	
③ ① - ②	퇴직소득 - 근속연수공제		
④ 환산급여(연분)	3 ÷ 근속연수 × 12		
⑤ 차등공제 (환산급여에 따른 공제: 100-35%)	환산급여	공제액	
	8백만원 이하	환산급여의 100%	
	8백만원 ~ 7천만원	8백만원 + (8백만원 초과분의 60%)	
	7천만원 ~ 1억원	4천520만원 + (7천만원 초과분의 55%)	
	1억원 ~ 3억원	6천170만원 + (1억원 초과분의 45%)	
	3억원 초과	1억5천700만원 + (3억원 초과분의 35%)	

⑥ 연평균과세표준	환산급여 − 차등공제(④ − ⑤)
⑦ 연평균산출세액	연평균과표 ×6~45%
⑧ 산출세액	⑦ × 근속년수 ÷ 12

퇴직소득세 계산(예시)

퇴직급여가 1억원이고, 근속연수가 20년인 근로자가 퇴직했을 경우 퇴직소득세 금액을 산출해 보면 다음과 같다.

구 분	계산식	계산결과
① 퇴직급여액	퇴직일시금 수령액	100,000,000
② 근속연수공제	▶ 4,000 + 800 × (20−10)	△12,000,000
③ 과세표준(①−②)	퇴직급여액 − 퇴직소득공제	88,000,000
④ 환산급여(연분, 환산)	과세표준 ÷ 근속연수 × 12	52,800,000
⑤ 차등공제	▶ 8,000 + 44,800 × 60%	△34,880,000
⑥ 연평균과세표준	환산급여 − 차등공제	17,920,000
⑦ 연평균산출세액	720 + 5,920 × 15%	1,608,000
⑧ 퇴직소득세산출액	연평균산출세액 × 근속연수 ÷ 12	2,680,000
⑨ 지방소득세		268,000
⑩ 세금합계		2,948,000
⑪ 세율		2.9%

개정 퇴직소득세의 단계적 적용

2016년 퇴직시부터 적용되는 개정 세법에 의해 산출된 퇴직소득세는 종전 세법에 의해 산출된 퇴직소득세 보다 세액이 증가하여 세부담이 일시에 증가할 우려가 있으므로 2016년 퇴직부터 5년간 단계적으로 세부담이 증가하도록 적용하였다.

퇴직연도	퇴직소득세액
2016년	종전 규정에 따른 퇴직소득세액×80% + 개정 규정에 따른 퇴직소득세액×20%
2017년	종전 규정에 따른 퇴직소득세액×60% + 개정 규정에 따른 퇴직소득세액×40%
2018년	종전 규정에 따른 퇴직소득세액×40% + 개정 규정에 따른 퇴직소득세액×60%
2019년	종전 규정에 따른 퇴직소득세액×20% + 개정 규정에 따른 퇴직소득세액×80%
2020년~	개정 규정에 따른 퇴직소득세액×100%

퇴직소득세 계산(예시)

퇴직급여가 2억 원이고, 근속연수가 10년인 근로자가 2017.12.31기준으로 퇴직했을 경우 퇴직소득세 금액을 산출해 보면 다음과 같다.

구 분	종전세법		개정세법
	2012년 이전	2013년 이후	2016년 이후
근속연수	5년	5년	10년
① 퇴직급여액	100,000,000	100,000,000	200,000,000
② 퇴직소득공제	△40,000,000	△40,000,000	–
	△1,500,000	△1,500,000	△4,000,000
③ 과세표준(①-②)	58,500,000	58,500,000	196,000,000
④ 연평균 과세표준	11,700,000	11,700,000	19,600,000
⑤ 환산급여(연분)	11,700,000	58,500,000	235,200,000
⑥ 차등공제	–	–	△122,540,000
⑦ 환산 과세표준	11,700,000	58,500,000	112,660,000
⑧ 환산산출세액	–	7,695,000	21,818,400
⑨ 연평균산출세액	702,000	1,539,000	1,818,200
⑩ 퇴직소득세산출액	3,510,000	7,695,000	18,182,000

구 분	종전세법		개정세법
	2012년 이전	2013년 이후	2016년 이후
⑪ 세금합계	11,205,000		18,182,000
⑫ 가중치	60%		40%
⑬ ⑪ × ⑫	6,723,000		7,272,800
⑭ 산출세액			13,995,800
⑮ 지방소득세포함			15,395,380
총세율			7.7%

8. 퇴직소득세 및 연금소득세 환급 업무

8-1. 퇴직소득세 환급 업무

퇴직연금사업자가 원천징수한 퇴직소득세 중 잘못 납부하거나 초과하여 납부한 금액(과오납)이 있는 경우, 이 과오납 금액을 퇴직소득 납세자에게 환급하는 업무를 말한다. 환급처리는 해당 세금을 원천징수한 원천징수의무자가 환급하도록 되어 있다. 주요 퇴직소득세 환급(지급조서 수정) 사유는 다음과 같다.

① 중간정산 특례 미적용(합산과세)에 따른 퇴직소득세 과대 계상 된 경우
② 입사기산일, 퇴직일자 오류 계산에 따른 퇴직소득세 오류 계산한 경우
③ 회사에서 별도 지급한 퇴직금(명예퇴직금 등)을 누락하여, 퇴직소득세를 오류 계산한 경우
④ 퇴직금을 일시금으로 지급하였으나, 수령 후 60일 이내에 과세이연계좌신고서 작성 후 개인형IRP로 입금하는 경우

8-2. 연금소득세 환급 업무

개인형IRP의 연금지급 시 원천징수한 연금소득세 중 잘 못 납부하거나 초과하여 납부한 금

액(과오납금)이 있는 경우, 이 과오납 금액을 연금소득세 납세자에게 환급하는 업무를 말한다. 환급 처리는 해당 세금을 원천징수한 원천징수의무자가 환급을 하도록 되어 있다.

개인형IRP에 입금된 자금의 원천이 퇴직소득인 경우에 해당 퇴직소득세 계산시 계산 착오 등의 사유로 인하여, 이연퇴직소득세 금액이 과다 산정되어, 해당 퇴직금을 원천으로 한 연금지급시 '연금소득세'가 과다 산정되어 납부된 경우 환급 신청하는 절차를 말한다. 주요 이연퇴직소득세 환급 사유는 다음과 같다.

① 중간정산 특례 미적용에 따른 이연퇴직소득세 과대 계상 된 경우
② 입사기산일, 퇴직일자 오류 계산에 따른 퇴직소득세 오류 계산한 경우
③ 회사에서 별도 지급한 퇴직금(명예퇴직금 등)을 누락하여, 퇴직소득세를 오류 계산한 경우

8-3. 퇴직연금 제도별 원천징수의무자 및 세금 신고 방법

퇴직금제도와 확정급여형(DB) 제도의 원천징수의무자, 지급조서(원천징수영수증) 발급 의무자, 신고 및 납부 주체는 사용자이다. 확정기여형(DC) 및 IRP(기업형, 개인형)의 원천징수의무자, 지급조서(원천징수영수증) 발급 의무자, 신고 및 납부 주체는 퇴직연금사업자이다.

제도구분	원천징수의무자	지급조서(원천징수 영수증) 발급의무자	신고/납부 주체
퇴직금제도/DB	사용자	사용자	사용자
DC/기업형IRP/ 개인형IRP	퇴직연금사업자	퇴직연금사업자	퇴직연금사업자

퇴직금제도와 확정급여형(DB) 제도에서 퇴직급여 지급 시 발생하는 퇴직소득세는 원천징수의무자인 사용자가 '퇴직소득원천징수영수증'을 발급하고, 원천징수한 세금은 익월 10일 회사 관할 세무서에 '원천징수이행상황신고서와 함께 납부하고, 지급조서(퇴직소득원천징수영수증)는 원천징수한 익년도 3월에 사용자가 일괄 제출한다. 확정기여형(DC) 및 IRP(기업형, 개인형)에서 퇴직급여 지급 시 발생하는 퇴직소득세 및 연금소득세는 원천징수의무자인 퇴직연금사업자가 '퇴직소득원천징수영수증'을 발급하고, 원천징수한 세금은 익월 10일 퇴직연금사업자 관할 세

무서에 '원천징수이행상황신고서'와 함께 납부하고, 지급조서(퇴직소득원천징수영수증)는 원천징수한 익년도 3월에 퇴직연금사업자가 일괄 제출한다. 소득세(퇴직소득세/연금소득세 등)의 10% 해당하는 지방소득세는 원천징수의무자인 사용자 또는 퇴직연금사업자의 영업점(해당 퇴직연금 관리점) 소재 관할 지방자치단체(시, 군, 구청)에 익원 10일 납부한다.

퇴직급여를 일시금으로 지급하지 않고 전액 개인형IRP로 입금할 경우에는 퇴직소득세가 전액 과세이연 되며, 원천징수이행상황신고는 하되, 납부할 금액은 없다.

8-4. 근로자 퇴직시 세금 과오납 환급처리 방법

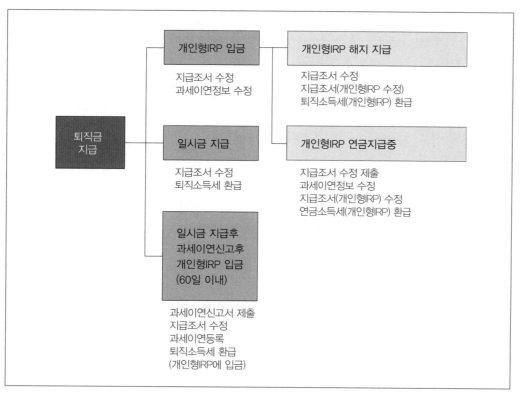

[그림 5-8] **퇴직금 지급 및 세금 환급 프로세스**

IRP 입금여부	IRP 현 상태	과세	과오납 환급방법
개인형IRP 입금	개인형IRP 유지중	과세이연	• 지급조서 수정 제출 • 과세이연정보 수정
	개인형IRP 해지	퇴직소득세	• 지급조서 수정 제출 • 퇴직소득세 환급(개인형IRP) • 지급조서(개인형IRP) 수정 제출
	개인형IRP 연금지급중	연금소득세	• 지급조서 수정 제출 • 과세이연정보 수정 • 연금소득세 환급(개인형IRP) • 지급조서(개인형IRP) 수정 제출
일시금 지급		퇴직소득세	• 퇴직소득세 환급 • 지급조서 수정 제출
일시급 지급 후 개인형IRP 입금 (60일 이내)		퇴직소득세	• 과세이연신고서 → 회사제출 • 퇴직소득세 환급(회사) • 지급조서 수정 제출(회사) • 과세이연 등록

⊙ 일시금 지급 후 퇴직소득세 환급

퇴직금제도 및 퇴직연금제도 가입자가 퇴직금을 일시금으로 수령했으나, 추후 세금 오류 계산에 따른 과오납으로 확인되어, 퇴직소득세를 환급 신청하는 경우이다. 퇴직소득세의 원천징수의무자가(사용자 or 퇴직연금사업자)에게 환급 신청을 하여야 하고, 원천징수의무자가 환급처리한다. 원천징수의무자가 지급조서(퇴직소득원천징수영수증)을 수정한 후 지급조서(수정분)을 익년도 3월까지 관활 세무서에 제출하여야 하며, 기존 '원천징수이행상황신고서'를 수정 신고하고, 퇴직소득세를 환급처리하면 된다.

⊙ 개인형IRP 유지중 과세이연정보 수정

퇴직금제도 및 퇴직연금제도 가입자가 퇴직금을 전액 개인형IRP로 이전한 경우, 세금 계산 오류로 인한 기존 이연퇴직소득세 수정이 필요한 경우이다. 다만, 신청일 현재 개인형IRP가 해지되거나, 연금지급되지 않고, 현재 유지중인 경우다.

개인형IRP가 유지되고 있는 상태이므로 '지급조서 수정' 및 '과세이연정보 수정 등록'이 필요하다. 실제로 원천징수한 세금은 없고, 퇴직소득세가 전액 과세이연된 상태이므로 환급처리는 없고, '과세이연정보'만 수정하면 된다.

원천징수의무자가(사용자 or 퇴직연금사업자) 지급조서(퇴직소득원천징수영수증)을 수정한 후 지급조서(수정분)을 익년도 3월까지 관할 세무서에 제출하여야 한다. 퇴직연금사업자는 과세이연정보(이연퇴직소득세)를 수정하여야 하기 때문에, 확정급여형(DB)인 경우 사용자로부터 과세이연정보 수정 신청 사유 및 요청사항이 기재된 공문과 관련 환급 신청 사유 증빙가능 서류인'지급조서(퇴직소득원천징수영수증(수정분))을 징구한 후 기존에 개인형IRP에 등록된 과세이연정보(이연퇴직소득세)를 지급조서(수정후) 내용을 반영하여 수정등록을 하면 된다.

개인형IRP 해지 후 지급조서 수정 및 퇴직소득세 환급

퇴직금제도 및 퇴직연금제도 가입자가 퇴직금을 전액 개인형IRP로 이전한 후 해지하여 퇴직소득세를 원천징수 하였는데, 세금 계산 오류로 기존 이연퇴직소득세 수정이 필요한 경우이다.

현재 개인형IRP가 이미 해지된 상태이므로, 지급조서인 '퇴직소득원천징수영수증(DB) 또는 연금계좌원천징수영수증(DC)' 및 '연금계좌원천징수영수증(개인형IRP)'의 수정 및 기 원천징수한 퇴직소득세(개인형IRP)를 환급 신청해야 한다.

원천징수의무자(사용자 or 퇴직연금사업자)는 기존 지급조서(퇴직소득원천징수영수증)를 수정하여야 한다. 퇴직연금사업자는 '이연퇴직소득세'가 개인형IRP 해지시 원천징수 되었기 때문에 개인형IRP 관련 '퇴직소득세 환급' 및 '지급조서(개인형IRP) 수정'이 필요하다. 만약, 개인형IRP 해지 정정(취소)이 가능한 경우에는 퇴직소득세 환급으로 처리하지 않고, '개인형IRP 해지 정정(취소)' 한 후 '과세이연정보'를 수정하고, 개인형IRP를 재차 해지하는 절차로 진행하면 된다.

확정급여형(DB)인 경우에는 사용자로부터 환급 신청 사유 및 요청사항이 기재된 공문(지급조서 수정/퇴직소득세 환급 신청) 및 가입자로부터 '퇴직소득세 환급 신청서'를 징구한 후 환급처리 하면 된다.

개인형IRP 연금지급중 과세이연정보 수정 및 연금소득세 환급

퇴직금제도 및 퇴직연금제도 가입자가 퇴직급여 지급시 전액 개인형IRP로 이전하고 연금수령중에 세금 계산오류로 인한 기존 이연퇴직소득세 수정이 필요하여 기존 연금지금시 원천징수한 '연금소득세 환급' 신청 및 향후 연금지급시 원천징수할 연금소득세 수정을 위한 '과세이연정보 수정'을 신청한 경우이다.

기존 퇴직시 발급한 '지급조서(퇴직소득원천징수영수증)를 수정'하고, 개인형IRP 과세이연정보 수정, 개인형IRP에서 기 지급한 연금지급 관련 '지급조서(연금소득원천징수영수증) 수정 및 기 징수한 '연금소득세' 환급 처리가 필요하다.

원천징수의무자(사용자 or 퇴직연금사업자)는 퇴직급여 지급시 발급한 '지급조서(퇴직소득원천징수영수증)'를 수정하고 신고하여야 한다. 확정급여형(DB)인 경우 퇴직연금사업자는 사용자로부터 공문(과세이연정보 수정 신청) 및 가입자로부터 '연금소득세 환급 신청서'을 징구하고, 사용자로부터 징구한 수정후 지급조서를 반영하여 개인형IRP 과세이연정보를 수정한다. 왜냐하면 과세이연정보를 수정해야 향후 연금지급시 원천징수되는 연금소득세가 변경된 세금으로 반영되기 때문이다. 퇴직연금사업자는 기 연금지급시 발급한 지급조서(연금계좌원천징수영수증)를 수정한 후 원천징수한 '연금소득세 환급' 신청을 한다.

ⓒ 일시금 지급 후 개인형IRP 입금시 퇴직소득세 환급 (DB/DC)

확정급여형(DB) 또는 확정기여형(DC), 기업형IRP 가입자가 퇴직금을 일시금으로 수령한 후 입금일로부터 60일 이내에 '과세이연신고서'를 원천징수의무자(사용자 or 퇴직연금사업자)에게 제출하고, 개인형IRP로 퇴직금을 입금하면 원천징수의무자는 기존 원천징수 했던 퇴직소득세를 개인형IRP로 환급처리해 주고 지급조서(원천징수이행상황 신고)를 수정한 후 신고한다.

퇴직자는 퇴직금이 입금될 개인형IRP를 개설한 후 '과세이연신고서'를 작성한다. 그리고 '과세이연신고서' 및 '퇴직소득세 환급 신청서'를 작성하여, 원천징수의무자(사용자 or 퇴직연금사업자)에게 제출한다. 원천징수의무자가 기존 지급조서(퇴직소득원천징수영수증(DB) or 연금계좌원천징수영수증(DC))을 수정하고, 기 원천징수한 '퇴직소득세'를 환급처리한다. 이때 지급조서 수정 후 해당 퇴직자가 개인형IRP로 입금할 수 있도록 개인형IRP 개설 퇴직연금사업자에게 지급조서(수정후)를 발송하여 '과세이연정보' 등록 요청을 해야 한다.

과세이연정보 등록이 완료된 후 퇴직자가 해당 개인형IRP에 퇴직금을 입금하면 된다. 입금금액은 세후금액을 입금하고, 퇴직소득세 환급분은 원천징수의무자가 직접 개인형IRP로 입금한다.

9. 임원퇴직금

9-1. 법인세법상 임원퇴직급여 한도액(法 제44조④⑤)

법인이 임원에게 지급한 퇴직급여 중 다음 어느 하나에 해당하는 금액을 초과하는 금액은 손금에 산입하지 아니한다. 즉, 임원퇴직급여 한도액을 초과한 경우 그 초과액은 임원에게 근로소득으로 과세한다.

퇴직급여 지급규정 유무	임원퇴직급여 한도액
정관에 퇴직급여(퇴직위로금 등 포함)로 지급할 금액이 정하여진 경우 (정관에 임원의 퇴직급여를 계산할 수 있는 기준이 기재된 경우 포함)	그 정관에 정해진 금액 (정관에서 위임된 퇴직급여지급규정이 따로 있는 경우 해당 규정에 의한 금액)
그 외의 경우	퇴직 전 1년간 총급여액×10%×근속연수

임원 퇴직급여가 ①정관에 퇴직급여(퇴직위로금 등 포함)로 지급할 금액이 정하여진 경우 또는 ② 정관에서 위임한 퇴직급여지급규정이 따로 있는 경우 해당 규정에 의한 금액을 한도로 손비인정을 받을 수 있다.

정관에 정해진 경우란? 임원의 퇴직금을 계산할 수 있는 '지급금액'이 구체적으로 명시된 경우 및 임원의 퇴직금을 계산할 수 있는 '기준'이 정하여진 경우를 말한다. 그러나 정관에 임원의 퇴직금을 주주총회 또는 이사회의 결의에 위임한다는 규정만 있고, 이에 의하여 지급하는 퇴직금은 정관에 계산할 수 있는 기준이 없는 경우 '정관에 정하여진 금액'으로 보지 아니한다.

정관에서 위임한 규정이란? 정관에서 별도의 규정에 의한 임원 퇴직급여 지급을 정하고 있어야 한다. 그리고 주주총회의 결의에 의한 규정 제정이 필수적이다.

임원의 총급여액 범위와 근속연수 산정 방법인 다음과 같다.

- 총급여액
  ① 근로를 제공함으로써 받는 봉급·급료·보수·세비·임금·상여·수당과 이와 유사한 급여
  ② 법인의 주주총회 또는 이에 준하는 의결기관의 결의에 따라 상여로 받는 소득
  ③ 비과세 근로소득과 法 제43조에 따른 손금불산입액은 제외

- 근속연수
  ① 역년에 따라 계산하되 1년 미만은 월수로 계산하고 1월 미만은 버림
  ② 사용인으로 근무한 기간 포함가능

9-2. 소득세법상 임원퇴직금 한도액

임원에 대한 퇴직소득 한도 규정은 과다하게 퇴직급여를 수령(퇴직소득세 부과)하던 관행을 제한하는 것으로 일정 기준 초과액은 근로소득으로 간주한다.

임원 퇴직소득 한도 계산은 3개 기간으로 각각 계산한 후 합산하도록 되어 있다. 첫째, 2011.12.31 이전 근무기간에 대한 임원 퇴직소득 한도를 산정한다. 기존에 퇴직소득 한도를 미적용 하던 퇴직소득금액(2011.12.31에 퇴직하였다고 가정할 때 지급받을 퇴직소득금액)에 대해서도 2011.12.31 이전 근무기간을 전체 근무기간으로 나눈 비율을 곱한 금액을 임원 퇴직소득 한도로 규정을 명확화 하였다(소득세법 시행령 제42조의2). 다만, 2011.12.31 당시 임원 퇴직급여지급규정이 있는 경우에는 해당 규정에 따라 지급받을 퇴직소득금액으로 할 수 있도록 하여, 기존 방식이 유리하면 기존 방식을 적용할 수 있도록 허용하였다. 둘째, 2012.1.1부터 2019.12.31까지 근무기간에 대한 임원 퇴직소득 한도를 산정한다. 동 근무기간에 대한 임원 퇴직소득 한도는 3배수를 적용하되, 한도 계산의 기초가 되는 '소급 3년간의 총급여 연평균환산액' 역시 2019년말부터 소급 3년을 적용하여 산정한다. 셋째, 2020.1.1부터 퇴직일까지 근무기간에 대한 임원 퇴직소득 한도를 산정한다. 2020.1.1 이후 기간에 대해서는 2배수를 적용하며, 임원 퇴직소득 한도 산정 시 '퇴직일부터 소급 3년간의 총급여 연평균환산액'을 적용하며, 2020.1.1부터 퇴직일까지의 근무기간이 3년 미만이면 해당 근무기간으로 총급여의 연평균환산액을 산정하면 된다. 그리고 근무기간은 개월 수로 계산하며, 이 경우 1개월 미만의 기간이 있는 경우에는 이를 1개월로 본다.

소득세법의 개정에도 불구하고 법인의 손금인정 한도에는 영향 없으므로 임원퇴직급여지급규정을 무조건 변경해야 하는 것은 아니다. 퇴직 시 한도초과로 인한 근로소득 발생을 원하지 않거나, 소득세법상 한도와 법인 비용처리 금액을 일치시키려는 경우에만 변경하면 된다.

 [소득세법 제22조제3항] 임원 퇴직소득 한도

퇴직소득금액× (2011.12.31 이전 근무기간÷ 전체 근속연수)	**+**	2019.12.31부터 소급 3년간 총급여 연평균환산액 (3년 미만인 경우 환산)×10%× 2012.1.1~2019.12.31 근무기간(월)/12×3 *1월 미만은 1월로 계산
	+	퇴직일부터 소급 3년간 총급여 연평균환산액 (2020.1.1 부터 3년 미만 환산)×10%× 2020.1.1 이후 근무기간(월)/12×2 *1월 미만은 1월로 계산

- 총급여액
  ① 근로를 제공함으로써 받는 봉급·급료·보수·세비·임금·상여·수당과 이와 유사한 급여
  ② 법인의 주주총회 또는 이에 준하는 의결기관의 결의에 따라 상여로 받는 소득
  ③ 비과세근로소득 제외

- 근속연수
  ① 근무기간이 3년 미만인 경우 해당 근무기간
  ② 개월수로 계산하며, 1개월 미만은 1개월로 계산

- 2011.12.31.까지의 퇴직소득금액 = Max[①,②]
  ① 퇴직소득금액×[(2011.12.31.이전 근무기간)/전체근무기간]
  ② 2011년 12월 31일 정관 또는 정관의 위임에 따른 임원 퇴직금여지급규정이 있는 법인의 임원이 2011년 12월 31일에 퇴직한다고 가정할 때 해당 규정에 따라 지급받을 퇴직소득금액

이 규정을 적용 받는 임원의 범위는 다음 직무에 종사하는 자를 말한다.

① 법인의 회장, 사장, 부사장, 이사장, 대표이사, 전무이사 및 상무이사 등 이사회의 구성원 전원과 청산인
② 합명회사, 합자회사 및 유한회사의 업무집행사원 또는 이사
③ 유한책임 회사의 업무책임자
④ 감사
⑤ 그 밖에 ①부터 ④까지의 규정에 준하는 직무에 종사하는 자

9-3. 임원 퇴직소득 한도액 계산

◉ 일반적인 경우

임원 퇴직소득 한도액 계산은 법인세법상 한도액이 소득세법상 한도액 보다 작은 경우 법인세법상 한도초과액을 먼저 계산하여 한도초과액이 있으면 근로소득으로 과세한다. 또한 법인세법상 한도액이 소득세법상 한도액 보다 큰 경우에는 법인세법상 한도초과액을 먼저 계산하여 한도초과액이 있으면 근로소득으로 먼저 과세를 하고, 법인세법상 한도액 이내의 금액으로 소득세법상 한도초과액 여부를 계산한다.

한도액	법인세법 적용	소득세법 적용	소득 구분
법인세법 〈 소득세법	한도액	한도액	퇴직소득
	한도 초과액		근로소득
법인세법 〉 소득세법	한도액	한도액	퇴직소득
		한도 초과액	근로소득
	한도 초과액	한도 초과액	

※ 자료 : 2017년 퇴직연금 세무안내서(고용노동부, 근로복지공단)나. 확정기여형(DC) 퇴직연금제도에 가입한 임원

◉ 확정기여형(DC) 퇴직연금제도에 가입한 임원

확정기여형(DC) 제도에 가입한 임원의 경우 법인세법상 퇴직급여는 운용수익을 포함하지 않

는데 반해 소득세법상 퇴직소득 금액은 운용수익을 포함하기 때문에 주의가 필요하다.

두 금액이 서로 다른 이유는 법인세법은 퇴직급여를 지급하는 회사를 기준으로 계산을 하고, 소득세법은 퇴직소득 금액을 지급받는 임원을 기준으로 계산하기 때문이다.

법인세법상 임원 퇴직급여 한도액을 계산할 때는 사용자부담금을 대상으로 한다.

퇴직소득금액	법인세법 적용	소득세법 적용	소득 구분
사용자부담금	한도액	한도액	퇴직소득
운용수익	운용수익	한도 초과액	근로소득
	한도 초과액	한도 초과액	

※ 자료 : 2017년 퇴직연금 세무안내서(고용노동부, 근로복지공단)

9-4. 임원 근로소득과 퇴직소득 계산(예시)

A회사의 임원인 홍길동씨는 2010년 1월 1일부터 2015년 12월 31일까지 근무하고 퇴직금 7억원을 받았다. 아래의 상황별 근로소득과 퇴직소득은 얼마인가?

홍길동씨의 연도별 총급여액은 다음과 같다.

구분	2010년	2011년	2012년	2013년	2014년	2015년
총급여액	1억	1.2억	1.4억	1.6억	1.8억	2억

 임원퇴직급여 지급규정이 있는 경우

퇴직급여 규정 = 퇴직전 2년간 총급여액×10%×근속연수×5

① 법인세법상 퇴직급여 한도초과액

= 7억원－퇴직급여규정상한도액(=2억원×10%×6년×5) = 1억원(근로소득 과세)

② 소득세법상 퇴직소득 한도초과액

= (6억원 – 2011년까지 퇴직소득금액) – 퇴직소득한도액

= (6억원 – 2억원) – 2.16억 = 1.84억원 (근로소득 과세)

☞ 2011년까지 퇴직소득금액 = MAX[A, B]

A = 6억 × 24/72 = 2억

　B = 1.2억 × 10% × 2년 × 5배 = 1.2억

☞ 퇴직소득한도액 = 1.8억 × 10% × 48/12 × 3배 = 2.16억

③ 근로소득 = ① + ② = 2억 8천 4백만원

퇴직소득 = 퇴직금 – 근로소득 = 4억 1천 6백만원

※ 자료 : 2017년 퇴직연금 세무안내서(고용노동부, 근로복지공단)

상황 2 　　　　　　　　임원퇴직급여 지급규정이 없는 경우

① 법인세법상 퇴직급여 한도초과액

= 7억원–법인세법상퇴직급여한도액(=2억원×10%×6년) = 5.8억원(근로소득 과세)

② 소득세법상 퇴직소득 한도초과액

= (1.2억원 – 2011년까지 퇴직소득금액) – 퇴직소득한도액

= (1.2억원 – 0.4억원) – 0.72억 = 0.08억원 (근로소득 과세)

☞ 2011년까지 퇴직소득금액 = MAX[A, B]

　A = 1.2억 × 24/72 = 0.4억

　B = 1.2억 × 10% × 2년 = 0.24억

☞ 퇴직소득한도액 = 1.8억 × 10% × 48/12 = 0.72억

③ 근로소득 = ① + ② = 5억 8천 8백만원

퇴직소득 = 퇴직금 – 근로소득 = 1억 1천 2백만원

※ 자료 : 2017년 퇴직연금 세무안내서(고용노동부, 근로복지공단)10. 과세이연

10. 과세이연

10-1. 과세이연의 개념

퇴직연금제도(확정급여형(DB), 확정기여형(DC))에 가입한 근로자가 재직중에 개인형IRP계좌를 개설하여 개인자금을 불입 및 운용하거나, 퇴직으로 수령한 퇴직금을 개인형IRP로 의무 이전하면 급여수령 전까지 퇴직소득세가 과세이연 된다.

퇴직급제도에서 퇴직자가 퇴직급여를 지급받은 후 60일 이내에 개인형IRP에 입금하고 과세이연계좌신고서를 작성하여 원천징수의무자에게 제출하면 퇴직소득세가 과세이연 된다.

과세이연 요건은 다음 두가지 중 하나를 충족하면 된다.

> ① 퇴직일 현재 연금계좌에 있거나 연금계좌로 지급되는 경우
> ② 지급받은 날부터 60일 이내에 연금계좌에 입금되는 경우

10-2. 과세이연 요건

ⓒ 대상 거래

가입자가 퇴직 등 사유로 퇴직급여제도(퇴직금제도, 퇴직연금제도)에서 수령한 퇴직일시금을 과세이연대상 소득이라 한다. 즉, ① 가입자가 퇴직으로 인하여 수령한 일시금, ② 퇴직연금 계약 해지로 인하여 수령한 일시금, ③ 퇴직금 중간정산으로 인하여 수령한 일시금을 말한다.

ⓒ 과세이연계좌

과세이연계좌는 연금계좌로 개인형IRP를 말한다.

근로자의 퇴직소득이 퇴직일 현재 연금계좌에 있거나 연금계좌로 지급되는 경우 해당 퇴직소득에 대한 소득세를 연금외수령하기 전까지 원천징수하지 아니한다. 소득세가 이미 원천징수된 경우 해당 근로자는 원천징수세액에 대한 환급을 신청할 수 있다.

개인형IRP는 퇴직금제도에서 퇴직일시금을 수령한 근로자 및 확정급여형(DB) 및 확정기여형(DC), 기업형IRP 퇴직연금제도에 가입한 근로자가 개설할 수 있으며, 퇴직금을 수령하기 위해서 개설하는 개인형IRP(퇴직용)와 노후생활자금을 추가로 마련하거나, 세액공제 혜택을 받기 위한

근로자 본인 자금 추가불입용으로 개설하는 개인형IRP(적립용)로 구분된다.

과세이연계좌에 입금기한

과세이연계좌에 입금기한이란 소득세법상 퇴직소득세를 환급 받을 수 있는 기한을 말한다. 근로자가 퇴직소득에 대하여 퇴직금을 수령한 날로부터 60일 이내에 개인형IRP(과세이연계좌)에 입금하면 입금비율에 관계없이 퇴직소득세를 환급 받을 수 있다.

[法 제146조] 퇴직소득에 대한 원천징수 시기와 방법

① 원천징수의무자가 퇴직소득을 지급할 때에는 그 퇴직소득과세표준에 원천징수세율을 적용하여 계산한 소득세를 징수한다.

② 거주자의 퇴직소득이 다음 각 호의 어느 하나에 해당하는 경우에는 제1항에도 불구하고 해당 퇴직소득에 대한 소득세를 연금외수령하기 전까지 원천징수하지 아니한다. 이 경우 제1항에 따라 소득세가 이미 원천징수된 경우 해당 거주자는 원천징수세액에 대한 환급을 신청할 수 있다.

1. 퇴직일 현재 연금계좌에 있거나 연금계좌로 지급되는 경우

2. 퇴직하여 지급받은 날부터 60일 이내에 연금계좌에 입금되는 경우

③ 퇴직소득을 지급하는 자는 그 지급일이 속하는 달의 다음 달 말일까지 그 퇴직소득의 금액과 그 밖에 필요한 사항을 적은 기획재정부령으로 정하는 원천징수영수증을 퇴직소득을 지급받는 사람에게 발급하여야 한다. 다만, 제2항에 따라 퇴직소득에 대한 소득세를 원천징수 하지 아니한 때에는 그 사유를 함께 적어 발급하여야 한다.

④ 퇴직소득의 원천징수 방법과 환급절차 등에 관하여 필요한 사항은 대통령령으로 정한다.

과세이연계좌 입금금액

과세이연계좌 입금금액은 제한이 없다. 얼마를 입금하더라도 환급을 받을 수 있으므로 근로자는 퇴직일시금을 수령한 후 필요한 자금을 사용하고 남는 자금을 과세이연계좌에 입금하더라도 입금하는 자금의 비율만큼 퇴직소득세를 환급 받을 수 있다.

10-3. 과세이연 유형 및 처리 절차

원천징수의무자가 퇴직소득세를 원천징수하고 난 이후 과세이연하는 경우에는 원천징수 한 퇴직소득세는 원천징수의무자가 환급한다. 원천징수 전에 과세이연하는 경우에는 세전금액으로

근로자에게 지급하고, 원천징수영수증상에 과세이연 정보를 포함하여 작성, 제출하도록 한다.

☞ 원천징수 전에 과세이연 하는 경우

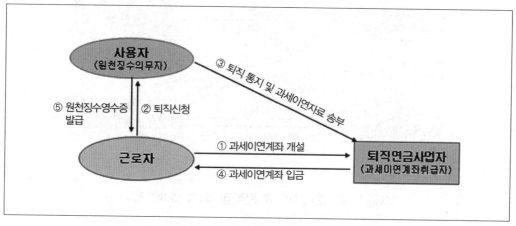

[그림 5-9] **원천징수 전 퇴직급여의 과세이연 절차**

① 퇴직연금제도에 가입한 근로자는 퇴직연금사업자에 과세이연계좌를 개설한다.

② 근로자는 사용자에게 퇴직신청을 하며, 과세이연계좌 통장사본을 제출한다.

③ 사용자는 퇴직연금사업자에게 해당 근로자의 퇴직사실을 통보하고, 퇴직소득원천징수영수증/지급명세서 등 과세이연자료를 송부하고, 퇴직금을 과세이연계좌로 지급해 줄 것을 지시한다.

④ 퇴직연금사업자는 과세이연자료를 참고하여 퇴직급여를 근로자의 과세이연계좌에 입금한다.

⑤ 사용자는 그 지급일이 속하는 달의 다음 달 말일까지 그 퇴직소득의 금액과 그 밖에 필요한 사항을 적은 원천징수영수증을 퇴직소득을 지급받는 사람에게 발급하여야 한다. 다만, 퇴직소득에 대한 소득세를 원천징수 하지 아니한 때에는 그 사유를 함께 적어 발급하여야 한다.

⊙ 원천징수 이후 과세이연 하는 경우

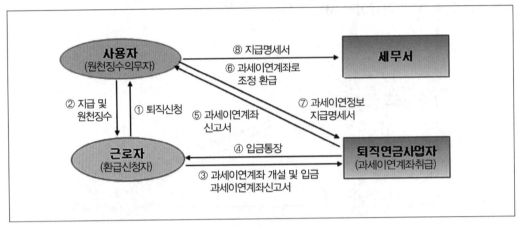

[그림 5-10] **원천징수 후 퇴직급여의 과세이연 절차**

① 근로자가 사용자에게 퇴직신청 한다.

② 사용자는 해당 근로자에게 퇴직급여를 지급하고 퇴직소득세를 원천징수 한다.

③ 환급을 받고자 하는 퇴직근로자가 퇴직연금사업자에게 과세이연계좌신고서를 제출하고, 과세이연계좌를 개설한 후 수령한 퇴직급여를 입금한다.

④ 퇴직연금사업자는 과세이연계좌에 퇴직일시금이 입금되었다는 증명서류(증명서, 통장 등)를 근로자에게 발급한다.

⑤ 퇴직연금사업자는 과세이연계좌신고서를 사용자(원천징수의무자)에게 제출한다.

⑥ 사용자는 해당 근로자에게 퇴직급여 지급시 원천징수한 퇴직소득세를 과세이연계좌신고서에 있는 연금계좌에 이체 또는 입금하는 방법으로 환급한다.

⑦ 사용자는 원천징수영수증(과세이연정보 포함)과 지급명세서를 작성하여 과세이연계좌취급 기관에 송부한다.

⑧ 사용자는 과세이연을 실시한 익년 3월 10일까지 지급명세서를 관할 세무서에 제출한다.

원천징수 한 퇴직소득세 환급

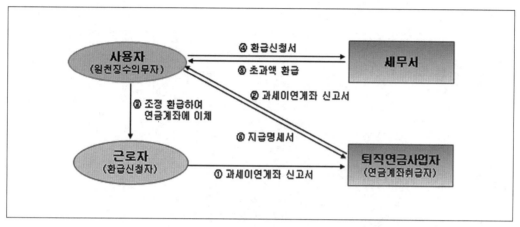

[그림 5-11] **퇴직소득세의 환급절차** (소득세법 시행령 제202조의3)

① '환급신청자'는 퇴직소득이 연금계좌에 지급 또는 입금될 때 과세이연계좌신고서를 연금 계좌취급자에게 제출하여야 한다.

② 연금계좌취급자는 제출 받은 과세이연계좌신고서를 원천징수의무자에게 제출하여야 한다.

③ 원천징수의무자는 환급할 세액을 계산하여, 환급할 소득세가 환급하는 달에 원천징수하 여 납부할 소득세를 초과하는 경우에는 다음 달 이후에 원천징수하여 납부할 소득세에서 조정하여 환급한다. 다만, 원천징수의무자가 원천징수세액 환급신청서를 원천징수관할 세무서장에게 제출하는 경우에는 원천징수관할세무서장이 그 초과액을 환급한다. 환급되 는 세액은 과세이연계좌신고서에 있는 연금계좌에 이체 또는 입금하는 방법으로 환급하 며, 해당 환급세액은 이연퇴직소득에 포함한다. 다만, 원천징수의무자의 폐업 등으로 연 금계좌취급자가 과세이연계좌신고서를 원천징수의무자의 원천징수 관할 세무서장에게 제출한 경우에는 원천징수 관할 세무서장이 해당 환급세액을 환급신청자에게 직접 환급 할 수 있다.

④ 원천징수의무자가 원천징수세액 환급신청서를 원천징수관할세무서장에게 제출하는 경우

⑤ 원천징수관할세무서장이 그 초과액을 환급한다.

⑥ 퇴직소득세를 원천징수 하지 않거나 환급한 경우 원천징수의무자는 지급명세서를 연금계 좌취급자에게 즉시 통보하여야 한다.

퇴직연금 회계

1. 퇴직금제도 회계처리 방법

1-1. 퇴직급여채무의 측정

퇴직금제도에서는 해당 기업의 회계연도 말 현재 전 임직원이 퇴직할 경우 지급하여야 할 퇴직일시금에 상당하는 금액을 측정한다. 이를 '퇴직금추계액'이라 하고 이 퇴직금추계액이 퇴직급여채무금액이 된다.

1-2. 부채의 인식

퇴직금추계액에 해당하는 금액을 퇴직급여충당부채 계정으로 설정하며, 결산조정 시에 퇴직금추계액에 미달되는 금액을 퇴직급여충당부채로 추가 계상 한다.

퇴직급여비용은 근로자가 전 근속기간에 대하여 근로를 제공한 대가로 지급되는 것이므로 매년 해당 근로자에 대한 퇴직급여비용을 인식하지 않고 퇴직 시에 전액 비용으로 인식하는 것은 정확한 회계정보를 제공하지 못하는 셈이 된다. 따라서 퇴직급여비용은 매년 비용처리 하여 퇴직급여충당부채로 계상 한다.

1-3. 퇴직급여 지급

퇴직급여 지급 시에는 퇴직급여충당부채 계정을 설정하면서 이미 비용처리 하였으므로 퇴직급여충당부채에서 차감하고 부족한 경우에는 퇴직급여비용으로 처리한다.

[표 5-7] 퇴직급제도 회계처리 방법

구분	차 변		대 변	
결산시	퇴직급여 (비용)	×××	퇴직급여충당부채 (비유동부채)	×××
퇴직자 발생시	퇴직급여충당부채 퇴직급여[주1]	××× ×××	현금 및 현금성자산 (수입제세	××× ×××[주2])

* 주 1) 퇴직급여충당부채가 부족한 경우
　　2) 퇴직소득세 원천징수를 하는 경우로,IRP 의무이전의 경우에는 해당 없음

2. 확정급여형(DB) 회계처리 방법

2-1. 퇴직급여채무의 측정

　확정급여형(DB) 퇴직연금은 기존 퇴직금제도와 마찬가지로 근로자가 수령할 퇴직급여의 수준이 사전에 결정되어 있는 퇴직금을 말하며, 근로자는 자신의 퇴직급여 수령액 수준이 사전에 예상가능하고, 사용자는 퇴직연금의 부담금 운용 및 퇴직급여 지급에 관해 모든 책임을 지도록 되어 있다.

　따라서 사용자는 해당 기업의 회계연도 말 현재 전 임직원이 퇴직할 경우 지급하여야 할 퇴직금추계액을 측정한다. 만약 확정기여형(DC)과 복수로 제도를 도입한 경우에는 확정기여형(DC) 가입근로자에 대한 퇴직금추계액 금액은 제외하고 산정한다.

2-2. 부채의 인식

　퇴직금추계액에 해당하는 금액을 퇴직급여충당부채 계정으로 설정한다. 그리고 결산조정 시에 퇴직금추계액에 미달되는 금액을 퇴직급여충당부채로 추가 설정하여야 한다.

　확정기여형(DC)과 복수로 제도를 도입한 경우에는 확정기여형(DC) 가입근로자에 대한 퇴직금추계액에 해당하는 금액은 제외한 후 설정하고, 퇴직금제도와 복수로 제도를 도입한 경우에는 퇴직급여충당부채을 합산하여 대차대조표에 표시한다.

2-3. 자산의 인식

퇴직연금에 가입한 경우 퇴직연금운용자산으로 표시하고, 그 구성내역을 주석으로 공시한다. 대차대조표에는 퇴직급여충당부채에서 퇴직연금운용자산을 차감하는 형식으로 표시하며, 퇴직연금운용자산이 퇴직급여충당부채를 초과할 시에는 그 초과액을 '투자자산'의 과목으로 표시한다.

2-4. 퇴직급여 지급

퇴직 근로자가 발생하여 퇴직급여 지급 시에는 퇴직급여충당부채을 설정하면서 이미 비용처리 하였으므로 퇴직급여충당부채에서 차감하고 부족한 경우에는 비용으로 처리한다.

[표 5-8] 확정급여형(DB) 회계처리 방법

구분	차 변		대 변	
부담금 납부시	퇴직연금운용자산	×××	현금 및 현금성자산	×××
퇴직자 발생시	퇴직급여충당부채	×××	퇴직연금운용자산 (현금 및 현금성자산 (수입제세	×××[주1] ×××[주2]) ×××[주3])
결산시	퇴직급여 (비용)	×××	퇴직급여충당부채 (비유동부채)	×××
적립금 운용수익 발생시	퇴직연금운용자산	×××	퇴직연금운용수익 (영업외수익)	×××

* 주 1) 전기말 퇴직급여추계액×DB적립비율 또는 퇴직급여추계액(전액 지급의 경우)
  2) 전액 지급이 아닌 경우, 즉 회사에서 지급하는 퇴직급여가 따로 있는 경우
  3) 퇴직소득세 원천징수(DB제도에서 퇴직소득세 원천징수의무자는 회사임)를 하는 경우로, IRP 의무이전의 경우에는 해당 없음

3. 확정기여형(DC) 회계처리 방법

확정기여형(DC) 퇴직연금제도는 가입 근로자가 퇴직연금의 기금운용에 관해 모든 책임을 지도록 되어 있다. 확정기여형(DC) 퇴직연금제도를 설정한 경우에는 당해 회계기간에 대하여 회사

가 납부하여야 할 부담금(기여금)을 퇴직급여(비용)로 인식하고, 퇴직연금운용자산, 퇴직급여충당금 및 퇴직연금미지급금은 인식하지 않는다.

[표 5–9] 확정기여형(DC) 회계처리 방법

구분	차 변		대 변	
부담금 납부시	퇴직급여(비용)	×××	현금 및 현금성자산	×××
수수료 납부시	지급수수료 (영업외비용 항목)	×××	현금 및 현금성자산	×××
퇴직자 발생시	별도의 회계처리 없음			
결산시	별도의 회계처리 없음			
적립금 운용수익 발생시	별도의 회계처리 없음			

참고서적

퇴직급여제도 매뉴얼(2013.12, 고용노동부)

2017년 퇴직연금 세무안내서(고용노동부, 근로복지공단)

퇴직연금 업무처리 모범규준(2015.12, 금융감독원, 전국은행연합회 등)

퇴직금 중간정산제도 업무처리지침 개정(2013.2.18, 고용노동부)

퇴직연금제도 운영관련 FAQ(2016.3.30, 고용노동부 퇴직연금복지과)

근로자 퇴직급여보장법 질의회시집(2011.11, 2015.12, 고용노동부)

퇴직연금 기금형 제도 도입방안(2015.10, 고용노동부, 한국채권연구원)

국내 유일 퇴직연금 종합지침서!

누구나 쉽게 배우는 퇴직연금

발행일 2020년 9월 1일

지은이 손재성
펴낸이 박승합
펴낸곳 노드미디어

편 집 박효서
디자인 권정숙

주 소 서울시 용산구 한강대로 341 대한빌딩 206호
전 화 02-754-1867
팩 스 02-753-1867
이메일 nodemedia@daum.net
홈페이지 www.enodemedia.co.kr

등록번호 제302-2008-000043호

ISBN 978-89-8458-340-5 13320
정 가 25,000원